진순신 이야기 중국사 5

제5권

진순신 이야기 중국사

남송·금·원·명 ▶ **초원의 질풍**

• 진순신 지음 | 이수경 옮김 •

살림

차례

1부 _ 초원에서 불어오는 질풍

서쪽에서 이는 파문	9
북천과 남천	27
휴전으로 가는 길	49
오산 제1봉	73
천지무정	98
칭기즈 칸 일어서다	127
창해횡류	145
칭기즈 칸에서 쿠빌라이로	181
황하천리	197
서호 주변	213
악주의 흥망	229
애산비가	248

2부 _ 부흥과 명암

정기의 노래   265

원나라의 일본 원정   291

색목인들   332

단절되지 않은 것   352

원나라 말기의 사대가   371

바다와 육지의 반란   390

왕조 말기   417

지상 천국   436

주원장 일어서다   458

문인수난기   483

대숙청의 소용돌이   512

연표   528

초원에서 불어 오는 질풍

서쪽에서 이는 파문

당나라의 서진을 좌절시킨 탈라스 전투

카라한(Karakhan) 왕조의 한노이 유적을 찾은 적이 있다. 한자로는 '한낙의(罕諾依)' 세 자로 쓰며, 장소는 오늘날 카슈가르(신장 위구르자치구 카스시) 마을에서 약 35킬로미터 떨어진 곳이다.

유적이라고 해야 모래땅의 기복만 있을 뿐, 건물 같은 형태는 남아 있지 않다. 햇볕에 말린 흙벽돌로 지은 도시의 운명이라 해도, 똑같이 흙의 도시인 투루판 분지의 고창(高昌)이나 교하(交河)에 비해서 그 황폐함은 차마 눈 뜨고 보기 힘들 정도였다. 황폐라기보다는 녹아 없어진 느낌이었다. 그래도 흙이 수북이 솟아오른 곳에 직선으로 된 유구(遺構) 흔적 같은 것이 보였다. 또 규모는 작지만 발굴조사도 하고 있었다.

카슈가르는 예로부터 구자(龜玆)에서 투루판으로 향하는 천산남로, 파미르를 넘어서 인도로 나가는 길, 그리고 곤륜의 북쪽 기슭을 따라서 호탄(우전, 于闐), 크로라이나(누란, 樓蘭)를 거쳐서 돈황에 이르는 서역남도

등의 길이 지나는 서역의 중요한 도시였다. 서역의 도시는 시대에 따라 그 위치가 자주 바뀌었다. 예를 들면 오늘날 투루판 현성(縣城)은 지난날의 고창성에서 서쪽으로 46킬로미터 떨어진 곳에 있다. 카라한 왕조가 번영했던 10세기부터 12세기에 걸쳐서는 지금 보는 황량한 한노이가 카슈가르로 불렸을 것이 분명하다.

이곳은 카라한 왕조의 부도(副都)와 같은 도시였다. 한은 '왕', 노이는 '궁전'을 의미하므로, 수도에 준한 정치문화의 중심지였을 것이다.

카라한 왕조는 중앙아시아의 초원에서 일어난 투르크계 정권이다. 10세기 후반, 역시 투르크계인 카를루크족의 정권을 멸망시키고, 그 수도인 베라사군(Belasagun, 츄강 상류에 있으며, Guz Ordo라고도 불린다-옮긴이)을 그대로 자신들의 본거지로 삼았다. 멸망당한 카를루크족은 당나라의 고선지(高仙芝)군에 속했다가, 탈라스(Talas) 전투에서 아랍의 아바스군 쪽에 붙은 갈나녹(葛邏祿, Karluk) 군단의 후예였다. 이때 당나라가 전쟁에서 패하면서, 종이 만드는 기술자가 포로로 끌려가 서방에 제지기술이 전해진 이야기는 유명하다.

탈라스 전투는 751년의 일이지만, 그 시대부터 카를루크족은 중앙아시아의 중요한 세력으로서 선택권을 쥐고 있었다. 카라한 왕조가 그들을 대신하게 된 것이다.

투르크계 여러 민족은 초원에서 유목할 때는 강했다가, 남하해서 오아시스민이 되면 농경과 무역에 종사하면서 군사적으로 약해지는 것이 보통이었다. 카라한 왕조도 그와 같은 운명을 따랐다. 이 왕조의 시조는 사투크 보그라한(Satuk Boghra Khan)이라고 하며, 서기 960년에 이슬람교로 개종했다고 전한다.

이 전설이 사실이라면, 그가 개종한 것은 북송 태조가 즉위한 해와 같다. 이는 세계 문화사에서 특필해야 할 일이라 해야 마땅하다. 경건한 불교도였던 투르크계 여러 민족이 마치 눈사태가 나듯 우르르 이슬람화한 시발점이기 때문이다.

카라한 왕조보다 조금 늦게, 마찬가지로 투르크계인 셀주크(Seljuk)족이 초원에서 남하했다. 이들은 후에 대제국을 세우는데 11세기 초에는 아직 작은 세력에 지나지 않았다. 셀주크는 카라한 왕조와 이슬람계 사만 왕조가 다투는 틈을 타서 대두했다. 셀주크의 수장은 사만 왕조 편을 들어 힘을 키우고, 가즈니(Ghagni) 왕조에 대항할 때는 카라한 왕조와 손잡는 식으로 중앙아시아에서 이란, 이집트, 소아시아에 걸친 거대한 제국을 구축하기에 이르렀다. 물론 이슬람교로 개종하여 아바스 왕조의 칼리프로부터 '술탄'(이슬람교 국왕)에 임명되었다.

흑해와 지중해를 연결하는 보스포루스 해협의 북쪽 기슭에 자리한 도시국가 비잔틴은 고대 그리스, 로마의 적류(嫡流)임을 자처했으나, 종교적으로는 그리스도교 국가였다. 이 비잔틴은 셀주크의 압박을 받아 황제가 포로가 될 정도였으며, 동서무역의 상권까지 베네치아 상인에게 넘어가 있었다. 성지 예루살렘까지 셀주크의 손에 들어가자, 비잔틴의 황제 콤네노스(Komnenos)는 순례하는 그리스도교도가 박해를 받는다는 이유로 로마 법왕에게 군대 파견을 요청했다.

이렇게 해서 십자군 전쟁이 시작되었다. 제1차 십자군은 1096년에 일어나 1099년에 예루살렘을 탈환하면서 끝났다. 소식(蘇軾)이 유배지인 광동 혜주(惠州)에서 좀 더 먼 해남도로 유배된 직후에 해당한다. 예루살렘을 탈환한 십자군은 7일에 걸쳐서 이교도를 대학살했다. 이때 셀주크 제국에 내분이 일어나 십자군에 제대로 저항을 할 수 없었다.

선발 이슬람 국가 카라한 왕조는 후발 셀주크에게 압박을 받았다. 무엇보다도 카라한 왕조는 지배하는 지역이 너무 넓어서 통일이 어려운 것이 결점이었다. 각지의 지방정권이 독립하여 서로 항쟁하는 일조차 있었다. 수도 베라사군처럼 서쪽에 있던 정권은 셀주크의 압력을 특히 강하게 받아 결국 복종했다.

한노이, 다시 말해 카슈가르 지방에 의거한 카라한계 정권은 천산(天山)과 파미르의 험준한 지형도 도움이 되었지만, 인접한 이란계 가즈니 왕조와 우호관계를 맺음으로써 상당히 번영했다. 외교의 승리라고 할 수 있겠다.

여기에서 옥소포아길(玉素甫阿吉)이 『복락지혜(福樂智慧)』를 썼다.

넓은 폐허를 바라다보며 현지의 문물관리 책임자가 그렇게 설명해 주었다.

유스프 하스 하지브(Yusuf Khass Hajib)가 『쿠타드구 빌리그 (Kutadgu Bilig)』('행복하기 위해 필요한 지혜'라는 뜻의 이슬람 도덕서- 옮긴이)를 썼다.

는 말이다.

이슬람 문화는 아라비아어 절대 우선이라는 원칙이 있었다. 투르크계 민족 내에 자신의 언어로써 의사를 표현하려는 기운이 일어, 표음문자인 아라비아 문자를 이용하여 투르크어로 쓸 궁리를 했다. 그 최초의 작품이 앞에서 이야기한 『쿠타드구 빌리그』로 1069년에 쓰여졌다. 이슬람 문화를 흡수하던 시대에서 그것을 소화하는 시대로 들어갔다고 할 수 있다. 마침내 사전도 만들었다.

한노이 유적에서는 '천성원보(天聖元寶)'라고 찍힌 동전이 많이 출토되고 있다. 천성은 북송 인종(仁宗)의 연호로 1023년부터 1032년에 해당한다. 이슬람교 국가인 카라한 왕조는 서쪽 메카로 얼굴을 향했을 뿐만 아니라 출토된 송나라 동전으로도 알 수 있듯이 동쪽과도 교류가 있었다. 동서의 통상에도 한몫하고 있었다고 상상할 수 있다.

한노이 유적은 황량하지만 원경(遠景)은 상당히 멋지다. 남쪽을 바라보면, 쿵구르(7천 719미터), 쿵구르 추베(7천 600미터), 무즈타그 아타(7천 546미터) 등 파미르의 은령(銀嶺)이 어깨를 맞대고 있다. 이 각도에서 본 무즈타그 아타는 정상이 의외로 날카로웠다. 반대쪽에는 후마타로(胡麻塔勒) 산이 보인다. 병풍을 둘러친 느낌으로 지도에 실릴 만큼 높지는 않지만, 로미오와 줄리엣과 비슷한 비련의 무대로서 그곳 사람들에게는 친근한 산이다.

검은 거란족의 황제 야율대석

한노이 유적의 주인인 카라한 왕조는 어떤 운명을 걸었을까? 초원에서 오아시스로 남하하여 역사의 전례에 따라 충실하게 문화적이 되어서 투르크어 문학의 꽃을 피웠지만, 더 강한 힘 앞에 마침내 멸망해 버렸다.

카라한 왕조를 멸망시킨 것은 카라 키타이 세력이었다. 카라 키타이

(Kara Khitay)는 '검은 거란족'이라는 뜻이다.

거란족은 당나라 시대부터 강력한 새외민족(塞外民族)으로서 중국도 이들을 두려워했다. 당나라 현종 시절, 삼진(三鎭)의 절도사를 겸한 안녹산이 대군벌을 만들어 모반할 수 있었던 것도 거란족과의 싸움에서 공을 세웠기 때문이다. 오대(五代) 시대가 되면 거란족은 연운(燕雲) 16주를 손에 넣음으로써 절반은 중원 국가가 되어 국호를 요(遼)로 했다고 앞에서 이야기했다.

거란족의 요나라는 마침내 동쪽에서 발흥한 여진족 금(金)나라의 압박을 받았다. 잃어 버린 땅을 회복하려는 북송이 금과 연합해서 요를 협격하고자 한 경위도 이미 이야기한 대로다. 사면초가인 요의 천조제(天祚帝) 야율연희(耶律延禧)는 1125년, 금군에게 사로잡혀 항복했다. 이로써 요는 대조 야율아보기(耶律阿保機)가 황제를 칭한 뒤로 약 210년, 9대로 멸망했다.

거란족 정권은 이렇게 소멸한 것처럼 보였지만, 금나라에 신속(臣屬)하기를 거부한 사람들 일부가 서쪽으로 도망쳐 새로운 거란족 정권을 세웠다. 그 주역은 요나라의 종실(넓은 뜻의 황족)인 야율대석(耶律大石)이었다.

야율대석은 태조 야율아보기의 8세손으로 자(字)는 중덕(重德)이다. 거란문과 한문에 모두 정통했을 뿐만 아니라 기사(騎射)의 명인이었으니 문무를 겸한 인물이었다. 요나라 천경(天慶) 5년(1115)에 진사가 되어 지방의 자사(刺史)를 거쳐 요흥군(遼興軍) 절도사로서 군의 요직에 앉았을 무렵, 금나라와의 격렬한 전쟁이 일어났다.

보대(保大) 2년(1122), 요나라의 천조제는 음산(陰山)으로 도망가고 연경(燕京, 북경)에 야율순(耶律淳)을 천석(天錫) 황제로 하는 정권이 탄생했는데, 야율대석은 그 옹립자 중 한 사람이었다. 연경이 금군의 손에 떨어지자 야율대석은 천조제의 망명처로 달아났는데, 야율대석을 본 천조제는 격노했다.

내가 있는데 그대는 어찌 감히 순(淳)을 세웠느냐?

이에 야율대석은,

폐하는 전국의 세력을 갖고서도 전혀 적을 물리치지 못하고, 나라를 버리고 멀리 도망쳐, 국민을 도탄에 빠뜨렸습니다. 설령 10명의 순을 세운다 해도, 모두 태조의 자손입니다. 남에게 목숨을 구걸하는 것보다 낫지 않겠습니까?

라고 대답했다. 무척이나 과감한 말이었다. 하지만 야율대석은 사리가 분명했다. 천조제는 확실히 '나라를 버리고 멀리 도망가서' 백성을 힘들게 했다. 천조제도 이에 할 말이 없어 야율대석에게 술과 음식을 내리고 그 죄를 용서했다. 그러나 천조제가 격노하는 모습을 본 야율대석은 이 군주 곁에 있는 것은 위험하다고 느꼈다. 철기(鐵騎) 200을 거느리고 밤을 틈타 탈주하여 북쪽으로 갔다. 천조제가 금나라에 사로잡혀 송나라에서 받은 밀서가 발각된 것은 이 뒤의 일이다.

초원에는 몽골계 거란족인 요나라 정권을 인정하는, 같은 몽골계 부족이 여럿 있었다. 야율대석은 오늘날 신강 우루무치 부근에 있던 북정도호부(北庭都護府)에 들어가 18부족 무리를 규합하여 새로운 정권을 세웠다.

야율대석은 다시 서쪽으로 향했다. 당시 서쪽에서 가장 큰 세력은 말할 것도 없이 셀주크 제국이다. 야율대석은 비옥한 이리(伊梨) 지방을 손에 넣었지만, 그 근방부터는 셀주크의 동쪽 경계였다.

이미 제1차 십자군은 끝났고, 예루살렘을 빼앗긴 셀주크는 서쪽 경계를 유럽 병사들에게 유린당하고 있었다. 십자군 전쟁 직전에 명군(名君) 마리크 샤(Malik Shah, 1072~1092, 3대 술탄-옮긴이)를 잃은 셀주크는 각지에서 제후(諸侯)가 자립하여 통제가 되지 않는 상태였다. 셀주크는 이와 같은 분열 시기에 십자군과 싸웠다. 전쟁 뒤에도 유럽을 대비해 국군(國軍)의 주력부대를 서쪽 경계에 배치해야 했다. 따라서 광대한 셀주크 제국의 동부는 텅 비어 있었다. 18부족 무리를 이끈 야율대석의 군대는 그런 지방을 지나간 것이다.

베라사군에 자리잡은 카라한 왕조의 본가는 당시 셀주크를 섬기고 있었는데, 야율대석의 출현을 독립의 기회라고 생각했다.

> 지금 우리는 서쪽의 대식국(大食國)에 가려고 그대들의 나라에 길을 빌리려고 한다. 의심하지 말라.

라는 야율대석의 문서를 받자, 카라한 왕조의 주인은 이를 환영하여 사흘에 걸친 대연회를 베풀었다.

확실히 카라한 왕조는 셀주크의 지배에서 벗어날 수 있었다. 하지만 그 대신 야율대석의 거란정권에 병탄되고 말았다.

야율대석이 '대식'이라고 부른 것은 아랍의 아바스 왕조였는데, 이 시대가 되면 그 왕조는 이슬람의 법등(法燈)을 전하는 권위만 있을 뿐, 실권은 없었다. 아바스 왕조의 군주는 칼리프로, 이는 교황이라고 번역해도 좋다. 간신히 종교적 권위만 있고 정치, 군사 실권은 그가 임명한 술탄에게 위임했다. 술탄으로 임명되는 사람은 말할 것도 없이 셀주크 제국의 황제였다.

이것은 일본 막부 시대에 일왕 가문과 쇼군 가문의 관계와 비슷하다. 11세기부터 12세기까지 서아시아는 아랍의 칼리프가 이름뿐인 통치가였고, 실권은 셀주크 투르크의 술탄 손에 있었다. 더욱 복잡했던 것은 셀주크 투르크 정권의 중추에 이란인이 많았다는 사실이다. 셀주크 제국의 최고 명제상으로 칭송받은 니잠 알 무르크(Nizam Al Mulk)도 이란계 사람이었다.

아무튼 야율대석이 '대식으로 간다'고 말한 것은 그 부근을 지배하는 셀주크 제국에게서 땅을 빼앗겠다는 의미였다.

셀주크의 제후는 급거 군대를 모아서 이에 대비했다. 동원한 병사는 10만이었다고 한다. 앞에서 이야기했듯이 셀주크 제국의 국군(國軍) 주력은 서부 국경에 배치되었기 때문에 동부에서 10만을 모집했다는 것은 보유하고 있던 병력을 모조리 긁어 모았다는 뜻일 것이다.

사마르칸트 부근에서 벌어진 전투는 야율대석의 승리로 끝났다. 1132년의 일이다. 그때까지 왕이라 칭했던 야율대석은 이때부터 스스로를 황제라 칭했다. 그때 그의 나이 38세로 구르한(葛兒罕)이라고 불렸는데, 한식(漢式) 존호는 천우(天祐) 황제이며 연호는 연경(延慶)이었다.

이렇게 말하니까 동쪽에 있던 시대의 요나라 북면(北面, 유목민을 대하는 정치)과 남면(南面, 한족 등 농경민을 대하는 정치)의 이원제가 서쪽으로 옮겨간 뒤에도 계속된 것처럼 보인다. 하지만 실제로는 어땠는지 정확히 알 수 없다. 이 정권을 중국 사가는 '서요(西遼)', 이슬람 사가는 '카라 키타이'라고 제각각 기술하고 있다. 다만 서요(카라 키타이) 자신은 자신들의 정권을 기록으로 남기지 않았다.

탈출할 때 야율대석이 이끈 철기 200은 아마 모두 거란족이었을 것이다. 한족 가신은 동쪽 땅을 떠나면서까지 요에 충성을 다할 마음이 없었을 터이다. 그렇다면 서요 정권에는 기록을 무척 좋아하는 한족은 거의 참여하지 않았다고 보아도 좋다. 야율대석은 거란, 한 양쪽 문화에 능통했지만, 황제로서 동분서주한 그가 스스로 붓을 들었다고는 생각할 수 없다. 북정도호부에서 규합한 18부족 무리 안에도 사관이 있었다고는 볼 수 없다.

이 정권에 관한 기술은 모두 중국 사가와 이슬람 사가의 전문에 따른다. 『요사』에 따르면, 야율대석의 묘호는 덕종(德宗)이었다고 한다. 이슬람 문헌에서는 야율대석뿐만 아니라 그 후계자를 모두 구르한이라고 기록했다.

서요를 찬탈한 쿠츠르크

야율대석의 서정(西征)을 뒤따라가 보면, 어쩐지 한(漢)나라 때 흉노의 압박을 받아 고향 땅인 돈황을 버리고 서쪽으로 달아난 대월지(大月氏)와 비슷하다. 대월지는 이리 지방에서 나와 천산 북로의 초원에서 시르(Syr), 아무(Amu) 두 강의 오아시스에 이르렀다.

대월지 왕은 흉노의 공격을 받아 그 해골이 그릇으로 쓰이는 모욕을 당했다. 한나라 무제가 장건(張騫)을 사절로 파견한 것은 흉노를 미워하는 대월지의 적개심에 기대어 군사동맹을 맺어서 흉노를 협공하려는 목적 때문이었다. 『한서』에 따르면, 장건이 가 보니 대월지는 왕의 부인(『사기』에는 태자라고 되어 있다)이 다스렸으며, 대하국(大夏國)을 속국으로 삼아 비옥한 땅에서 편안하게 살아 흉노에 보복할 마음을 잃었다고 한다.

서요도 역시 중앙아시아의 오아시스로 들어가 카라한 왕조 등을 속국으로 삼고 징세와 동서교역으로 부유해졌다.

야율대석은 즉위 후 10년 만에 죽었는데, 그 뒤 미망인인 감천황후(感天皇后) 탑불연(塔不煙)이 섭정했다. 여성 군주가 나라를 다스린 것도 대월지와 비슷하다. 대석의 아들 이리(耶律夷列, 인종)가 즉위하고, 그 후 이리(夷列)의 누이인 부스완(普速完, 승천태후)이 군림했다. 아마도 이 정권은 여성의 힘이 강했던 모양이다. 부스완은 남편의 동생을 사랑해 불륜관계 때문에 살해되었다고 한다. 이리의 아들 치르크(Tchiloucou, 直魯克)가 고모 뒤를 이어 즉위했는데, 이는 형을 죽이고 제위를 손에 넣은 것이다. 이것으로도 서요의 조정이 얼마나 난맥(亂脈)이었고, 내분도 심했는지 상상할 수 있다.

야율대석도 18부족의 무리를 규합했을 때, 요를 멸망시킨 금나라에 복수할 것을 표방했다. 『요사』에 따르면, 18부 왕들에게 다음과 같은 유(諭)를 내렸다.

내 조종(祖宗)은 가난 끝에 창업하여 역대 9주(主), 역년 200. 금은 신속할 것을 우리나라에 강요하여 우리 백성을 해치고, 우리 주읍(州邑)을 도륙하고 우리 천조황제를 밖으로 몽진(蒙塵)하게 하여 밤낮으로 노심초사하게 하였다. 나는 이제 의로서 서쪽으로 가서 제번(諸蕃)에게 힘을 빌려 우리의 구적(仇敵)을 치고 우리 땅을 되찾으려 한다.

실제로 야율대석은 그 말년에 7만 기를 이끌고 동정군(東征軍)을 일으켰으나, 우마가 많이 죽어 진군을 계속할 수 없어 군대를 철수시켰다.

황천(皇天)이 순조롭지 않구나. 운명이다.

그가 그렇게 한탄했다는 사실이 『요사』에 실려 있다. 아마 그 뒤 여성이 섭정하는 시대부터 일찍이 대월지 시기와 마찬가지로 복수와 고향 땅을 회복하려는 마음이 희박해진 것 같다.

어쩌면 야율대석이 몽골 18부족을 이끌고 중앙아시아에서 패권을 잡고, 그 여세를 몰아 동정군을 진군시킨 시기가 서요의 최고 전성기였을 것이다. 남하해서 오아시스에 들어간 뒤로는 지난날 초원의 건아들도 야성을 잃어 버렸다. 세월이 흐름에 따라 서요의 군사력이 약해진 것이 틀림없다.

형을 죽이고 즉위한 치르크는 서요의 마지막 황제였다. 그는 재위 34년, 사냥에 나갔다가 나이만왕(乃蠻王)인 쿠추르크(Kucluk, 屈出律)의 8천 복병에게 사로잡혀 제위를 빼앗겼다.

나이만은 알타이 산기슭에서 유목하던 투르크계 부족이다. 같은 투르크계 위구루족의 영향을 받아 유목민들 사이에서는 상당히 개화된 부족이다. 또 네스토리우스파 그리스도교가 부족 내에 퍼져 있었다.

동방의 초대국이던 여진족의 금나라 왕조는 나이만의 수장 타이 부카(Tai Buka, 太陽汗)에게 '대왕'이라는 칭호를 수여했다.

그 무렵, 몽골의 초원에 놀랄 만한 세력이 일어나고 있었다. 바로 칭기즈 칸이다. 나이만의 대왕은 여러 부족을 연합해서 칭기즈 칸에게 저항하려고 했다. 칭기즈 칸은 이 무렵 아직 테무진이라고 불렸다. 1204년, 나이만의 대왕은 칭기즈 칸과 싸워서 패사했다.

대왕의 아들인 쿠추르크는 서요의 영토로 달아나 치르크를 포로로 사로잡아 나라를 빼앗았다. 쿠추르크는 포로로 잡은 치르크를 태상황으로 존칭하고, 그 아내를 황태후라 부르며 조석으로 부모 대하듯 모셨다고 한다. 이렇게 해서 자신이 서요의 정당한 후계자라는 것을 보여 주려 했다. 『요사』에는 이처럼 간단하게 기술했지만, 쿠추르크는 하루아침에 서요를 쳐서 빼앗은 것이 아니다. 칭기즈 칸에게 쫓겨 서요로 들어가 국빈 대접을 받고 치르크의 딸을 아내로 삼았다. 형을 죽이고 즉위한 치르크이므로 그 정치도 난맥이었다. 치르크가 인심을 완전히 잃은 것을 안 쿠추르크는 왕위 찬탈의 가능성이 있다고 판단하여 쿠데타를 일으킨 것이 사건의 진상일 것이다. 물론 아내의 아버지이므로 태상황, 황태후라 존칭하는 것도 부자연스럽지 않다.

쿠추르크는 호라즘왕인 무함마드(Muhammad)와 손잡고 쿠데타를 일으켰다. 호라즘(Khorazm)은 오늘날 우즈베키스탄의 호라즘 지방에 해당한다. 현장의 『대당서역기(大唐西域記)』에 '화리습미가(貨利習彌伽, 쿠와리즘, Khwarezm)'라고 나오는 지방으로, 당나라 때는 '화심(火尋)'이라고도 불렸는데, 조로아스터 교도의 이란계 주민이 살던 지방이다. 셀주크 제국의 판도가 되면서 술탄의 노예였던 투르크인 아누슈 티긴(Anush Tigin)이 그 지방의 태수(太守)로 임명되어 세습하고 있었다. 손자인 아지즈(Aziz) 시대에 야율대석의 서정(西征)을 맞아 섬기게 되었다.

아지즈가 차츰 약체화되는 셀주크의 지배 하에서 이탈하려고 생각하고 있을 때, 마침 야율대석의 카라 키타이군이 사마르칸을 함락했기 때문에 이에 복속할 마음이 생긴 것이다. 물론 강한 충성심은 아니었다. 무함마드는 아지즈의 증손뻘이다.

무함마드는 쿠추르크의 서요 찬탈을 도우면서, 한편으로는 서요에 신속해 있던 카라한 왕조의 사마르칸트 왕가를 탈취했다.

서요의 유산 상속자인 쿠추르크는 당연히 자신의 것이 될 사마르칸트가 호라즘왕에게 넘어가는 것을 좌시할 수밖에 없었다. 왜냐하면 그는 서요의 본거지인 베라사군을 손에 넣었으나, 한노이 성에 의거한 카라한 왕조의 카슈가르 왕가에게 아직 그 종주권을 인정받지 못했던 것이다. 그 때문에 카슈가르를 공격해야만 했다. 사마르칸트가 문제가 아니었다. 쿠추르크는 마침내 카슈가르를 빼앗고 나아가 호탄까지 군대를 진격시켰다.

서요와 몽골의 흔적을 털어낸 투르크 민족

복잡한 당구치기 현상이 서쪽 초원과 오아시스, 사막에서 일어나고 있었다. 카라한이 카를루크를 날려 버린 뒤, 이번에는 여진족인 금나라에게 쫓겨난 카라 키타이(서요)가 야율대석의 지휘 아래 카라한을 삼켜 버렸다. 거기에 또 칭기즈 칸에게 쫓긴 나이만 왕자 쿠추르크가 서요를 빼앗은 것이다. 이 쿠추르크도 머지않아 칭기즈 칸에게 패해서 죽고 만다.

야율대석의 서정(西征)은 그 자신조차도 깨닫지 못한 커다란 역사적 의미를 지닌다. 그때까지 중앙아시아의 초원에서 오아시스에 나타난 사람들은 투르크계가 아니면 이란계, 아니면 아랍계 정권이었다. 이 방면의 큰 정권 중에 몽골계 정권은 사실 망명 집단이라고도 할 수 있는 야율대석의 서요가 최초이다.

이후 칭기즈 칸이라는 거대한 몽골계 군국 정권이 이 지방을 뒤엎는데, 야율대석의 서요가 그 기선을 잡았다고 할 수 있다.

카라한, 셀주크, 위구루, 호라즘 등 이 시기의 투르크계 여러 민족은 대개 이슬람화했는데, 몽골계의 서요 카라 키타이는 마지막까지 이슬람화하지 않고 동방 시대부터의 불교신앙을 지켜나갔다.

서요의 종교나 종교에 관한 정책은 기록이 적기 때문에 자세히 알 수 없지만, 적어도 이슬람교에는 그다지 관용을 베풀지 않았다고 생각되는 대목이 있다.

예를 들면 호라즘왕 무함마드가 증조부인 아지즈 이후 서요에 신속하던 관계를 끊고, 서요가 지배하는 사마르칸트를 빼앗은 것도 단지 정치역학에 따른 움직임만은 아니었다. 이슬람 교도로서 불교도에게 종속하는 것을 부끄럽게 여겼다는 이유를 들 수 있다. 아니면 주민의 이슬람 의식이 지나치게 강렬했다고도 생각할 수 있다. 하지만 서요가 종교적으로 좀 더 관용을 베풀었다면 사태는 분명 달라졌을 것이다. 서요의 후계자가 칭기즈 칸에게 멸망당했을 때, 이슬람 교도 주민이 신앙의 자유를 회복했다고 기뻐했다는 기록이 있다. 칭기즈 칸도 이슬람 교도 쪽에서 보면, 우상을 숭배하는 이교도지만 신앙에는 관대했다. 아니면 칭기즈 칸은 서요가 종교대책에서 실패한 것을 반면교사로 삼았는지도 모른다.

쿠추르크가 칭기즈 칸 군에게 쫓겨 바다크산 산중에서 살해된 것은 1218년의 일이다. 서요를 찬탈하고 7년밖에 되지 않았을 때다. 이슬람 사가는 쿠추르크도 구르한이라고 부르며 카라 키타이의 군주로 취급한다. 『요사』는 야율대석을 다음과 같이 평가하고 있다.

> 다행히 조종(祖宗)의 여위(餘威)와 유지(遺智)를 받들어 만리 타지
> 에 호(號)를 세웠다. 설혹 과부나 어린아이라 할지라도 이어 내려가서
> 거의 90년이다. 이 역시 어려운 일이라 할 것이다.

오늘날 북경에 해당하는 연경에서부터 막북(漠北)의 땅 서쪽으로, 멀리 천산 북로에서 중앙아시아로 나아간 야율대석의 원정은 확실히 위업이라고 할 수 있다. 『요사』에서도 기록했듯이, 내분도 있었고 여주인의 시대도 있었으나, 90년 정권을 유지할 수 있었던 것은 전혀 쉬운 일이 아니었다.

그런데 이상한 것은 서요 정권이 중앙아시아에서 90년이나 이어졌는데도 오늘날 이 지방에서 거란의 그림자, 나아가 몽골의 그림자는 거의 찾아볼 수 없다는 점이다.

일찍이 이란계 사람들이 살았던 천산남로는 이 시대에 투르크계 사람들로 바뀌었다. 그리고 투르키스탄(투르크인의 땅)이라고까지 불리게 되었다. 왜 몽골리스탄이 되지 못했을까? 그것은 몽골계 사람들의 수가 몹시 적었던 것이 가장 큰 이유라고 생각한다.

야율대석이나 칭기즈 칸 같은 몽골족이 중앙아시아에 진입한 것이 오히려 투르크 여러 부족을 단결시키는 작용을 했던 모양이다. 투르크계 여러 민족은 유목이라는 생활 여건 탓도 있어서 작은 집단으로 나뉘어서 생활했기 때문에 통일은 매우 곤란했다. 그러나 뿔뿔이 흩어져서 내부 사람끼리 작은 싸움을 하고 있을 때, 강력한 외적이 들어오자 오히려

단결하게 되었던 것 같다.

정치적으로 보면 야율대석은 중앙아시아에 90년의 정권을 만들었고, 또 칭기즈 칸의 정치실적은 그것과는 비교도 되지 않을 만큼 크다. 하지만 수백 년의 세월이 지난 오늘날의 상황을 보면, 빛나는 몽골의 위광은 중앙아시아에서 완전히 사라졌다고 할 수 있다. 그리고 몽골의 진격 앞에 죽기 살기로 손을 잡았던 투르크 민족은 그 땅의 주인으로서 남았다. 이것은 생각해 봐야 할 문제가 아닐까.

거란족은 대부분 여진족의 금 왕조 지배하에 굴복하고 있었다. 하지만 동쪽의 거란족에게 야율대석의 '서요'는 정신적으로 큰 지주가 되었다. 그것은 말할 나위도 없이 자신들 거란족이 주인인 나라인데다 카라한이나 호라즘 같은 투르크계 여러 민족을 신종시켰기 때문이다. 동서를 왕래하는 대상들을 통해 그런 이야기가 동쪽으로 전해졌음이 틀림없다.

독립해서 속국까지 두었던 서요의 존재는 금나라 왕조에 복속해 있던 거란족의 동경이었으며, 민족의 자부심을 높였을 것이다. 금의 통치하에 있던 거란족은 자주 반란을 일으켰다. 그 반란이 서요와 어느 정도 연락을 취한 것이었는지, 아니면 전혀 관련이 없었는지 남아있는 기록으로는 상세히 알 수 없다. 다만 금 왕조가 자신의 통치하에 있는 거란족이 서요와 기맥(氣脈)을 통하는 것에 매우 신경을 곤두세웠다는 것은 알려진 사실이다. 금 왕조는 남쪽으로 달아난 남송과 대립해야 했기 때문에 거란족에게는 원칙적으로 회유책을 취했다. 하지만 서요와 통했다고 의심되는 자는 용서 없이 엄벌에 처했다.

서요의 거란족은 한나라 때의 대월지와 마찬가지로 시르, 아무 강가의 비옥한 땅과 넉넉한 속국을 거느리면서 차츰 동쪽으로 돌아가 금나라를 칠 마음을 잃은 것 같다. 야율대석의 마지막 동정(東征)은 우마가 많이 죽어서 되돌아왔다고 했지만, 어쩌면 장병의 사기가 그다지 높지 않았던 것도 철수하게 된 한 가지 이유였을지도 모른다.

그 후, 서요는 다시 동정군을 일으키지 않았다. 하지만 금 왕조를 최대의 적으로 보았던 국가의 뜻은 결코 버리지 않았다. 금 왕조는 동서 교역의 이익에 참여하기 위해서는 아무래도 서요와 화해하여 교역로의 안전을 꾀하고 싶었다. 그 때문에 서요에 사절을 보낸 일이 있다. 그러나 서요는 그 사절을 죽여 버렸다. 금과는 교전 중이라는 원칙을 분명히 했던 것이다.

무엇보다 투루판 분지의 투르크계 위그루족은 서요의 지배하에 있으면서 동쪽의 금나라와 교역하고 있었다. 그 이익의 일부는 서요가 챙겼다고 추측된다. 통상을 했으므로 위구르족과 금 왕조 사이에는 어떤 교섭이 있었을 것이다. 아마 서요는 그것을 알면서도 보고도 못 본 척했을 것이다. 다만 정식으로 금나라에서 사절을 파견하자 표면적으로는 원칙을 내세우지 않을 수 없었다고 짐작된다.

금 왕조의 정치는 이처럼 멀리 떨어진 야율대석의 서요로 인해 상당히 큰 제약을 받았다. 이런 의미에서도 서요는 역사적으로 중요한 의의를 가진다.

북천과 남천

중국인이 가장 미워하는 진회

남쪽으로 달아난 송(宋)을 남송이라 부른다. 수도는 항주(杭州)에 있었지만, 남송으로서는 국도를 여전히 변경(汴京), 다시 말해 개봉(開封)이라고 생각했다. 그곳이 금나라 지배하에 있기 때문에 어쩔 수 없이 항주를 임시 수도로 삼았던 것이다. 천자가 임시로 있는 곳을 '행재(行在)'라고 부른다. 마르코 폴로는 『동방견문록』에서 항주를 킨사이(Kinsai)라고 기록했는데, 이는 행재의 중국어 발음인 '싱자이'를 지명이라고 착각했기 때문이다.

항주는 서호(西湖) 근처에 있는 아름다운 도시로 호숫가에는 남송의 충신인 악비(岳飛)를 모신 악왕묘(岳王廟)가 있다. 악비는 금나라와 싸워야 한다는 주전론을 주장했으며, 실제로 군대를 이끌고 금나라와 싸워 눈부신 전과를 올렸다. 그런데 금나라와 화평을 주장한 진회(秦檜)의 모함으로 투옥되어 죽음을 당했다.

악비는 비극의 영웅으로서 역대 중국인에게 존경받았다. 그리고 그를 죽인 진회는 늘 간신, 투항파의 대표로서 미움을 받았다. 악왕묘 옆에 사슬에 묶인 진회 부부의 상이 서 있다. 악왕묘에 참배한 사람들은 온 김에 진회 부부상에 침을 뱉거나 오줌을 누기 때문에, 그러지 말라는 표지판이 세워져 있을 정도다.

진회라고 하면, 오로지 적국인 금나라에 아첨하여 나라를 팔아먹은 악인으로 되어 있다. 매국노, 투항파라는 온갖 오명을 뒤집어 쓴 인물이지만, 처음부터 그가 연약 노선을 주창한 것은 아니다. 북송 말기, 국도 개봉이 금군에게 포위된 시기에 어사중승(御使中丞) 자리에 있던 진회는 오히려 강경파였다.

금나라의 약진은 괄목할 만했다. 완안아골타(完顔阿骨打)가 여러 부족을 규합하여 스스로 제위에 오른 것은 1115년이고, 그 11년 뒤에 송나라의 수도 개봉을 함락시켰다. 그동안에 거란족의 요나라를 멸망시켰으므로 속도가 상당히 빨랐다고 할 수 있다.

여진족은 초원의 유목민이 아니다. 강에서 사금을 채취하고, 사냥과 고기잡이, 약용 인삼을 채집했다. 거란족이 초원에서 유목하며 기동성을 몸에 익힌 민족이라면, 여진족은 그보다 정착성이 있고 전쟁에 강했다. 이는 수렵으로 배양된 것이다. 여진족은 오히려 숲과 강의 민족이라고 할 수 있다.

12세기 초, 여진족인 금나라의 약진은 뛰어난 지도자가 나타나 민족의 활력을 결집한 것에도 있지만, 동아시아 천지에서 요와 송이 쇠약해진 상황도 큰 도움이 되었다고 생각할 수 있다. 무작정 돌진해서 개봉을 함락했지만, 그다음 어떻게 해야 좋을지 금나라의 수뇌부는 갈피를 못

잡았던 것 같다. 어쨌든 여진족은 이런 일에 경험이 없었다. 연운지방에서 오랫동안 요의 통치를 받으며 이원제도의 일부를 담당했던 한족이 금에 항복하여, 새로운 주인에게 여러 가지를 조언했으리라 생각한다.

그런데도 이 시대에 여진족은 아직 토지나 성시(城市) 같은 것을 정확히 인식하지 못했던 모양이다. '해상(海上)의 맹약'으로 금나라는 송과 연합해서 요를 무찔렀다. 연경(燕京)을 송과 금이 공동으로 공격하고, 점령한 뒤에는 송이 영유한다는 약속이었다. 하지만 실제로는 송군이 방납(方臘)의 난을 평정하느라 우물쭈물하는 동안, 금나라 혼자의 힘으로 연경을 함락했다. 자력으로 취했으므로 금은 연경을 가져도 좋았으나, 태조 완안아골타는 약속대로 이 땅을 송에게 주었다. 그 대신 연경의 주민을 모두 데리고 떠나, 송에게 준 것은 '빈 성'뿐이었다.

이로써 알 수 있는 것은 여진족은 인간의 생산력을 땅보다 훨씬 높게 평가했다는 점이다. 바꾸어 말하면 땅에는 그다지 매력을 느끼지 않았다고도 생각할 수 있다. 사냥이나 고기잡이, 사금 채취 등 그들의 산업은 땅과 그다지 깊은 관련이 없다. 인삼도 땅이 넓으면 많이 캘 수 있는 것이 아니다. 그들의 산업은 동원할 사람의 수가 많을수록 유리했다. 빈 성을 주고 주민만 취한 연경의 경우가 금이라는 정권을 잘 설명해 준다.

금나라가 송나라의 수도인 개봉을 공격하고, 일단 철수했다가 다시 황하를 건너서 공격한 것은 하북(河北) 땅을 견고히 하기 위해서기도 했지만, 좀 더 근본적으로는 금군의 병력이 부족했기 때문이다. 부족한 것은 병력만이 아니었다. 국가를 세우는데 모든 분야에서 사람이 모자랐다.

제2차 개봉 공격을 받은 송은 황하 이북 땅을 할양한다는 조건을 내놓았지만, 금은 그것을 거부했다. 송을 섬멸한다는 근본 방침이 정해졌기 때문이다. 그렇다고 하나 사람이 부족한 신흥국가 금은 하남 땅을 판도에 넣어 자신의 힘으로 그것을 통치할 자신이 없었다. 그래서 요에서 항복한 소경(蕭慶)이나 유언종(劉彦宗)을 하남에 머물게 했다. 그들이 요를 섬기면서 한족을 통치했던 경험을 인정한 것이다. 하지만 두 사람 모두 이 임무를 사퇴했다.

소경은 거란족의 명문 출신이다. 거란 황실의 성은 야율(耶律)인데, 일종의 비밀 성으로 유(劉)를 쓰고 있었다. 이것은 한나라 고조 유방을 흉내 낸 것이다. 한나라는 황족 여성을 '화번공주(和蕃公主)'로 하여 흉노의 수장에게 시집 보냈으므로, 흉노가 한인 식(式) 성을 쓸 때는 '유'로 하는 것이 관례였다. 4세기 오호십육국 시절, 흉노의 유연(劉淵)이 세운 전조(前趙)는 처음에는 국호를 한나라라고 했다. 자신을 한나라 유방에 비긴다면, 자신의 최대 협력자는 소하(蕭何)에 비기는 것이 자연스럽다. 거란족의 요에서는 황후나 비를 배출하는 가계가 정해져 있었다. 을실씨(乙室氏)와 발리씨(拔理氏)인데, 이 두 성씨를 소씨(蕭氏)로 한 것이다. 소경은 그와 같은 가계 출신으로 요나라의 고급관료로서 남면관(南面官, 한족 통치) 경험이 있었다.

유언종은 먼 조상이 당나라의 절도사였다고 한다. 완평현(宛平縣) 출신으로 연운지방이 요나라 영토가 된 이후, 그의 집안은 6대에 걸쳐 요나라의 관료를 지냈고 종종 재상을 배출했다. 유언종처럼 요나라를 섬기거나, 그 통치하에 있던 한족을 금나라에서는 연인(燕人)이라고 불렀다. 가능한 한인이나 한족이라는 표현을 쓰지 않으려고 했다. 금은 연운지방에서 더욱 영토를 넓힌 뒤, 원래 송나라 통치하에 있던 사람들을 송인(宋人)이라고 불렀다. 똑같은 한인을 연인과 송인으로 가려 부른 것은 그들의 단결을 방해하기 위한 분할정책이 분명했다. 하지만 200년에 걸쳐 거란족의 지배를 받았던 연운지방의 한인들은 송나라 통치를 받은 한인과 기질적으로 달랐던 것도 사실이다.

거란족 명문 출신인 소경도, 이른바 연인의 명문 출신인 유언종도 모두 하남 통치라는 뜨거운 감자를 집으려고 하지 않았다. 하남은 대대로 송의 통치를 받은 데다 회하(淮河)에서 강남 지방까지 송의 군사조직이 잔존해 있어, 저항이 만만치 않을 것이 뻔했기 때문이다.

그렇다고 여진족의 금나라가 하남을 직접 통치할 자신은 없었다. 간접통치를 하려고 해도 소경이나 유언종에게 거절당했다. 유언종은 역시 송나라 황실인 조씨(趙氏) 중에서 적당한 사람을 골라서 꼭두각시 황제로 삼을 것을 진언했다. 그러나 금은 이를 물리쳤다. 꼭두각시 황제를 세운다 해도 송나라 황족은 생각해야 할 문제였다. 금나라에 틈이 생기면 반드시 꼭두각시를 그만두고 자립할 것이 뻔했다. 그래서 금은 성이 다른 황제, 다시 말해 송나라 황실과 관계가 없는 인물을 황제로 세워 그를 조종하기로 했다.

소경과 같은 거란족이나 유언종과 같은 연인은 자기가 꼭두각시 황제에 적임자가 아니라는 것을 잘 알았다. 백성이 심복하지 않을 것은 말할 나위도 없다. 백성의 저항을 약화시키기 위해서는 송나라 통치하에 있던 한족, 즉 송인 중 누군가가 사람들에게 천거되는 형태를 취하는 것이 바람직했다.

송나라 재상으로 금나라 군에 인질로 잡혀간 장방창(張邦昌)이 꼭두각시 국가의 주인 후보자가 되었다. 사람들에게 추대되어 제위에 오르는 절차를 거침으로써 저항운동을 약화시키려고 했다. 형식적으로 장방창이 옛 송나라 신료(臣僚)들에게 추대될 계획이었다. 옛 송나라 신료는 정복자인 금나라의 무력이 두려워서 그 의향에 영합하는 자가 대부분이었다. 반대한 사람은 극히 소수에 지나지 않았다. 정복자의 의향에 반대한 것이므로 죽음을 각오한 행동이었다. 이들 기골 있는 소수파 중 한 사람이 다름 아닌 진회(秦檜)였다. 금나라의 수뇌는 격노하여 진회를 붙잡아 흠종(欽宗)과 상황 휘종(徽宗)과 함께 혹한의 동북으로 보내 버렸다.

지조가 없는 투항파, 매국노라는 욕설을 듣고 뼛속까지 썩었다고 손가락질 받는 진회에게도 이런 뜻밖의 전력이 있었다.

금나라에 끌려간 두 황제

장방창은 어쩔 수 없이 황제가 된 인물이다. 원래 배짱이 없는데다 주전파와 강화파가 대립했을 때, 강화파에 속했기 때문에 금나라가 볼모를 요구했을 때 뽑혔다. 금나라는 친왕(親王)과 재상을 볼모로 요구했다. 친왕 볼모로 뽑힌 사람은 휘종의 아홉째 아들인 강왕(康王) 조구(趙構)였다. 재상 가운데 한 사람이었던 장방창은 재상의 인질로서 금나라 군영으로 갔으나, 출발에 즈음해서 삼진(三鎭)을 할양하겠다는 약속은 반드시 지켜달라고 흠종에게 애원했다는 사실은 앞에서 이야기했다.

금나라는 이런 인물이라면 꼭두각시로서 말을 잘 들을 것이라고 기대해 황제로 세운 것이다. 본인은 큰일 났다며 전전긍긍했을 것이 분명하다. 금나라는 이 간접통치 도구인 꼭두각시 국가에 '초(楚)'라는 국호를 주었다. 그리고 황하 이남 땅을 주고 금릉(남경)을 국도로 삼으라고 명했다.

금군이 점령한 것은 개봉이라는 도시뿐이었다. 황하 이남 땅을 주었다고 하나, 개봉 이외에 금이 지배하는 땅은 없었다. 금릉을 국도로 삼으라고 했지만, 대초(大楚) 황제 장방창이 거기까지 갈 수는 없는 일이었다. 송나라 왕조를 부흥시키고자 황제에게 충성을 바치는 의군이 각지에서 일어났다.

이때 장방창은 오로지 태풍이 지나가기를 기다릴 뿐이었다. 현실적으로 금릉으로는 갈 수 없어, 3년 동안 개봉을 국도로 삼을 것을 청하여 허락을 받았다. 금으로서는 황하 이남에 지금까지의 송과는 다른 정권이 생긴 것으로 해야 했다. 하남 주민의 머릿속에서 '송의 백성'이라는 의식을 지워 버리는 것이 금나라의 목적이었다.

황제가 되었으니 황제의 옷을 입고 모든 일에 천자의 예를 갖추어야 했다. 그런데 장방창에게는 황제 의식 따위는 없었다. 오히려 황제답게 행동하는 것을 가능한 피했다. 평소에는 평상복을 입고 있었다. 금나라 장군들이 찾아오면 허둥지둥 황제의 옷으로 갈아입는 형편이었다.

장방창이 고대하던 금군의 철병은 송나라의 연호로 치면 정강(靖康) 2년에 해당하는 해(1127) 3월 말부터 시작되었다. 흠종과 휘종을 비롯한 후비 종족(后妃宗族)만 470여 명, 그에 따른 수많은 가신 중에는 예의 진회의 모습도 보였다. 그들은 궁전에 수장된 막대한 재보와 함께 북으로 끌려갔다. 금군은 하남에 약간의 군대만 남겨 두었다.

이것은 장방창에게는 한번 지나간 태풍이었다. 그는 서둘러 퇴위했다. 대초황제로 세워진 지 32일밖에 되지 않았다. 황제가 없어졌으므로, 초라는 나라도 소멸한 것이 된다.

그러나 하남 이남의 백성들에게는 주인이 있어야 했다. 송의 황족, 종족이 모두 북으로 옮겨갔기 때문에 장방창은 주인 찾기에 고심했다. 가까스로 철종(哲宗)의 황후였던 맹씨(孟氏)를 궁중으로 맞이했다. 철종은 휘종의 형이므로 맹씨는 휘종의 형수가 되며 흠종의 백모였다. 왜 맹씨가 북으로 가지 않았느냐 하면, 그녀는 황후에서 폐위되었기 때문이다. 폐후였으므로 북송 리스트에는 오르지 않았다. 장방창은 그녀를 추대해서, 이른바 '수렴청정'을 하게 했다. 무측천의 예를 들 것도 없이 송 왕조에서도 천자가 어릴 때는 종종 황태후가 섭정했다.

장방창과 함께 금나라에 볼모로 끌려갔던 강왕 조구는 곧바로 교체되어 돌아왔다. 그 대신 인질로 간 친왕은 숙왕(肅王) 조추(趙樞)였다. 조추는 휘종의 다섯째 아들이었다. 풍류 천자인 휘종에게는 아들이 31명이나 있었는데 그중 여섯은 요절했다. 흠종은 장남이었고, 조구는 아홉째였다.

강왕 조구가 볼모로 간 것은 정강 원년(1126) 정월이고, 2월에 볼모가 교체되었다. 『송사』 「고종본기」에 따르면, 금이 친왕 한 사람을 볼모로 한다는 조건을 내놓았을 때, 강왕은 분개해서 스스로 자진해서 가겠다고 청했다고 한다. 강왕이 장방창과 함께 볼모로서 금나라 군영에 들어간 직후, 송나라의 장군 요평중(姚平仲)이 40만 대군을 이끌고 금군에 야습을 감행했다. 정전협정 위반이었다. 송나라는 정전을 보증하기 위해 인질을 금나라 군영에 보냈던 것이므로, 이 야습으로 금나라는 인질을 죽여도 좋게 되었다. 장방창은 두려워서 울기만 했다. 그런데 강왕이 너무도 태연해서 금나라의 우부원수(右副元帥) 종망(宗望, 알리불, 금나라 태조 완안아골타의 둘째 아들)이 '이를 이상하게 여겼다'고 전해진다.

강왕 조구는 훗날 남송의 고종(高宗)이 된 인물이다. 『송사』가 친왕 시절의 고종을 추어올려서 쓴 것은 당연하다. 인질 교환에 관해서도 금이 강왕의 용무(勇武)를 두려워했기 때문이라고 읽히게끔 기록하고 있다. 죽음을 두려워하지 않는 인질은 확실히 인질로 잡은 쪽에 도움이 되지 않는다. 『송사』에 따르면, 금나라의 종망이 인질 교환을 청한 것으로 되어 있다. 강왕 용무설을 취한다면 이와 같은 문맥이어야만 맞아 떨어진다. 하지만 『금사』 「태종본기」에는 인질 교환이 송나라 쪽에서 요청한 것으로 기록되어 있다.

어쨌든 이렇게 해서 강왕은 일단 석방되어 개봉으로 돌아왔다. 삼진 할양의 약속을 받고 금군은 개봉의 포위를 풀었는데, 앞에서 이야기했듯이 포위가 풀린 개봉에서 다시 강경론이 대두했다. 세폐(歲幣)는 증액해도 땅은 잃으면 안 된다고 하여, 이를 교섭하기 위해 급사중(給事中, 황제의 비서) 왕운(王雲)이 금나라에 파견되었다. 이제 금은 땅의 가치에 절반쯤 눈을 뜨고 있었다. 끝까지 삼진을 요구하고 약속을 어긴다면 다시 개봉을 공격하겠다고 왕운에게 말했다. 이때, 문제를 해결하기 위해 의논하고 싶으면, 우선 강왕을 이쪽으로 파견하라는 금나라의 의향이 송에 전해졌다.

강왕을 송나라 대표로 하여 의논하려는 것인지, 아니면 추가 인질로 삼으려는 것인지, 아마 금나라는 그 둘 다를 생각했을 것이다. 흠종은 아우인 강왕을 금나라로 파견하기로 했다. 강왕이 하북을 향해 출발한 것은 그해 11월이었다.

송나라 수도 개봉이 함락된 것은 12월이었다. 금은 그때 확실히 송 왕조를 섬멸시키려는 방침을 정했다. 휘종, 흠종을 비롯하여 개봉에 있던 송나라 황족, 종실은 한 사람도 남김없이 요동(遼東)으로 연행되었다. 다만 한 사람, 하북에 파견된 강왕 조구만이 여행 도중이었기 때문에 북송을 면할 수 있었다.

강남으로 도망간 고종

칙명으로 금나라로 향한 강왕이 북상해서 자주(磁州)까지 갔을 때, 수신(守臣) 종택(宗澤)이 만류했다. 자주는 오늘날 하북성 자현(磁縣)으로 하남성과의 경계 근처다. 자주요가 설치되어 도자기 산지로 이름 높다. 이 무렵에는 금군 남하 정보가 들어와 있었기 때문에 강왕 일행은 이러지도 저러지도 못하는 처지였다. 이야기해야 할 상대는 이제부터 가려고 하는 연경이 아닌 남하하고 있는 금군 안에 있었다. 게다가 금군의 행동은 화의(和議)를 거부한 것으로 보아야 마땅했다.

> 숙왕(강왕 대신 볼모로 간 다섯째 형인 조추)은 가고 돌아오지 않았습니다. 금나라 병사는 이미 가까이 왔습니다. 다시 간들 무슨 소용이 있사옵니까? 부디 여기에 머무십시오.

종택의 말은 당연했다. 금군의 남하를 저지하기 위한 사절인데, 상대와 접촉하기 전에 금군은 이미 남하하고 있으니 더는 하북 여행을 계속할 의미가 없었다.

상주(相州)의 장관 왕백언(汪伯彦)이라는 자가 밀서를 보내 강왕에게 상주까지 돌아오라고 요청했다. 상주는 오늘날 하남성 안양시(安陽市) 부근으로 하북의 성 경계에 가깝고, 자주에서 약 30킬로미터 남쪽으로 돌아온 곳이다. 강왕은 일단 상주로 들어갔다.

그 무렵, 금군은 개봉을 포위했다. 흠종은 하북의 여러 군에 병력을 일으켜 경사(京師)를 구하라고 요청했다. 흠종의 뜻을 각지에 전달한 것은 경남중(耿南仲)이라는 인물이었다. 경남중은 상주에서 강왕을 만나 함께 군사를 모아 의군을 일으켰다.

포위된 개봉의 조정이 의지할 데라고는 금군의 배후나 측면을 공격할 수 있는 하북의 원군이었다. 그 원군이 강해지려면 사령관에게 권위를 주어야 했다. 재외 친왕은 인질이 된 숙왕을 제외하면 강왕 단 한 사람이었기 때문에, 흠종은 강왕에게 큰 기대를 걸고 그를 하북병마대원수(河北兵馬大元帥)로 임명했다. 이 임명서는 납조(蠟詔)라고 해서 납으로 밀봉한 것이다. 진자(秦仔)라는 자가 변장하여 납조를 머리카락 안에 숨겨서 금군 점령지역을 넘어 상주까지 전달했다고 한다. 이로써 강왕은 대원수부(大元帥府)를 열었다.

강왕은 각지에서 모인 의군을 이끌고 얼어붙은 황하를 건너 응천부(應天府)로 들어갔다. 응천부는 오늘날 하남성 상구시(商丘市)에 해당한다.

강왕 조구가 응천부에서 즉위한 것은 이듬해 5월이었다. 연호를 건염(建炎)으로 고쳤는데, 사가는 이 이후의 정권을 '남송'이라고 부른다. 소심한 장방창은 32일 만에 제위를 포기하고, 폐후 맹씨를 세워 원우황후로 한 다음, 자기는 응천부로 달려가 땅에 엎드려서 통곡하며 죽음을 청했다. 강왕은 일단 위무하였으나, 장방창은 후에 사사되었다.

장방창을 죽인 일은 금나라에 남송토벌의 구실을 주었다. 금나라 태종은 조서 안에서 조구(남송의 고종)가 금이 세운 대초 황제 장방창을 폐하고 이를 죽인 죄를 물어 추벌(追伐)하고, 별도로 덕 있는 자를 책립한다고 서술했다. 금은 이 시점에서도 아직 황하 이남 땅을 직접 통치할 의사가 없었던 것이다. 금나라도 내부에 여러 가지 문제를 안고 있었다.

남송의 밀사는 금이 지배하는 각지에 잠입하여, 거란족과 한족에게 반란을 일으킬 것을 권했다. 이 교란 공작에 금은 정치적으로 대처할 수밖에 없었다. 금은 정치에 미숙했기 때문에 유언종 등 한족(연인, 송인)을 고문으로 삼아 서둘러 대책을 강구했다. 한마디로 말하면, 그것은 회유책이나 다름없었다.

요나라 관료로서 한인 통치 경험이 있는 거란인은 그대로 유용했다. 연인도 마찬가지다. 남송의 교란공작에 가장 민감하게 반응한 사람은 말할 것도 없이 송인이었을 것이다. 송나라 통치하에 있던 지방의 사대부들에게는 특히 신경을 써서 지방관에 결원이 생기면 우선 그들을 기용했다. 재빨리 과거 제도도 만들었는데, 이것도 송인이 절망에 빠져 저항운동으로 치닫지 않게 하기 위한 조치였다. 이미 고위 관직에 있는 사람들은 대부분 고종을 따라 남천했기 때문에 주현(州縣)에도 결원이 많았다. 그때까지 실력이 없거나 연고가 없어서 관리가 되지 못한 사람들이 뜻밖에 자리를 얻었다. 금나라는 이렇게 해서 불평분자를 조금이라도 줄이기 위해 노력했다.

금나라는 탄생할 때부터 다민족 국가였다. 여러 민족을 결합할 유대가 필요했던 것은 요나라와 마찬가지여서 금나라 역시 요나라를 따라 불교를 장려했다. 인도에서 태어난 불교가 한인 민족주의 고양에 이용된 일은 없었다. 건국 초부터 금나라는 각지에 불사를 건립했다. 하지만 불사 조영을 과도하게 일으켜서 재정난을 초래한 요나라를 교훈삼아 얼마간은 소극적이었다. 불교를 믿으면 저항운동 같은 난폭한 짓은 하지 않을 것이라는 기대도 있었으니, 이 역시 일종의 회유책이라고 할 수 있겠다.

회유책 하나만으로는 금나라의 권세가 가볍게 보일 위험이 있었다. 통치력이 약해서 회유한다는 생각을 하지 못하도록 가혹한 정책도 함께 실시해야 했다. 남송 쪽의 교란공작이 발각되면, 금나라는 단호히 남벌군을 일으켰다. 앞에서 이야기했듯이 그 구실이 금나라의 속국인 초를 멋대로 멸망시키고 초나라 황제인 장방창을 죽인 일이었다. 징벌군을 보내는 동시에 휘종, 흠종 등 송 왕조의 포로를 더욱 먼 곳으로 보내기도 했다.

남벌군은 금나라 천회(天會) 6년(1128)부터 시작되었는데, 그 이듬해, 통치하의 한족에게 여진족의 풍속을 강제했다. 한족의 머리모양은 빗어 넘겨 뒤로 묶는 것이었는데, 여진족은 변발을 하고 있었다. 또 여진의 옷을 착용하게 했다. 더구나 그것에 따르지 않는 자는 물론 양식을 달리한 자도 사형에 처하는 가혹한 태도를 취했다. 강유 양책을 가려 쓴 것이다.

남송의 고종은 그 무렵, 응천부를 포기하고 남쪽의 양주(揚州)로 천도했다. 이것은 금과 대결할 자세를 누그러뜨린 것이다. 주전파 이강(李綱)이 반대했음은 말할 나위도 없다. 적의 세력이 왕성할 때 일시적으로 이를 피하는 것은 잘못된 일이 아니다. 이강이 반대한 것은 동남쪽으로 적을 피하는 것이었다. 낙양에서 동남쪽으로 적을 피해 옮겨간 사마씨의 진(晉)나라는 결국 중원을 회복하지 못했다. 그에 이어서 남조의 여러 정권도 하나같이 중원 회복이라는 숙원을 이루지 못했다. 반란군의 봉기를 동남의 강도(江都, 양주)에서 피한 수나라 양제는 끝내 북으로 돌아오지 못하고 그 땅에서 살해되었다. 그에 비하면 안녹산의 난으로 서북의 영무(靈武)로 적을 피해간 당나라 숙종(肅宗)은 마침내 장안을 되찾았다.

예로부터 중흥의 주인은 서북에서 일어나면, 곧 중원에 의거하여
동남을 유지할 수 있었습니다. 동남에서 일어나면 곧 중원을 찾지 못

할 뿐만 아니라, 서북도 유지하지 못합니다. 천하의 정병은 모두 서북
에 있기 때문입니다.

이강은 이렇게 간곡히 호소하였으나, 고종은 주전론자에게 다소 불신
감을 갖고 있었던 모양이다. 개봉이 포위되었을 때도 자신에 찬 주전론
을 지겨우리만치 들었지만, 그것으로 적의 공격을 막지는 못했다. 화의가
이루어져 금군이 철병한 뒤에 태학생 진동(陳東)을 우두머리로 한 주전
론이 일어나서, 삼진할양 약속을 어기는 바람에 금군은 다시 황하를 건
너와 개봉을 포위했다. 그 결과 삼진은 물론 개봉까지 잃고, 상황, 황제를
비롯한 황실 사람들이 송두리째 북으로 끌려갔다.

대초 황제 장방창은 금군이 떠나자 즉시 고종에게 달려가 사죄하고,
처음에는 용서를 받았다. 그러나 이강은 참역(僭逆)의 장방창과 동렬(同
列)할 것을 거부하며, 장방창이 기용된다면 자신은 그만두겠다고 나섰
다. 그 때문에 장방창은 담주(潭州)로 옮겨졌고 마침내 사사되었다. 하지
만 고종이 냉정하게 생각하면, 태조 이하 역대 조종의 능이 파괴되지 않
았던 것은 장방창이 꼭두각시 황제를 맡으면서 내놓은 조건 덕분이었다.
궁중 내부의 재보는 약탈당했지만, 일반 민가의 약탈은 상당히 저지되었
고, 금은 수색 강탈이 정지된 것도 장방창이 금군에게 읍소한 결과였다.

무엇보다 고종은 자신이 인질로 금군에 있을 때, 주전론자들이 정전
협정을 깨뜨리고 공격을 감행한 것을 생각하지 않을 수 없었다. 그때 고
종은 죽어도 어찌할 도리가 없었던 것이다. 인질의 목숨 따위는 무시하
고 자신들의 주장을 관철하려는 주전론자들의 태도가 고종에게는 고집
스럽게 보였을 것이다.

동남으로 적을 피하는 것에 반대하는 이강의 주장에 고종은 전적으로 찬성할 마음이 들지 않았다. 이 사람들 때문에 아내와 아버지, 어머니, 많은 형제가 심한 꼴을 당했다는 기분이 고종에게 있었다. 결국 고종은 양주로 남천할 것을 주장한 왕백언과 황잠선(黃潛善)의 설에 찬성했다. 그리고 이강을 파면했다.

금군이 대군을 동원해서 남벌하려고 했을 때, 고종은 망명정부를 이끌고 남천하려고 했다. 이것은 처음부터 금나라가 쫓고 송나라가 달아나는 형국이었다. 송은 애초에 이길 리 없었고, 금은 실력 이상으로 추격자라는 강점이 더해져 노도와 같은 기세로 공격해 왔다. 금은 급한 비탈에서 밀고 내려오는 듯한 절대적인 우위에 서 있었다. 동남으로 적을 피하는 정책의 옳고 그름은 차치하고, 그 시기가 참으로 나빴다고 할 수밖에 없다. 석권(席卷)이라는 말이 딱 맞아 떨어지는 고종의 망명정부는 첫 목적지인 양주에 도착하기는커녕 장강(양자강)을 넘어서 도망에 도망을 거듭했다. 시기가 나빴던 것은 하필이면 이때 남송이 의지하던 동경(東京, 개봉) 유수의 명장 종택이 병사한 것이다. 고종은 참으로 운이 없었다.

강남으로 도망간 고종은 숨 돌릴 틈도 없이 진강(鎭江)에서 소주(蘇州)를 거쳐 항주로 다시 도망쳐서, 정해(定海)에서 배를 타고 온주(溫州)까지 달아났다. 대패주였다.

금군은 명주(名州, 오늘날 절강성 영파시)까지 추격해 왔는데, 이때 여진족 장군들은 난생 처음 바다를 보았다. 물론 수전 경험은 전무했고 무엇보다 수군을 갖고 있지 않았다.

장방찬을 이은 꼭두각시 대제 황제

　남송은 대패주했지만 그들을 추격한 금군도 너무 깊이 쫓아갔다. 강남은 수로가 그물처럼 뻗어 있어 물에 익숙하지 않은 금군이 이런 곳에서 작전하는 것은 위험했다. 병참선도 뻗을 대로 뻗어 있어 보급에도 문제가 있었다. 송나라가 지배하는 땅을 관통하듯 진격했으므로 어물대다가는 도중에 남송의 근황군에게 습격당할 위험이 있었다. 종필(宗弼, 우로주, 태조 아골타의 넷째아들)이 총사령관이었는데, 상황을 판단한 그는 장강을 건너 북으로 철수했다.

　온주 영가현(永嘉縣)까지 도망간 고종은 겨우 월주(越州, 오늘날 소흥현)로 돌아와 잠시 그곳에 머물렀다. 건염 4년(1130)의 일인데, 장방창 책립에 반대하고 금나라에 끌려가 있던 진회가 석방되어 월주에 도착한 것이 이해 10월이었다. 진회는 고종에게 아내 왕씨(王氏)와 함께 금나라 군영을 탈출하여, 감시하는 금나라 사람을 죽이고 배를 빼앗아 바닷길로 월주까지 왔다고 설명했다. 하지만 탈출한 것이 아니라 실제로는 금의 실력자인 달란(撻懶, 완안창, 태조 아골타의 사촌)이 대송 공작을 위해 보낸 것이었다. 교환 조건부 석방이었다고 할 수 있다.

　송나라 쪽에 감정적, 교조적인 주전론자가 있듯이, 금나라 쪽에도 감정적, 맹목적인 확장주의자가 있었다. 실무에 종사하거나 실제로 군대를 지휘하는 최고 간부층은 자신들의 실력을 잘 안다. 기세를 몰아 절강 해안까지 고종을 추격했던 금나라의 하급 간부는 강남까지 제압할 수 있다고 생각했는지도 모른다. 하지만 군수품 보급이나 각지의 정세에 관한 정보를 받고 있는 상급 간부는 살얼음을 밟는 기분이었을 것이다. 달란은 이 현상에서는 황하 이북을 확실히 파악하는 것이 금이 취해야 할 방침이라는 것을 알았다. 하북을 확고히 하기 위해서는 남송과의 관계를 안정시켜야 했다. 달란은 남송에 화평 분위기를 조성하게 하기 위해 진회와 자주 의논하고, 그 공작을 위해 그를 석방했을 것이라 생각한다.

금군은 마치 기호지세(騎虎之勢)로 장강을 건넜으나, 종필의 명령 한마디에 썰물처럼 북으로 올라갔다. 그전에 금군은 건강(建康, 남경)에 불을 질렀다. 자신들은 점령할 여유가 없지만, 남송도 그 도시의 활력을 이용하지 못하게 파괴한 것이다.

송의 의군은 각지에서 철수하는 금군에게 공격을 가했다. 그 안에 악비도 있었다. 장강을 북쪽으로 건넌 금군에게 악비는 정안(靜安) 지방에서 공격을 가해 이를 크게 격파했다. 그 밖에 한세종(韓世宗)이나 장준(張浚) 같은 송나라 장군들이 금군에게 심각한 타격을 주었다. 달란이 진회를 석방한 것은 금군이 이들 송나라 의군에게 피해를 입은 뒤의 일이다.

일단 장강을 건너기는 했으나, 금나라의 인적 자원이나 정치적, 경제적 실력으로는 황하 이북을 유지하는 것이 고작이었다. 하지만 하남 땅에서 송의 세력을 일소했다. 이대로 하북으로 올라가면 하남 땅은 고스란히 송의 손아귀에 떨어질 것이다. 그래서 금나라는 또다시 하남 땅에 새로운 꼭두각시 국가를 만들어 그것으로 간접정치를 하려고 생각했다.

금이 제2의 장방창으로 선택한 것은 유예(劉豫)라는 인물이었다. 유예는 송나라의 제남부(濟南府) 지사였는데, 이 지방이 혼란해지고 또 금군의 공격에 직면했기 때문에 좀 더 남쪽 지방의 장관으로 보내달라고 청했다. 고종이 그것을 허락하지 않자, 앙심을 품은 유예는 금나라 장군 달란에게 투항했다.

달란은 유예를 이용하려고 생각했다. 하남의 광대한 지역의 민정을 유예에게 맡기고, 달란은 그것을 감독하기로 했다. 새 영토의 실질적인 주인이 되어 금나라 내에서 자신의 세력을 키우고자 했던 것이다.

개봉을 함락한 용장 종한(宗翰)은 국상(國相)인 살개(撒改, 태조의 사촌)의 장남으로 좌부원수였는데, 그 지위는 우부원수 종망(태조의 둘째 아들)보다 위였다. 그리고 달란과는 세력을 다투는 경쟁자였다. 그는 달란과 유예의 관계를 냉정하게 바라보고 있었다. 유예는 차츰 그럴 마음이 들었다. 그럴 마음이란 꼭두각시 국가의 황제가 되는 것이다.

초의 황제 장방창은 마지못해 그 지위에 올랐으나, 유예는 스스로 나서서 제위를 손에 넣으려고 했다. 아직 송에 충성을 다하고 있는 근변 여러 주의 장관에게 금나라에 투항을 권거나 송나라 종실이 숨기는 일을 캐내기도 하고, 또 종실을 숨겨준 자를 죽여서 오로지 금나라로부터 '황제'라는 상을 받으려고 했다. 그를 지켜보던 종한은 달란이 군대를 이끌고 남으로 간 틈에 유예를 '대제 황제(大齊皇帝)'에 책립했다. 물론 금나라 태종의 허가를 받은 일이었다.

유예는 달란에게 항복하여 동평부(東平府) 지사가 되었으나, 황제가 된 것은 종한에 의해서였다. 이로써 황하 이남 땅은 꼭두각시 황제 유예를 확실히 손에 넣은 종한의 세력권으로 들어갔다. 달란에게는 '재주는 곰이 넘고 돈은 되놈이 버는' 형국이 된 셈이었다. 이것은 또 건국의 의기에 불타던 금나라 내부에서 불협화음이 들려오는 사건이기도 했다.

남송의 요청을 외면한 고려

유예의 즉위극이 행해진 것은 진회가 월주의 고종에게 돌아간 해였다. 그 이듬해, 남송은 소흥(紹興)으로 연호를 바꿨다. 소흥 원년은 서기 1131 년에 해당하며, 이 해 정초에 고종은 군신의 하례를 받지 못했다. 그는 백관을 이끌고 두 황제를 요배(遙拜)하는 의식을 행했다. 두 황제란 금나라로 끌려간 휘종과 흠종이다. 고종이 있던 월주는 이때의 연호를 따서 소흥부라고 이름을 지었다. 명주(名酒)의 산지로도 친숙한 소흥의 지명에는 이러한 유래가 담겨 있다.

이듬해 소흥 2년(1132), 고종은 월주에서 항주로 옮겼다. 이곳은 임안부(臨安府)인데, '행재'라고도 부른다. 이후 항주는 실질적으로 남송의 수도가 되었다.

고종은 남천해서 두 황제를 요배했는데, 북송된 두 황제 일행은 요동 땅에서 더욱 먼 곳으로 옮겨가 있었다. 꼭두각시 국가인 제(齊)가 성립되자, 금나라는 두 황제를 오국성(五國城, 요의 오국부 절도사가 있던 성. 오늘날 흑룡강성 지방-옮긴이)으로 옮겼다.

> 서풍은 밤새도록 떨어진 문을 흔들고,
> 쓸쓸한 관(館)에는 침침한 등불 하나뿐.
> 고국 쪽으로 고개를 돌리면 삼천리,
> 눈길은 남쪽 하늘에서 멈추고 기러기도 날아가지 않는구나.

徹夜西風撼破扉 蕭條孤館一燈微 家山回首三千里 目斷天南無雁飛

이것은 휘종이 오국성 성관 벽에 썼다고 전하는 칠언절구다.

요배라는 말을 자주 쓰는데, 이 시대에는 '요책(遼册)'이라는 말을 썼다. 고종의 아내 형씨(邢氏)는 남편이 사절로 파견된 뒤, 당연히 개봉에 머물고 있었다. 물론 황실의 일원으로서 북송되었다. 즉위한 고종은 그 자리에 없는 형씨를 황후로 책립했다. 이것을 요책이라고 한다. 고종 부처는 헤어진 뒤에 다시 만나지 못했다.

휘종은 북천할 때, 황하를 건넌 뒤 10여 일 뒤에 남쪽으로 가는 조훈(曹勛)이라는 자에게 의탁하여 어의의 비단을 찢어서 고종에게 편지를 썼다. 그때 형부인은 금팔찌(腕環)를 조훈에게 주어 남편에게 보냈다. 환(環)은 환(還)과 음이 같아 하루 빨리 돌아가서 만나고 싶다는 마음을 나타낸 것이다.

중원을 맑게 할 방책이 있다면 있는 힘을 다해서 이를 행하라. 나를 염려할 것은 없다.

이것은 휘종이 입으로 전해 조훈에게 의탁한, 고종에 전하는 말이었다. 중원을 회복할 방책이 있다면 무슨 일을 해도 좋다, 내 목숨과 관계될까 봐 망설여서는 안 된다는 뜻이었다.

고종은 종종 금나라에 사절을 파견하여 두 황제의 귀환을 요청했다. 그 사절을 금국기청사(金國祈請使)라고 불렀는데, 대동(大同)에 있던 종한이 도중에 사절을 억류하는 바람에 금나라의 태종에게는 가지 못했다. 고종은 고려에 금나라 수도로 가는 사절을 위해 길을 빌려 달라고 요청했으나 거절당했다. 고려도 금에 신종하고 있었다. 금은 남천한 송이 다른 세력과 결탁하는 것을 매우 경계했다. 남송이 금나라 지배하의 거란족과 한족을 부추기다가 발각되었다는 사실은 앞에서 이야기했다. 이것은 남벌의 동기가 된다. 남송에 길을 빌려주어 호의를 보이면, 고려는 금에게 의심을 살 위험이 있었다. 그러므로 몰인정해 보여도 길을 빌려 주는 것을 거절했던 것이다.

북송된 것은 두 황제와 황족 종실만이 아니었다. 특별한 기술을 가진 사람들도 많이 끌려갔다. 꼽아 보자면 일대 문화집단이 옮긴 것이다. 문화적인 사람만이 아니라 개봉의 궁전에 수장되어 있던 막대한 문화유산도 북송되었다.

문화수준이 매우 낮았던 여진족의 눈에 이것들은 온통 눈부신 것뿐이었다. 금나라 상류층 사람들은 금세 이 빛나는 문화의 포로가 되고 말았다.

거란족은 당나라 때부터 한족의 문화권과 경계를 접하면서 오랜 교류로 면역성을 갖고 있었다. 거란족의 요나라 왕조는 문화적으로 한족에 동화된 것 같지만, 이를테면 그 정체(政體)인 이원제를 끝까지 지켰다. 이원제는 거란족 고유의 민족특성을 유지하는데 큰 몫을 담당했다. 그런데 금왕조를 세운 여진족은 똑같은 여진이라도 생여진(生女眞)이라고 해서 오지에 있던 사람들이었다. 숙여진(熟女眞) 쪽은 한족 문화권과 접촉도 있었지만 생여진에게는 그것이 없었다. 말하자면 면역성이 없었던 것이다.

처음부터 한족의 문화가 밀려온 것이 아니다. 여진 사람들이 그것을 짊어지고 온 것이다. 두 황제와 함께 개봉에서 연행된 문화집단이 그에 해당한다. 머지않아 금나라는 한족문화에 빠져 버렸다. 금나라 황제는 송나라 휘종 황제의 수금체(瘦金體)라고 부르는 필적을 그대로 흉내내었다. 금나라는 건국 당초에는 요의 제도를 따라 이원제를 채택하여 여진족과 한족을 나누어서 통치했다. 그런데 어느새 일원제가 되었다. 한족과 나눌 필요가 없을 만큼 여진족의 한족화가 진행된 것이다.

한편 송나라의 남천으로 많은 문화인이 강남으로 이주하면서 당나라 시대부터 문화적, 경제적으로 발달한 이 지방의 문화층이 한층 두터워졌다.

휴전으로 가는 길

송나라를 망친 '상문경무'

꼭두각시 국가라 해도 유예(劉豫)를 황제로 삼은 '제(齊)'가 탄생한 것은 남송에 큰 타격이었다.

여기에서 왜 송나라는 절대적으로 수가 적은 여진족 군단에게 허무하게 패퇴했는지 생각해보자. 흔히 송나라가 '상문경무(尙文輕武)' 체질이라는 점을 지적한다. 당나라가 절도사를 모체로 한 군벌에게 멸망당한 것을 교훈 삼은 송나라는 그 전철을 밟지 않으려고 고심했다. 절도사를 명예직으로 만들어 그 어금니를 뽑아 버린 것이다. 지방군의 우수한 분자를 금군에 편입한 것은 외부에 강한 군벌이 생기는 것을 방지할 수 있었는지는 몰라도 외적에 대비할 변경 군대의 약체화를 초래했다.

송나라의 패배는 약한 지방군도 한 가지 원인이지만, 주된 원인은 역시 정치의 문란이라고 해야 한다. 신법과 구법 간의 정쟁은 잘하면 국가를 활성화시키지만, 잘못하면 정치를 혼란시킨다. 초기 양당의 싸움은 적어도 정치에 열기를 띠게 했지만, 삼류 정객이 정쟁의 주인공이 된 뒤로는 나라를 갈기갈기 찢어 놓았다. 거기에 덧붙여서 휘종의 사치는 백성을 착취하고 괴롭혔으므로, 각지에서 반란이 일어난 것은 당연했다. 방납(方臘)의 난은 그중에서도 가장 규모가 컸는데, 『수호전』 형태의 반란 무리가 각지에서 생겨났다.

남천한 뒤 송나라는 금나라와 한창 전쟁을 치르면서도, 한편으로는 반란군단을 토벌해야 했다. 소흥(紹興) 원년, 월주(越州)에서 두 황제를 요배(遙拜)한 직후, 장준(張俊)이 강회로(江淮路)의 초토사(招討使)로 임명되고 악비(岳飛)가 그 부사령관이 되었는데, 토벌 상대는 금군이 아니라 이성(李成) 등의 반란군단이었다. 남송군에게 격퇴당한 대두목 이성은 갓 성립한 제(齊)나라로 도망갔고, 그곳에서 황제 유예의 보호를 받았다. 남송이 아무리 두들겨대도 그들에게는 도망갈 안전지대가 있었다. 더구나 제는 망명한 두목들을 보호할 뿐만 아니라 크게 우대하여 관직까지 내렸다.

반란군의 두목만이 아니다. 남송에서 냉대받는다고 느낀 잡군 지휘관까지 잇따라 제나라에 투항했다. 진무사(鎭撫使) 공언주(孔彦舟), 수군 서문(徐文), 선무사(宣撫使) 참모 등 많은 자는 10만 대군을 이끌고 귀순했다. 불만분자를 받아주는 좋은 수용소가 생겼으니, 남송으로서는 매우 곤란했을 터이다.

금나라는 이 꼭두각시 나라인 제에 여진족의 풍습인 변발을 강요했다. 이민족인 금나라에 항복하는 데 저항감이 있는 자도 한족 국가의 형태를 띤 제에 항복하는 것에는 구애됨이 적었을 것이다. 남송군 무장이 대량으로 제에 흡수되었다. 남송은 이쪽의 사정을 잘 아는 무리를 적으로 두게 된 것이다. 일하기 어려운 것은 당연했다.

대제 황제 유예는 남송과의 세력권 경계에 해당하는 숙주(宿州, 안휘성 숙현)에 초수사(招受司)를 설치하고 제나라로 귀순할 것을 권했다. 아무리 제나라가 권유했다고 해도 투항한 사람이 너무 많았다. 그만큼 불만분자가 많았다고 할 수 있다.

　문(文)을 숭상하고 무(武)를 경시한다는 것이 송나라 건국 이래의 전통이었다. 문관, 특히 진사에 급제한 대교양인인 문관이 정치 무대에 섰다. 군대에서도 야전 부대장 위에 문관이 임명되어 감독했다. 문관이 군대를 조절한 것이다. 이래서는 제복을 입은 쪽에서 불만을 품는 것이 당연했다.

　흡수된 것은 무장만이 아니었다. 남송의 정치도 북송 말기의 뒤를 이어서 정쟁이 심해, 금나라에서 탈출했다 하여 고종의 신임을 얻던 진회조차 한 번 실각했다. 문관관료의 지위도 불안정했다. 언제 실각할지, 아니면 처벌을 받을지 알 수 없는 불안이 문관을 제나라로 몰아내는 원인을 제공했다.

　유예도 일찍이 송나라의 문관이었다. 따라서 송나라 정치제도의 약점을 알고 있었다. 관리들의 심리에도 밝았다. 남송도 북송시대부터 이어내려온 진사지상주의였다. 아무리 유능해도 진사에 급제하지 못하면, 관계에서 승진하기 어려웠다. 수험기술이 뛰어난 자가 득을 보고 실제로 재능 있는 인물이라도 진사가 되지 못하는 한, 자신의 능력을 발휘하여 높은 지위에 오를 수 없었다. 진사가 아니면서 능력이 있는 자가 늘 불만이라는 것을 같은 둥지에 있던 유예는 잘 알았다. 그래서 제나라는 남송의 사대부에게 능력 위주로 등용한다는 구호를 내세웠다. 여기에 이끌린 사람도 적지 않았을 것이다.

남송 쪽에서도 제나라를 향해 귀순을 권유했다. 남송은 황제에 충성한다는 대의명분을 내걸었는데, 분명 이치에는 맞는 소리였으나 이 난세에 구체적인 실리를 보이지 못한 구호는 그다지 효과가 없었다.

시대가 낳은 풍운아 악비

남송을 위해 군사 활동을 하던 자는 원래 정규군에 적을 두었던 사람이 아니라 황제를 위해 의병을 일으키자는 구호에 응한 사람이 많았다. 악비는 농민 출신이었고, 한세충(韓世忠)은 관창의 운반인이었다. 장준 같은 사람은 도적떼 출신이었다고 한다. 유광세(劉光世)는 역대에 북송을 섬긴 장군의 집안에서 태어났는데, 그 조상은 서번(西番)이었다.

금군과 싸우고, 유예의 제나라와 싸우고, 각지의 반란군을 평정하는 동안, 그들은 차츰 세력을 키워 갔다. 정부에서 별반 원조를 받지 못했으므로 자신들 군단 내부 일에 간섭받을 일도 없었다. 간부 임명도 자기들 마음대로 했다. 군대 인사뿐만 아니라 무력으로 지배하는 곳의 지방관 임명까지 자신의 의사대로 했다. 이것은 그야말로 군벌이었다.

송나라가 건국 이후 가장 두려워 하던 군벌이 마침내 이때 생겨난 듯하다. 항주에 있던 남송의 조정은 진사에 급제한 관료가 집행했다. 망명정부지만 정부는 역시 고급관료의 것이라고 생각했다. 항주의 고급관료들이 지방에서 생겨난 신군벌에게 경계의 눈초리를 보냈음은 말할 것도 없다. 그리고 가능한 그 힘을 억누르려고 애썼다.

신군벌 중에 가장 젊고, 그리고 교양 있었던 사람이 악비였다. 휘종 숭녕(崇寧) 2년(1103)에 태어났으니, 정강의 변으로 국도 개봉이 함락되었을 때는 아직 23세에 지나지 않았다. 악비의 필적이 남아 있는데 상당히 훌륭하다. 농민의 자식이면서 애국심 때문에 군대에 지원해 일개 병졸에서부터 승진했다는 경력도 감동적이다.

악비도 그렇고 다른 군벌도 그렇고, 송나라가 금나라의 압박을 받는 사태가 일어나지 않았다면, 역사의 무대에 오르는 일은 없었을 것이다. 시대의 아들이었다고 하겠다. 이에 항주의 고관들은 자신들의 정통성을 더욱 강조하고 싶어 했다. 신군벌을 멸시하고 경계하고 미워했으나, 그들이 없으면 금나라와 제나라의 압력을 물리칠 수 없다. 강적을 눈앞에 두고 있으므로 자기편이 강하지 않으면 곤란했다. 그렇다고 너무 강해져서 그 힘이 중앙정부에 미치게 되면, 그 이상으로 곤란하다. 신군벌을 대하는 고관들의 심리는 상당히 복잡했다.

신군벌끼리도 그다지 사이가 좋지 않았다. 지배하는 지역이 인접하는 경우는 반드시라고 해도 좋을 만큼 영역 다툼이 일어났다. 민간에서 장정을 징발할 때, 서로 싸우는 일도 있었다. 불화의 원인이 적지 않은데다 조정 고관들의 교란공작도 있었을 것이다. 신군벌끼리 으르렁대며 서로 힘을 약화시키는 상태가 정통 관료에게는 바람직한 모습이었다.

젊고 배움이 있는 악비가 갑자기 출세한 군벌들의 반감을 샀음은 쉽게 상상할 수 있다. 악비는 동료들과 선을 긋는 자세로 호북의 무한(武漢)과 양양(襄陽)에 주둔하면서 전쟁에서 빛나는 전과를 자주 올렸다.

진회가 재상이 되어 강화파가 세력을 얻자, 군벌에게는 관료 전체의 압력 외에 강화파의 압력까지 더해졌다.

금나라와 강화 이야기가 진행되고 있을 때, 금과 싸우는 군대의 존재는 눈엣가시였다. 전쟁이 일인 군벌은 전쟁을 그만두자는 이야기에 불안

을 느꼈을지도 모른다. 이 시기의 신군벌은 전쟁을 하면서 살이 쪘다고
할 수 있다. 큰 손해를 내는 격전은 곤란하지만, 작은 마찰 정도의 전쟁
은 오래 계속되는 편이 유리했다.

이와 같은 신군벌의 자세가 강화에 방해가 된다고 본 진회는 기회만
있으면 군대 편제를 바꾸어 그들을 무력화하려고 했다.

대제 황제 유예는 진사출신 고관으로 군사적인 경험은 없었다. 처음
에는 자신의 군대도 없었다. 제나라의 군대는 징병제였다. 꼭두각시 국가
이므로 제나라가 모은 군대는 금나라의 것이라고도 할 수 있다. 금나라
는 제나라와 군대를 합쳐서 종종 남벌하여 남송을 쓰러뜨리려고 했다.
큰 작전을 두 번 계획했는데, 두 번 모두 금나라의 사정으로 철병했다.

첫번째는 남송 소흥 2년(1132)의 일이다. 금나라 태종은 여러 장군을
연경에 모아 놓고 남벌작전 회의를 열었다. 당시 태종은 상경(上京, 오늘날
하얼빈시 동남쪽 아성현)에 있었고, 하북의 최대 실력자인 종한은 서경(西京,
대동시)에 있었다. 연경에서 열리는 회의 때문에 종한이 서경을 떠나자,
도원수부(都元帥府) 우도감(右都監)으로서 종한 밑에 있던 야율여도(耶律余
睹)가 반란을 일으켰다. 그 때문에 송나라를 치려던 대규모의 남벌이 중
지되었다.

야율여도는 그 성(姓)에서도 알 수 있듯이 거란족 출신이다. 더구나
종실로서 요나라의 황실과 가까운 인물이었다. 그는 요가 멸망했기 때문
에 금을 섬긴 것이 아니다. 일찍부터 금나라에 항복해 금나라가 요를 멸
망시키는 것을 도운 인물이다. 야율여도가 금나라에 항복한 것은 요 왕
조 내의 권력투쟁에서 밀려나 살해될 것 같았기 때문에 탈출했다는 사
정이 있다. 자신을 실각시킨 승리자에게 여진족의 무공을 끌어들여 복수

하려던 음습한 이야기다.

　요나라에서 야율여도는 상경로도통(上京路都統)과 금오위대장군(金吾衛大將軍)으로서 여진족의 공격을 막은 군공이 있었다. 권력투쟁의 상대는 추밀사로서 천조제의 신임을 얻고 있던 소봉선(蕭奉先)이었다. 앞에서도 이야기했듯이 소씨는 후족(后族)이라고도 불리며, 역대 황후, 황비를 배출한 명문가였다. 소봉선의 누이도 천조제의 원비(元妃)였다. 『요사』는 소봉선을 '협사멸공(挾私滅公)'이라고 평한다. 이것은 말할 것도 없이 '멸사봉공(滅私奉公)'의 반대말이다. 아우인 소사선(蕭嗣先)은 금군을 방어하다 대패하여, 본래라면 처벌을 받아야 했지만 형 덕분에 죄를 용서받았다. 그 후 요군의 군기는 문란해지고 금과의 싸움에서는 번번이 참패했는데, 이는 당연한 일이었다. 그는 누이인 원비가 낳은 진왕(秦王)을 천조제의 황사(皇嗣)로 삼으려고 생각했다. 그런데 황자들 가운데 가장 뛰어난 사람이 문비(文妃)가 낳은 진왕(晉王)이었다. 이 문비가 바로 야율여도의 처형이었다. 진왕(晉王)이 황사가 되는 것을 막기 위해 소봉선은 문비 일족이 진왕(晉王) 옹립을 꾸몄다고 날조했다. 이 때문에 관계자는 살해되었고 문비까지 사사되었다. 문비의 제부인 야율여도는 금나라와의 전쟁에 출정중이어서, 주살만은 면했지만 돌아오면 목숨을 잃을 것이 뻔했다. 그로서는 금나라에 투항하는 수밖에 없었다. 그리고 금군을 이끌고 가증스러운 소봉선에게 복수하려고 했다.

　소봉선은 마지막에 천조제에게 사사되었으나, 중요한 요 왕조는 멸망해 버렸다. 금나라에 항복한 야율여도는 요나라를 토멸하는데 자신이 큰 공을 세웠다고 생각한 것과 달리, 그다지 승진하지 못한 것에 불만을 품었다. 원수부의 우도감은 그가 요에서 임관했던 금오위대장군보다 낮은 지위였다.

금나라 태종이 연경에서 송나라 토벌 회의를 열기 2년 전, 야율여도는 야율대석을 쫓아가서 치라는 명령을 받았다. 야율대석은 나중에 서쪽으로 달아나 카라 키타이(西遼)를 연 인물인데, 이 무렵에는 아직 몽골 고원에 있었다. 야율여도는 야율대석이 너무도 빨리 달아나서 따라잡지 못하겠다며 군대를 후퇴시켰는데, 금나라에서는 이 철병이 여도와 대석이 담합한 결과가 아닐까 의심했던 모양이다. 그 때문에 야율여도는 처자를 인질로 빼앗겼다. 자신의 몸에 언제 어떤 재난이 닥칠지 알 수 없었던 그는 동요했다. 그때 마침 송나라가 유혹의 손길을 내민 것이다.

송나라가 요에 항복한 거란족과 한족에게 금나라 반대운동을 하라고 꾀어서 내부교란을 일으켰다는 사실은 앞에서 이야기했다. 야율여도는 절반은 궁지에 몰린 느낌이었다. 자신을 감독하고 있는 종한이 회의 때문에 대동을 떠난 것은 야율여도에게 다시없는 결기의 기회였다. 그는 연경로통군의 소고륙(蕭高六)과 남몰래 연락을 취했다. 소고륙은 요나라 후족인 소씨의 일족으로 역시 거란족이었다.

야율여도의 계획은 각지의 거란족과 한족이 여진족 관리를 모두 죽이는 것이었다. 물론 그것은 일제히 시행하지 않으면 성공할 수 없다. 결기의 날은 9월 9일로 정해졌다. 중양(重陽)은 여진족의 풍습으로는 귀인이 수렵하는 날이다. 틀림없이 교외로 나가서 수렵을 한다는 것을 알고 있으므로, 복병을 두어서 여진의 여러 장군을 습격한다는 계획을 세웠다. 이렇게 하여 연경에 모인 금나라 최고수뇌부를 한꺼번에 죽이고, 동시에 각지에서 여진인을 죽이는 소동을 일으킨다는 것이었다.

이것은 대규모의 모반 계획이었다. 각지에서 일제히 봉기하려면 사전에 여러 가지 연락이 되어 있어야 한다. 야율여도의 반란은 규모를 너무 키운 것이 실패한 원인이었다. 연락 단계에서 비밀이 누설된 것이다. 야율여도가 연경의 소고륙에게 보낸 밀사가 종한의 부하에게 붙잡혔다. 또 모반을 권유 받은 거란족 중에도 운내(雲內, 산서성 북부) 절도사 야율노가(耶律奴哥)처럼 이를 밀고한 자도 있었다.

사전에 모사 정보가 새어나가 연경에 있던 소고륙은 붙잡혀서 처형되었다. 야율여도는 도망쳐서 서하(西夏)에 의지했으나, 금을 두려워한 서하는 그를 보호하려고 하지 않았다. 그는 어쩔 수 없이 북으로 달아났는데, 결국 몽골계 달단(韃靼) 부족에게 붙잡혀 죽었다. 아마도 그는 야율대석에게 투항하려고 했던 것 같다. 달단 부족은 그의 목을 금나라에 바쳤다.

이 반란 때문에 송나라를 토벌하려던 금나라의 계획은 연기되었다. 다음번 토벌 작전은 2년 뒤에 있었다. 남송 소흥 4년(1134)에 해당한다. 남송군은 남하하는 금·제 연합군을 맞아 온 힘을 다해 잘 싸웠다. 악비와 한세충의 활약이 눈부셨다. 그런데 이때 금군이 회하 전선에서 갑자기 한꺼번에 철수해 버렸다. 이는 남송군에게 밀려서가 아니었다. 태종의 병이 위독하다는 소식이 군중으로 날아들었기 때문이다.

큰아버지 덕에 즉위한 희종

황제의 생사는 국가의 최대 사건이자 중신들에게도 자신의 운명이 달린 문제다.

금나라 태종 완안오걸매(完顏吳乞買)는 남송을 토벌할 남벌군을 출격시킨 천회(天會) 12년(1134) 10월, 59번째 생일을 맞았다. 태종의 생일은 천청절(天清節)이라고 부른다. 금 왕조에서는 역대 황제마다 생일에 명칭을 붙이는 것이 관습이었다. 다음 황제인 희종(熙宗)은 '만수절(萬壽節)', 3월에 태어난 세종은 '만춘절(萬春節)', 장종(章宗)은 '천수절(天壽節)'이라고 불렀다. 한편 태종의 천청절을 축하하는 사절의 얼굴은 해마다 정해져 있었다. 『금사』「태종본기」10월에는 변함없이,

　　천청절에 제, 고려, 하(夏)가 사절을 보내 하례했다.

라는 문구가 보인다. 제나라가 유예의 나라임은 말할 것도 없다. 고려는 금나라 남쪽에 이웃한 국가로 종족으로 보면, 여진과 같은 퉁구스계이므로 친근감은 있었을 것이다. 하지만 국경을 접하고 있기 때문에 분쟁이 없지 않았다. 금과 고려의 분쟁은 보주(保州) 소속을 둘러싼 것이었다.

　보주는 평양의 서북에 있으며, 나중에 안주(安州)라고 부른 지방이다. 고려의 영토였으나, 요는 개태(開泰) 3년(1014), 고려왕 순(詢)이 제멋대로 즉위하여 복종하지 않는다며 출병하여 이곳을 점령했다. 고려왕은 요나라 황제가 책립하는 것인데 마음대로 왕위에 올랐으니, 그것을 어긴 벌로 보주를 빼앗은 것이다.

　고려로서는 그때부터 100년이 지났고 거란의 요나라도 멸망했으니, 자기 나라 고유의 영토인 보주를 돌려받고 싶다고 요구했다. 금으로서는 요가 영유한 판도를 그대로 인계했으며 거기에 보주도 포함되어 있다고 주장했다.

　이 문제는 고려가 금을 종주국으로 인정한다는 조건으로 보주를 고려에게 반환하는 것으로 해결되었다. 이미 태종 천회 8년(1130)의 일이었는

데, 여진족이 땅에 그다지 집착하지 않는다는 것을 이 결정으로도 알 수 있다. 이렇게 해서 고려는 속국으로서 금나라 황제의 생일이나 신년에 축하 사절을 보냈다.

하(夏)는 곧 서하를 말한다. 금나라와 요나라가 싸우던 무렵, 서하는 처음에는 인척관계에 있는 요나라에 붙었으나, 금나라 천회 2년(1124)에 금나라에 표(表)를 바치고 번(藩, 속국)이라 칭했다. 그리고 하채(下寨) 이북, 음산(陰山) 이남 땅을 받았다.

토지를 받고 금나라의 종주권을 인정한 것은 제와 고려, 서하의 공통된 점이었다. 금나라에 복종하게 된 뒤로 서하는 황금기를 맞았다. 요에서 공주를 맞아들여 동맹관계를 맺었던 시기에는 요나라의 적이었던 송으로부터 끊임없이 공격을 받았다. 그런 송나라가 금에게 압박을 받아 남천하자, 서하는 이제 송과 국경을 접하지 않게 되었다. 금나라와 우호관계를 유지하는 한, 서하는 대외적으로 걱정이 없었다. 건국한 이래 가장 넓은 판도를 지배하고, 그 후 100년 동안 몽골에 멸망당하기까지 정치적으로 매우 안정된 정권을 이어 나갔다.

삼국의 축하사절을 맞이한 이해 천청절 무렵, 태종은 갑자기 건강이 나빠졌다. 『송사』에 따르면, 회하 전선에서 금군이 일제히 퇴각한 것은 이해 12월 경자(庚子), 즉 26일이었다고 나온다. 태종의 죽음은 이듬해 정월 기미(己巳)일이므로 24일이다. 이해 원단(元旦)은 『송사』와 『금사』에 하루 차가 나서 전자가 하루 빠른 것으로 기록되어 있다. 하지만 양쪽 모두 새해 첫날에 일식이 있었다고 기록한다. 이때는 이미 일식을 사전에 정확히 산출할 수 있는 지식이 있었다. 남송에서는 지난해 12월에 새해 첫날 아침에 일식이 있다 하여 직언을 요구하는 조서를 내렸다. 일식 같은 자연현상은 하늘이 내린 경고라는 사상이 아직 살아 있었던 것이다.

금나라에서는 태종의 죽음으로 황태자 단(亶)이 즉위했다. 여진어로는 황태자를 '암반보길레(諳班勃極烈)'라고 부른다. 암반보길레 자리에 있던 단은 사실 태종의 아들이 아니다. 태종 자신도 태조의 아들이 아니고 그 동생이었으므로, 후계자에 관해서는 황실 내의 목소리를 존중해야 했다. 즉위해서 훗날 희종(熙宗)으로 불린 완안단(完顏亶)은 태조의 아들인 종준(宗峻)의 장남이었다. 종간(宗幹)이나 종한(宗翰) 같은 황실의 유력자가 단을 암반보길레로 세울 것을 태종에게 진언하고, 그대로 된 것이다.

태조, 태종이라는 묘호를 붙이는 방법도 북송 초기와 많이 닮았다. 북송은 태조 조광윤(趙匡胤)에게 아들이 있었음에도 사후에 아우인 태종 조광의(趙匡義)가 뒤를 이었다. 금나라 태조와 태종의 관계도 마찬가지다. 그러나 금나라의 경우, 태종이 죽은 뒤 황위는 태조의 손자에게 전해져 태조계 황제가 멸망까지 이어졌다. 북송은 태종계가 쭉 이어 가다 남송의 고종(高宗)에 이르고, 그가 죽은 뒤에 겨우 태조계로 돌아왔다.

다음에 금나라 왕조의 계도를 실었다. 3대 황제 희종의 즉위를 적극적으로 추진한 사람은 종간과 종한이었고, 반대한 사람은 태종의 아들 종반(宗磐)과 달란이었다. 이해하기 쉽게 전자를 ○, 후자를 ×로 나타냈다. 이 두 파의 흐름은 황위계승만이 아니라 나중에는 대남송 평화정책에까지 영향을 미쳤다. 또 희종의 아버지 종준은 이미 죽고, 희종의 생모는 종간의 아내가 되어 있었다. 종간에게 희종은 어릴 때부터 자식처럼 기른 소년이었다. 한편, 당시 금나라 왕조의 최대 실력자였던 종한은 조종하기 쉬운 황제 쪽이 편했다. 이미 성인이 된 종반보다는 17세인 희종을 선택하는 쪽으로 마음이 기울었을 것이다. 종한이나 종간 같은 황실의 유력자가 황사(皇嗣)문제를 놓고 희종을 강력하게 추천했을 때, 형의 아들을 제쳐 놓고 2대 황제가 된 태종이 그것을 거부하기는 곤란했을 것이다. 일단 승낙하고 나중에 자기 아들로 바꿀 작정이었는지도 모르지만, 그때까지 명이 닿지 않았다.

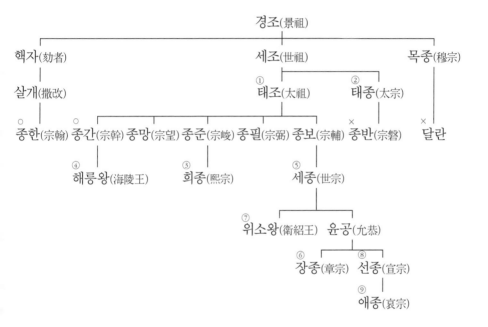

꼭두각시 황제의 최후

희종의 후견인이었던 종간은 금 왕조의 권력을 강화하려고 작정했다. 건국할 당시 금나라의 두 황제는 제 자식을 후계자로 세우는 일조차 할 수 없을 만큼 황실 내의 목소리를 존중해야 했다. 금 왕조를 세우는데 많은 황족의 힘을 빌렸던 것이다. 하지만 태조가 나라를 세운 지 이미 20년이 흘렀다. 중원의 황제가 쥐었던 독재권을 금나라 황제도 손에 쥐어야 한다고 종간은 생각했다. 물론 독재 황제 뒤에 부모 대신인 자신을 앉혔다.

종간에게 협력하여 희종을 옹립한 종한의 속셈도 앞에서 이야기했듯이 어린 황제가 조종하기 쉽다는 데 있었다. 종간이 해야 할 첫번째 일은 금나라 왕조 유일의 실력자인 종한의 힘을 약화시키는 것이었다. 그것에 성공해야만 권력의 중앙 집중이 가능했다.

종간이 생각한 것은 종한을 떠받드는 것이었다. 종한은 새 황제에 의해 '태보령 삼성사(太保領 三省事)'로 임명되었다. '태보'란 황제의 스승이다. 당나라 이후 상서성, 중서성, 문하성의 삼성을 총감독하는 자리이므로, 지위로서는 이 이상의 것이 없었다. 하지만 종한은 이 임명으로 자신의 지반인 서경대동부(西京大同府)를 떠나야 했다. 상경회령부(上京會寧府)에서 늘 황제 곁에 있어야 하는 관직이었다. 이것은 대동부에 주둔한 자신의 군대를 손에서 놓는다는 것을 의미한다.

어마어마한 최고의 관명으로 장식되었으나, 병권을 박탈당한 것이므로 실질적으로는 실각이라고 해도 좋았다. 종한은 희종이 즉위한 2년 뒤에 실의에 빠져 죽었다. 천회 15년(1137) 7월의 일이다. 희종은 즉위해서도 한동안 개원하지 않고 있다가, 이 이듬해에 비로소 천권(天眷)으로 연호를 고쳤다.

종한의 사실상 실각과 그에 이은 죽음으로 끈 떨어진 존재가 된 것은 제나라 황제 유예였다. 앞에서 이야기했듯이 종한의 정적은 달란과 종반이었다. 달란은 유예를 이용해서 하남에 세력권을 만들려고 했는데, 그것을 보기 좋게 종한에게 빼앗긴 경위는 이미 이야기한 대로다. 그런 만큼 달란은 유예를 깊이 미워하여, 종한이 실각하자 종반과 협력해서 제라는 꼭두각시 국가를 폐지해야 한다고 주창했다.

달란·종반과는 반대파였지만, 희종의 후견인인 종간은 그들의 주장에 찬성했다. 제나라 폐지는 곧 권력의 중앙 집중으로 이어지기 때문이다. 두 파의 의견이 일치했으니 이제 제나라의 앞날은 기대할 수 없었다.

지금 (유)예는 나서서 빼앗지도 못하고 물러서서 지키지도 못한다.
군대가 줄을 이어 화를 부르고 휴식을 기약할 수 없다.

이것은 종반의 제나라 폐지론의 일부인데, 유예의 무능을 그 이유로 꼽았다. 사실 여부는 어찌 되었든 금나라는 이제 꼭두각시 국가가 필요 없어진 것이다. 또 제나라를 폐하는데 강한 저항이 있을 것이라고 예상하지 않았다. 유예는 인망이 있어서 황제로 천거된 것이 아니었다. 다른 민족인 금의 후원으로 제위에 오른 것이다. 아마 황제 유예를 존경하는 백성은 하나도 없었을 것이다. 오히려 경멸했을지도 모른다. 이와 같은 황제와 국가를 폐하는 것은 간단한 일이라고 생각했다. 실제로 제나라 폐지는 순조롭게 진행되었다.

제나라의 수명은 고작 8년이었다. 하지만 종반의 말처럼 금나라에 전혀 도움이 되지 않았다는 것은 극론이다. 하남 땅에 제라는 나라가 있었기 때문에 하북의 주민은 남천한 송을 멀게 느꼈다. 그것은 금의 지배를 받는 것은 어쩔 수 없다는 체념을 사람들에게 갖게 했으니, 금에게는 큰 효과라고 말하지 않을 수 없다. 하지만 이제 제나라는 그 구실을 다 했다. 이제 소용이 다한 것이다.

꼭두각시는 쓸모가 없어지면 버림받는 것이 그 숙명이다. 딱하다고 할 수밖에 없다. 유예는 제나라가 폐지되기 전에 자신의 아들을 태자로 세우고 싶다고 금나라에 양해를 구했다. 그런데 희종의 대답은 몹시 냉랭했다. 선제가 그대를 세운 것은 덕망이 있었기 때문이지만 그대의 아들이 덕망이 있는지 알 수 없다, 하남 백성들에게 물어본 뒤에 결정하자는 내용의 회답이었다.

유예는 촉왕(蜀王)에 봉해졌다. 황제에서 왕이 되었으므로 강봉(降封)이다. 촉왕이라는 것도 명목뿐이었음은 말할 나위도 없다. 이 시대에 촉은 남송의 세력권에 있었다. 머지않아 그는 임황부(臨潢府)로 옮겼다. 오늘날 내몽골에 해당하는 벽지다. 금나라 황통(皇統) 3년(1143)에 그는 그곳에서 쓸쓸하고도 수치스러운 삶을 마감했다.

제나라 폐지에 성공함으로써 힘을 얻은 반신제파(反新帝派, 종간에 반대하는 파라고 해야 할지도 모름)는 다음으로 남송과의 화평으로 큰 공을 세우려고 조금 초조했던 모양이다.

금도 남송과의 안정된 관계가 필요했다. 금이 송나라 수도인 개봉을 유린할 수 있었던 것은 강력한 군대가 있었기 때문이다. 여진족은 건국 이전부터 300호를 묶어서 '모극(謀克)', 10모극을 묶어서 '맹안(猛安)'으로 하는 조직이 있었다. 이것은 행정단위이자 동시에 전투단위이기도 했다. 1모극은 약 100명, 1맹안은 약 1천 명의 전사를 두었다. 이것은 국민개병과 다름없었는데, 수렵 같은 생업도 이 단위로 집행했다. 지휘계통이 명확해서 전쟁이 일어나면, 사령관의 의사가 말단부까지 철저하게 전달되어 매우 섬세한 기동전을 펼칠 수 있었다.

또 여진족은 기마에 능했다. 고려와의 교역에서 말은 여진족의 수출품 가운데 가장 중요한 물품이었다. 거란족인 요나라를 멸망시킨 뒤에 금나라는 거란족도 '모극' '맹안'으로 편제했다. 하지만 남송은 이와 같은 군대와 싸우는 동안 차츰 상대의 계략을 알아 갔다. 회하에서 거듭된 전투로 남송은 금군의 작전까지 읽어, 그 기동성을 빼앗는 전법으로 상당한 효과를 거두었다.

금군은 이제 지난날처럼 남송에 연전연승할 수 없었다. 수로가 많은 남쪽은 원래 기마대가 작전하기 어려운 지역이다. 악비의 군대 때문에 금군은 종종 대패를 맛보았다. 모극과 맹안이 이미 신통력을 잃었다는 사실을 금나라 군 수뇌, 다시 말해 종필 등이 잘 알았다.

몽골의 칭기즈 칸은 아직 태어나지 않았지만, 대흥안령(大興安嶺) 서쪽에는 그 전조와 같은 움직임이 있었다. 몽골계 유목민의 약탈활동이 차츰 활발해진 것이다. 야율여도의 반란은 미연에 방지할 수 있었으나, 거란족의 불평분자가 언제 또 난을 일으킬지 알 수 없었다. 금나라는 야율여도의 반란사건 뒤에도 거란족을 엄하게 대하지 않고 회유책을 계속 썼다. 그렇게 할 수밖에 없었다. 남쪽에서 남송과 일을 강구하는 동안에 북쪽의 대비가 느슨해지면 어떤 큰일을 당할지 알 수 없었다.

이런 상황이므로 금나라 내에서도 남송과 화평하는 것이 바람직하다는 목소리가 커졌다. 이때 남송과 화의를 맺을 수 있다면, 큰 공적을 세우는 셈이다. 종반과 달란은 황위계승 다툼에서는 패했지만, 이번 일에서 만회하면 단숨에 역전할 수 있을 것이라 생각했다. 특히 달란은 진회라는 확실한 연락책을 남송으로 보내 두었기 때문에 자신이 있었다.

악비를 죽여야 했던 진회

금나라에 유폐되어 있던 휘종이 죽은 것은 남송 소흥 5년(1135)의 일이다. 이는 금나라에서 희종이 즉위한 해에 해당한다. 금나라는 이 사실을 남송에 알리지 않았다. 희종은 정월에 즉위하였고 휘종은 4월에 죽었다. 남송에서는 정기행사처럼 금나라에 통문사를 파견해 두 황제의 반환을 요구하고 그 안부를 물었다. 그런데도 금나라는 휘종의 죽음에 관해 입을 다물었다.

소흥 7년(1137) 정월, 금에서 돌아온 하선(何蘚)과 범영지(范寧之)가 처음 휘종과 그 황후의 죽음을 전했다. 영덕황후(寧德皇后)는 고종의 생모가 아니다. 생모인 위씨(韋氏)는 금나라 오국성(五國城)에 생존한 것을 알았다. 그래서 고종 부인 형씨(邢氏)도 그 시점에서는 아직 건재했다. 그 사실을 안 고종은 금나라와 화평 교섭을 진행할 마음을 굳혔다. 화평파의 거두인 진회는 추밀사로서 고종의 뜻을 받들어 화평공작에 힘썼다.

금나라의 화평파는 진회와 연락이 닿는 달란과 그 협력자 종반이었다. 제나라를 폐하는 일에는 의견이 일치했던 종간은 송과의 화의에 반대했다. 화의 그 자체보다 화의가 성립됨으로써 종반과 달란 일당이 힘을 얻게 될 것을 경계했기 때문이다.

달란은 폐한 제나라의 땅을 남송에게 주고, 그 대신 남송은 금을 종주국으로 인정하고 세공(歲貢)으로써 은 25만 냥, 비단 25만 필을 제공한다는 조건으로 화의를 맺으려고 했다. 남송에게는 하남에서 섬서에 걸친 잃어 버린 땅이 그대로 돌아오는 것이므로 잘 된 이야기처럼 보인다. 다만 금나라에 신종한다는 굴욕을 감수해야 했다. 원래 땅을 주고 종신시키는 것은 고려나 서하와의 교섭에도 선례가 있는 일이었다.

남송 소흥 9년(1139), 금나라 천권 2년에 이 화의가 성립되었다. 죽은 휘종의 유해와 고종의 생모 위씨의 귀환도 화의 조건 안에 들어 있었다.

그런데 일단 성립한 이 화의를 금나라 쪽에서 깨뜨렸다. 금나라는 금나라대로 사정이 있었다. 속국이었던 제나라의 영토를 호락호락 남송에 주는 것은 금나라 조정에서 극심한 논의의 대상이 되었다. 달란 같은 화평파의 주장은 제나라의 토지를 남송에게 주는 것이 아니라 남송을 끌어들여, 이것을 제나라, 다시 말해 속국화하는 것이라는 점에 중점을 두었을 것이다. 말을 듣지 않고 싸움만 걸어온 남송이 앞으로는 지금까지의 제나라와 마찬가지로 금이 말하는 대로 한다면 그보다 좋은 일은 없다. 하남 땅을 주어도 결코 아깝지 않다. 하지만 땅을 받은 남송이 과연 유예의 제나라처럼 금이 시키는 대로 한다는 보증이 있냐는 것이 반대파의 반론이었다.

나아가 이와 같은 논의를 뛰어넘은 문제가 있었다. 희종, 종간의 신황제파와 달란, 종반의 신황제 반대파의 대립이 권력투쟁 양상을 띠게 된 것이다. 성립한 화의에 따라 하남과 섬서 등 옛 제나라 영토 대부분이 남송에게 반환된 것은 송나라 소흥 9년(1139) 3월이었다. 하지만 그 후에 신황제파의 반격이 있었다. 종간은 병권을 쥔 종필과 손잡고 모반의 음모가 있다는 이유로 달란을 포함한 신황제 반대파를 숙청하는 데 성공했다. 그에 따라 신황제 반대파가 맺은 화의도 파기했다.

남송 쪽도 일단 받은 하남과 섬서를 그렇게 호락호락 돌려줄 리 없었다. 금나라는 이듬해 천권 3년(1140), 종필을 총사령관으로 한 남벌군을 일으켜 개봉과 장안을 점령했다. 남송군도 선전해서 금군을 괴롭혔다.

악비, 한세충, 장준 등은 각지에서 금군을 격파했다. 청년 장군 악비의 활약은 특히 눈부셨다. 그들은 오랫동안 금군과의 전쟁으로 상대의 호흡을 잘 파악하고 있었다. 금군은 고전을 면치 못했고, 총사령관 종필이 직접 지휘한 전투에서도 남송에 패하는 일이 종종 있었다.

금군에게 가장 큰 타격은 천군만마의 장군이자 금나라 왕조의 사실상 지도자였던 종간이 황통 원년(1141) 8월에 죽은 것이다. 게다가 북쪽에서의 정보는 대흥안령(大興安嶺) 서쪽이 긴박하다는 전갈이었다. 휴전은 금나라 쪽에서 더욱 열망했다.

종간과 종필의 대남송 강경론은 달란 등이 대남송 화평을 주장했기 때문에 그에 반대한다는 요소가 농후했다. 달란 등이 죽고 반대파가 소멸한 지금, 화평에 굳이 반대할 이유도 없었다. 종필은 달란의 유산인 남송과의 연락책 진회를 써서 화의를 재개하기로 했다.

화평파인 진회의 고민거리는 남송군이 잘 싸워서 각지에서 금군을 격파하고 있다는 현실이었다. 자기편의 승리에 고민하는 것도 우습지만, 진회의 심경이 바로 그러했다. 진회는 어떻게 기세등등한 아군을 진정시켜서 화평 교섭의 방해꾼을 없애느냐 하는 것으로 부심했다.

진회는 전선의 장군들을 소환하기로 했다. 거기에는 논공행상을 위해서라는 구실을 붙였다. 항주에서 온 장군들에게는 높은 관직을 주었다. 한세충과 장준 등은 재상급인 추밀사를, 젊은 악비는 추밀부사였다. 하지만 이것은 금나라 종간이 종한에게 썼던 것과 같은 전법이었다. 단지 고위 관작을 내리고 병권을 박탈하는 것에 지나지 않았다.

도적떼 출신인 장준은 뜻밖에도 돈 버는 재주가 있어서 60만 석의 조미(租米)를 가진 대규모 장원의 주인이 된 이야기는 유명하다. 군벌 중에서 가장 적극적으로 화의에 찬성한 사람이 이 인물이었다. 재산도 생겼으므로 이쯤해서 전쟁과는 인연을 끊으려고 생각했던 것이다. 화의에 가장 반대하고 주전론을 펼친 사람은 악비였다. 그는 끝까지 조정의 화평책에 반대했기 때문에, 진회는 모반죄를 씌워서 그를 감옥에 처넣고 죽여 버렸다.

주전론이 받아들여지지 않았으므로 악비는 관직을 버리고 은퇴하려고 했다. 그러나 무장으로서 너무도 이름 높은 그가 하야하는 것은 들판에 호랑이를 풀어놓는 일이었다. 화평에 반대하는 사람들이 그 아래로 모여들어 그를 업고 나올 것은 뻔한 일이었다.

진회도 악비를 죽이는 것을 크게 망설였으나 아내의 격려로 겨우 결심했다. 악왕묘 앞에 진회의 아내 상이 남편과 함께 사슬에 묶여 있는 것은 이와 같은 전설 때문이다.

악비의 죽음으로 남송은 주전론을 누를 수 있었다. 금과의 화평이 다시 성립하고 동시에 남송은 건국 이후의 전통이었던 문관우위 체제를 되찾았다.

이해가 맞아떨어진 '흠종 억류'

금과 남송은 회하를 경계로 삼았다. 개봉과 장안은 금나라 영토로 들어갔다. 지난번 천권(天眷)의 화의에 비해 남송은 훨씬 불리해졌다고 할 수밖에 없다. 금나라의 종주권을 인정하는 것과 세공의 액수는 지난번과 같았다. 금나라 황통 2년(1142)에 성립하여, 같은 해에 휘종의 관과 고종의 생모 위씨가 귀환했다.

고종은 이때 비로소 아내 형씨가 3년 전에 오국성에서 죽었다는 사실을 알았다.

흠종은 결국 돌아오지 못했다. 위씨가 남쪽으로 돌아갈 때, 흠종은 다음은 자신을 데리러 와 달라고 울면서 부탁했다는 일화가 있다. 하지만 위씨가 귀환한 뒤, 19년 동안 흠종이 기다리고 기다리던 소식은 오지 않았다. 송나라 소흥 31년에 해당하는 해(1161)에 흠종은 망향의 그리움을 안은 채 환갑 다음해에 북녘 땅에서 죽었다. 아버지 휘종처럼 예술과 음악에 마음을 빼앗기지 않고, 즉위한 후로는 정치를 바로잡으려고 애썼지만 때는 이미 늦었다.

나라를 이은(제위에 오르는 것) 지 일천(日淺)하고, 화를 입은 것은
심히 깊었다. 그 유래를 생각하면 실로 애닲다. 실로 애닲다.

『송사』「흠종본기」의 말미에 위와 같이 '실로 애닲다'라는 말을 두 번 되풀이해서 썼다.

하지만 흠종이 귀환하지 못한 것은 고종이 적극적으로 큰형의 귀국을 금나라에 요청하지 않은 데도 원인이 있다.

고종은 누군가에게 양위받은 것이 아니라 스스로 제위에 올랐다. 비상시였으므로 어쩔 수 없는 일이었다. 하지만 정통론이 엄격한 송대였으므로 고종이 제위에 오른 것에 의문을 품은 자도 있었다. 만일 흠종이 돌아오면 고종은 어떻게 될까, 그것을 생각하면 누구나 의혹을 가질 법하다. 사실 건염(建炎) 3년(1129)에 명수(明受)의 난이 일어났다. 이것은 묘부(苗傅), 유정언(劉正彦) 같은 고관이 고종은 제위에 있어서는 안 된다고 말한

데서 일어났다. 국가 비상시에는 고래로 황태후가 섭정하는 것이 관례였다. 철종의 폐후 맹씨가 건재했다. 그녀는 장방창에게 추대된 적도 있다. 융우태후(隆祐太后) 맹씨야말로 정통이라는 사고가 설득력이 있었던 것이다. 그래서 고종은 일단 퇴위하고, 세 살 된 황태자가 제위에 오르고 맹씨가 섭정을 하기로 했다. 묘·유 등은 새로운 정권에서 높은 지위에 오르려고 명분론을 이용했을 것이라 생각한다. 어린 황제의 연호가 '명수(明受)'였으므로, 명수의 난, 또는 묘유의 난이라고 부르는 사건이다.

여이호(呂頤浩)와 장준(張浚)이 의군을 일으켜서 묘유의 난은 즉시 평정되었다. 고종은 3월 계미(癸未)일에 퇴위했다가 4월 무신(戊申)일에 복위했으니, 그 기간이 겨우 25일에 지나지 않았다. 복위는 했지만 고종에게는 황제 재위 내내 북으로 끌려간 형 흠종이 마음에 걸렸을 것이다. 돌아온다면 제2의 명수 사건이 일어날지도 모른다. 묘유 같은 불평분자는 어느 시대에나 있었고 권력 교체를 노렸다. 흠종 귀환 요구에 고종이 적극적으로 나서지 않았던 것은 이와 같은 경위가 있었기 때문이다.

금과의 교섭을 맡았던 진회는 고종의 의향을 헤아려 휘종의 영구와 위씨의 귀환만으로 요구를 좁혔다. 또 금나라 쪽에서도 흠종은 비장의 카드로 쓸 수 있는 존재였기 때문에 남겨 두려는 생각도 있었다. 이를테면, 천권(天眷)의 화의(和議) 때, 금나라는 흠종을 하남에 세우는 것도 고려하고 있다고 하여 남송을 양보하게 만들었다.

금나라가 흠종을 꼭두각시 황제로 세우려고 마음 먹으면 장방창이나 유예같은 가짜가 아니라 정통성을 가진 꼭두각시 국가가 된다. 아마도 금은 흠종을 세우는 것도 고려했을 것이다. 그리고 득실을 따져서 중지했을 것이다. 흠종은 어쨌든 형식상으로는 송나라의 황제이며, 퇴위도 양위도 하지 않았다. 그런 그가 하남에 나라를 세우면, 남송의 고종이 안고 있는 문제 많은 정통성은 무너진다. 남송은 붕괴될지 몰라도 정통인 흠종의 송나라는 강해질 우려가 있다. 꼭두각시가 꼭두각시가 아니게 되면, 하남 땅이 금나라와 인접한 만큼 금나라에게는 큰 위협이 된다.

흠종을 세울 의사는 없지만 비장의 카드로서 남송에 내놓기 위해 금나라는 흠종을 계속 억류했다. 그런데 이는 고종에게도 다행스러운 일이었다.

귀환문제로 진회의 골치를 썩인 것은 고종의 아내 형씨(邢氏)였다. 고종은 북쪽 땅으로 끌려간 형씨를 그리워하며 황후 자리를 비워 두고 기다렸다. 물론 후궁에는 그가 총애하는 여성이 있었다. 특히 개봉 출신인 오씨(吳氏)는 14세 때 강왕(康王)이었던 고종의 후궁으로 들어와 깊은 총애를 받았다. 사실상 황후라고 해도 좋은 지위에 있었다. 형씨가 돌아온다면 오씨는 설 자리가 없어진다고 생각했을 것이다. 오씨는 진회에게 형씨의 귀환을 요구하지 말아 달라고 부탁했다. 진회는 분명 고종과 오씨 사이에 끼어서 괴로워했을 것이다. 다만 이 일은 형씨가 북쪽에서 사망함으로써 자연스럽게 해결되었다.

고종의 생모인 위씨가 항주로 돌아온 뒤 위씨의 주선으로 귀비였던 오씨는 황후가 되었다. 오씨는 형씨를 그리워하는 고종의 마음을 잘 알았기에 형씨 일족 여성을 자기 조카와 결혼시키는 등 세심하게 손을 썼다. 예측할 수 없는 여성이었다.

오산 제1봉

돈 주고 평화를 산 남송

악비는 미화되고 진회(秦檜)는 실제 이상으로 많이 깎아내렸다. 그것이 너무 지나치다면 수정해야 한다. 후세의 사가들 중에는 악비가 중앙에 소환되었을 때, 한세충(韓世忠)과 장준(張俊)은 추밀사로 임명되었지만, 자신은 고작 추밀부사에 지나지 않아 불만을 품고 완강한 태도를 취했던 것이 아닐까 하고 추측하는 사람도 있다. 또 악비의 전공도 과대하게 부풀려진 것은 아닐까 의심하는 사람도 있는 것 같다. 『송사』 「악비전」에는 소흥(紹興) 10년(1140)에,

경서(京西)의 주군(州郡)을 극복하다.

라는 기록이 있는데, 같은 해 『금사』 「희종본기」에는,

5월, 하남을 평정하다. 6월, 섬서(陝西)를 평정하다.

라는 대목이 보여, 앞 기록과 모순되어 보인다. 역대 실록은 당연히 승리
는 자랑하고 패배는 되도록 가볍게 다루려는 경향이 있다. 하지만 같은
『금사』의 열전을 꼼꼼히 읽어 보면, 가령 「아로보전(阿魯補傳)」에,

　　송나라 장군 악비, 유광세(劉光世) 등이 틈을 타서 습격하여 허
　　(許), 영(潁), 진(陳)의 삼 주를 빼앗다. 방군(旁郡, 부근의 군) 모두 향응
　　하다.

라는 기록이 있어, 악비의 전공이 한결같이 과장되게 써진 것만은 아님
을 알 수 있다.
　진회를 변호하는 사람도 있다. 그때 남송은 금나라의 남하를 군사력
으로 막을 수 없었기 때문에 외교 교섭으로 국가의 안정을 꾀한 것은 당
연하다는 설이다. 또 휘종의 영구와 고종의 생모 귀환을 요청하기 위해
서는 교환 조건이 있어야 하므로 신종(臣從)을 허락한 것은 어쩔 수 없
는 일이었다고 변호하는 논자도 있다. 한편 남송이 굴욕적인 강화를 맺
지 않아도 당시 금나라의 실력으로는 회하 남쪽으로 진출할 수 없었으
므로, 진회의 행동은 금의 이익을 꾀한 것이라고밖에 생각할 수 없다고
단언하는 사가도 있다. 이단의 사상가로 알려진 명나라의 이탁오(李卓吾,
1527~1602, 양명학을 신봉하고 『장서』『분서』를 쓴 사상가-옮긴이)는 풍도(馮道)와
같은 역사상 악당을 잘 변호한 인물인데, 그조차도 진회는 변호하지 않
는다. 변호는커녕, 진회가 찬탈을 꾀한 것은 아닐까 추측한다. 진회가 먼

저 죽었기 때문에 고종이 살았다고도 말한다.

결과론일지 모르지만, 진회의 동기가 무엇이든 군벌을 억제한 덕에 송나라의 특징인 교양인 우위의 문화사회를 유지할 수 있었다. 남송의 수도 항주(杭州)의 번영은 사람들의 눈을 휘둥그렇게 만들 정도여서 가히 지상 천국이라고 불릴 만했다.

화의(和議)를 맺은 뒤, 두 나라 사이에는 당연히 사절이 왕래했다. 금나라는 남송으로 파견할 사절로 한(漢)문화적 교양이 높은 인물을 뽑았다. 서호(西湖) 근처 항주에서 남송의 고관들과 금나라 사절 사이에 시문 응수를 동반한 청유(淸遊)가 있었다. 그런 때 창피를 당하지 않을 교양인이 아니면 금나라를 대표하는 사절이 될 수 없었다. 금나라 조정 대신들 사이에서는 남송으로 갈 사절에 뽑히는 것을 더 없는 명예로 여기는 풍조가 생겨났다. 공적이 있는 자, 은퇴하는 고관들을 위한 마지막 자리로 마련되기도 했다.

고려, 서하뿐만 아니라 남송까지 종신시켜 동아시아 최대의 정권이 된 금나라 왕조지만, 사실은 상당히 안간힘을 썼을 것이라 생각한다. 남송과 황통(皇統)의 화의를 맺지 않았다면, 곤란한 쪽은 금나라였을 것이다. 남송에서 정기적으로 보내는 막대한 세공이 없다면, 금나라의 경제는 일어설 수 없었다. 세공 이외의 교역에서도 금나라는 막대한 혜택을 입었다.

금나라 최대의 약점은 지배계층인 여진족의 수가 적다는 것이었다. 대정(大定) 23년(1183)의 통계에 따르면, 여진족의 인구는 615만 8천여라고 한다. 그리고 금나라의 총인구는 4천 400만 정도였다. 회하 이북에서 서쪽으로 대산관(大散關)에 이르는 국경선을 정한 뒤의 통계다. 여진족은 전국 총인구의 7분의 1에 지나지 않았다. 황하 이북을 판도로 했던 시기에는 여진족이 전국 총인구에서 차지하는 비율이 훨씬 높았다. 금나라는 영토를 넓힐수록 불리하고 기형적인 자세가 되었다.

이런 의미에서도 금나라는 회하의 선이 고작이고, 그것을 넘어서 남하하는 것은 매우 위험했다. 금나라의 수뇌진도 그 사실을 알았다. 금나라의 팽창을 회하에서 멈춘 것은 결코 진회의 수완 때문만은 아니었다.

총인구에서 차지하는 여진족의 비율을 언급했는데, 그것은 지역 차를 무시한 숫자다. 남쪽으로 영토를 넓히자 그곳은 여진족이 거의 없는 땅이기 때문에 기형적인 무리한 자세가 더욱 눈에 띈다. 금나라는 희종 시대에 대규모의 여진족 중원 이주를 감행했다. 38맹안(猛安)이 이주했다는 기록이 남아 있다. 여진족의 1호(戶)는 약 10명이라고 하므로 38맹안은 10만 호 이상, 약 100만 명이나 되는 사람이라고 생각해도 좋을 것이다.

이와 같은 대규모 이주는 모극·맹안의 조직 그대로 행해진 것 같다. 하지만 중원으로 이주하면 그때까지처럼 수렵이나 사금을 채취하며 생활할 수 없다. 아무래도 농경 생활을 해야 하는데, 그것에 익숙하지 않은 여진족은 이웃인 한족에 비해 능률이 떨어졌다. 곧바로 여진족의 빈곤화라는 문제가 일어났다. 땅을 주는 식으로 우대했지만, 그 땅도 빚의 담보로 한족에게 빼앗기는 일이 늘었다. 또 국가에서 특별히 보호받고 있으므로, 그것에 길들여져 근로 의욕도 부족했다.

문화에 면역성이 없는 여진족은 곧바로 한문화의 화려함에 눈이 멀어 민족 고유의 야성적인 활력을 잃기 시작했다. 경제적인 것보다 오히려 이쪽이 더 큰 문제였다. 여진족의 한족화(漢族化)가 매우 빠른 속도로 진행되었다.

요나라의 경우는 '한(漢)'의 분위기가 연운 16주로 한정되어 있었다. 국가의 한 부분이었으므로, 이원제(二元制, 二院制) 정치로 대응할 수 있었다. 하지만 하북을 취하고, 나아가 하남으로 진출한 금나라는 '한'의 것이 주류였다. 이원제의 정체(政體)를 폐지한 것은 그것으로는 이제 해 나갈 수 없었기 때문이다. 금나라는 요나라와 달리 한적(漢的)인 중원 국가로 변질하지 않으면 살아남을 수 없었다. 중원으로 진출할 것을 결정했을 때부터 이렇게 될 운명이었다고 할 수 있다. 금나라 황제는 여진족의 수장이라는 성격보다 한적 중원 국가의 천자라는 성격을 강화하지 않을 수 없었다.

여진족의 수장은 장로의 합의를 존중해야 했다. 이른바 장로회의의 의장인 셈이다. 그런데 중원 국가의 천자가 되면 천명을 받아 모든 사람에게 절대적인 권위를 가지고 임해야 한다. 태종의 뒤를 이어 즉위한 희종이 종간의 후견으로 추진하려던 것이 이 전환이었다. 달란과 종반이 숙청된 것도 그 일환으로 볼 수 있다.

현상 붙은 해릉왕의 스캔들

중원 국가의 천자가 된 것까지는 좋았지만 희종은 그 뒤로 이상해졌다. 황족이나 종실을 숙청하는 동안 새디스트로 변했던 것 같다. 게다가 주란(酒亂)까지 더해져 손을 쓸 수 없었다.

우문허중(宇文虛中)과 고사담(高士談) 같은 문인도 죽음을 당했다. 우문허중은 남송의 고종이 파견한 사절인데, 금나라는 그를 억류하고 한림학사 승지에 임명했다. 금나라에 억류되어 있는 송나라 사람들의 탈출을 도모했다는 것이 주살의 이유였다. 가족도 함께 죽었다. 금나라 황통 6년

(1146)의 일이다. 『중주집(中州集)』에는 그의 시가 50수 수록되어 있는데, 본의 아니게 금나라를 섬겨야 하는 고충을 읊은 시가 읽는 사람의 마음을 울린다.

> 인생, 한 번 죽는 것도 대체로 별 것 아니니,
> 눈이 찢어지고 가슴을 도려내도 그대를 잊지 않으리.

> 人生一死渾閑事 裂眥穿胸不汝忘

강제된 일이라고는 하나 적국을 섬겼으므로 이미 죽음도 별 것 아니라고 보았다. 평소부터 여진족 사람들을 경멸했으니, 반감을 사서 그로 인해 죄를 뒤집어쓴 것이다.

우문허중처럼 사절로 금나라에 갔다가 그대로 억류되어 일하게 된 사람이 적지 않았다. 문인 미불(米芾, 1051~1107, 북송의 학자·서예가-옮긴이)의 사위인 오격(吳激)도 그런 사람 중 하나였다. 그는 소상(瀟湘)을 그린 그림에 다음의 칠언절구를 썼다.

> 강남의 봄물은 술보다 푸르고,
> 객자(客子)의 왕래는 배가 곧 집이라.
> 그림을 보고도 이것이 꿈이 아닌가 의심하니,
> 지금 안장을 지운 말이 바람과 모래에 늙는다.

> 江南春水碧如酒 客子往來船是家 忽見畫圖疑是夢 而今鞍馬老風沙

남선북마(南船北馬)라는 말처럼 강남 사람은 배에 익숙했다. 그림 속에서 배를 보아도 남인은 마음이 설렜다. 현실의 자신은 북인으로서 말을 타는 생활이 많아 강남의 수향(水鄉)을 꿈꾸지만, 북쪽의 바람과 모래에 늙어 간다고 한탄했다.

우문허중이 죽은 이듬해에 『금사』 「희종본기」에는,

4월 무오(戊午) 편전에서 연회가 있었다. 상(희종)께서 술에 취해 호부상서 종례(宗禮)를 죽였다.

6월 정유(丁酉), 황해군(橫海軍) 절도사 전각(田殼), 좌사낭중(左司郎中) 해의(奚毅), 한림대제(翰林待制) 형구첨(邢具瞻), 그리고 왕식(王植), 고봉정(高鳳廷), 왕효(王傚), 조익흥(趙益興), 공이감(龔夷鑒) 등을 죽였다.

라는 기사가 보인다. 술에 취한 황제에게 살해당했다는 것은 말도 안 되는 일이다. 호부상서라고 하면 재무부 장관에 상당하는 요직에 있는 인물이다.

황통(皇統) 9년(1149)의 『금사』 「희종본기」에는 '살(殺)'이라는 글자가 곳곳에 나온다. 5월에는 한림학사 장균(張鈞)이 희생되었다. 8월에는 좌사낭중 삼합(三合)이 살해되었다.

10월 을축(乙丑), 북경유수 조왕(胙王) 원(元), 아우인 안무군(安武軍) 절도사 사라(査剌), 좌위장군 특사(特思)를 죽였다.

11월 계미(癸未), 황후 배만씨(裴滿氏)를 죽였다. 조왕의 비(妃) 살묘(撒卯)를 궁으로 불러들였다. 무자(戊子), 옛 등왕(鄧王)의 아들인 아란(阿懶)과 달란을 죽였다. 계사(癸巳), 상께서 홀랄혼토온(忽剌渾土溫)으로 사냥가서, 사신을 보내 덕비(德妃)인 오고론씨(烏古論氏)와 협곡씨(夾谷氏), 장씨(張氏)를 죽였다.

12월 기유(己酉) 초하룻날, 상께서 사냥터에서 돌아왔다. 병진(丙辰), 비(妃)인 배만씨를 침전에서 죽였다.

단순히 주란(酒亂)이라고 말할 일이 아니었다. 이쯤되면 살인광이라고 해야 한다. 황족, 종실뿐 아니라 자신의 황후와 비까지 잇따라 죽였다.

평장정사(平章政事, 재상) 완안량(完顏亮)은 희종의 옹립자이며 후견자이기도 한 종간(宗幹)의 아들로 희종과는 사촌 간이었다. 이대로 있다가는 언제 죽을지 알 수 없었다. 신하들도 두려움에 떨었다. 양(亮)은 마침내 희종을 죽이고 스스로 제위에 올랐다. 이가 금나라 4대 황제인 해릉왕(海陵王)이다. 무슨 무슨 종(宗)이라는 식으로 묘호로 불리지 않고 왕명으로 불리는 까닭은 뒤에서 이야기하겠다.

해릉왕은 한(漢) 문화의 높은 교양을 몸에 익힌 인물이었다. 그러나 그의 혈관에는 사촌인 희종의 그것과 비슷한 피가 흘렀던 모양이다. 사서는 해릉왕을 중국 역사상 보기 드문 폭군으로 그렸다. 야심가인데다 유능한 인물이었으며 여성관계가 몹시 난잡했다. 하지만 사서에 보이는 해릉왕의 포악함은 조금 에누리할 필요가 있다고 본다. 해릉왕도 희종과 마찬가지로 살해되었다.

해릉왕이 살해된 뒤, 5대 황제인 세종(世宗)이 즉위했다.『금사』안에 다음과 같은 기사가 보인다.

세종이 일찍이 말하기를, 해릉은 측근으로 하여금 기주(記注)를 관장하게 하였다. 그런 까닭으로 당시의 행사는 실록에 실지 않았다. 실로 찾아내어 이를 써야 한다, 라고.

해릉왕은 기주(記注, 황제의 동정을 기록함)를 심복에게 기록하게 했으므로 불리한 것은 실록에 실리지 않았다. 따라서 찾아내서 보충해야 한다는 것이다. 그리고 또『금사』「가익겸전(賈益謙傳)」에,

당시 금근(禁近, 문장으로 궁중에서 일하는 신하)으로서 자주 해릉의 칩악(蟄惡, 숨겨진 나쁜 일)을 폭로하는 자는 곧 미천(美遷, 승진)할 수 있었다. 그 까닭에 사관은 실록을 고치는데 부회(附會, 억지로 끌어다 붙임)를 그만두지 않았다고 전한다.

세종은 자신의 정통성을 강조하기 위해서는 가능한 해릉왕을 나쁜 사람으로 만들어야 했다. 그런데 해릉왕 시절의 실록에는 나쁜 일이 아예 실려 있지 않았기 때문에 찾아 나섰다. 해릉왕의 나쁜 짓을 폭로하고 그런 재료를 제공하는 자는 승진할 수 있었다. 따라서 부회나 창작이 상당히 일어났다고 보아야 한다. 에누리해서 읽어야 하는 까닭이다.

주체못한 정열, 넘쳐난 야심

해릉왕의 사적으로는, 희종의 그것을 이어받아 중앙집권의 한적(漢的) 중원 국가를 만들려고 한 점이 주목된다. 더구나 그는 그것을 철저하게 추진하려고 했다. 저돌맹진(猪突猛進)이라고 표현할 수 있을 것이다.

좌승상 종현(宗賢)이 주군(州郡)의 장관에는 본국인(여진족)을 써야 한다고 진언했을 때, 희종은 그에게,

사해(四海) 안은 모두 짐의 신자(臣子)이다. 만일 분별해서 이를 대우한다면 어찌 하나가 되겠는가.

라고 대답했다. 이것은 여진족 수장의 태도가 아니라 바로 중원 국가 황제의 태도다. 해릉왕은 그런 의식이 상당히 강렬했다. 그것이 더욱 심해져서 천하 절반의 주인에 만족하지 않고, 천하를 온전히 취해 명실 공히 대제국의 주인이 되고자 했다. 당시 금나라는 역사상 유사한 나라를 찾는다면 남북조 시대의 북위(北魏)와 같을 것이다. 낙양 천도 이전 북위의 수도인 대동(大同)이 금나라 때에는 부도(副都)로서 서경(西京)이라 불렸던 것과 비슷하다. 다만 해릉왕은 북위가 아니라 진(秦)·한(漢)이나 수(隋)·당(唐)을 지향했다. 의식했는지는 알 수 없지만, 해릉왕의 행적은 수나라 양제와 매우 닮았다. 그러고 보니 해릉왕은 죽은 뒤에 양(煬)이라는 시호를 받았다.

『시법(諡法)』에 따르면, '여자를 좋아하고 예를 멀리한 자' '하늘을 거역하고 백성을 학대한 자'에게 양이라는 시호를 내린다.

해릉왕이라고 하면, '황음(荒淫)'이라는 말이 곧바로 떠오른다. 그의 황음의 특징은 종족 친척을 대상으로 한 경우가 많았다는 점이다. 희종과 마찬가지로 해릉왕도 황족과 종실을 많이 죽였는데, 그 미망인이나 딸을 후궁으로 삼았다. 종민(宗敏)의 처는 해릉왕의 숙모뻘이다. 종망(宗望)의 딸, 종필의 두 딸, 종준(宗雋)의 딸 등은 동성의 사촌 자매들이다. 중국 예법으로는 결혼할 수 없는 관계다. 중국 문화에 심취했으면서도 해릉왕은 그런 것에는 아랑곳하지 않았다. 사촌 형제의 아내였던 여성들도 많이 후궁으로 삼았다.

승진이라는 현상(顯賞)을 붙여서 해릉왕의 음학추행(淫虐醜行)의 이야기를 모집했으니, 앞에서 이야기했듯이 어느 정도는 에누리를 해야 하지만, 종족을 많이 죽이고 그 부녀를 후궁으로 들인 것은 창작이 아니다. 종족을 죽이는 것은 황제의 절대독재권 확립을 위한 조치이고, 희종으로부터 인계받은 사항이었다고 말할 수 있다. 죽인 종족의 부녀를 후궁으로 들인 것은 어쩌면 원한을 품은 그녀들을 세상과 떼어 놓기 위한 것이었는지도 모른다.

희종이 살해된 것은 황통 9년(1149) 12월 정사(丁巳, 9일)일이었다. 그 뒤 20일쯤 지나면 해가 바뀌는데, 해릉왕은 그것을 기다리지 않고 천덕(天德)이라 개원했다. 황통 9년은 천덕 원년이기도 하다. 중국에서는 아버지의 제도를 갑자기 바꾸지 않는다는 효도관에서 황제가 죽은 해는 연호를 그대로 두고, 이듬해에 개원하는 것이 보통이었다. 해릉왕이 즉각 개원한 것은 주란남살(酒亂濫殺)의 희종을 황제로 인정하지 않았기 때문이었다. 장례도 황제의 예를 갖추지 않고 동혼왕(東昏王)으로 강등시켜, 그가 죽인 황후 배만씨의 묘에 이장했다. 세종 때가 되어서 겨우 희종이라는 묘호가 정해져 황제로서 개장되었다.

희종은 31세에 죽었는데, 사촌 동생인 해릉왕은 세 살 아래였다. 해릉왕이 손수 칼을 뽑아들고 희종 살해에 가담하여,

　　　피가 튀어 그 얼굴과 옷에 가득했다.

고 『금사』 「희종본기」에 실려 있는데, 튀는 피를 뒤집어쓰고 발족한 해릉왕의 정권은 끝까지 피비린내를 풍겼다.

천덕 2년 4월이라고 하면 해릉왕이 즉위하고 아직 100일 남짓밖에 되지 않았을 때인데, 해릉왕은 종실 중신의 대량 살해를 자행했다. 재상 종본(宗本), 당괄변(唐括辯), 병덕(秉德), 종의(宗懿) 같은 중신 외에 태종의 자손 70여 명, 종한(宗翰)의 자손 30여 명, 그 밖의 여러 종실 50여 명이 한꺼번에 살해되었다.

천덕 3년(1151) 4월에는 연경 천도의 조서를 내렸다. 중원 국가의 수도가 상경 회녕부(오늘날 흑룡강성 하얼빈시 동남부)라면 너무 동북으로 치우쳐 있다. 해릉왕은 요나라 때도 연운 16주 가운데 한족 문화의 중심이었던 연경(오늘날의 북경시)을 새로운 국도로 골랐다. 중국 문화에 심취한 북위의 효문제가 대동에서 낙양으로 천도한 것이 떠오른다. 국도 연경의 정식 명칭은 중도(中都)였다. 중도 조영을 위해 수많은 백성이 동원되었음은 말할 나위도 없다. 인부에게는 1인당 비단 한 필을 주었다는 기록이 있다.

천덕 5년(1153) 3월, 해릉왕은 연경으로 들어와 연호를 다시 정원(貞元)으로 고쳤다. 금나라 왕조를 중앙 집권의 중원제국으로 만들기 위해 다양한 제도를 개혁했다. 유능한데다 학식도 갖춘 그는 자신이 하는 일에

자신감이 지나쳤다. 새로운 제도를 만드는 것에도 매우 강압적이었다. 사전 협의 따위는 거치지 않았다. 해릉왕의 의사가 곧 법이었다. 애초에 해릉왕은 사전협의를 장로합의제 시대 여진부족의 구폐(舊弊)라고 여겼을 것이다.

연경 천도는 해릉왕 야심의 첫 단계에 지나지 않았다. 천하를 합하여 진·한·수·당과 어깨를 나란히 하는 것이 그의 장대한 목표였다. 구체적으로는 천하의 남쪽 절반을 차지하고 있는 남송을 멸망시키는 것이다. 해릉왕은 그 목표를 향해 준비를 진행시켰다. 그의 성격을 반영한 준비는 너무 성급했고 강압적이었다.

해릉왕의 야심은 야성의 활력 범람, 어린애 같은 팽창욕, 끝없는 독점욕에서 비롯되었을지도 모른다. 하지만 정치적인 견지에서 해릉왕의 남진은 자연스러운 추세였다고 해도 좋다.

일찍부터 황하 이북을 영유한 금나라는 꼭두각시 국가인 제(齊)를 폐하고 남송과 싸워 회하까지 영토를 확장했지만, 이 새 영토의 주민은 대부분 한족이었다. 당나라 부분에서도 언급했지만, 당대(唐代)의 국가 경제는 이미 회하 이남에 의지하고 있었다. 북쪽 절반만 영유하는 것은 한쪽 폐로 숨 쉬는 것과 같았다.

남송이 금에 바친 세공 은 25만 냥, 비단 25만 필은 남북 교역의 불리한 조건으로서 붙여진 것이다. 이렇듯 불리한 조건임에도 금나라는 늘 수입 초과였던 것이 실상이다. 남송은 막대한 세공을 금나라에 바쳤지만, 무역으로 그것을 회복하고도 남았다. 황통 화의 결과, 국경선에 몇 군데 각장(権場, 교역기지)을 만들어 남북 교역이 행해졌다. 남송은 그곳에서 금나라로부터 진주, 모피, 인삼 등을 사고, 금은 송나라로부터 차와 약재,

향료 등을 구입했다. 그중에서도 차 수입은 상당한 거액이어서, 금에서는 차나무 재배에 힘을 쏟거나 7품관 이하는 차를 마시면 안 된다는 금지령을 내리기도 했다. 이는 분명 극단적인 수입 초과를 방지하기 위한 조치였다.

각장 이외에서도 아마 운하를 활용한 남북 교역이 왕성했을 것이다. 회하의 선이라고 하면 오늘날에도 보리농사와 벼농사의 경계선이다. 이는 금나라 땅에서는 쌀이 거의 생산되지 않았다는 것을 의미한다. 더구나 회하 이북의 한족은 미식(米食) 습관을 가진 자가 적지 않았다. 게다가 상류층일수록 쌀을 먹는 비율이 높았다. 그 미곡을 남송에서 제공받았으니, 금나라는 식량을 장악당한 불리한 처지였던 것이다. 이주한 여진족의 한화로 금나라 내의 쌀 수요는 늘기만 했다.

해릉왕의 남정(南征)에는 이와 같은 경제적인 배경도 있다고 보아야 한다. 해릉왕은 진·한이나 수·당의 전성기는 남북을 통합했기 때문이라고 생각했다. 거기에 그의 중국적인 교양까지 더해져서 남북통일의 염원은 더욱 강해졌다.

　　만리에 차서(車書)는 모조리 뒤섞여 구별할 수 없고,
　　강남에 어찌 별도의 영토가 있을 것인가.
　　병사 백만을 서호 근처로 데려가,
　　말을 오산(吳山) 제1봉에 멈추다.

萬里車書盡混同 江南豈有別疆封 提兵百萬西湖側 立馬吳山第一峰

해릉왕은 항주(杭州)의 산수, 성시(城市), 궁전 등을 그리게 한 병풍에 위의 칠언절구를 써 넣었다. 차서(車書)를 같게 한다는 표현은 말할 나위도 없이 진(秦)나라 시황제를 의식하고 있음을 보여준다. 천하를 통일한 시황제는 문자를 통일하고, 각국에서 기준이 달랐던 궤(軌, 마차 바퀴 사이의 너비)를 같게 했다. 문서는 전국에 통용되었고, 같은 차로 전국을 갈 수 있었다. 지금 중국은 남북으로 나뉘어 있지만, 시황제가 했던 것처럼 통일되어야 한다는 말이다. 통일의 위업을 이룰 자. 그것은 바로 금나라 황제인 자기 외에는 없다는 자부심을 엿볼 수 있다.

지금 강남은 다른 정권, 즉 남송이 존재하지만, 그것은 있을 수 없는 일이다. 남정 선언이라고 할 수 있겠다.

해릉왕이 연경에 들어가고 2년 뒤, 남송 소흥(紹興) 25년(1155), 화평파의 거두 진회(秦檜)가 죽었다. 그 이듬해 금나라는 연호를 정륭(正隆)으로 고쳤다. 해릉왕의 본격적인 남정 준비는 이 무렵부터 시작되었다. 남정의 대본영으로 삼기에 연경은 아직 북쪽에 치우쳐 있었다. 연경을 중도로 삼았을 때, 변경(汴京), 즉 개봉을 남경이라 칭하기로 했다. 그 남경 개봉이 정원 3년(1155) 6월, 큰 불로 엄청난 피해를 입어 수복을 시작했는데, 해릉왕은 그때부터 장래 개봉을 수도로 삼고자 생각했다. 연경 조영도 개봉 재건 공사도 규모가 매우 컸다. 큰 토목공사를 좋아한 것도 수나라의 양제를 닮았다고 한다.

금나라 정륭 4년(1159), 해릉왕은 중신들에게 조서를 내려 남정을 준비시켰다. 모든 노(路)의 맹안·모극에서 20세 이상 50세 이하인 자는 모두 군적에 등록시켰다. 또 말 56만 필을 징발했다. 부호의 집에는 60필 정도가 할당되었다고 한다. 이해 12월, 태의사(太醫師) 기재(祁宰)가 상서하여 송벌(宋伐)을 간하였으나, 해릉왕은 노하여 이를 죽였다.

정릉 6년(1161), 해릉왕은 마침내 벌송군(伐宋軍, 송나라 토벌군)을 진격시켜 6월에 남경 개봉으로 들어갔다. 하지만 천하는 떠들썩하니 야단법석이었다. 엄청난 수의 장정을 징병하였으니 거란족이 동요한 것은 당연했다. 거란족은 서북로에서 서쪽에서 약탈하러 오는 유목민과 끊임없이 싸웠다. 유목민의 내습은 결코 없어진 것이 아니었다. 그런데 해릉왕이 파견한 사자는 칙명대로 거란족의 모든 장정을 동원한다는 명령을 전한 것이다. 사자에게 거란족의 장로는 다음과 같이 진정했다.

> 서북로는 이웃 나라와 접하여 세세로 정벌하느라, 서로 원수가 되었습니다. 만일 남자들이 모두 종군하면, 그들은 군대를 몰고 와, 노약자는 모두 포로가 될 것입니다. 바라건대, 사자께서 조정에 들어가, 이 말을 해 주십시오.

간곡히 애원했지만, 사자는 그 말을 해릉왕에게 전할 수 없었다. 아무도 태의사 기재의 전철을 밟고 싶지 않았다. 젊은이 징용은 분명 거란족의 생사가 달린 큰 문제였다. 징병이 유예되지 않았음을 안 거란족은 반란을 일으키지 않을 수 없었다.

해릉왕은 거란 문제에는 자신이 있었던 모양이다. 그 앞의 세 황제에 비하면 해릉왕만큼 거란족을 우대한 자도 없었다. 이는 해릉왕이 동족인 여진의 종실과 귀족을 경계하고 거듭 죽인 것의 이면이기도 하다. 경쟁자가 되어 자신의 자리를 빼앗을 위험이 있는 동족보다 오히려 거란족이 안심할 수 있었던 것이다. 각료의 절반이 거란족이던 시기조차 있었다.

징병기피로 일어난 거란족의 반란에 해릉왕은 서경유수 소회충(蕭懷忠) 등 거란족 장군을 토벌군으로 보냈다. 여진족 장군이 대부분 벌송군에 종군한 점도 있지만, 이것은 해릉왕이 얼마나 거란족 회유에 자신이 있었는지를 보여 주는 예다. 다만 해릉왕은 성격적으로 자신감이 지나쳤다.

토벌군은 거란족의 반란을 평정할 수 없었다. 그 책임으로 소회충 등 장군들이 주살되었다. 징병기피에 기인한 반란이지만, 이때 거란족 반란군은 요나라 황실, 곧 금나라에 항복한 천조제 야율연희(耶律延禧)의 자손 중 한 사람을 세웠다. 단순한 반란이 아니라 독립전쟁 양상을 띠었다.

해릉왕은 금나라에 있는 요나라의 야율씨와 송나라의 조씨 자손 남자 130여 명을 죽였다. 독립전쟁이 일어났을 때, 옹립될 만한 인물을 미리 모두 죽이기로 한 것이다. 과연 해릉왕다운 강압적인 방법이었다. 또 마지막 카드로 억류되어 있던 송나라 흠종이 5년 전에 유배지에서 죽었다.

거란족의 반란도 해릉왕의 남정을 저지하지는 못했다. 이해 8월, 황태후 도선씨(徒單氏)가 해릉왕의 벌송(伐宋)을 간했다가 살해되었다. 해릉왕의 생모는 대씨(大氏)인데 아버지 종간의 정실은 도선씨였다. 두 사람 모두 황태후가 되어 있었다. 생모가 아니라고 해도, 도선씨는 해릉왕에게 적모(嫡母)에 해당한다. 그런 사람을 죽이고 궁중에서 불태워 그 유해를 물속에 버리고, 황태후의 시녀 70여 명도 끝내 죽였다. 이성을 잃었다고 밖에 말할 수 없다.

반란을 일으킨 것은 거란족만이 아니었다. 전쟁 준비를 위한 징병, 마필 징용, 병선 건조, 군비를 위한 증세 따위로 각지의 백성은 피폐해졌다. 전쟁 준비 전에는 연경과 개봉을 조영하느라 사람들은 숨 돌릴 겨를도 없었다.

> 대명부(大名府)의 적(賊) 왕구(王九)가 성에 의지해 반란을 일으켰다.
> 무리는 수만에 이르렀다. 곳곳에서 도적이 봉기하고, 큰 자는 성읍을
> 잇대었고, 작은 자는 산과 늪을 차지했으며, 또 십수 기(騎)로 기치(旗
> 幟)를 나부끼며 갔다. 관군은 감히 접근을 못하였다. 상(해릉왕)은 도적
> 의 이야기를 듣는 것을 싫어해, 말하는 자는 곧바로 벌을 내렸다.

는 상태였다.

그럼에도 해릉왕은 벌송을 그만두려고 하지 않았다. 군수(軍需) 불안
을 말하는 자가 있어도 "민간의 저축은 아직도 많다. 지금 곡식이 들에
가득하다."며 일축하는 형편이었다.

9월, 해릉왕은 친히 32총관(總管)의 군사를 이끌고 송나라를 치기 위
해 남하했다. 하지만 이 원정군의 사기는 매우 저조했다.

『금사』「해릉본기」는 앞에서 인용한 반란군의 기사 뒤에 금나라 벌송
군의 실상을 다음과 같이 기록한다.

> 군사들이 군중(軍中)에서 달아나는 자가 길에 이어졌다. 갈소관(曷
> 蘇館)의 맹안 복수(福壽), 동경의 모극인 금주(金住) 등은 처음 갑(甲,
> 무기를 말함)이 대명(부)에 수여되자, 즉시 온 부대를 거두어 도망가며,
> 모든 노(路)에 공언하여 이르기를, 우리들은 이제 동경으로 가서, 새
> 로운 천자를 세우겠다.

수나라 양제가 고구려 원정군을 일으키자, 그 때문에 백성이 피폐하여 도둑떼가 각지에 봉기하고, 장병들이 '그대여 요동에서 죽지 마라'라는 노래를 부르면서 도망친 것과 똑같았다. 중국 고전에 밝은 해릉왕도 550년 전 수나라 멸망의 교훈을 배우지 못했던 것이다. 자신감 과잉이 역사에서 배운다는 경건한 마음을 재웠던 모양이다.

금나라의 '작은 요순'

거란족의 반란은 흥안령(興安嶺)에서 열하(熱河)에 걸쳐 확산되었다. 함평부(咸平府)의 모극인 괄리(括里)는 한주(韓州)를 함락하고 동경(요양)을 엿보는 형세였다.

동경유수는 해릉왕의 사촌동생인 완안옹(完顏雍)이었다. 여진 이름은 오록(烏祿)이다. 아버지 종보(宗輔)는 희종의 아버지 종준(宗峻)이나 해릉왕의 아버지 종간과 형제지간이다. 생모인 이씨는 여진족이 아니라 발해인이었다.

동경부유수 고존복(高存福)이라는 인물은 딸이 해릉왕의 후궁에 있다는 사정도 있어 해릉왕을 위해 유수인 옹을 염탐하는 일을 맡았다. 해릉왕은 무슨 핑계만 있으면 용서 없이 종실을 죽였기 때문에 옹도 평소부터 불안했던 모양이다. 때마침 거란족 반란군인 괄리를 토벌하고 돌아오던 길에 남쪽에서 온 육근(六斤)이라는, 전부터 알고 지낸 자를 만나, 해릉왕이 그 적모를 죽이고 조카인 단노(檀奴), 아리백(阿里白)을 죽이고 나아가 사람을 보내 종실의 여러 왕을 해치려고 한다는 사실을 알았다. 게다가 고존복의 집안사람으로 옹에게 호의를 가진 자가 은밀히 무고(誣

告)의 계획이 있다는 사실을 알려 주었다.

한편에서 보면 옹은 궁지에 몰린 것이고, 다른 한편에서 보면 마수를 뻗어온 해릉왕의 기선을 제압한 것도 된다. 10월 병오(丙午)일, 옹이 선정전(宣政殿)에서 즉위했으니 이가 세종이다. 남정군에게 동원되었으나 아직 출발하지 않은 군대도 그에게 달려왔다. 세종은 인품이 좋아서 사람들로부터 사랑받았다. 사람들은 희종이나 해릉왕과 같은 과격한 성격의 군주에게 신물이 나 있었다. 세종은 금나라 왕조 제일의 명군으로 칭송받는다.

세종은 대정(大定)이라 개원하고 해릉왕의 몹쓸 짓 수십 가지를 들었다. 황태후를 죽인 일, 종실의 여러 왕을 죽인 일, 상경의 궁전을 파괴한 일 등 몹쓸 짓의 목록은 실로 길었다. 이와 같은 극악무도한 자를 황제로 둘 수는 없으므로, 자신이 백성들에게 추대되어 즉위했다고 선언했다.

해릉왕은 그 무렵 장강의 선까지 남하해 있었다. 금군은 한남(漢南), 절동(浙東), 서촉(西蜀)의 세 갈래로 나뉘어서 전진했다. 절동 길로 간 금나라 군대는 해상에서 남송군과 싸워서 패하고 부통제(副統制)인 정가(鄭家)가 전사했으나, 나머지 군대는 거의 예정대로 진군했다.

삼림민(森林民) 출신인 금나라는 이 벌송전에서 처음으로 수군(水軍)을 편제했다. 처음이라고는 하면 장강 근처에 주둔한 남송군은 처음 화포로 금군을 방어했다고 한다. 어떤 것이었는지 자세히는 알 수 없지만, 한 시대 전에 한세충(韓世忠)이 금군에게 불화살을 사용했다는 기록도 있다.

해릉왕은 이미 세종의 즉위 소식을 보고받았으나, 타고난 고집으로 도강 작전을 강행하려고 했다. 강남을 평정하고 그 여세를 몰아 회군하여 동경의 모반인들을 숙청할 작정이었던 것이다. 그는 화주(和州)까지 진격했다. 오늘날 안휘성 동부로 항우(項羽)가 참수된 오강(烏江) 부근이다. 장강 맞은편은 오늘날 마안산시(馬鞍山市)이고, 그 옆에 채석기(采石磯)라는 요해처(要害處)를 남송의 명장 우윤문(虞允文)이 지키고 있었다. 금나라의 무평총관(武平總管)인 아린(阿隣)이 도강을 강행했으나 남송군에게 격퇴당했다. 『금사』에도,

> 아린이 먼저 강을 건너서 남안(南岸)에 이르렀으나, 승리를 놓쳤다.

라고 기록되어 있다. 이 패전으로 금군은 양주로 군진을 옮기고, 과주도(瓜州渡)에 수군을 모아서 다시 도강을 계획했다. 그 무렵, 형주, 악주(鄂州) 등 오늘날 호북성에 있던 남송의 수군이 장강을 내려와서 꾸준히 증원되었다. 해릉왕은 남송의 원군이 도착하기 전에 도강하고자 서둘렀다. 그리고 3일 이내에 도강하지 않으면 여러 장군을 모두 죽이겠다고 으름장을 놓았다.

> 즉각 양주로 돌아와 여러 장수를 불러 약속했다. 3일 안에 반드시
> 건너라. 기일을 못 지키면 모두 죽일 것이라고. 장수들이 마침내 양
> (亮, 해릉왕)을 시해했다.

『십팔사략』은 해릉왕이 죽은 대목을 이렇게 간략하게 서술하고 있다. 3일이라는 기한을 정해 처형으로 협박했다는 것은 어쩌면 현상을 노린 창작이었는지는 모른다. 이미 11월이었으니 장수들도 동경에서 세종이 즉위한 사실을 알고 있었다. 그리고 출정중인 장수들에게 세종을 위해

해릉왕을 배반하고 권하는 공작원도 들어와 있었을 것이다.

해릉왕을 죽인 것은 절서도병마도통제(浙西道兵馬道統制) 완안원의(完顔元宜)였다. 해릉왕은 그때 나이 40세였고, 동경에서 즉위한 사촌 동생 세종은 그보다 한 살 어렸다.

편의상 해릉왕이라고 불렀지만, 생전에 그는 말할 것도 없이 황제였다. 죽은 이듬해 해릉군왕으로 강등되어 왕의 묘지에 매장되었다. 훗날 해릉왕의 죄악이 극심하였으므로 왕으로 봉해질 자격이 없다는 논의가 있어, 조칙으로 서인으로 강등되고 산릉(山陵) 서남 40리 땅에 서인으로 다시 매장되었다. 『금사』는 그를,

폐제해릉서인(廢帝海陵庶人)

이라고 부르고 있다.

해릉왕이 시해되자 금군이 철수한 것은 말할 나위도 없다. 새로운 황제가 어떤 생각을 하고 있는지, 벌송군의 여러 장수들에게 어떤 조치를 취할 것인지 한시라도 빨리 알고 싶었을 것이다. 금군의 도독은 사람을 보내 진강(鎭江)의 남송군에게 화의를 청했다.

금군이 철퇴하자 남송군은 그것을 추격하는 형태로 북상하여, 잃어버린 땅을 회복했을 뿐만 아니라 옛 국경인 회하를 건너 더 북쪽으로 병사를 진군시켰다.

세종은 전후 처리로 거란족의 반란부터 우선 평정했다. 남송과의 전쟁은 대외전쟁이지만, 거란족의 반란은 내정 문제다. 내부 일을 먼저 처리해야 했다.

금나라에 다행이었던 것은 거란족 반란군이 내부 분열을 일으킨 것이었다. 저 멀리 서쪽에 야율대석이 세운 거란국, 즉 카라 키타이(서요)가

있다는 것은 거란인이라면 누구나 알았다. 금군에게 토벌당한 거란족 반란군 내에서 서쪽으로 달아나 서요로 가자고 주장하는 쪽과 유격전을 계속하더라도 살던 땅을 떠나고 싶지 않다는 쪽이 대립했다.

세종은 강온 양면책을 채택하여, 거란 반란군에게 토벌군을 보내는 동시에 거란족 고관을 파견하여 설득공작을 계속했다. 설득할 사자로 임명된 자는 양주의 구산사(龜山寺)에서 해릉왕을 죽인 완안원의였다. 공을 세워 여진의 완안이라는 성을 하사받았으나, 본래는 야율씨다.

거란 반란군에서는 서요로 갈 것을 주장하던 수령 살팔(撒八)이 반대파에게 살해되고, 와알(窩斡)이라는 자가 서하(西夏)로 탈출을 꾀했다. 하지만 토벌군의 방해로 사로잡혀 죽었다. 세종은 투항한 거란족에게는 관대한 조치를 취했다. 한시라도 빨리 이 내란을 평정하고 대외문제, 즉 송과의 전쟁으로 힘을 돌려야 했던 것이다.

거란 반란군의 일부는 남송으로 망명했다. 함평부(咸平府) 모극인 거란 수령 괄리(括里)가 동경을 엿보고, 동경유수 시절의 세종이 이를 토벌한 사실은 앞에서 이야기했다. 『금사』에 따르면, 이 인물은 남송으로 도망쳤다고 한다. 송나라쪽 사료에 금나라 좌효위상장군(左驍衛上將軍) 야율괄리(耶律适哩)가 귀순했다는 기사가 있는데, 이는 앞에서 이야기한 괄리와 동일 인물임이 틀림없다. 남송에서는 이들 투항한 거란인을 효과적으로 이용하려고 생각했다. 남송과 대치하고 있는 금군 내에는 거란족 장병이 많았으므로, 이들 투항인은 이용 가치가 상당히 컸을 것이다.

1년 반에 걸친 거란족의 난을 평정한 뒤, 세종은 군대를 남하시켜 회하 선을 넘어 온 남송군을 맡게 함과 동시에 화의를 권하기로 했다.

해릉왕이 죽음을 당하고 금군이 북으로 돌아감으로써 남송이 겨우 안심하게 된 것은 남송의 연호로 소흥 31년(1161)의 일이다. 고종은 이미 재위 기간이 35년에 이르고 있었다. 이듬해 소흥 32년, 고종은 자리를 황태자에게 물려주고 스스로 태상황을 칭하며 덕수궁(德壽宮)에 은거했다.

고종의 친자식인 원의태자(元懿太子)는 일찍 죽었기 때문에 황족 수왕(秀王) 조자칭(趙子偁)의 아들인 조신(趙眘)을 양자로 삼아 황태자로 세웠다. 이가 즉위하여 효종(孝宗)이라 불렸다.

효종은 태조 7세손이다. 송나라는 2대 태종부터 줄곧 태종계가 황위를 이어 고종에 이르렀다. 고종의 퇴위로 약 150년 만에 태조계 황제가 출현한 것이다. 고종과 효종의 혈연관계를 따지면 상당히 멀다. 효종보다 더 가까운 황족도 있었지만, 고종이 태조계 효종을 선택한 것은 오황후(吳皇后)의 뜻에 따른 것이었다고 한다. 오씨는 고종의 부인인 형씨가 금나라 오국성에서 죽은 것을 안 뒤에 고종의 생모 위씨의 추천으로 겨우 황후로 세워졌다. 하지만 오황후는 상당한 수완가였던 모양이다. 형씨의 귀환을 방해하도록 진회에게 요청한 것을 보더라도 권세에 큰 관심이 있었다는 것을 알 수 있다. 아마 그녀는 황태후로서 계속 권세를 휘두르려고 했던 것 같다. 그러기 위해서는 양자인 새 황제는 먼 친척인 편이 좋았다. 가까운 혈연이라면 그 친가도 조정에서 유력자인 셈이므로 오황후의 뜻대로 되지 않을지도 모른다.

효종은 먼 친척인 자신을 황태자로 뽑아 준 오황후에게 은의(恩義)를 느꼈고, 오황후는 그것으로 권세를 유지할 수 있었다.

그렇다고 황태자 인선(人選)을 황후의 뜻에만 의존했다는 말은 아니다. 효종은 황제로서 남송의 여러 황제 중에서 가장 높은 점수를 얻은 인물이었다. 적어도 진회의 간섭을 받아 악비를 죽인 일로 실점이 많은 고종에 비하면, 매우 높은 점수를 받았다고 할 수 있다.

　소흥 32년 6월에 양위한 것도 금나라가 제안한 화의를 둘러싸고 조정에서 주전·강화 두 파의 대립이 격렬해지자, 이에 염증을 느낀 고종이 자리를 내던진 것이라는 설이 있다.

　어쨌든 금나라에서는 세종, 남송에서는 효종이라는 새로운 지도자가 거의 때를 같이하여 새로운 시대를 열었다.

천지무정

40년 평화를 누린 건도화약

남송과 금나라의 화약은 두 나라의 연호를 따서 남송에서는 소흥(紹興) 화약이라고 부르고, 금나라에서는 황통(皇統) 화약이라고 불렀다. 금나라 해릉왕의 벌송전(伐宋戰)은 이 화약을 깨는 사건이었다.

해릉왕이 부장에게 살해되어 금군이 철수하고, 남송에서는 정권교체가 일어나 효종(孝宗)이 즉위하자 남송의 조정에서는 주전론이 우세해졌다. 효종은 악비의 명예를 회복시키고, 주전론자인 장준(張浚)을 추밀사로 재기용하여 북벌군의 총사령관으로 임명했다.

장준은 금릉(金陵, 오늘날 남경시)을 기지로 삼아 북벌군을 진군시켰다. 남송의 북벌군에서 주의해야 할 점은 투항한 거란족 장군이 참가했다는 사실이다. 남송의 거란족 망명자는 금군 내에 있는 거란족 부장에게 공작을 펼쳤다. 이때문에 영벽(靈璧, 안휘성 영벽현)에 주둔하고 있던 금나라 하남로도통(河南路都統) 소기(蕭琦)가 남송에 항복했다. 소기는 말할 것도 없이 거란족 출신으로 후족(后族)이라고 불리는 명문가 출신이었다. 이것이 계기가 되어 남송군은 숙주(宿州)까지 진출하여 이를 점령했다. 영벽과 숙주 모두 회하보다 북쪽에 위치한 곳으로 소흥 화약으로 금나라 영토가 된 지역이다.

잃어버린 땅을 잇따라 회복했다 하나, 남송의 전승은 행운이 겹친 덕이었다.

첫째, 해릉왕이 부장에게 살해되고 세종이 즉위한 금나라 국내의 혼란이 전선의 사기를 떨어뜨렸다. 둘째, 세종은 송나라와의 전쟁보다 열하(熱河) 지방에서 일어난 거란족 반란을 평정하는 것을 우선했기 때문에 회하 전선에 힘을 쏟을 수 없었다는 사정이 있다. 셋째, 거란족 군대가 동요한 것도 남송에게는 행운이었다. 자신들의 동족이 열하와 흥안령(興安嶺)에서 반란을 일으켜 토벌을 받고 있으므로 동요하는 것은 당연했다. 남송에 투항한 거란족 장군의 공작으로 소기(蕭琦)가 금을 배반한 것도 그런 배경이 있었기 때문이다. 넷째, 벌송군을 총지휘하던 복산충의(僕散忠義)가 북으로 돌아가 입조했기 때문에 금나라 회하 전선 지휘계통이 혼란스러워졌다. 다섯째, 그해는 비가 많아 여진족의 장기인 기사(騎射)작전이 곤란했다는 것도 남송에게는 유리하게 작용했다. 진흙탕에 말의 발이 빠지고 비에 젖어서 아교가 녹아 활이 쓸모없게 된 것이다.

하지만 복산충의가 금나라 승상총융사(丞相總戎事)로서 남쪽 전선으로 복귀하자, 전국은 다시 바뀌었다. 복산충의는 금나라 태조의 선헌황후(宣獻皇后)의 조카이며 세종의 아버지인 종보(宗輔)의 사촌이다. 세종의 신임이 두터웠음은 말할 나위도 없다. 북으로 불려간 것은 상서우승(尙書右丞)으로서 거란족의 반란을 평정하기 위해서였고, 그 일에 성공하자 다시 황하를 건너 하남 땅으로 들어왔다. 그의 지휘로 금군은 다시 우세해 졌다. 그리고 남송에게 빼앗긴 숙주를 즉시 되찾았다. 해릉왕이 죽은 뒤, 남송은 운이 따랐지만 그 운도 다하고 만 것이다.

남송 군대의 실력도 그리 대단하지 않았지만 금도 무척 지쳐 있었다. 금나라 경제는 남송이 보내는 세공(歲貢)에 의지하고 있었는데, 전쟁으로 그것이 끊기자 몹시 곤란해졌다. 복산충의가 남쪽으로 향하려고 할 때, 세종은 황통의 구약(舊約)을 유지하는 선에서 정전 이야기를 추진하라고 명했다. 이 이상의 전쟁 부담을 금나라 형편으로는 견딜 수 없었다.

남송에서는 악비의 명예회복과 동시에 죽은 진회를 멸시했는데, 그렇 다고 오랫동안 정권의 자리에 있던 화평파가 소멸한 것은 아니었다. 주전 파 장준이 기용되었으나, 그와 대립하는 화평파는 호시탐탐 그의 실각을 노리고 있었다.

복산충의의 복귀로 금군이 다시 강해진 것은 남송의 화평파에게 장 준을 끌어내릴 절호의 기회였다. 이 시기 화평파의 총수는 재상 탕사퇴 (湯思退)였다.

탕사퇴는 그 이름 자체가 '물러남을 생각한다'인데 자(字)는 진지(進之) 다. 소흥 30년(1160) 12월, 시어사(侍御史) 진준경(陳俊卿)에게 교사(巧詐)한 마음이 있고 그 소행이 진회를 많이 닮았다는 이유로 탄핵받아 일단 재 상에서 물러났다. 하지만 융흥(隆興) 원년(1163)에 재상으로 복귀했다. 주 전파를 두둔하는 효종 시대가 되었어도, 화평파의 힘이 결코 약해지지 않았다는 것을 알 수 있다.

금군의 공격을 받아 남송군이 불리해지자, 화평파 탕사퇴가 그의 장 기인 교사로 주전파 장준의 실각을 꾀했다. 장준이 세력을 휘둘러 군비를 낭비하고 있다고 탄핵한 것이다. 장준은 해임되었고 그 직후에 병사했다.

북송 말기, 신법·구법의 다툼이 정책 논쟁을 넘어 단순한 파벌 대립으로 감정적으로 흘렀다고 앞에서 이야기했는데, 남송의 주전·화평 두 파의 싸움도 정책 논쟁을 넘어 쓸데없는 감정싸움으로 치달았다.

남송은 금나라가 영유하고 있는 북쪽 땅을 회복하지 않으면 중화제국의 영예를 되찾을 수 없었다. 금나라는 남송이 지키는 회남 이남 땅을 빼앗지 못하면, 경제적으로 균형이 잡히지 않은 결함 국가로 남을 수밖에 없었다. 두 나라 모두 북벌과 남벌이 국가의 기본방침이었음은 당연한 일이다. 하지만 두 나라 모두 그것을 이룰 힘이 없었기 때문에 마침내 다시 강화를 맺었다.

국경선은 이전 소흥(금나라 황통) 화약과 똑같았다. 다만 해릉왕의 폭주와 거란족의 대반란 등으로 금 쪽이 조금 불리했다. 따라서 효종 건도(乾道) 원년(1165, 금나라 세종 대정 5년)에 맺은 새로운 화약은 남송에게 조금 유리해졌다.

소흥 화약의 세공은 은 25만 냥, 비단 25만 필이었으나, 건도 화약은 각각 20만 냥, 20만 필로 줄었다. 더구나 이를 '세공'이라 하지 않고 '세폐(歲幣)'라고 불렀다.

소흥 화약에서는 두 나라의 관계가 남송이 금나라에 신종(臣從)하는 것이었다. 건도 화약은 이를 '숙질(叔姪)' 관계로 고쳤다. 옛 화약에서 군신이었던 것이, 새 화약에서 숙부와 조카 관계로 개선된 것이다. '공(貢)'을 '폐(幣)'로 한 것은 속국의 진공이 아니라는 의미다.

이 화평 교섭 때 남송은 선조의 능묘가 있는 지역을 반환하라고 금나라에 요구했다. 송의 능묘는 개봉 부근에 있고 능역도 좁았다. 넓은 바다 속의 작은 섬처럼 그것만 고립되어 있어 군사기지 등을 설치할 수도 없다. 하지만 금은 이 요구를 거절했다. 송나라 능에서 행해지는 일이 단순한 의식이라 해도 금나라에 사는 한족의 민족의식을 높일 우려가 있었기 때문이다. 또 금나라 사절이 국서를 가지고 남송을 찾았을 때, 남송 황제는 일어서서 그것을 받는 관습이 있었다. 남송은 그것을 앉아서 받는 것으로 고치려고 버텼으나, 금은 이 조항도 양보하지 않았다. 군신을 숙질로 고친 것은 금나라의 큰 양보였다. 더는 양보할 수 없었다.

이 새로운 화약은 금나라 쪽에서 열심히 추진했다. 금나라 사자가 자주 남하했다는 것에서 금나라가 화약에 얼마나 의욕적이었는지 엿볼 수 있다. 남송 쪽에서는 주전·화평 두 파가 끝없이 논쟁을 벌였다.

두 나라의 평화가 다시 깨진 것은 건도화약을 맺은 지 40년 뒤의 일이다. 이 화약은 반세기 가까이 두 나라의 관계를 안정시켰다. 실은 두 나라 모두 내정과 그 외의 사정을 안고 있어, 그것을 처리하는 데 평화가 필요했다. 두 나라 모두 원했던 일이므로 비교적 오래 지속되었다고 할 수 있다.

1만 수에 우국충정을 담은 육유

새로운 화약이 성립된 해에 육유(陸游)는 41세의 나이로 융흥(隆興) 통판(通判)에 임명되었다. 융흥은 오늘날 강서성 남창(男昌)에 해당한다. 융흥 연간에 부(府)가 되고, 연호가 그대로 지명이 되었다. 이는 소흥 연간에 부가 된 소흥의 전례가 있다. 융흥 3년에 해당하는 해에 연호를 건도로 고쳤고, 화약이 정식으로 성립되었다.

통판이라는 자리는 송나라 초기, 절도사의 권한을 약화시키기 위해 부와 주(州)의 군사와 경찰을 관장했던 관직이다. 지사(知事) 다음이었으나 차츰 가벼운 자리가 되었다. 그리 대단한 지위는 아니다.

남송 제일의 시인이라는 육유도 관계에서는 불우했다. 그는 좌절이 많은 사람이었다. 북송 휘종 선화(宣和) 7년(1125)에 그는 회하의 배 안에서 태어났다. 아버지 육재(陸宰)가 관명을 띠고 남쪽의 물자를 개봉으로 운반하던 도중에 육유가 태어난 것이다. 그 이듬해에 정강(靖康)의 변이 일어나 국도 개봉은 함락되었고, 두 황제가 북쪽으로 끌려갔다. 아기였던 육유는 일가와 함께 피난길에 나섰다.

육유의 소년 시절은 정치적으로 말하면, 진회가 재상을 맡았던 시대이므로 화평파가 천하를 쥔 시기다. 육유의 아버지 육재는 주전파였다. 그의 집에는 아버지의 친구들이 모여서 자주 국사를 논했다. 그들은 말할 것도 없이 주전파 사람들이었다. 육유는 우국의 논의를 듣고 성장했다. 진회 시대의 일이므로 육씨 집안을 찾은 아버지의 친구들은 대개 실의에 빠진 사람들이었다. 육유의 정신은 좌절감을 맛본 아버지와 그 주변사람들을 보면서 형성되었다.

20세 무렵, 그는 당완(唐婉)이라는 여성과 결혼했다. 부부 금슬은 좋았으나, 육유의 어머니는 자신의 친척인 이 며느리가 무슨 이유에선지 마음에 들지 않았다. 결국 두 사람은 생나무가 찢기듯 헤어졌다. 봉건사회에서 친자의 관계는 절대적이다. 육유는 왕씨와 재혼했으나 당완을 향한 연정은 평생 계속되었다. 당완도 얼마 안 있어 조사정(趙士程)이라는 남자와 재혼했다.

소흥 23년(1153)에 육유는 진사 시험을 보고 수석으로 합격했다. 과거의 최종시험은 전시(殿試)라고 해서 궁전에 가서 천자가 임석(臨席)한 가운데 시험을 보고, 그때 얻은 성적이 정식의 것이 된다. 그런데 1차 시험 때, 진회의 손자인 진훈(秦塤)이 육유와 수석 자리를 놓고 다투다 차석으로 밀려났다. 그 때문에 진회는 손자를 이긴 육유를 미워해 이듬해 전시에서는 손을 써서 손자를 수석으로 만들었다. 여기까지는 좋았는데 어이없게도 육유를 낙제시키고 말았다. 여러 번 이야기했듯이 송나라는 진사지상주의여서 진사에 급제하지 못한 자는 관계에서 승진할 수 없었다. 육유에게는 큰 좌절이었다.

실의에 빠진 육유는 그 이듬해에 고향인 소흥의 시내 근처 심원(沈園)에서 쉬고 있었다. 그곳은 심씨라는 사람의 저택에 딸린 정원으로 그곳은 널리 알려진 행락지였다. 우연찮게 그는 그곳에서 10년 전에 헤어진 전처 당완을 만났다. 당완은 재혼한 남편 조사정과 함께 그곳에 와 있었다. 당완은 남편에게 부탁해 육유에게 술과 안주를 보냈다.

육유가 진회의 손자와 수석 자리를 놓고 다투었고, 그 일로 낙제했다는 사실이 고향인 소흥에도 전해져 그를 동정하는 사람들이 많았다. 당완은 전남편의 좌절을 위로하고자 했던 모양이다. 기꺼이 아내의 청을 들어 준 조사정도 훌륭한 인물이다. 감격한 육유는 저택의 벽에 〈비녀머리의 봉황(釵頭鳳)의 곡에 맞춘 사(詞)를 썼다. 다음에 인용한 것은 그 후반부다.

봄은 예나 다름없건만,

그대는 보람없이 여위어만 가네.

연지 물은 손수건 눈물에 젖는데,

복사꽃은 떨어지고, 연못의 누각은 한가하네.

굳은 맹세는 아직 변함없건만,

정을 담은 글도 전하기가 어렵구나.

아아, 아아, 아아!

春如舊 人空瘦 淚痕紅泣鮫綃透

桃花落 閑池閣 山盟雖在 錦書難託 莫莫莫

육유는 당완이 여위었다고 했는데, 이때 이미 병들었던 것일까? 그녀
는 얼마 뒤 세상을 떠났다. 육유는 85세까지 살았지만 죽을 때까지 당
완을 그리워했다고 한다. 심원에서 재회한 뒤 40여 년이 흘러 이제 75세
가 된 육유는 고향인 심원에서 경원(慶元) 5년(1199)에 다음의 오언절구
를 지었다.

꿈은 끊어지고 향기도 사라진 지 사십 년,

심원의 버드나무는 늙어서 버들개지를 날리지 않는구나.

이 몸은 죽어 계산(稽山)의 흙이 될지라도,

아직도 추억의 땅을 찾으니 눈물이 비오듯 하구나.

夢斷香消四十年 沈園柳老不吹綿 此身行作稽山土 猶弔遺蹤一泫然

회계산(會稽山)에 묻힐 날이 가까운 나이가 되었지만, 유종(遺蹤), 즉 추

억의 땅을 애도하여 찾으니 눈물이 쏟아진다. 얼마나 순정적인가. 이 시의 첫머리에 '꿈은 끊어지고'라고 했는데, 끊어져도 끊어져도 육유는 계속 꿈을 꾸었던 것이다.

물론 당완의 꿈만 꾼 것은 아니다. 대송제국이 북쪽의 금나라를 치고 잃어버린 땅을 회복하는 꿈은 육유가 늘 꾸던 꿈이었다.

진회가 죽은 뒤에 진회의 방해로 진사가 되지 못한 것을 동정받아 육유는 진사와 같은 자격을 얻었다. 하지만 이것은 역시 정식 진사가 아니다. 그 후 그의 관력(官歷)은 마음먹은 대로 승진하지 못했다. 새로운 화약을 맺은 무렵, 그가 융흥의 통판으로 부임한 것은 앞에서 이야기했다. 하지만 2년 뒤에 해임되었다.

효종은 마음으로는 주전론자였으나, 황제가 되어 보니 남송에는 금나라를 이길 힘이 없다는 사실을 알았다. 아무래도 현실 노선을 걷지 않을 수 없었다.

화평파 탕사퇴는 태학생인 장관(張觀) 등 72명이 함께 올린 상서로 탄핵되어 영주(永州)로 유배 갔다가 얼마 뒤에 죽었다. 하지만 주전파인 장준이 전과를 올리지 못하고 파면된 직후에 죽었다.

육유가 융흥 통판에서 해임된 것은 장준의 주전론을 지지했기 때문이다. 장준은 이미 죽었으나, 육유는 그의 명예를 회복하려고 했다. 하지만 그가 진술한 의견이 화의를 비난하는 형태가 되고 말았다. 건도 화약을 지키는 것이 남송의 기본방침이라고 본다면, 현직 부통판이 그와 같은 의견을 공표하는 것은 불손한 행동으로 봐도 어쩔 수 없는 일이다. 42세에 해임되어 46세에 기주(夔州, 사천성) 통판에 임명되기까지 그는 고향인 절강 산음에서 약 4년 동안 낭인 생활을 보냈다. 그동안 결코 유유자적했던 것은 아니다. 가난으로 고생했다.

죽으로 끼니를 때우기를 이미 몇 달째.

조정에 그렇게 애원하여 직업을 얻었다.

민족 갈등을 불러일으킨 가난 구제책

40년 동안의 평화는 사람들에게 큰 은혜를 가져다 주었다. 남송으로서는 잃어 버린 땅을 회복해야 한다는 숙제가 그대로 남은 평화였으나, 국민경제는 크게 발전했다. '회자(會子)'라는 일종의 어음이 통용되어 상공업 진흥에 도움을 주었다. 금융업자는 북송 시대부터 회자를 발행했는데, 고종 말년에는 정부도 어음을 발행했다. 다만 나중에 국가경제가 어려워지자 이를 남발하여 폐해도 나타났다.

금나라는 이때가 희종, 해릉왕 시절의 과오를 정정하는 시기에 해당한다. 그러기 위해서도 금나라는 반드시 평화가 필요했다. 해릉왕의 한화정책으로 여진족의 민족적 활력이 쇠퇴했다.

세종은 민족의 원점으로 돌아가자고 여진족 사람들에게 호소했다. 여진어를 사용하고 여진문자로 글을 쓸 것을 장려했다. 중국 고전을 여진어로 번역한 것이 잇따라 간행되었다. 여진어로 과거를 치렀고, 시험에 급제한 자는 높은 관직에 오를 수 있었다. 하지만 이와 같은 형태의 장려는 여진어와 여진문자가 여진족 사이에서 그다지 쓰이지 않았음을 의미한다. 총인구의 7분의 1밖에 안 되고, 더구나 문화 수준이 낮은 여진족은 한족의 바다에 표류하고 있는 것이나 다름없었다. 어느새 여진족에서도 한어를 쓰게 되었고, 자신들의 낮은 문화를 부끄러워하는 풍조가 생겨났다.

세종은 여진족에게 민족적 자존심을 잃지 말 것을 애써 강조했다. 해릉왕의 과오는 고치쳐도 여진족이 개화하는 것에는 세종도 반대하지 않았다. 그는 상경(上京) 회녕부(하얼빈시 교외)에서 즉위했는데, 그곳이 벽지임을 알고 있었다. 해릉왕처럼 개봉을 국도로 삼는 것은 극단적인 결정이었으니, 상경에서 연경으로 천도했다. 결코 여진 지상주의에 틀어박힌 사람은 아니었다.

여진족의 대규모 이주는 거의 제1차 화약 무렵에 일어났으므로, 세종이 즉위했을 때는 이미 약 20년이나 지난 뒤였다. 이는 단순한 이주가 아니었다. 이로써 수렵에서 농경으로 생활이 바뀌었다. 그것이 성공했다고는 할 수 없다. 이미 이주 여진족의 빈곤화라는 문제가 나타나고 있었다. 이주에 즈음해서는 그들에게 땅을 주었으나, 그것은 어느새 빚의 담보가 되어 한족의 손으로 넘어가 버렸다.

세종은 빈곤한 여진족을 구제해야 했다. 그러기 위해 관유지를 멋대로 경작하는 한족에게서 그 땅을 빼앗았다. 또 세금을 내지 않는 토지도 몰수해서 이것을 여진족에게 주었다. 이 착취는 여진족의 빈곤화를 구제하는 효과를 발휘했으나, 중원에서 한족이 여진족에게 반감을 불러일으키는 부작용도 있었다. 자신들이 고생해서 경작한 땅을 여진족에게 빼앗겼으니 반감을 갖는 것은 당연했다.

복합민족국가인 금나라가 살아남는 첫 번째 전제조건은 여러 민족의 융화였다. 그런데 세종의 여진족 빈곤화 구제책은 민족간의 불화를 조장했다. 거란족은 종종 반란을 일으켰다. 명군이라고 칭송받은 세종 시대에도 금나라에 어두운 그림자가 곳곳에서 나타났다.

금나라 세종은 해릉왕이 벌인 일을 뒤치다꺼리하느라 바빴다고 해도 좋을 것이다. 벌송군 군비는 막대한 액수에 달했고, 벌송을 위한 강제징병으로 거란족의 이반을 불러왔다. 금나라에 대한 거란족의 불신은 매우 깊어서 금나라는 한족 대책보다 거란족 대책에 부심했다.

한족은 뭐니 뭐니 해도 농경과 상공업에 뛰어나 경제적인 우위를 유지하고 있었다. 정치 분야에만 야심을 품지 않는다면 경제적, 문화적으로 우월감을 가질 수 있었다. 중원으로 이주한 여진족이 자신들의 언어까지 버리고 한화하는 현상을 보고, 한족의 자존심은 어느 정도 만족되었다. 금나라는 한족이 남송과 손잡는 것을 가장 경계했다.

거란족은 북방유목민족의 침공을 방해하는 임무를 띠었기 때문에 금나라로서는 대책이 복잡했다. 금나라는 거란족의 맹안·모극을 인정했다. 맹안·모극은 특권을 가진 군사조직으로 거란족에게 그와 같은 조직을 허용하는 것은 위험하다고 생각했는지, 세종은 거란족의 맹안·모극을 일단 폐지했다.

이로써 거란족은 여진족의 맹안·모극 안에 분산, 편입되는 형태가 되었다. 거란족에서 보면 여진족의 감시를 받는 상태가 된 것이다. 그런데 세종은 일단 폐지한 거란족의 맹안·모극을 다시 부활시켰다. 세종의 거란족 정책이 흔들렸다는 뜻이다. 아마 거란족 사이에서 폐지에 대한 불온한 움직임이 있었던 것 같다.

여진족과 거란족의 통혼을 장려했는데, 이것도 깊이 생각한 끝의 정책이라고 할 수 있다. 소수의 지배민족은 민족의 순결을 지키려고 노력하는 것이 보통인데, 금나라는 그것을 희생해서라도 거란족의 이반을 막는 쪽에 중점을 두었다. 공격해 오는 북방유목민족과 거란족이 결탁해 버리면, 금나라 왕조는 곧바로 붕괴할 위기에 처하기 때문이다.

> 사자를 보내어 이들(거란인)을 이주시켜, 여직인(女直人)과 같이 살게 하고, 남혼여빙(男婚女聘, 결혼)을 점차로 풍속화하는 것이 장구지책이다.

이것은 대정(大定) 17년(1177)에 세종이 내린 조칙이다. '여직'은 '여진'과 같은 말로 『금사』에서는 여직이라고 썼다. 이해에 수많은 거란족을 상경, 제주(濟州), 이주(利州) 등 이른바 북만주 땅으로 강제 이주시켰다. 이것은 야율대석이 서쪽에 세운 서요와의 연결을 끊기 위한 방책이기도 했다.

여진족의 본거지에 거란족을 들인 것이다. 이것도 포위 감시를 염두에 둔 일이었다. 또 가능하다면 통혼으로써 거란족의 여진화를 기대했다고 볼 수 있다. 하지만 이 방책이 실패한 것은 역사가 증명한다. 금나라 말기, 몽골의 침공이 심해지자, 이주시킨 거란족이 반란을 일으켜 여진족의 본거지를 점거했기 때문이다.

성격적으로 수렵과 어로에 종사하며 정주하는 여진족과 유목으로 끊임없이 이동하는 거란족은 서로 맞지 않는 데가 있다. 회유책과 강경책을 반복한 금나라의 거란족 정책에는 일관성이 없었다. 하지만 그 정책을 잘 음미해 보면, 거란족을 혐오하는 여진족의 속내를 읽을 수 있다. 여진족은 한편으로는 한(漢) 문화에 심취해서 동화하고 있었는데, 이와 같은 문명지향이 거란족의 유목적 야성에 반감을 갖게 했는지도 모른다.

세종은 거란족 관료수를 줄이고, 세종의 뒤를 이은 장종(章宗)은 마침내 거란문자 사용조차 금지해 버렸다.

주희를 추천한 조여우

금나라 세종은 남송의 효종보다 2년 일찍 즉위했으나, 두 사람의 치세는 거의 동시에 끝났다.

금의 대정 29년 정월 계사일(癸巳日), 세종이 죽고 손자인 장종이 즉위했다. 그리고 남송의 순희(淳熙) 16년 2월 임술일(壬戌日), 효종은 황태자 조돈(趙惇)에게 자리를 물려 주었다. 이가 광종(光宗)이다. 서기로 치면 모두 1189년에 해당한다. 남송의 효종은 금나라의 세종이 죽고 29일 뒤에 퇴위했다.

이렇게 해서 남송의 광종과 금나라의 장종이 거의 동시에 남북에서 제위에 올랐다. 이해에 육유는 예부낭중(禮部郎中) 자리에서 실록원 검토관을 겸하고 있었는데, 12월에,

　　풍월(風月)을 조롱하며 읊었다.

는 이유로 탄핵되어 자리에서 물러났다.

풍월을 조롱하여 읊는다는 것 역시 기묘한 탄핵 구실이라 하지 않을 수 없다. 관직을 떠나 귀향한 육유는 자신의 집을 '풍월헌(風月軒)'이라고 불렀다.

진상은, 주전론적 경향을 띤 효종이 퇴위한 뒤, 화평파가 갑자기 대두했기 때문에 주전파 육유가 면직된 것이다.

고종은 양자인 효종에게 양위한 뒤 25년이나 살아서 81세에 세상을

떠났다. 효종은 아버지를 본받아 살아 있는 동안에 양위하려고 생각하고, 아버지가 죽은 2년 뒤에 아들에게 양위했다. 새로 제위에 오른 광종은 화평파도 뭣도 아니었다. 다만 어리석을 뿐이었다. 자신의 의견 따위는 없었고, 그 때문에 화평파의 주장에 끌려가는 실상이었다. 어쨌든 화평파의 공격으로 실각했으니, 육유는 평소부터 주전론의 목소리를 높였던 것만은 틀림없다. 그의 시작에 그것이 반영되어 있다. 아래에 실은 〈관산월(關山月)〉이라는 제목의 시는 순희 4년(1177)에 화약을 맺고 15년이 지난 뒤의 감개를 적은 것이다.

화융의 조서가 내린 지 15년,
장군은 싸우지 않은 채 하릴없이 변경에 있구나.
주문(朱門)은 은밀히 가무에 빠져,
마구간의 말은 살쪄서 죽고 활은 줄이 끊어졌다.
때를 알리는 망루의 바라 소리는 지는 달을 재촉하는데,
스물에 종군하여 지금은 백발이 되었네.
피리소리 속에 숨겨진 장사의 마음을 누가 알까만,
모래펄에 덧없이 뒹구는 병사의 뼈.
예로부터 중원에는 전쟁이 많았다고 들었는데,
어찌 반역의 오랑캐가 자손을 남길 수 있으랴.
유민(遺民)은 죽음을 견디며 회복을 기다리면서,
오늘밤도 어딘가에서 눈물짓고 있겠지!

和戎詔下十五年 將軍不戰空臨邊 朱門沈沈按歌舞 廐馬肥死弓斷弦

戍樓刁斗催落月 二十從軍今白髮 笛裏誰知壯士心 沙頭空照征人骨

中原干戈古亦聞 豈有逆胡傳子孫 遺民忍死望恢復 幾處今宵垂淚痕

　중원에는 예부터 전쟁이 많았지만, 반역의 오랑캐들은 모두 토벌되어 그 자손을 남긴 일이 없었는데……하고 개탄하고 있다. 유민이란 금나라 지배하에 있는 지난날의 송나라 백성을 뜻한다. 이민족의 지배하에 있는 유민들은 남송이 북벌하여 중원을 회복해 주기를 기대하며 오늘 밤도 여기저기서 눈물로 베개를 적시고 있을 것이다. 그것을 생각하면 육유는 마음이 들뜬다. 국사편찬관이라는 직책은 정치적으로 그다지 중요한 자리는 아니지만, 시인으로서의 영향력이 컸기 때문에 반대파도 육유를 그냥 둘 수 없었다.

　육유가 이 〈관산월(關山月)〉을 읊으며 강개의 노래를 높이 부르던 시기에 남북은 모두 그 왕조의 최전성기를 맞았다. 화융(和戎, 화의) 15년, 장군은 싸우지 않고 군마는 전쟁터가 아닌 마굿간에서 살찐 채로 죽고, 무기는 낡아서 활의 줄도 끊어진 채 방치된 상태는 정치를 안정시키고 백성을 쉬게 했으며 경제를 발전시켰다. 남송의 효종, 금나라의 세종은 각각 명군이라 칭송받는다. 효종 때는 남발한 어음을 정리할 만큼 경제적인 여유도 생겼다. 국사편찬 사업이 시작되었고 그 때문에 많은 학자가 모였는데, 육유가 실록원 검토관이라는 지위에 앉을 수 있었던 것도 그런 여유 덕분이었다.

　금나라 세종은 '소요순(小堯舜)'이라고 불릴 정도의 인물이었다. 해릉왕이 진 빚을 갚기 위해 즉위 초기에는 고생도 하고 증세도 하였으나, 조정의 비용을 절약하고 관리 수를 삭감했고, 고려와 분쟁이 생겼을 때도 군대를 움직이지 않았다. 그리고 여유가 생기자 감세를 시작했다. 앞에서 이야기했듯이 민족문제는 반드시 뜻대로 되지는 않았지만, 나약해진 여진족에게 끊임없이 채찍질을 가했다.

남북에서 동시에 효종과 세종이 퇴장한 뒤, 광종과 장종이 등장했는데, 이 두 사람은 전대의 영광이 남긴 잔영의 시대라 할 수 있다. 광종은 『송사』에 '후궁의 투한(妬悍)을 안에서 다스리지 못했다'는 평가를 받듯이, 궁정 내부에 문제가 있었는데, 그의 시대에 염세(鹽稅)를 포함한 기타 백성의 부담이 경감되었다. 육유가 해임된 일로도 알 수 있듯이, 화평파 사람들은 광종을 에워싸고 화약을 지키는 것을 국가의 기본 방침으로 삼았다. 감세는 그 성과라고 할 수 있겠다.

광종의 처인 이황후(李皇后)가 '투한'이었다. 질투가 많은 사나운 여자로 손을 댈 수 없었다. 광종보다 두 살 연상이었는데 광종이 총애했던 황귀비(黃貴妃)를 죽이기도 했다. 황귀비가 죽었다는 소식을 듣고, 광종은 그전부터 앓았던 '심질(心疾)'이 더욱 심해졌다. 정신에 이상이 생겼는지도 모른다. 퇴위한 아버지 효종은 수황성제(壽皇聖帝)라고 불리며 건재했으나, 이황후는 남편인 광종과 시아버지가 서로 만나지 못하게 했다.

이황후는 43세의 나이에 즉위한 남편이 퇴위한 아버지에게 이것저것 지도를 받는 것이 싫었을 것이다. 친정의 가묘(家廟)를 황실의 태묘(太廟)보다 훌륭하게 만들고 위병 수도 태묘보다 많게 했으며, 친속(親屬) 26명, 이씨 가문의 신하 172명을 등용하고, 이씨의 식객까지 관직을 얻는 형편이었다.

황제의 가정이 문란한 정도로 그치면 좋았겠지만, 이황후의 방자함을 용서하면 국정 문란으로까지 번질 형국이었다. 조정 대신들은 고민 끝에 퇴위한 효종이 영향력을 미쳐 주기를 바랐으나, 이황후는 광종을 단단히 단속하여 두 사람이 만나지 못하게 했다.

효종은 명군이라 칭송받은 것치고는 우유부단해서 상황으로서 적극적으로 나서려고 하지 않았다. 이때 고종의 황후 오씨는 80이라는 고령으로 건재하고 있었다. 고종의 아내 형씨가 북쪽 땅에서 죽은 것이 확인되고 나서 오씨가 황후로 책립된 경위는 앞에서 이야기했다. 오씨가 진회에게 형씨의 송환을 방해하도록 요청한 사실도 알려져 있다. 참으로 적극적인 여성이다. 물론 80세나 되었으니 황실 문제에 스스로 나설 수는 없었다. 그리하여 여기서 태황태후 오씨의 외조카뻘인 한탁주(韓侂胄)라는 인물이 등장했다. 광종의 황태자 조확(趙擴)의 비가 이 인물의 질녀이기도 하다.

이와 같은 관계에서도 알 수 있듯이 한탁주는 명문 출신이다. 증조부는 왕안석(王安石)의 정적이었던 명신 한기(韓琦)이고 서하와 거란에 대해 강경파로 알려졌다.

이황후를 누를 수 있는 사람은 태황태후 오씨밖에는 없었다. 당시의 재상은 종실의 일원인 조여우(趙汝愚)였다. 그를 연락책으로 써서 오씨의 힘을 빌린 것이다. 퇴위한 효종의 죽음이 그 기회가 되었다. 오씨는 광종은 '심질' 때문에 상황의 장례를 집행할 수 없다며 증손인 황태자 조확에게 대리를 명했다. 그리고 오씨는 그대로 황태자를 즉위시켰다. 남송은 3대 연속으로 퇴위로 황제를 교체한 셈이다. 광종의 재위는 겨우 6년이었고, 소희(紹熙) 5년(1194) 조확이 즉위했다. 이가 영종(寧宗)이다. 광종은 6년 뒤인 경원(慶元) 6년(1200) 8월에 죽었다. 황실에 파문을 일으킨 그의 아내 이황후도 같은 해 6월에 죽었다.

주희의 도학은 가짜 학문

한시의 제목에 이따금 긴 것이 있다. 순희 7년(1180)에 육유가 지은 시에 다음과 같이 긴 제목의 작품이 있다.

> 5월 11일, 한밤중에 꿈속에서 대가(大駕, 황제의 탈 것)의 친정(親征)을 따라, 한당(漢唐)의 옛 땅을 모두 회복하여, 성읍 사람들의 아름다운 번영을 보았다. 말하기를 서량부(西涼府)라 한다. 몹시 기뻐서 말 위에서 장구(長句)를 지었는데, 아직 다 끝내지 못하고 잠이 깨었다. 즉 이는 뒤에 보태어 이룬 것이다.

꿈에 황제가 친정하는 북벌에 종군하여, 잃어버린 땅을 모조리 회복하고, 사람도 풍물도 모두 아름다운 어떤 도시를 보았다는 것이다. 그곳이 서량부라는 곳이라기에 매우 기뻐하여 말 위에서 긴 시를 지었는데, 그것이 다 끝나기도 전에 꿈에서 깨었으므로, 나중에 거기다 보태어 지은 시라는 뜻이다. 서량은 중원정권의 힘이 강할 때는 그 판도에 들어가고 힘이 쇠하면 잃는 곳이었다. 당시 서량은 서하의 영토다. 금나라를 토벌하여 중원을 회복했을 뿐만 아니라 서하까지 공격해서 서량을 탈환했다. 꿈속에서 기뻐 어쩔 줄 모르는 육유는 그 자리에서 시를 지었다.

꿈에서도 잃어 버린 땅의 회복을 잊지 않은 육유는 애국시인으로서도 칭송받는다. 중국이 외국에게 영토를 빼앗겼을 때, 사람들은 육유의 시를 애송했다. 송나라 시 중에서도 육유의 시는 특이하다. 송시의 특징은 그 냉정함에 있다. 조용히 응시하는 시 정신에 뒷받침된 탓이다. 그런데 육유의 시는 결코 냉정하지 않다. 위의 긴 제목을 보아도 그것이 격정의 산물이라는 것을 알 수 있다. 정신을 냉정하게 놔두지 않는 그 무엇이 육유를 흥분시켰다. 국가가 처한 상황이 바로 그것이다. 후세의 역사가가 '남송의 최전성기'라고 평가한 시대도 육유는 그것을 절반은 침몰한 시대로 받아들였다.

애국 시인이라는 칭송이 자자한 그에게 한 가지 오점이 있지 않을까 하여, 예부터 논란이 된 문제가 있다. 만년의 육유가 한탁주와 관계를 가졌다는 점이다. 광종이 영종에게 황위를 계승할 때, 태황태후 오씨의 권세를 등에 업고 잠시 일했던 한탁주는 『송사』의 「간신전」에 오를 만큼 평판이 좋지 않은 인물이었다. 은퇴한 78세의 육유가 한탁주의 청으로 출사한 것이 그의 경력에 오점으로 남았다는 것은 사견치고는 너무 가혹하다고 생각한다.

여기에서는 영종이 즉위한 뒤, 한택주의 시대라고도 할 수 있는 시기를 개관해보고자 한다.

황실의 골칫거리인 이황후를 광종 퇴위로 제압한 공적은 매우 크다고 해야 한다. 고모뻘인 태황태후 오씨와 연락한 것도 목숨을 건 일이었으므로 한탁주는 자신의 수훈이 대단하다고 생각했다. 또 새 황제인 영종의 한황후는 그의 질녀이기도 했으므로 승진은 당연하다고 믿었다. 그런데 재상인 조여우가 그에 반대했다.

한탁주가 받은 것은 방어사(防禦使)라는 낮은 자리였다. 아마 조여우는 한탁주의 됨됨이를 보고 높이 평가하지 않았을 것이다. 하지만 이것은 조여우에게 치명적인 일이었다. 한탁주는 소인이었을지 모르나 야심으로 가득 찬, 의욕 넘치는 인물이었다. 이와 같은 인물을 적으로 돌린 조여우는 얼마 안 가 궁지에 몰려 실각하고 말았다. 명나라 이탁오는 조여우를 평하여, 그때 한탁주에게 절도사 자리를 주었다면 그것으로 끝났을 것이라고 말한다. 한탁주가 공격적으로 변하게 된 것은 승진에 불만이 있었기 때문이었다. 재상으로서 조여우는 인물을 보고 승진을 막은 것이지만, 공적은 공적으로 평가하여 좀 더 높은 지위를 주었어야 한다는 것도 한 가지 견해다. 한탁주가 뜻을 이룬 것은 조여우가 이를 부추겼기 때문이라는 것이 이탁오가 내린 결론이다.

조여우를 미워한 한탁주는 파벌을 만들어 상대를 실각시키는 공작에 착수했다. 이때 대유(大儒)로 일컫는 주희(朱熹)가 조여우의 추천으로 시강(侍講)이 되었다. 주희는 '주자(朱子)'라고 존칭되는 대학자인데, 그때까지 지방관은 지냈어도 중앙에 자리를 얻은 것은 이번이 처음이었다. 이때 그의 나이 이미 65세였다. 궁정에서 그는 처음으로 한탁주의 암약을 보고 들었다. 그리고 자신을 천거한 조여우가 그 공격의 표적임을 알았다. 사실 주희도 조여우의 인사에 관해 한탁주에게 상을 후하게 주어 공로에 보답하고, 정치에는 참여하지 못하게 해야 한다고 말했다. 그런데 조여우는 간단히 제거할 수 있는 인물이니 염려할 것 없다며 그 말을 듣지 않았다. 상대를 너무 얕잡아 본 것이다. 주희는 한탁주의 재상 반대 공작이 진행되는 것을 알고, 진강(進講) 때 황제에게 그 간교한 작태를 상서했다가 그 일로 한탁주의 미움을 사서 면직되었다.

한탁주 일당은 주희의 학문까지 공격하여 이를 '위학(僞學)'이라고 몰아세웠다. 그의 저작은 금서가 되었고, 주자학을 배운 자는 관직에서 해임되었다. 이것은 '경원위학(慶元僞學)의 금(禁)'이라고 부른다. 또 이탁오를 이 이야기에 등장시키는데, 그는 주희선생은 좀 더 기모비책(奇謀秘策)이 있어야 했으며, 자신의 호오(好惡)에 대해 일시적인 쾌(快)를 취했기 때문에 무궁한 해독을 끼쳤다고 비난했다. 해독이란 위학의 금을 말한다.

도학(道學, 주자학을 말함)이 화를 입은 것은 회옹(晦翁, 주희의 호)이
이를 자초함이다.

주자에게는 다소 가혹한 평이다.

대유의 주희도 재상인 조여우도 소인을 어떻게 다루어야 하는지 몰랐다고 할 수 있다. 조여우는 재상의 자리에서 쫓겨나 복주(福州) 지사로 좌천되었고, 이어서 절도부사로 영주로 옮겼고 형주(衡州)의 관리에게 시달리다 그곳에서 죽었다. 영종이 즉위하고 2년 뒤의 일이다. 영종은 즉위할 때 이미 27세였지만, 이 같은 정쟁을 말없이 지켜보고만 있었으니, 아버지처럼 심질(心疾)은 아니었는지 몰라도 암군(暗君)이었다고 할 수 있다.

소인은 공격의 처지에 있을 때, 미친개처럼 날뛰어 상대를 두려움에 떨게 한다. 한탁주 역시 그렇게 하여 뜻밖에도 정권을 손에 넣었다. 이탁오의 말처럼 절도사라도 되었다면, 이와 같은 한탁주 시대는 오지 않았을지도 모른다.

육유가 오랜 낭인생활로 빈궁에 시달린 뒤에 한탁주의 천거로 출사한 것은 가태(嘉泰) 2년(1202)의 일이었다. 한탁주가 정권을 쥔 지 8년째에 해당한다. 평판이 나쁜 한탁주가 애국시인으로 이름 높은 육유를 이용하려고 했는지도 모른다.

한탁주에게 운이 열린 것은 그가 고종황후 오씨의 외조카였기 때문인데, 그 오씨는 그가 정권을 쥔 3년 뒤, 83세로 세상을 떠났다. 오씨는 종

실의 조여우가 당대(唐代)의 종실재상인 이임보(李林甫) 같은 존재가 될 것을 두려워해, 그 반대파인 한탁주의 편을 들었다고 한다. 게다가 그 3년 뒤인 경원 6년(1200), 영종의 한황후가 죽었다. 황후인 조카를 잃은 한탁주의 정치적 위치는 마침내 흔들리기 시작했다. 조여우를 궁사(窮死)시키고 주희의 학문을 금지하고 압박한 일로 그의 정적은 적지 않았다. 따라서 위학의 금을 완화하는 등 인기 몰이를 시작했다. 육유를 천거한 것도 그 일환이라고 생각한다. 당시 육유는 가진 것을 조금씩 팔아서 살아가던 중이라, 애용하던 술잔까지 팔 지경이었으니 경제적으로 매우 절박했다. 한탁주의 천거에 응한 것을 두고 육유를 책망하는 것은 딱하다고밖에 할 수 없다. 더구나 그 자리는 국사 편찬이므로 한씨 일당에 가담했다고 말할 수 없을 것이다.

금나라로 보내진 한탁주의 목

한탁주는 큰 공을 세워서 자신의 지위를 안정시키려는 계획을 모색했다. 남송에서 숙적인 금나라를 토멸하는 것보다 더 큰 공은 없다. 그는 금나라와의 전쟁을 생각했다.

금나라에 파견한 사절이 귀국해서 보고하는 이야기나 첩자에게 들은 정보로 한탁주는 금나라가 피폐했음을 알았다. 가장 큰 원인은 북쪽 몽골족의 침공이 극심했던 것이다. 이어서 거란족의 만성적인 반란도 금의 정치에 큰 암덩어리였다. 또 금나라도 장종의 시대가 되면서 세종이 긴장시켰던 여진 정신이 이완되었다. 장종 자신이 북송 휘종의 예술가 기풍에 심취했다. 장종의 필적이 남아 있는데, 그것은 휘종의 수금체(瘦金體)

와 똑같다고 해도 좋을 정도다. 정정이 불안한데다 북쪽에서 외적이 침공하고 안으로는 내란이 있으며, 게다가 여진족의 연약화라는 현상까지 나타났다. 한탁주는 이것을 이용해야 한다고 생각했다.

이 북벌 계획은 2년 넘게 준비했고, 금나라 쪽에서도 이를 잘 알았다. 남송 개희(開禧) 2년 (1206) 북벌전이 시작되었다. 사천의 선무부사(宣撫副使) 오희(吳曦)가 촉에서 섬서로 쳐들어 갔다. 삼국시대에 제갈공명이 위를 토벌하기 위해 나아간 길을 선택한 것이다. 그리고 주력부대는 북상하여 회하를 건넜다.

금나라는 대비하고 있었다. 피폐했어야 할 금나라가 뜻밖에 선전했다. 한탁주는 이럴 리가 없다고 당황했을 것이다. 금나라의 국력이 쇠하여 군대가 약해진 것은 어쩌면 사실이었는지도 모른다. 하지만 남송 쪽의 군대도 그 이상으로 약했다. 40년 동안의 평화로 군대는 싸우는 법을 잊은 듯했다. 금나라는 북방 경계에서 몽골족과 간헐적으로 대전했기 때문에 그래도 전쟁을 알았다. 이렇게 해서 전황은 싸움을 건 남송 쪽이 불리해졌다.

남송에게 치명적인 타격을 준 사건은 사천에서 출격한 오희가 금나라에 항복해 버린 일이다. 이것은 금나라 모략의 승리였으나, 남송에도 파고들 틈을 준 정책상의 실패였다고 하지 않을 수 없다.

진회가 악비를 죽인 것에서도 알 수 있듯이 남송은 군벌의 출현을 끔찍이 두려워하는 체질이었다. 사천 땅은 남송으로서는 변경인데, 남송 초기에 오개(吳玠), 오린(吳璘) 형제가 이곳에서 금군을 막았다. 오씨 일족은 그 공적으로 오린의 아들 오정(吳挺)이 사천선무사를 세습했다. 오씨는 대대로 의열(義烈)의 무문(武門)으로 일족에 용장이 많아 오정의 세습도 실력 때문이라고 할 수 있다. 하지만 남송의 조정은 오씨 일족이 군벌을 형성할까 두려워, 오정이 죽은 뒤에는 세습을 인정하지 않고 오정의 아들인 오희를 조정으로 불러들인 대신, 다른 사람을 선무사로 임명했다. 오희가 사천으로 돌아갈 것을 간절히 원하였으므로, 한탁주는 은혜를 베푸는 셈치고 선무부사로 임명하여 귀향시켰다. 그런데 오씨의 군벌화를 두려워한 나머지, 정송(程松)이라는 자를 선무사로 임명하여 오희를 감시하게 했다. 이렇게 하면 기분이 좋지 않다. 그때 금나라의 모략의 손길이 뻗쳐왔다. 사천의 경위는 금나라도 숙지하고 있었던 것이다. 오희는 마침내 남송을 배반했다.

이로써 남송 쪽 섬서의 공격이 없어지자, 금나라는 한결 싸우기 쉬워졌다. 남송군을 격파하고 회하 남쪽으로 병사를 진격시켰으나, 사실 이 전쟁은 금나라에 실로 고통스러운 일이었다.

북방 몽골족을 대비하느라 지출한 군비는 국가경제를 압박했다. 남송 전쟁에 들어가는 군비는 산동 땅에서 염출했는데, 이는 징발과 증세를 동반했다. 그 때문에 산동의 민정이 불온해졌다. 산동 각지에서 착취에 저항하는 반란집단이 봉기하기 시작했다. 금나라는 하루라도 빨리 남송과의 전쟁을 끝내야만 했다.

금나라는 한원정(韓元靚)이라는 자를 은밀히 남송으로 보냈다. 이는 한탁주의 먼 친척이다. 그는 송나라 장군 구밀(丘密)의 군영에 한기(韓琦)의 화상(畵像)과 계도(系圖)를 가지고 투항하는 형태로 들어갔다. 그리고 "금군에서는 이번 전쟁을 한탁주의 독단으로 보고 있으며, 우리 종족(宗族)의 분묘가 파괴될 것 같은데 어떻게 할 수 없나"고 말을 꺼냈다.

이것은 금나라가 이 전쟁을 남송의 책임이 아니라 한탁주 개인의 책임으로 보고 있다는 의향을 전달한 것이었다. 말하자면 화의의 실마리를 튼 것이다. 그리고 한원정을 호송하는 형태로 남송에서 사자를 금나라로 보내 화평 교섭 탐색전이 시작되었다. 금나라는 화평 조건 속에 한탁주의 인도를 요구했다. 평장군국사(平章軍國事)로서 전시 일체의 결정권을 가진 한탁주가 이 조건을 받아들일 리가 없었다. 전쟁은 계속되었다.

금나라가 요구한 조건은 남송의 궁정 내에 쐐기를 박았다. 한탁주의 평판이 나쁘고 그 반대파의 저항운동이 뿌리 깊다는 것을 금나라는 잘 알았다. 금나라가 제시한 조건은 한탁주 처분 외에 회하 남쪽인 양회(兩淮) 땅 할양, 세폐 증액, 남송이 금나라에 신이라 칭하는 것 등이었다.

금군이 장강의 북쪽까지 침공하자 남송 내부에서는 책임문제가 불거졌다. 한황후가 죽은 뒤, 영종은 양씨(楊氏)를 황후로 세웠다. 한탁주는 이미 외척도 아니었다. 그리고 새로운 외척이 생겼다. 양황후의 오라비인 양차산(楊次山)이다. 양차산은 예부시랑인 사미원(史彌遠)과 손잡고 독재자 한탁주를 숙청하고자 했다. 사미원은 효종 때의 재상인 사호(史浩)의 아들이다. 송조(宋朝)는 남북을 불문하고 파벌항쟁이 그 특기였다. 금나라는 남송의 그런 체질을 간파하고 파벌항쟁을 격화시키기 위해 한탁주의 수급을 요구한 것이 틀림없다.

양차산과 사미원은 밀지(密旨)로 하진(夏震)에게 한탁주를 죽이라고 명령했다. 개희 3년(1207) 11월 을해일(乙亥日), 하진은 옥진원(玉津園)이라는 곳에서 한탁주를 암살했다.

한탁주의 목은 함에 담겨 금나라로 보내졌다. 그 밖의 조건은 세폐가 은 30만 냥, 비단 30만 필로 늘어났는데, 이는 소흥 화약보다 각각 5만씩 많아진 양이다. 남송은 여기에 호군전(犒軍錢, 전비배상) 30만 냥도 지불했다. 신종 관계는 금나라가 양보한 형태로 이제까지의 숙질관계를 조카와 백부 관계로 고치는데 그쳤다. 숙부는 아버지의 동생이지만 백부는 아버지의 형이다. 이제까지보다도 조금 더 공손해져야 하지만 신종보다는 훨씬 낫다. 영토문제에서도 금나라는 양회를 취한다는 요구를 깨끗이 거두었다. 국경은 원래대로 회하에서 서쪽으로 대산관(大散關)까지로 재확인했다.

남하하는 몽골군

이 결과는 남송의 파벌 다툼이 구제할 수 없을 만큼 심했다는 것을 말해준다. 금나라는 그것을 정확하게 파악해서 성공을 거둔 것이다.

화평을 서두른 것은 오히려 금나라 쪽이었다. 칭기즈 칸의 발소리는 시시각각 금나라에 가까워지고 있었다. 국가경제는 파탄 직전이었다. 황하의 범람에 시달리고 있지만, 이 시기의 범람은 불가항력의 자연현상이라기보다는 제방의 보수를 제대로 하지 못한 인재(人災) 요소가 더 컸던 것 같다.

화약을 맺을 때, 국경선을 전진시키지 않고 신종관계를 고집하지 않고, 숙질을 백질관계로 고치는 정도로 마무리 지은 것도 교섭이 틀어져서 전쟁이 길어질까 두려웠기 때문이다.

금나라는 남송의 속사정을 속속들이 꿰고 있었다. 한원정의 파견, 오희의 투항, 전쟁 책임자를 국한한 것 등 정보수집과 분석에서 승리했다고 할 수 있다. 이에 반해 남송은 금나라의 사정을 제대로 알지 못했다. 아마 반년만 더 전쟁을 계속했더라면 금나라는 붕괴 위기를 맞고, 그것을 피하기 위해 군대를 철수했을 것이다. 남송은 그것을 꿰뚫어 보지 못했다. 남송 정객들의 눈은 대립한 파벌의 동향에만 맞춰져 금나라 쪽은 거의 쳐다보지도 않았다.

육유는 한탁주의 추천으로 출사했으나 효종, 광종 두 황제의 실록을 끝내고 가태 3년(1203)에 귀향했다. 조정에 있었던 기간은 만 1년뿐이었다.

북벌이 시작되었을 때, 그는 흥분했음이 틀림없다. 하지만 그는 이미 80세가 넘은 노인이었다. 중원의 회복은 살아 있는 동안에는 바랄 수 없는 일이었다. 육유는 평생 1만 수의 시를 썼다고 한다. 아마도 중국의 시인 가운데 가장 다작했던 인물일 것이다. 가정(嘉定) 2년(1209) 12월, 85세로 죽기 직전까지 시작 활동을 계속했다. 마지막 작품은 〈아들에게(示兒)〉라는 제목의 칠언절구로, 이는 그의 사세(辭世)이기도 했다.

죽으면 만사가 헛되다는 것을 익히 알고 있으나,

다만 구주가 하나 되는 것을 보지 못하는게 슬프구나.

황제의 군대가 북녘땅 중원을 평정하는 날,

집안 제사를 잊지 말고 내게 알려다오.

死去原知萬事空 但悲不見九州同 王師北定中原日 家祭無忘告乃翁

죽으면 모든 것이 끝난다는 것을 알면서도 구주(九州, 천하)가 하나가 되는 것을 보지 못하고 죽는 것이 가슴 아프다. 황제의 군대가 언젠가 중원을 평정하여 수복하는 날이 오거든, 그때는 제사를 모셔서 이 아비에게 그 사실을 잊지 말고 고하라는 유촉(遺囑)이다.

시대는 크게 변했다. 한탁주의 수급으로 화의가 성사된 해에 금나라

에서는 장종이 죽고, 세종의 일곱째 아들인 위왕(衛王) 영제(永濟)가 즉위
했다. 육유는 그 이듬해에 죽었는데 몽골군은 서하에 다다랐고, 서하는
금에게 도움을 청했다. 남송과의 전쟁으로 지친 금나라는 이미 서하를
도울 힘이 없었다.

초원에 질풍이 불고 사람들이 삶의 무력함을 깨달을 날이 가까워지고
있었다. 육유는 그 격렬한 생애를 통해서 이를 예감했는지도 모른다. 사
내대장부로서 그 가슴속에 많은 격정을 품었으나, 그것을 하늘에 호소해
도 땅에 호소해도 반응이 없었다. 격정은 그것을 토로하여 시로 승화시
킬 수 있을 뿐이다. 천지를 뒤흔드는 데는 좀 더 다른 원천의 힘이 필요
했다.

남송은 그 후 한탁주를 쓰러뜨린 사미원, 양차산 파벌이 천하를 잡고
국정을 독점하는데, 몽골군의 군마가 풍광명미(風光明媚)한 항주(杭州)까
지 오리라고는 예상하지 못했다. 몽골군이 북쪽에서 금나라로 쳐들어오
자 남송은 몽골군과 연합하여 금을 토벌하려고 생각했다. 금과 손잡고
요나라를 공격하다 실패한 역사의 교훈에서 아무것도 배우지 못했던 모
양이다.

육유는 60세에 지은 〈가을을 슬퍼하다(悲秋)〉라는 칠언율시를 다음과
같은 구로 끝맺었다.

장부가 품은 여러 가지 일들을,
천지는 무정하여 모르는 척하더라.

丈夫幾許衾懷事 天地無情似不知

칭기즈 칸 일어서다

푸른 늑대의 자손

몽골이라는 말은 본디 민족이나 부족의 명칭이었다. 당나라의 문헌에 '몽올(蒙兀)'이나 '붕고(萠古)'같은 이름이 보이나, 거란에 비하면 거의 문제가 되지 않을 정도로 가볍게 다룬다. 『구당서』에는 실위몽올(室韋蒙兀)이라고 나오는데, 북위(北魏) 무렵 조공한 실위족의 한 파로 되어 있다. 돌궐(突厥)은 그들을 타타르라고 불렀는데 중국에서는 그것을 달단(韃靼)으로 음역했고, 이는 새외민족을 막연히 가리키는 명칭이었다. 어쨌든 몽골이라는 이름은 칭기즈 칸이 출현하기까지는 그다지 알려지지 않았다. 오늘날에는 흥안령(興安嶺) 서쪽에서 알타이에 걸쳐 몽골족이 많이 거주하는 지역도 몽골지방이나 몽골고원이라고 부른다.

지명으로서의 몽골지방에는 중국이 막연히 북적(北狄)이라고 불렀던 여러 민족이 살았다. 그 중에는 몽골계도 있고 투르크계도 있었다. 9세기 무렵, 여기에 살던 투르크계 회흘(回紇, 위구르족)이 서쪽으로 옮겨 갔기 때문에 몽골족의 땅으로 부르게 되었다.

칭기즈 칸의 별명은 세계정복자다. 칭기즈 칸의 세계 제국이라는 유산은 훗날 분할되어 동아시아 쪽이 원나라 왕조가 된다. 중국의 통사(通史) 연구자는 보통 원나라 시대 부분에서 크게 고민한다. 예를 들면, 일본의 나카 미치요(那珂通世, 1851~1908, 동양사학자-옮긴이)의 『지나통사(支那通史)』도 원나라에서 단절되고 있다. 그 후 나카 미치요는 원나라 역사 연구에 힘을 쏟았다. 왜 여기에서 벽에 부딪히는가 하면, 원나라의 역사는 한문 이외에 몽골어나 페르시아어로 된 자료를 찾지 않으면 충분히 이해할 수 없기 때문이다. 게다가 한문으로 기록된 원나라 정사인 『원사』는 조잡하기로 악명 높다. 아무래도 여기에서 멈출 수밖에 없다.

이 『원사』는 명나라 초기에 송렴(宋濂)을 총재로 열린 사국(史局)에서 1년도 채 안 되는 기간에 만들어졌다. 정사 편찬이 이렇게 단기간에 끝난 것은 전무후무한 일이다. 누락과 착오가 많은 것이 당연하다. 예를 들면, 건국의 원훈인 치라원(赤老溫)의 전기도 없는데, 이것은 사이고 다카모리(西鄕隆盛, 1827~1877, 에도 막부 말기의 정치가-옮긴이)가 빠진 메이지 유신의 역사와 같다. 연도의 기록도 잘못이 많아, 예를 들면 호조 도키무네(北条時宗, 1251~1284, 가마쿠라 막부 8대 집권자-옮긴이)가 원나라 사자인 두세충(杜世忠)을 죽인 것을 지원(至元) 17년(1280)이라고 하였으나 사실은 그 5년 전이다. 조잡하다는 정평은 있지만, 원사료(原史料)와 서로 꿰맞추어 오히려 참고가 되는 점도 있다. 인물의 전기 등에 비문(卑文)을 그대로 인용했는데, 현재는 비가 없어졌기 때문에 원문을 그대로 인용한 것이 도움이 된다. 원나라가 멸망한 직후에 썼기 때문에 아직 김이 모락모락 나는 사서다. 정사는 전 왕조가 멸망한 뒤에 상당한 냉각 기간을 두고 객관적으로 쓰는 것이 바람직하다. 당나라가 멸망한 뒤, 40년도 채 되지 않은 상태에서 쓴 『구당서』도 문제가 많아, 그 후 새로운 사료의 발견으로 더 많은 사실을 알고 나서 115년 뒤에 다시 『신당서』를 편찬했다. 청조(淸朝)는 1911년에 멸망했지만, 청나라 정사는 아직 편찬되지 않았다.

결함이 있는 정사인 『원사』의 소홀함을 보충하기 위해 가소민(柯劭忞, 1848~1933, 한림원 편수, 청대 역사학자-옮긴이)이 『신원사(新元史)』를 완성한 것은 1919년 5·4운동으로 세상이 들끓던 시기였다.

『원사』와 『신원사』 외에, 원대 역사의 근본사료는 본래 몽골어로 기록된 『원조비사(元朝秘史)』, 페르시아어로 기록된 라시드 알딘(Rashid al-Din, 1247~1319, 페르시아의 정치가·역사가-옮긴이)의 『집사』, 쥬와이니(Juwayni, 1225~1283, 페르시아의 역사가-옮긴이)의 『세계 정복자의 역사』 등이다. 이것은 원나라의 역사가 그전 왕조와 상당히 이질적이어서 다루기 어렵다는 것을 말해 준다.

몽골어로 기록된 『원조비사』의 원문은 이미 없어졌다. 현존하는 것은 몽골어 발음을 한자로 표기하고, 그 옆에 한문의 축어역(逐語譯)을 단 것이다. 예를 들면 제1권의 표제는 다음과 같이 되어 있다.

　名　皇帝的　根源
　成吉思合罕訥忽札兒

성길사라는 세 글자는 고유명사임을 '명(名)'이라는 글자로 나타냈다. 이 표제는 '칭기즈 황제의 근원'이다. 이 장에서는 칭기즈 칸의 계보를 그 시조 전설부터 기술한다.

이 『원조비사』는 나카 미치요가 일본어로 번역하여 『성길사한실록(成吉思汗實錄)』이라는 제목을 붙여 1907년에 출간했다. 위의 표제에 이어지는 본문의 첫머리는,

상천(上天)의 명령으로 태어난 푸른 늑대가 있었다. 그 아내인 허연 암사슴이 있었다.

라고 번역되어 있다. 유명한 '푸른 늑대'의 전설이다.

『원조비사』라는 원래 제목이 있는데, 일본어로 번역한 나카 미치요가 굳이 『성길사한실록』이라고 이름붙인 까닭은 이 책의 내용이 실은 원조 창시 이전을 다루고 있기 때문이다. 시조인 푸른 늑대에서 바타치칸이 태어나고 그 아들이 타마차, 코마차의 아들은 코리찰 메르겐…… 하는 식으로 수많은 인명을 나열한 다음, 예수게이 바틀의 아들로서 마침내 칭기즈 칸이 등장한다.

몽골족 가운데도 많은 부족이 있어 칭기즈 칸은 보르지긴 씨족(氏族)에 속했다. 그의 아버지 예수게이 바투르는 그 조부의 뒤를 이어서 부족의 수장이 된 암바카이 칸의 후계자로 부족을 통솔했다.

암바카이 칸은 시집가는 딸을 배웅하러 갔다가 같은 몽골계인 타타르족에게 붙잡혔다. 타타르족은 암바카이 칸을 여진족의 금나라 황제 알탄 칸에게 보냈다. 이는 해릉왕을 말한다고 한다.

해릉왕 시대 금나라는 벌송전 강행으로 거란족의 반란을 초래해 북쪽의 국경이 불안했다. 거란족의 장로들은 강제징병을 알리는 칙명을 전하러 온 사자에게 자신들은 금나라를 위해 대대로 '이웃나라'와 싸우고

있다고 말했다. 그 이웃국가란 말할 나위도 없이 거란족과 같은 몽골계 북방 유목민족이다.

금나라는 이들 용맹한 유목민족 대책으로서 거란족을 수비병으로 쓴 것만은 아니다. 군소 부락으로 나뉘어 있던 몽골족을 분단하는 공작도 펼쳤다. 그들이 단결하면 강해진다. 작게 나누어서 서로 싸우게 하는 것이 금나라에게 유리하기 때문이다. 그 때문에 다른 부족의 수장을 붙잡으면 큰 상을 주었다.

해릉왕 시대에 금나라는 몽골계 타타르족을 제압했다. 이런 때는 가차 없이 힘을 가하여 외포(畏怖)시키는 법이다. 공포정책에 떠는 타타르족에게 금은 충성의 징표를 요구했다. 아직 금에게 복속하지 않은 다른 몽골계 부족의 수장을 붙잡는 것도 그중 하나였다. 암바카이 칸이 타타르족에게 붙잡혀 금나라에서 살해된 사건에는 이와 같은 배경이 있다.

이 암바카이 칸의 뒤를 이어서 부족을 통솔한 예수게이 바투르는 메르키트족의 남자에게서 올쿠누트족의 호엘룬이라는 여자를 빼앗았다. 약탈 결혼인 셈이다. 칭기즈 칸은 이 두 사람 사이에서 태어나 테무진이라고 이름지어졌다. 때마침 아버지 예수게이가 숙적인 타타르족과 싸워 테무진 우게라는 족장을 포로로 삼은 참이어서 태어난 아이에게 테무진이라는 이름을 지어 준 것이다. 일종의 전승 기념이었다.

테무진이 태어난 해에 관해서는 여러 가지 설이 있다. 『원사』는 태조(太祖, 칭기즈 칸)가 22년(1227)에 66세의 나이로 죽었다고 기록하므로 역산하면 1162년생이 된다. 라시드의 『집사』는 향년 72세로 되어 있으므로 그만큼 차이가 난다. 아무튼 부족 항쟁이 격렬했던 몽골계 유목민의 세계에서 그중 한 부족의 수장의 아들로 태어난 것만은 틀림없다. 그리고 어릴 때, 아버지를 여의었다. 아버지는 타타르족에게 독살되었다고 한다.

힘에만 의지할 수 있는 사회였다. 약한 자가 살아 가기에 힘든 것이 유목생활이다. 『사기(史記)』는 목축을 따라 옮겨 다니는 흉노(匈奴)의 풍속을,

> 장자(壯者)는 맛있고 좋은 것을 먹고, 늙은이는 그 나머지를 먹는다. 장건함을 숭상하고 노약함을 천대한다.

라고 말하는데, 칭기즈 칸 시대의 유목민 생활은 거기서 조금도 개화된 모습이 보이지 않는다. 아버지를 여읜 테무진 일가의 삶은 『원조비사』에 '그림자 외에 따르는 자 없고 꼬리 외에는 채찍이 없다'고 형용될 만큼 비참했다. 그러나 테무진은 용맹한 젊은이로 자랐다. 잡은 물고기 때문에 다투다가 배다른 아우인 벡테르를 사살한 이야기도 있다. 성질이 사납고 용서할 줄 모르는 젊은이였으나, 그런 인물이야말로 유사시에 믿을 수 있는 법이다.

테무진의 용명(勇名)이 들리기 시작하자, 같은 계통의 부족인 타이치우트족이 그를 습격하여 포로로 삼았다. 거칠기 그지없지만 이것이 유목민의 법칙이다. 언젠가 강해져서 이쪽을 이길지 모르는 녀석은 일찌감치 죽여 버리는 것이다. 하지만 호의를 가진 사람이 있어 테무진은 탈출할 수 있었다.

이어서 테무진은 메르키트족의 습격을 받았다. 그의 어머니 호엘룬은 본디 메르키트족의 에케 칠레두의 아내가 될 여자였는데, 테무진의 아버지가 빼앗았던 것이다. 그 복수였다. 이 습격으로 테무진은 아내 보르테

를 빼앗겼다. 테무진은 죽마고우인 자무카와 아버지의 맹우였던 옹칸(王汗, Ong Khan)과 손잡고 메르키트족을 토벌하고 아내를 되찾아왔다. 옹칸은 케레이트족의 수장으로 테무진의 아버지가 여러 번 위기에서 구출해준 적이 있었다. 자무카는 자다란 부족의 유력자다. 테무진과 메르키트족의 전쟁으로 부족연합이 형성되었다.

라시드의 『집사』에서는 메르키트족은 테무진의 아내를 빼앗은 뒤, 그를 옹칸에게 보냈고, 테무진이 반환을 요구하자 옹칸이 그에 응했다고 기록되어 있다.

메르키트족에게 승리한 것은 테무진의 용명을 더욱 높였다. 강건함을 숭상하는 유목민족 사회에서는 수렵 지휘가 뛰어나 많은 사냥감을 잡은 자, 전쟁에 강해서 전리품(부녀자 포함)을 많이 빼앗은 자가 존경받았으며, 또 그 몫을 얻으려고 많은 사람들이 그 밑으로 모여든다. 의리나 인정 같은 쓸데없는 것은 빼고 실리 하나에만 초점을 맞추어 사물을 판단하는 것이 이 사회의 통례였다.

머지않아 테무진은 자무카와 헤어졌다. 『원조비사』는 이 장면을 상징적인 필법으로 서술하는데, 테무진은 이제 혼자 설 수 있게 되어 자무카와의 제휴에 종지부를 찍기로 한 것이다. 부족연합의 맹주는 한 사람이다. 두 영웅은 공존할 수 없다.

자무카와 헤어진 뒤, 테무진은 21부족의 수장에게 추대되어 카간(可汗)의 자리에 올랐다. 그 이후 테무진을 칭기즈 칸이라 칭했다. 칭기즈라는 이름은 샤머니즘에서 빛의 정령인 하질 칭기즈 텡거리에서 유래한다는 반자로프의 설이 유력하다. 페리오는 고대 투르크어인 텡기스가 변형된 것이라고 추측한다.

칭기즈 칸과 자무카의 숙명의 대결은 말 도둑 문제에서 비롯되었는데 실로 이상한 싸움이었다. 『원조비사』에는 칭기즈 칸이 져서 오논 강의 골짜기로 달아났다고 한다. 그런데 『원사』나 『집사』에는 자무카가 졌다고 기록되어 있다. 전후(戰後)에 우르우트, 망쿠트, 콩고다트 같은 여러 부족이 자무카 진영에서 칭기즈 칸 진영으로 넘어갔다는 기사가 『원조비사』에 보이며, 이것은 칭기즈 칸 패주의 기사와 모순된다. 아니면 승리한 자무카가 전리품을 공평하게 분배하지 않았기 때문일지도 모른다. 전투의 승패는 별도로 하고, 귀순하는 부족이 늘어났으므로 싸움의 결과는 칭기즈 칸의 승리라고 생각해도 좋을 것이다.

그 무렵, 금나라와의 관계가 좋았던 타타르 부족이 금나라를 배반했다. 그래서 금나라는 토벌군을 보내 다른 부족을 꾀었다. 칭기즈 칸은 아버지가 타타르족에게 독살되었고, 또 종증조부뻘인 암바카이 칸이 타타르족에게 사로잡혀 금나라로 보내져 살해되었다. 암바카이 칸은 죽기 전에 "다섯 손가락의 손톱이 벗겨질 때까지, 열 손가락이 닳아 없어질 때까지 내 원수를 갚아라"라고 유언했다. 칭기즈 칸은 당연히 금나라가 타타르를 토벌하는데 참가했다. 라시드 알딘의 『집사』에 따르면, 1194년의 일이다. 타타르는 이 전쟁에서 패했다.

타타르는 몽골계 여러 부족 중에서 가장 유복했다고 한다. 문명국인 금나라와 인접한 만큼 약탈품 가운데는 호사스러운 것도 적지 않았을 것이다. 칭기즈 칸이 타타르 토벌의 전리품에 눈이 휘둥그레졌다는 이야기가 『원조비사』에도 기록되어 있다. 칭기즈 칸의 아버지의 맹우가 옹칸을 칭한 것도 실은 이때부터다. 금나라 황제가 그에게 '왕(王)'의 칭호를 준 것이다. 그때까지는 토그릴이라는 이름이었다. 타타르 토벌의 성공이 칭기즈 칸에게 큰 힘을 주었음은 말할 필요도 없다. 이것은 그가 문명 세계의 한 끝을 접했다는 의미에서도 중요한 전쟁으로 볼 수 있다.

한편, 칭기즈 칸과 승패 불명의 이상한 싸움을 한 자무카는 타이치우트족을 중심으로 한 부족에게 구르 칸으로 추대되었다. 『원조비사』는 구르(古兒) 칸(帝)에게 '보황제(普皇帝)'라는 한역을 달았다. 널리 통치하는 대황제라는 뜻이다. 또 야율대석(耶律大石)이 서쪽에 세운 서요(西遼)의 군주도 유목민들로부터 구르 칸이라 불렸다.

칭기즈 칸과 구르 칸인 자무카와의 다음 대결은 피할 수 없었다. 코이덴이라는 곳에서 칭기즈 칸과 옹칸의 연합군은 자무카에게 대승을 거두고, 자무카는 옹칸에게 항복했다. 이 전쟁은 1201년으로 추정된다. 『몽골원류(蒙古源流)』라는 책에 이 전쟁은 닭의 해였다고 기록되어 있기 때문이다. 1201년은 신유(辛酉)의 해로, 남송은 영종(寧宗) 가태(嘉太) 원년에 해당하며, 한탁주가 정권을 유지하고 있었으나 경원(慶元)의 '위학의 금'이 겨우 완화된 무렵이다.

이듬해 칭기즈 칸은 타타르를 다시 쳐서 이를 궤멸시키고 더욱더 강성해졌다. 초원의 전쟁은 이기면 전리품을 얻어 힘을 키운다. 전리품 중에는 적의 부족민도 포함된다. 새외민족에게는 인간이 곧 생산력이고 승리자가 인간을 소유한다는 사고방식이 강했다. 유목이 아니라 수렵민족인 여진족조차 금나라 건국 초기에는 토지에 그다지 관심이 없어, 연경에서도 빈 성을 송에게 주고 주민만 데리고 떠났다. 칭기즈 칸은 대집단을 이끄는 수장이 되었다.

칭기즈 칸 아버지의 맹우로서 오랫동안 함께 협력했던 옹칸은 칭기즈 칸의 급성장을 기분 좋게 생각하지 않았다. 질투심도 있었을 것이고, 옹칸에게 항복한 자무카가 이간을 부리기도 했을 것이다. 머지않아 두 진영은 대립하여 칭기즈 칸은 고전을 거듭했지만, 마침내 적을 쓰러뜨렸다. 이렇게 해서 칭기즈 칸은 동몽골에 있던 두 강대 부족, 즉 타타르와 케레이트를 소멸시켰다. 되풀이해서 말하지만 소멸이라는 것은 승리자 쪽에서 부족민을 흡수하는 것이므로 칭기즈 칸의 세력은 더욱 커졌다.

동몽골을 수중에 넣은 칭기즈 칸은 서몽골의 최대 부족인 나이만을 쳐서 몽골 전역에 군림하게 되었다.

1206년, 칭기즈 칸의 제2차 즉위가 행해졌다. 그전에 카간의 지위에 오른 것은 부족연합의 맹주 자리였으나, 이번에는 전몽골계 유목민족에 군림하는 황제의 자리였다. 오논 강가에서 쿠릴타이(여러 부족의 대회맹)를 열어 추대 의식을 행했다.

피를 쥐고 태어난 전쟁 천재

금나라의 북방 유목 민족 대책이 잘못된 것이었을까? 기본적으로는 옳았다. 유목생활의 성질상 그들은 흩어진다. 여러 민족으로 나뉘는 것이 당연하고 한 부족에서도 그 하부는 다시 분산된다. 부족 전체를 먹여 살릴 정도의 목초 지역이 적다는 것도 한 가지 이유지만 흩어지면 위험도 분산할 수 있기 때문이다.

금나라는 분산한 이들 부족을 단결시키지 않으려고 애썼다. 구체적인 예는 앞에서 이야기했지만, 요컨대 부족 간의 항쟁을 부추기면 금나라는 안심할 수 있다. 칭기즈 칸 초기의 싸움은 어쩌면 금나라의 술수에 빠진 결과였는지도 모른다.

'오랑캐로써 오랑캐를 제압한다'는 것은 중국의 오랜 병법인데, 여진족의 금나라도 그것을 답습했던 것이다. 타타르 토벌에 같은 몽골계 유목민을 끌어들인 것은 바로 '이이제이(以夷制夷)'에 따른 것이라고 할 수 있다. 칭기즈 칸은 거기에 편승하여 조상의 원수를 갚았다.

금나라의 안전보장정책이 성공하기 위해서는 여러 유목 부족의 힘이 서로 버티며 대항해야 했다. 특별히 뛰어난 세력이 출현하는 일은 반드시 막아야 한다. 유목민인 거란족을 복속시켰으므로 금나라는 그 점을 잘 알았다. 초원의 전쟁은 승리한 자가 모든 것을 흡수하므로 때로는 급속한 팽창현상이 나타날 수 있다. 세력이 팽창하면 그 힘을 삭감할 방책을 강구해야 한다.

금나라는 남송의 한탁주가 일으킨 북벌전에 멋지게 대응했다. 그것은 남송의 국내 사정을 꿰뚫고 있었기 때문이다. 정보 수집과 분석의 승리라는 사실은 앞에서 이야기했다. 그런 경계는 북송은 물론 북방 유목 여러 부족에게도 마찬가지였다.

칭기즈 칸의 팽창은 금나라의 예상을 훨씬 뛰어넘는 속도로 일어났다. 대책을 강구하려고 해도 사태는 시시각각 변했다. 어쩌나, 어쩌나 하는 동안에 이미 대책을 강구할 수 없는 지경까지 이른 것이다.

금나라는 여러 유목 부족에게 경계의 눈길을 보냈으나, 칭기즈 칸 같은 전쟁의 천재가 출현할 줄은 꿈에도 생각하지 못했다. 천재는 상상을 초월하는 것이므로 금나라의 정책이 잘못 되었다고 단정하는 것은 옳지 않다.

오논 강가에서 쿠릴타이를 연 뒤, 칭기즈 칸은 전체 몽골 민족의 조직을 개조했다. 목가적인 동족 공동체였던 것을 철저하게 군사적 집단으로 다시 편재한 것이다. 10호, 100호, 1천 호, 1만 호라는 조직을 만들었는데, 그것은 행정단위이면서 동시에 전투단위도 되었다. 여진족의 맹안이나 모극과 비슷하다. 몽골족은 자주 이동하기 때문에 이 조직은 특히 효과적으로 기능했을 터이다. 십호장(戶長), 백호장, 천호장, 만호장이 각각 임명되었다. 만호장에는 칭기즈 칸이 신임하는 보르추, 무카리, 나야아가 임명되었다.

나이만 부족을 토벌했을 때, 나이만 사람들이 트루크계 위구르 문자로 몽골어를 표현한다는 사실을 알고 재빨리 이를 채용했다. 동몽골에는 전부터 한자로 몽골어의 음을 옮기는 방법이 있었음이 분명하다. 그러나 표의문자(表意文字)인 한자를 어법이 전혀 다른 몽골어에 사용하는 것은 무리였다. 그 점에서 위구르 문자는 표음문자인데다 서로 우랄알타이어족에 속하는 말이므로 큰 무리가 없고 편리했다.

대(大) 쿠릴타이에서는 '야사'라는 법령이 발포되었는데, 이것을 위구르 문자로 철판에 새겼다고 한다. 드디어 칭기즈 칸의 유목민 집단도 국가 체제를 갖춘 것이다.

대쿠릴타이가 열리기 전해인 1205년에 칭기즈 칸의 군대는 서하를 공격했다. 그때까지의 전투는 유목민끼리의 싸움이었다. 전투는 초원에서 벌어졌는데, 서하는 감숙(甘肅) 땅에 정주한 티베트계 탕구트 족이다. 각지의 도시는 성곽으로 둘러싸여 있었다. 몽골군이 처음으로 성곽을 가진 적과 싸운 것이다.

제1차 서하 침공은 예행 연습이나 다름없었다. 칭기즈 칸 군대는 백성과 낙타만 약탈하여 몽골 평원으로 철수했다. 이 무렵 칭기즈 칸은 이미 금나라를 칠 계획을 세웠다. 암바가이 칸이 금나라에 끌려가 살해되었고, 그 밖에도 일족 중에서 금나라에 살해된 자가 있었다. 금나라는 유목민족에게 자주 감정(減丁) 작전을 행하고 있었다. 감정이란 장정을 줄인다는 뜻으로 병력에 도움이 될 젊은이를 납치하는 것이다. 유목생활을 하면 넓은 땅에 소수로 있을 때가 많아 납치하기가 쉽다. 금에 대한 몽골족의 증오심은 극심하였고, 칭기즈 칸은 피의 복수를 실행하기 위해 힘을 길렀다. 금나라를 치기 전에 먼저 금을 섬기는 서하를 공격했다.

서하 출병은 공성전 훈련이라는 의미도 있었다. 당시에 서하의 국왕은 이순우(李純佑)였는데, 칭기즈 칸의 제1차 침공 이듬해인 1206년에 사촌인 이안전(李安全)이 찬탈하여 왕이 되었다. 칭기즈 칸의 제2차 서하 침공은 서하정변(西夏政變)이 있은 이듬해인데, 이때도 약탈을 하고 해를 넘겨서야 철수했다. 제3차 침공은 아마 1209년이었을 것이라 생각한다.

서하는 금나라에 구원을 요청했으나, 금나라는 좌시한 채 움직이지 않았다. 몽골군은 말을 몰아 중흥부(中興府)를 포위했다. 중흥부는 바로 오늘날 영화회족(寧夏回族) 자치구의 구도(區都)인 은천시(銀川市)다. 바로 옆을 황하가 북으로 흐른다. 몽골군은 황하의 제방을 무너뜨려 중흥부 성을 물바다로 만들려고 했다. 하지만 이와 같은 공성전에 익숙하지 않은 몽골군은 둑을 잘못 무너뜨려서 거꾸로 물이 몽골군 진지로 흘러넘쳤기 때문에 포위를 풀 수밖에 없었다. 하지만 몽골군의 맹공으로 서하왕 이안전은 왕녀를 인질로 내놓고 화해를 청해 해마다 조공하기로 약속했다.

금나라는 종주국이면서도 서하가 포위되었을 때, 병사 한 명 보내지 못했다. 이래서는 종주국이라고 할 수 없다. 이후 금나라가 공격을 받더라도 서하는 그것을 구할 의리가 없어진 것이다. 뿐만 아니라 서하는 몽골에게 조공하게 되었으니 몽골이 금을 공격할 때, 측면공격으로 지원하는 관계가 되었다. 틀림없이 이때 그런 조약을 맺은 모양이다. 이윽고 금나라 태종 천회(天會) 평화조약 이래 80여 년에 걸쳐 평화를 유지하던 금과 서하의 관계에 긴장감이 흘렀다. 그런 가운데 서하는 남송에게 연합해서 금을 공격하자고 제안하기에 이르렀다.

어리석은 황제는 절 받을 가치도 없다

몽골군이 제2차 서하공격에 나선 이듬해에 금에서는 장종이 죽고 위왕(衛王)이 등극했다. 해릉왕과 마찬가지로 나중에 죽어서 황제 취급을 받지 못하고 위소왕(衛紹王)이라 불리게 된 인물이다. 장종은 세종의 황태손이었으나, 위소왕은 세종의 일곱째 아들이었다. 이 황위계승은 조카의 뒤를 숙부가 잇는 역행의 계승이었다.

위왕은 즉위 1년 전(1207) 정주(淨州, 오늘날 후허하오터시[呼和浩特市] 동북쪽)로 나가 몽골의 조공품을 접수하는 직무를 맡은 적이 있다. 이미 대쿠릴타이에서 추대된 칭기즈 칸이 이때 몸소 조공품을 전달하는 일을 했으니, 즉위하기 전의 금나라 황제와 이미 즉위한 칭기즈 칸은 구면인 셈이다. 칭기즈 칸은 위왕을 만났을 때, 정해진 배례 의식을 거행하지 않았다. 노하여 돌아간 위왕은 장종에게 몽골을 공격할 것을 권했다고 한다.

아직 금나라와 몽골은 표면적으로 교류했다. 조공을 바치는 관계지만 이는 무역의 일종이며 정보를 수집할 기회이기도 해서, 칭기즈 칸은 그 관계를 유지하기로 했다. 하지만 금나라의 실정을 알게 됨에 따라 내심 그들을 멸시하고 있었다. 위왕과 만났을 때도 배례할 의사가 없었다.

1210년, 금나라 사절에게 새로운 황제의 즉위 조서를 받았을 때, 칭기즈 칸은 금나라의 새 황제가 바로 그 위왕이라는 사실을 알고 "중원의 황제는 천상인(天上人)이 되는 줄 알았는데, 위왕 같은 용렬한 자도 될 수 있다는 말인가. 절을 할 가치도 없다"고 남쪽을 향해 침을 뱉고 말을 타고 북으로 사라졌다.

『원사』에서는 대쿠릴타이의 해를 태조 원년으로 삼으므로 이는 태조 5년의 일이 된다. 이로써 금나라와 몽골이 국교를 단절한 것으로 되어 있으나, 이 사건이 없었더라도 칭기즈 칸의 남벌은 이미 결정된 일이었다.

이듬해 6년(1211), 칭기즈 칸은 친정하여 금나라 장군 정설(定薛)을 야고령(野孤嶺)에서 무찔렀다. 몽골군은 금나라의 군목감(郡牧監, 목마장)을 습격해 말들을 빼앗아 돌아갔다.

태조 7년(1212)에는 금의 야율유가(耶律留哥)가 반란을 일으켜 몽골에 사자를 보내 복속을 청했다. 야율유가는 물론 거란족이다. 거란족이 서요나 몽골과 손잡는 것을 두려워한 금나라가 동북의 벽지(僻地, 북만주)로 그들을 강제 이주시킨 것은 앞에서 이야기했다. 야율유가는 그 한 사람으로 1천 호(戶)의 장(長)이었다.

금나라는 거란족의 반란을 두려워한 나머지 거란족 1호에 여진족 2호를 배치하여 감시하게 하는 제도를 채택했다. 이것이 거란족을 불안하게 만들었음은 말할 나위도 없다. 장종 시대에 거란문자 사용을 금지한 반(反)거란 정책에 거란족이 불만을 품은 것은 당연했다.

거란문자 사용 금지는 거란족의 민족정신을 말살하려는 조치였다. 하지만 민족정신은 그런 일로 좌우할 수 있는 것이 아니다. 아무리 여진문자나 여진어를 장려해도 한문화에 심취한 여진족이 민족정신을 잃어가는 현상을 보면 알 수 있다.

거란족은 몽골계이므로 새외(塞外)에서 칭기즈 칸의 세력이 커지고 있다는 소식에 큰 기대를 걸었다. 야율유가는 금나라 조정이 중도(中都, 오늘날 북경)를 방위하기 위해 동북 수비군을 서쪽으로 옮긴 틈을 노려 반란을 일으켰다. 융주(隆州), 한주(韓州) 등 여러 지방을 약탈했는데 그 세력이 10여만을 헤아렸다고 한다.

이 일대는 여진족의 발상지다. 금나라는 자신의 본거지에서 반란군 결기를 허용한 셈이다. 야율유가는 흥안령에서 요동으로 진출하는 몽골 부장과 손잡고 더욱 세력을 넓혔다. 처음에는 도원수(都元帥)를 칭했으나, 이듬해 자립하여 요왕(遼王)이 되었고 연호를 원통(元統)으로 정했다.

칭기즈 칸은 그 사이에도 친정하여 금군과 싸웠다. 금나라 장군 흘석렬구근(紇石烈九斤)이 30만 대군을 이끌고 창주(昌州), 환주(桓州), 무주(撫州)의 여러 지방을 구원했으나, 칭기즈 칸은 이를 환아자(獾兒嘴)라는 곳에서 격퇴했다. 서경(西京, 대동)을 공격하던 중 칭기즈 칸은 빗나간 화살에 맞아 부상을 입고 포위를 풀고 철수했다.

몽골군은 산서와 하북의 여러 주를 잇따라 함락했다. 마침 이럴 때 금나라 조정에서 쿠데타가 일어났다.

벌송전에서 공명을 세운 흘석렬집중(紇石烈執中, 별명은 호사호 (胡沙虎))이 우부원수가 되었는데, 그는 성격이 난폭하고 잔인했다. 지령(至寧) 원년(1213) 8월, 병권을 빼앗아 궁전으로 쳐들어간 그는 자신을 감국도원수라(監國都元首)라 칭하고, 황제 위소왕을 내쫓아 가두고는 환관 이사중(李思中)에게 명령하여 죽이게 했다. 그리고 장종의 이복동생인 풍왕(豊王) 순(珣)을 옹립하여 그를 제위에 올렸다. 이가 선종(宣宗)이다.

이 사건은 원나라 태조 8년에 해당하며, 『원사』에서는 호사호를 홀사호(忽沙虎)라고 기록하고 있다. 몽골군은 병사를 세 갈레로 나누어 남하하여 깊숙이 산동반도까지 유린했다. 하북의 군현 가운데 함락되지 않은 곳이 겨우 11개 성(城)에 지나지 않았다.

몽골군의 침공을 막기 위해 파견된 금나라 장군은 진주방어사(鎭州防禦使) 출호고기(尤虎高琪)였다. 그 역시 벌송전에서 공을 세운 인물이다. 하지만 몽골군의 맹공을 버티지 못하고 병사를 이끌고 중도로 돌아갔다. 그는 궁정에서 실권을 장악한 호사호가 잔인한 사람이라는 것을 알았기 때문에 패전 책임을 물어서 주살될지 모른다는 두려움에 선수를 쳐서 그의 저택에서 호사호를 죽여 버렸다. 선종은 어쩔 수 없이 출호고기를 좌부원수, 나아가 평장정사(平章政事), 즉 재상으로 등용했다.

선종은 즉위하자마자 여러 색인(色人, 여진족 이외의 민족)에게 본조인(本朝人, 여진족)과 똑같이 대우한다는 조서를 내렸다. 하지만 이것은 너무 늦은 감이 있었다. 이 조서는 주로 거란족을 대상으로 한 것인데, 야율유가는 이미 여진족의 본거지에서 왕을 칭하고 금나라가 파견한 토벌군을 격퇴했다. 거란족은 이미 금나라 왕조의 권위가 땅에 떨어졌다는 것을 알았다. 지금까지 심하게 탄압해 놓고 손바닥 뒤집듯 우대하겠노라 했지만, 그 의도는 누가 봐도 뻔했다.

여러 색인 가운데 공적이 있는 자에게 국성(國姓)을 하사한 예가 그때까지도 있었다. 국성이란 완안(完顔)을 말한다. 예를 들면 양주의 구산사(龜山寺)에서 해릉왕을 죽인 완안원의(完顔元宜)는 원래 성은 야율이라는 거란족으로, 국성을 하사받은 인물이었다. 그러나 나중에 아무리 포악한 황제라 해도 신하의 몸으로 군주를 죽인 자에게 국성을 쓰게 할 수는 없다는 의견이 있어 국성을 거두고 원래의 야율원의로 돌아갔다.

　몽골의 철기(鐵騎)에게 국토가 짓밟히는 시기가 되자, 국성인 완안도 그다지 고마운 일이 아니었다.

창해횡류

국가의 불행은 시인의 행복

한족이 아닌 중원 왕조로는 금(金)나라 전에 요(遼)나라가 있고, 금나라 뒤에는 원(元)나라가 있다. 이 세 왕조를 문명의 척도에서 비교하면 압도적으로 금나라가 뛰어나다. 『금사』 「문예전(文藝傳)」의 서문에,

> 금나라는 무력으로 나라를 얻음은 요나라와 다를 바 없다. 그러나
> 1대(代)의 제작(制作, 문학·예술)이 능히 당송과 어깨를 나란히 할 만하
> 여, 요가 미치지 못하는 곳에 이르렀다. 문을 행하고 무를 쓰지 않았
> 기 때문이다.

라고 이를 자랑한다.

금나라 건국 초기, 여진족은 아직 자신들의 문자가 없었다. 태조가 완안희윤(完顏希尹)에게 여진문자를 만들게 했으나, 그것은 한자의 해서(楷

書)와 거란문자를 참고한 것이다. 하지만 지금 인용한 『금사』에서 말하는 1대의 제작 가운데 문예는 주로 한문으로 된 작품이다.

금나라의 문명지향이 요나라보다 훨씬 강했다는 것은 자주 언급했다. 개봉을 함락시키고 휘종과 흠종을 북으로 끌고 갔을 때 많은 예술가와 장인도 함께 데려갔는데, 이때 이미 문명의 이식이라는 것을 생각했던 것 같다. 그것만으로는 모자라서 남송에서 파견한 사절도 강제로 억류했다. 우문허중(宇文虛中)이나 오격(吳激)의 시를 인용했는데, 그들도 채송년(蔡松年)과 마찬가지로 억류된 문인이었다. 어쩔 수 없이 금나라를 섬겼지만, 그들의 마음은 남쪽에 있었다. 우문허중은 금나라에 충성을 다하지 않았기 때문에 처형되었고 남송에서는 그에게 관작을 추증했다. 금나라 1대의 시문집인 『중주집(中州集)』에 우문허중의 시 50수가 들어 있는데, 과연 이것을 금의 문학이라고 부를 수 있을지 의문이다.

『중주집』의 편자인 원호문(元好問)도 우문허중, 채송년, 오격을,

이들을 호걸의 인사라 하지 않을 수 없다. 그러나 모두 송유(宋儒)
이어서 국조(國朝)의 문파(文派)라고 논하기 어렵다.

고 말한다. 그러나 원호문이 국조(금왕조) 문파의 정통파로 든 채규(蔡珪)는 채송년의 아들이고, 당회영(黨懷英)도 섬서 빙익(馮翊) 출신의 한족이었다. 원호문의 스승인 조병문(趙秉文)도 하북 자주(磁州) 출신의 한족이다. 금나라는 복합 민족국가이므로 한족이라고 해도 금나라 사람이므로 그들의 문학을 금문학이라고 부르는 것은 당연하다.

원래 남북이라는 풍토의 차이가 있는 데다 각각 다른 정권 아래서 오

랫동안 격리되었다. 똑같은 한족의 '제작(制作)'이라도 원호문의 말처럼 금의 문학은 남송의 그것과 별개의 것이라고 생각하는 것이 좋을 것이다.

똑같이 한문을 사용하는 두 문학이 남북에 존재했다. 당연히 거기에는 경쟁의식도 생겨났을 것이다. 원호문은 특히 그것이 강했던 모양이다. 그는 『중주집』 끝부분에 시 다섯 수를 실었는데, 그 첫째 수가 다음의 칠언절구다.

> 업하(鄴下)의 조(曹)와 유(劉)는 한껏 기가 호탕하고,
> 강동의 뭇시인은 운(韻)이 무엇보다 뛰어나다.
> 만약 형식과 실질에 따라 시를 품평한다면,
> 아직은 오농(吳儂)의 금포를 당장 얻지는 못하리라.

鄴下曹劉氣儂豪 江東諸謝韻尤高 若從華實評詩品 未便吳儂得錦袍

삼국부터 남북조에 걸쳐 남북으로 시인을 내놓았는데, 원호문은 그것을 자신이 사는 시대에 적용시켰다. 위(魏)의 수도인 업(鄴)에서 문학 활동을 했던 조비(曹丕), 조식(曹植), 유정(劉楨) 등 북방의 이른바 건안(建安) 문학과 강동(강남)에서 활약한 남조의 사령운(謝靈運)과 사조(謝朓)의 문학을 비교한다. 특징을 든다면 북쪽은 기가 호탕하고, 남쪽은 운이 매우 뛰어난데, 화(華)와 실(實), 즉 표현의 화려함과 내용의 충실함을 기준으로 평가한다면 과연 어떻게 될까. 승자에게 금포(비단옷)를 주는 관습이 있었던 모양이다. 오농(吳儂)이란 오(吳, 강남) 사람이라는 뜻이다. 지금도 그렇지만 이 부근 사람들은 1인칭인 아(我) 대신에 농(儂)을 사용한다. 남

북의 문학 싸움에서 반드시 남인이 이긴다고 단정할 수는 없다. 이 시는 북인의 승리를 에둘러 표현한다. 남송문학에 금문학이 질 리 없다는 자부심이 여기에 나타나 있다. 또 같은 시 둘째 수에는,

> 북인은 강서의 침을 줍지 않고,
> 아직은 증랑(曾郞)의 이를 빌릴 필요가 없다.

北人不拾江西唾 未要曾郞借齒牙

라는 구가 보인다.

남송 초기 시인은 열심히 황정견(黃庭堅)을 배우려고 했다. 황정견은 소식과 어깨를 나란히 한 남송의 대시인이다. 그의 작풍은 사소설을 연상시키는 섬세함이 있다. 하지만 이 추종자(追從者)들은 황정견의 작풍을 소극적으로 배웠다. 황정견이 강서출신이었기 때문에 그의 작풍을 배운 신인들을 강서시파라고 부른다. 한마디로 말하면, 그것은 상자에 모형으로 꾸민 산수나 정원의 풍경 같은 시다. 여거인(呂居人)이 '강서시사 종파도(江西詩社宗派圖)'를 만들어 시인 26명을 그 안에 넣었다. 그 가운데 후세에 이름이 전할 정도의 시인은 없다.

북의 원호문은 같은 시대의 남쪽 강서 시사의 군소 시인들의 침을 줍지 않겠다고 했다. 참고로 할 가치도 없다고 망설이지 않고 말한다. 또 당시 증조(曾慥)라는 사람은 『송시선』을 편찬했다. 원호문은 그런 것은 이용할 필요가 없다고 가슴을 펴고 말한다. 노골적인 경쟁의식이다.

남북의 문학 싸움은 과연 정말로 어느 쪽이 승리했을까? 요시가와 코

지로(吉川幸次郎, 1904~1980, 일본의 중국문학자-옮긴이)는 일찍이 이 문제에 대해서 전체적으로는 역시 남송의 시문이 금나라의 시문보다도 뛰어나지만, 이 시대 최고의 시인은 북의 원호문이었다고 평가했다.

원호문은 120년을 이어온 금조에서 감히 비교할 자가 없는 시인일 뿐만 아니라 같은 시대의 남송을 포함해서 12세기와 13세기 중국 최고의 시인이라 할 수 있는 인물일 것이다.

태평성대였어도 그는 뛰어난 시인이었을 것이다. 하지만 그를 중국문학사에서 이렇게까지 위대한 존재로 만든 것은 역시 몽골의 침공이라는 난세를 시로 읊었기 때문이다. 주제가 너무 엄청나면 시문이 받아들이기 어렵다. 하지만 원호문의 시문은 처참한 시대의 모습을 훌륭하게 담아내고 있다. 청나라의 조익(趙翼)이 원호문을 노래한 시 가운데 '국가의 불행은 시인의 행복'이라는 구절이 있다. 조심하지 않은 표현 같지만, 이 구절은 고개를 끄덕이게 하는 힘이 있다.

남송의 대시인 육유(陸游)가 85세로 죽었을 때, 원호문은 만으로 아직 19세였다. 같은 시대 사람이라고는 할 수 없을지 몰라도 이 두 사람은 시대가 낳은 시인이라는 점에서는 같다. 육유는 북방의 잃어버린 땅을 회복하지 못한 것을 한탄하고 슬퍼했으나, 그가 산 시대는 평화로웠다. 금과의 전쟁은 가끔씩 일어났지만, 전화(戰火)는 그의 일신에까지 미치지 않았다. 화의로 얻은 40년의 평화는 그의 삶 대부분을 차지했다. 북송 말기, 전화에 쫓겨 도망간 일도 있지만, 그것은 아무것도 모르던 갓난아기 시절이었다.

칭기즈 칸이 처음 금을 침공한 1211년, 원호문은 22세였다. 금이 몽골에 멸망되었을 때, 그는 45세였다. 68세까지 살았으나 그의 생애는 대부분 금나라의 멸망으로 끝나는 전쟁이었고, 그 뒤는 망국의 백성으로서 처량한 20년을 살았다.

이제 원호문의 눈을 빌려 난세 속으로 들어가 보자.

난세가 낳은 중국 최고의 시인

원호문은 『중주집』 끝부분에 쓴 시로도 알 수 있듯이 금조 사람이라는 의식이 강한 문인이었다. 중주(中州)란 중국이나 중화(中華)와 같은 뜻이다. 금나라 1대의 시인을 모은 저작에 이러한 이름을 붙인 것은 중국 문명의 전통을 이은 것은 금나라이지 남송이 아니라는 강렬한 신념을 나타내기 위해서다.

그가 사랑했던 금나라에서 보면 그는 한족이었다. '여러 색인(色人)' 중 하나일 뿐 '본조인(本朝人)'은 아니다. 한족이라고 하지만 그의 묘명(墓銘)에 따르면, 원조(遠祖)는 4세기에 북위를 세운 선비족 탁발씨(拓拔氏) 출신이라고 한다. 북위가 효문제(孝文帝) 시대에 호어(胡語), 호속(胡俗)을 금하고 탁발이라는 성(姓)을 '원(元)'으로 고친 것은 유명한 사실(史實)이다. 다만, 이것은 먼 옛날의 일로 원씨는 오랫동안 중원에 살았고 오대(五代, 10세기) 무렵, 하남에서 산서로 옮겼다고 한다. 당나라 때는 일족에서 원결(元結)이라는 뛰어난 시인이 나왔다. 원호문은 시 안에서 자주 이것을 언급한다. 그의 자랑이기도 했던 것이다. 조금 굴절된 점은 있었을지 몰라도, 민족의 귀속의식에서 보면 분명히 그는 자신을 한족이라고 믿었다.

원조가 탁발씨라고 전하는 것이 어쩌면 금나라 지배에 대한 저항감을 약화시켰는지도 모른다. 그런 만큼 종족적인 편견이 적었으리라 생각할 수도 있다. 어쨌든 그가 태어난 금나라 장종(章宗) 시대인 명창(明昌) 원년 (1190)은 태조가 나라를 세운 지 이미 75년이나 지났을 때다. 그의 아버지 도, 또 할아버지도 금조 사람으로 태어났다. 어쩌면 증조부도 그랬는지 모른다. 어쨌든 그가 태어났을 때 금나라 황제 장종은 태조 완안아골타(完顏阿骨打)의 5대손이었다. 금나라는 이미 낡은 나라가 되어 가고 있었다.

또 그가 태어난 해에 훗날 칭기즈 칸의 참모이자 원나라의 재상이 된 거란족 대문화인(大文化人)인 야율초재(耶律楚材)도 태어났다.

몽골의 제1차 침공이 있기 한 해 전에 그는 아버지를 여의었다. 친아버지는 원덕명(元德明)이고, 그는 태어나자마자 숙부인 원격(元格)의 양자가 되었다.

양부인 원격은 중급 관료로 지방관에 임명되어 각지를 전전했다. 원호문은 소년시절부터 아버지를 따라 산동, 하북, 산서 등 각지를 돌았다. 어려서는 고향 흔주(忻州, 산서) 수용현(秀容縣)에 살았던 기간이 오히려 짧다. 아버지의 마지막 임지는 서하와의 국경 근처인 감숙의 농성(隴城)이었다. 아버지의 유해를 모시고 고향 흔주로 돌아와 복상하고 있는데, 이듬해에 몽골군이 침공했고, 2년 뒤에는 궁정에서 호사호(胡沙虎)가 쿠데타를 일으켰다. 원호문은 이 기간 동안 줄곧 흔주에 있었다.

금나라 정우(貞祐) 원년(1214), 칭기즈 칸이 직접 이끄는 몽골군이 성난 파도처럼 남하했다. 칭기즈 칸의 아들 조치, 차가타이, 우구데이(우구데이, 태종)가 지휘하는 군대는 산서로 들어가 원호문의 고향을 유린했다. 저항하는 자는 모두 학살하는 것이 몽골군의 법도였다. 초원의 야수 같은 이 군대는 인간의 목을 마치 풀을 베듯 잘랐다.

이 전란에서 형 원호고(元好古)가 침략군과 싸우다 전사했다. 원호문은

형의 묘비명에,

정우 원년 3월, 북병 도성(北兵屠城)의 화를 당하여 죽다. 향년 29세.

라고 기록했다. 그 자신은 그때 수용현에서 양곡(陽曲)이라는 곳으로 피난
가 있었다. 양곡은 오늘날 태원시(太原市) 북쪽에 해당한다. 피난길 도중에
석령관(石嶺關)이라는 오래된 관문을 넘었는데, 그는 그곳에서 〈석령관소견
(石嶺關所見)〉이라는 제목의 시를 지었다. 그때 그의 나이 25세였다.

삐걱대는 전차는 돌확을 굴리고,
옛 관(關)은 여전히 궁도(弓刀)로써 지킨다
연영의 돌기(突騎)로 홍진은 어두운데,
미복의 행인으로 좁은 길은 높기만 하다.
이미 벌레와 모래가 되었으니 부질없는 자탄은 그만두고,
시호와 마주치기 싫다고 어디로 도망칠 것인가.
청운에 옥립한 삼천장,
옛 그대로의 동산에 의기만이 호쾌하구나.

軋軋旐車轉石槽 故關猶復戍弓刀 連營突騎紅塵暗 微服行人細路高
已化蟲沙休自歎 厭逢豺虎欲安逃 青雲玉立三千丈 元只東山意氣豪

전차(旃車)란 짐승털로 만든 두꺼운 천을 둘러친 수레로 말하자면 당
시 대형 운반차다. 돌확을 굴리듯 땅을 울리며 간다. 전시이므로 그것은

무기나 군량을 나르는 수레일 것이다. 오래된 관문은 아군이 아직 활과 칼로 지키고 있다. 연이은 진영은 돌격하는 기병이 일으킨 모래먼지로 어둡고 흐릿하게 보인다. 초라한 옷을 걸친 난민들에게 좁은 길은 높고 험하기만 하다.

전쟁에서 죽으면 사람은 벌레나 모래가 된다고 한다. 이미 전사한 사람들이 스스로 한탄할 일은 없다. 그러나 살아서 야수 같은 군대를 싫을 만큼 마주치는 나는 도대체 어디로 도망가려는 것인가. 인간세계가 단숨에 지옥으로 바뀌었는데, 창공에 삼천장의 산이 엄숙하게 솟아 있다. 변하지 않은 것은 동산(東山)뿐, 원래대로 의기만 호방하게 보인다.

이해의 침공으로 원호문의 고향인 흔주에서 10여만의 사람이 죽었다고 한다. 저항했기 때문에 몽골군은 초원의 규칙에 따라 무차별 학살을 자행했고 철저하게 약탈했다.

몽골군은 수도 연경을 포위하려 했으므로 겁에 질린 선종(宣宗)은 도원수 완안승휘(完顏承暉)를 파견하여 화의를 청했다. 화의는 4월에 성립되었고 몽골군은 북쪽으로 돌아갔다. 연경은 몽골군의 세력권에서 매우 가까워 위험하다고 여긴 금나라는 개봉으로 천도하기로 결정했다. 금나라는 해릉왕 시대에 짧은 기간이기는 했지만 개봉으로 한 번 천도한 적이 있다. 그것은 남송을 치기 위한 전진이었지만, 이번에는 같은 남천이라 해도 칭기즈 칸을 두려워한 후퇴였다.

이 정우(貞祐)의 남천은 금나라 백성들에게 심리적으로 큰 충격을 주었다. 조정이 하남으로 달아난 것은 하북, 산서 지방을 포기한 것이라고 받아들였기 때문이다. 조정만 남천한 것이 아니라 군호(軍戶)의 가족 100만도 하남으로 이주시켰다. 전선의 장병들이 가족을 걱정하지 않게 안전지

대로 옮긴 것이다. 사기 고양을 위한 조치였으나 그것이 오히려 역효과를 낳았다. 100만이라는 엄청난 이주는 눈에 너무 띈다. 이런 대이동은 당연히 하북을 포기한 것으로 비쳤다.

전선의 사기는 앙양되기는커녕 장병들은 공황상태에 빠져 부대를 벗어나 하남으로 가려고 했다. 지방관들 사이에도 자리를 버리고 남으로 도망가려는 자가 속출했다. 일반 백성들까지 덩달아 뒤따랐음은 말할 것도 없다. 버림받은 백성이 되어 몽골군에게 살해당하기보다는 난민이 되어 고생하는 편이 그나마 나았다.

금나라는 남천하면서 요동에서 반역한 야율유가를 토벌하도록 포선만노(蒲鮮萬奴)라는 장군을 파견했다. 남천이 북방 영토 포기가 아니라는 것을 사실로 보여 주려고 했던 것이다. 또 야율유가가 반정을 일으킨 요동 땅이야말로 여진족의 고향이기 때문에 금나라로서는 특별한 조치를 취할 필요가 있었다.

야율유가의 요나라를 이기지 못한 포선만노는 귀환해서 처벌을 받느니 차라리 요동 여러 주(州)의 여진족을 규합하는 편이 낫겠다고 생각하고, 자립하여 대진국(大眞國) 대왕을 칭했다. 동북 땅에 거란족의 요나라와 여진족의 대진 두 나라가 탄생한 것이다.

하늘이 내린 재상 야율초재

칭기즈 칸은 금의 천도를 배신행위로 받아들였다. 화의를 맺어 놓고 수도를 옮긴 것은 좀 더 안전한 기지에서 반격을 시도하기 위해서라고 해석할 수 있기 때문이다. 그렇다면 배신행위다. 이에 화가 났는지, 아니면 그것을 구실로 삼았는지, 몽골군은 그해에 다시 남하하여 연경을 포위하고 이듬해(1215)에 이를 함락했다.

원호문과 나이가 같은 야율초재는 이미 진사에 급제하여 좌우사원외랑(左右司員外郎)에 임명되었다. 금나라 조정은 남천했지만, 그는 완안승휘 밑에서 연경에 머물렀다. 칭기즈 칸은 그의 재능을 인정해 자신의 비서로 썼다.

그 무렵 원호문은 과거 시험을 보기 위해 개봉에 갔다. 결과는 낙제였다. 똑같은 26세인데 일찌감치 진사가 된 야율초재는 세계사의 무대에 올라 있었다.

야율초재가 칭기즈 칸을 받든 것은 그럴 수밖에 없었기 때문인지도 모른다. 아니면 그가 칭기즈 칸의 세계정복을 예상하고 적극적으로 곁에서 시중들기를 희망했을 가능성도 있다. 야수 같은 이 군대는 방치해 두면 전세계에서 만행을 되풀이해 인류를 미개 시대로 되돌릴지도 모른다. 그것을 구하기 위해서는 칭기즈 칸의 절대적인 권세를 이용하는 수밖에 없었을 것이다. 몽골 군대는 칭기즈 칸의 말만 들었다. 그렇다면 인류를 파멸에서 구원할 방법은 칭기즈 칸 곁에서 신임을 얻고 문명적인 조언을 하는 것이 최상이다.

그 후 이런저런 상황에서 야율초재는 간언으로 몽골군의 만행을 억제했다. 중원에 들어온 유목민들은 잘 경작된 논밭을 보고 이런 일을 하게 내버려 두는 것은 안타깝다, 논밭을 갈아엎고 목초장을 만들어야 한다는 따위의 말을 서슴지 않았다. 야율초재는 참을성 있게 농경에 관한 것에서부터 그것으로 얻을 수 있는 연공(年貢), 방목장을 만드는 것보다 얼마나 더 유리한가 하는 점 따위를 알기 쉽게 설명했다. 그의 간언으로 대학살을 여러 번 피할 수 있었다고 한다.

야율초재는 요나라 황족의 자손이다. 일찍이 아버지를 여읜 그는 어머니에게 교육을 받았다. 그의 학문은 천문역산에서부터 지리역사, 종교, 의약, 역학에까지 이르렀으므로, 칭기즈 칸이 무엇을 물어보든 그 자리에서 대답할 수 있었다. 칭기즈 칸은 아들인 우구데이(훗날의 태종)에게 "야율초재는 하늘이 우리 집안에 내려 준 사람이다. 국정을 모두 맡겨라"라고 했다는 말이 전한다. 위대한 백과사전 같은 인물이라고 할 수 있겠다.

야율초재는 칭기즈 칸의 유막(帷幕)으로 들어갔지만, 낙제한 원호문은 풀이 죽어 귀향했다. 하지만 그의 고향은 몽골군의 침공 계획에 들어 있었기 때문에 이듬해 하남의 삼향진(三鄕鎭)으로 옮기기로 결정하고 숭산(嵩山) 근처 등봉현(登封縣)에 전답을 사서 반농반독(半農半讀)하며 지냈다.

전쟁은 바로 표홀이니,
애써 집 생각을 할 필요는 없다.

干戈正飄忽 不用苦思家

표홀은 질풍을 뜻하는 말로 전쟁은 그와 같아서 언제 멎을지 모르니, 이제 부질없이 고향 생각은 하지 말자고 그는 읊었다. 하지만 그 무렵,

언제나 석령관두 길에서,
고향의 산을 일망하며 눈이 부실까.

何時石嶺關頭路 一望家山眼暫明

라고 읊었다. 저 석령관 마룻길을 달려 고향 산천을 바라보며 눈부시다고 말할 날이 언제일까.

금나라 흥정(興定) 원년(1217) 8월, 칭기즈 칸은 무카리를 태사로 삼아 국왕에 봉했다. 이는 몽골·규(紅)·한(漢)의 여러 군을 이끌고 남정하기 위해서다. 규라는 것은 금이 만든 외인 혼성부대로 거란족, 투르크족, 몽골족, 탕구트족 등 다양한 민족의 용맹한 병사로 구성되었는데, 원래는 유목민족의 침공에 대비한 부대. 호사호를 죽인 출호고기가 이들을 통솔했는데, 남천 때 그것을 달가워하지 않은 규군은 도중에 돌아가서 몽골군에게 항복했다. 원래 유목민의 기질을 지닌 군대였으므로 이 투항은 자연스러운 귀결이라 하겠다. 몽골군이 연경을 공격할 때는 이 부대가 선도를 맡았다. 무카리 아래 한군도 있었는데, 이도 금나라 한족부대가 투항한 것이다.

국왕으로 봉해진 무카리는 연경에 막부를 열었다. 그때까지 몽골군은 가을에 내습했다가 봄에 철수했으나 이후로는 상주하게 되었다. 연경을 기지로 무카리는 끊임없이 서쪽으로 병사를 진격시켜 각지를 공략했다. 이렇게 해서 차츰 황하 이북이 칭기즈 칸의 지배하에 들어갔다. 남북으로 분열되어 백수십 년에 이른 중국 북부가 또 다시 둘로 분열된 것이다.

금나라의 어려운 상황을 본 남송은 세폐를 중단했다. 몽골의 공격으로 군비 지출이 늘었는데, 기대하던 남송의 세폐마저 끊긴 것이다. 흥정 원년(1217), 북쪽에서 몽골의 압박을 받으면서도 금나라는 남쪽의 남송을 치려고 했다. 세폐 중단을 문책하기 위함이었다. 하지만 지금까지 나약하던 남송군이 선전하여 금군을 괴롭혔다. 사실 이것은 남송군이 강해진 것이 아니라 금군의 사기가 떨어졌기 때문이다. 세폐를 받지 못한다면 땅을 빼앗아 거기에서 생기는 수입을 노렸는데, 그것조차 뜻대로 되지 않았다. 금나라에서 먼저 화의를 제안했으나 그것도 실패로 끝났다. 남쪽 전선은 수렁으로 빠져들고 있었다.

그것만이 아니었다. 서쪽의 서하도 몽골의 공격을 받았을 때, 종주국인 금나라가 도와주지 않았으므로 이반했다. 그리고 서하는 남송에게 함께 금을 공격하자고 제안했다. 첫 번째 제의는 남송이 거절했지만, 영종(寧宗) 가정(嘉定) 12년(1219)에는 서하의 제의를 받아들였다. 이렇게 해서 서하와 남송이 연합해서 금나라에 대항하게 되었다.

이 무렵 칭기즈 칸은 갑자기 군사를 돌려 서역 원정에 나섰다. 이때문에 금나라에 대한 압박이 느슨해져 금은 잠시 숨을 돌리고 서하와 남송 연합군의 공격을 물리치는 기세를 보이기도 했다.

세계 문명을 경험한 몽골족의 높아진 눈

칭기즈 칸의 움직임은 실리 판단만을 따지는가 하면, 때로는 발작적이라고밖에 생각할 수 없을 때도 있었다. '천교(天驕, 하늘의 도움을 받은 것 같은 사람)'라고 형용하듯 그의 행동은 즉흥적이었지만 보기 좋게 성공했다. 너무도 순조로운 진행에 스스로 고개를 갸웃했을지도 모른다.

1219년부터 시작된 칭기즈 칸의 서역 원정은 다분히 발작적인 요소가 농후했다. 호라즘국에서 칭기즈 칸이 국서를 위탁한 대상(隊商)이 살해되었다. 실리만 생각한 것이 아니었다. 피해를 입으면 반드시 갚아주는 것도 초원의 법이었다.

칭기즈 칸에게 쫓긴 나이만의 왕자 쿠추르크가 서요(카라 키타이)를 탈취한 뒤, 추격해 온 몽골군에게 살해된 것은 1218년의 일이다. 호라즘 사건은 그 이듬해에 일어났다.

호라즘 국의 오트랄 태수가 사욕 때문에 죽인 대상이 칭기즈 칸의 국서를 가지고 있었다. 그 국서는 교역을 하자는 극히 평화적인 내용이었다. 칭기즈 칸의 가차 없는 처단의 군사행동은 중앙아시아에 회오리바람을 일으켰다. 프라하·사마르칸트 등이 점령되었고, 호라즘 국왕 무함마드는 카스피 해 섬으로 도망가 그곳에서 죽고 말았다.

몽골군의 한 부대는 호라즘 왕자를 쫓아 아프가니스탄에서 인더스강까지 갔다. 카스피 해까지 나간 몽골군은 코카사스를 넘어 남러시아의 제후군(諸侯軍)과 싸워 각지를 약탈했다. 이것은 역사상 다시없는 대원정이었다. 칭기즈 칸이 카라코룸으로 돌아간 것을 안 각 부대는 잇따라 귀환했다. 이 7년에 걸친 서역 원정 이후 몽골군은 다시 동쪽으로 향했다. 이로써 동아시아 제국에 준 유예 기간이 끝난 셈이다.

칭기즈 칸의 이 서정(西征)은 중국 역사의 범위를 뛰어넘는 것 같지만, 사실 중국의 역사에 큰 영향을 준 사건이었다. 금과 서하, 남송에 집행유예를 주었다는 것보다 좀 더 깊은 의미가 있다. 그것은 몽골이 중원을 제압하기 전에 세계의 다른 문명을 보았다는 것이다. 그때까지 중국에 나타난 정복왕조, 다시 말해 오호십육국에서부터 북위, 그리고 요와 금에 이르는 왕조는 모두 다른 문명을 접하지 못했다. 그들에게 중국의 문명은 최고의 것이었다. 동아시아만이 세계라고 믿는 사람들의 눈에는 그렇게 비치는 것이 당연했다.

중국을 제압하면서 중국의 문명에 심취하고 그것에 빠져서 동화되는 것이 그들이 걸어온 길이었다. 북위의 효문제는 자신의 출신인 선비의 풍속과 언어를 금지했을 정도다. 이름도 중국식으로 바꾸었다. 원호문은 선비의 후예였다고 하지만, 물론 그에게는 선비적인 요소는 전혀 없었다. 중국 문명권의 최고봉에 오른 사람이 되어 어쩌면 200년에 한 명 나오는 시인이라는 소리를 듣는다.

요나라는 야율, 금나라는 완안 등 비록 성은 바꾸지 않았지만 동화된 것만은 틀림없는 사실이다. 금의 역대황제는 여진의 이름 외에 중국식 이름도 있었다.

그런데 몽골은 중국에 들어오기 전에 중앙아시아에서 서아시아에 걸쳐 이슬람 문화가 번영한 땅에 발을 들여놓았다. 인도에도 갔고 유럽에도 갔다. 그리스도교 문화권의 분위기도 맛보았다. 중국 문명을 접하기 전에 그에 필적하는 몇 몇 문화를 접한 것이다. 이것이 몽골의 중국 문명 심취증을 막았다고 할 수 있다. 중국에서 보면 그때까지의 정복 왕조와는 조금 이질적인 사람들이 찾아왔다는 말이 된다.

7년의 원정은 7년의 귀중한 유학이라고 할 수 있다. 그것을 마친 뒤에 칭기즈 칸의 군대는 서하 공격에 나섰다. 1227년, 서하는 항복했지만, 그해 8월에 칭기즈 칸도 죽고 말았다.

원호문은 이미 38세였다. 조금 늦기는 했지만 31세 때 진사에 급제했다. 국사원편수(國史院編修)를 거쳐, 칭기즈 칸이 죽은 해에는 하남의 내향(內鄕)이라는 현의 현령이 되었다. 현령이라는 지위는 그다지 높은 자리는 아니지만, 조병문에게 인정받은 일도 있어 문명(文名)은 꽤 높았다. 하지만 원호문의 평화로운 날들은 끝나고 있었다.

칭기즈 칸은 임종할 때, 측근에게 다음과 같이 유언했다고 『원사』에 전한다.

> 금나라의 정병(精兵)은 동관(潼關)에 있고, 남쪽은 산이 연이어 있
> 으며, 북쪽은 큰 강으로 막혔으니 금방 뚫기가 어렵다. 만일 송에게 길
> 을 빌려 달라 하면, 송은 금과 오랜 원수지간이니 반드시 쾌히 승낙할
> 것이다.

동관을 피하고 남송에게 길을 빌려 당주(唐州), 등주(登州)로 개봉을 치라는 것이다.

칭기즈 칸의 뒤를 이은 우구데이도 아버지를 따라 각지에서 싸운 용장이었다. 섬서의 봉상(鳳翔)을 공격하여 금나라의 주의가 그쪽으로 쏠리자, 그 틈을 타서 아버지의 유언대로 송에게 길을 빌려 개봉으로 쳐들어갔다.

몽골 대군이 개봉을 에워싼 것은 개흥(開興) 원년(1232) 3월이다. 원호문은 그 전해에 아내 장씨(張氏)를 잃었다. 그리고 그는 남양현령에서 경사(京師)로 불려와 좌사도사(左司都事) 자리에 있었다.

봉상이 함락되었다는 소식을 남양에서 들은 그는 〈기양(岐陽)〉이라는 제목의 시를 세 수 썼다. 다음은 그 두 번째다. 기양이란 장안의 서북쪽 땅으로 곧 봉상을 가리킨다.

> 백이(百二)의 관하(關河)에 풀도 늪지 않고,
> 10년의 융마(戎馬, 군마)에 진경(秦京, 장안)이 어둡구나.
> 기양의 서쪽을 바라보아도 소식은 오지 않고,

용수(隴水)는 동쪽으로 흘러 곡소리만 들릴 뿐.

들판의 덩굴 유정하여 전사한 병사의 뼈를 휘감고,

석양은 무슨 생각으로 빈 성을 비추는가.

누구를 따라 자세하게 창천에 물어 볼까,

어찌하여 치우(蚩尤)에게 오병(五兵, 다섯 가지 병기)을 만들게 했느
냐고.

百二關河草不橫 十年戎馬暗秦京 岐陽西望無來信 隴水東流聞哭聲

野蔓有情縈戰骨 殘陽何意照空城 從誰細向蒼蒼問 爭遣蚩尤作五兵

적군 100명을 둘이서 방어할 수 있는 요해처를 백이(百二)라고 표현한
다. 그런 진나라 땅이지만, 이제 풀도 자라지 않고 10년의 전쟁으로 진
나라의 수도는 암담하기 그지없다. 기양에서의 소식은 없는데, 동쪽으로
흐르는 용수는 사람들의 곡소리처럼 들린다. 들판의 덩굴풀이 정겹게 전
사자의 뼈를 휘감는다. 석양은 어찌하여 사람도 살지 않는 텅 빈 성을 비
추는가.

창창(蒼蒼)이란 하늘을 말한다. 누구를 통해 하늘에 물어 보면 좋을
까. 대체 어쩌자고 치우 따위에게 무기를 만들게 했냐고.

치우란 전설상의 인물로 황제(黃帝)와 싸운 난폭자다. 이 시를 읽는 사
람은 치우라는 이름에서 칭기즈 칸이나 몽골을 떠올렸을 것이다.

원호문의 눈에 비친 전란의 참상

개봉이 포위된 뒤 일단 화의가 성립되었으나, 금나라 쪽이 몽골의 사자를 참수하는 사건이 일어나 교섭은 결렬되었다. 12월에 몽골군은 다시 개봉을 포위하고 해를 넘겼다. 그동안 금나라 황제 애종(哀宗)이 탈출하여 귀덕(歸德)으로 향했다.

복수전에서는 특히 더 잔인하게 군다는 몽골군의 특질을 사람들도 이미 알고 있었다. 사자를 참수한 사건의 중대함이 사람들을 두렵게 만들었다.

애종이 탈출한 뒤 포위된 국도에 있던 원호문은,

> 임진 12월, 거가동수(車駕東狩, 황제의 수레가 동쪽으로 향하는 것)한
> 뒤의 즉사(卽事) (壬辰十二月車駕東狩後卽事)

라는 제목의 시를 다섯 수 지었다. 다음은 그중에서 셋째 수다(임진년은 금나라 천흥 원년에 해당한다).

> 답답하게 성에 갇혀 두 해를 보내니,
> 근심으로 가득한 창자는 날마다 굶주림에 들볶인다.
> 초두(焦頭)는 있어도 굴뚝을 옮기라는 객의 말 모른 척하고,
> 예족(曳足)은 있어도 몇 사람이나 배와 함께 할 것인가.
> 백골과 병사의 혼령은 많은데,
> 청산엔 원래 지행(地行)의 선인이 있다.

석 달째 서남 소식 끊기고,

　지는 해 외로운 구름을 바라보는 눈이 빠지는 듯하구나.

鬱鬱圍城度兩年 愁腸饑火日相煎 焦頭無客知移突 曳足何人與共船
白骨又多兵死鬼 青山元有地行仙 西南三月音書絶 落日孤雲望眼穿

　근심으로 가득한 창자가 불에 볶이는 듯한 굶주림으로 날마다 시달
렸다 하니 개봉에서는 식량이 거의 바닥난 모양이다.

　초두(焦頭)와 예족(曳足)에는 고사가 있어 그 내용을 모르면 뜻을 알
수 없다. 초두는 『한서』「곽광전(藿光傳)」에 나오는 고사다. 불난 집 주인이
불을 끈 뒤에 사과하는 뜻으로 사람들을 초대해 연회를 베풀었는데, 상
석에는 초두, 즉 불 때문에 머리에 화상을 입은 사람을 앉히고, 다음 자
리에는 불을 끄는 데 공을 세운 순서대로 앉혔다. 그런데 불이 나기 전에
이 집에 손님이 와서 땔나무 옆에 굴뚝이 서 있는 것을 보고 굴뚝을 옮
기라고 권했는데도, 주인이 그렇게 하지 않아 불이 난 것이었다. 곡돌(曲
突), 즉 굴뚝을 구부리라고 한 사람은 그 연회에 초대되지도 않았다. 사실
사전에 충고한 쪽이 공이 훨씬 큰 데도 말이다. 금나라 왕조에는 긴 안목
으로 사리를 조언하는 사람이 없었다. 아니 있었어도 그것을 공적으로
인정하지 않았다. 그래서 오늘날 이 같은 곤욕을 당하고 있다는 뜻이다.

　예족이란 후한의 장군 마원(馬援)이 배로 적을 공격했을 때, 매우 고전
하여 발을 끌면서 지휘했다는 고사에서 나온 말이다. 금나라 왕조에는
마원 같은 명장이 없지 않았으나, 배와 함께 싸우려는 부하가 적었음을
한탄하는 말이다.

율시이므로 대구(對句)를 썼다. 초두와 예족, 백골과 청산이 그것인데, 두보(杜甫)의 〈병거행(兵車行)〉에 나오는 '옛날부터 백골을 거두어 주는 사람이 아무도 없다(古來白骨無人收)'는 말이 떠오른다. 백골이란 들판에 버려진 전사자의 유해를 가리킨다. 전사자의 망령이 늘고 있는데, 그 주변의 청산 속에는 아직 '지행(地行)의 선인(仙人)'이 있다. 천상의 선인에 대해 지선(地仙)이라 불리는 사람들은 대부호로 돈을 물 쓰듯하며 주색에 빠진 자들이다. 이렇듯 국가가 위급한 때에 안전한 곳으로 피난해서 그곳에서 안일하게 지내는 사람이 있었던 모양이다. 여기서는 지행의 선인이란 국가를 이 지경으로 만들어 놓고 맨 먼저 도망간 고관을 가리키는지도 모른다. 애제가 탈출할 때, 책임을 져야 할 사람들이 함께 도망간 게 틀림없다. 이 시는 그 직후에 지은 것이다.

서남은 그의 고향 쪽이 아니다. 가족을 남겨두고 온 전임지인 내향현을 말한다. 그곳에서는 석 달째 소식이 없다. 원호문은 석양에 걸린 한 조각구름을 물끄러미 바라본다. 너무 뚫어지게 쳐다봐서 눈이 빠질 지경이다. 안녹산의 난 때, 장안을 탈출하여 행재소(行在所)에 이른 두보가 '눈은 뚫어지게 지는 해에 부딪히고, 마음은 죽어 찬 재가 되다(眼穿當落日 心死著寒灰)'라고 읊은 시를 의식했음이 분명하다. 모두 다 전란의 시다. 같은 제목의 넷째 수는 다음과 같은 구절로 끝맺는다.

가을바람아, 이 화발(華髮)을 흘날리지 말아다오.
창해는 노도포효하며 이 몸을 집어삼키려 하는데.

秋風不用吹華髮 滄海橫流要此身

화발이란 백발을 뜻한다. 가을바람아, 내 백발을 흩날리지 마라. 그렇지 않아도 이 드넓은 해원은 거센 물결이 용솟음치며 상심한 이 몸을 집어삼키려고 하는데.

'창해횡류(滄海橫流)'는 그가 애용하는 어구다. 용솟음치는 노도가 천지를 뒤엎는 이미지는 망국을 표현하는데 어울리는 말이라 하겠다.

포위된 성 안의 생활은 힘들고 고생스럽기 그지없었다. 식량 부족으로 굶어 죽거나 돌림병으로 죽는 사람이 잇따랐다. 몽골군과 일단 화의가 성립되었을 때, 성문을 열고 매장하기 위해 실어 나른 시체가 90만여 구나 되었다고 『금사』에 나온다.

가난하여 매장조차 할 수 없는 자는 이 숫자에 포함되지 않았다.

는 기록을 그 숫자 뒤에 덧붙였는데, 지옥도(地獄圖)란 바로 이런 것이 아닐까. 그 직후에 비호군(飛虎軍)의 군사가 항복을 권하러 온 몽골쪽 사자 30명을 죽였는데, 기아와 돌림병이 사람들의 마음을 광포하게 만든 것이 분명하다. 애종의 동순(東巡)은 일단 성을 나와 군대와 식량을 모으기 위한 것이라고 했지만, 황제가 증원군을 이끌고 올 것이라고 기대하는 사람은 별로 없었을 것이다.

이때의 농성 장면이 태학생이던 유기(劉祁)의 『귀잠지(歸潛志)』에 실려 있다. 사람들은 굶어 죽은 사람을 먹었다. 아침마다 굶어 죽은 자는 성 밖으로 실려 나갔는데, 저녁 무렵에는 그것들이 한결같이 백골이 되었다. 가죽제품도 삶아서 먹었다. 겨울을 났으니 당연히 땔감도 모자라 건물들을 모두 부숴서 땔감으로 썼다. 『동경몽화록(東京夢華錄)』에 묘사된 그 화려한 개봉의 거리는 온통 기와 조각과 쓰레기 벌판으로 변해 버렸다.

원호문의 시에 나오는 '기화(飢火)가 수장(愁腸)을 끓였다'는 친숙하지 않은 표현은 단순한 형용이 아니라 사실을 그대로 기술한 것이다. 탈출한 황제가 태후와 황후를 모셔가려고 사자를 보냈다는 말이 전해지자, 민심은 당연히 불온해졌다. 농성 중인 사람들은 극한 상황에 내몰려 있었다.

이럴 때 서면원수(西面元帥)이던 최립(崔立)이 쿠데타를 일으켰다. 개봉유수(留守)를 맡은 완안노신(完顔奴申), 습념아부(習捻阿不) 두 사람을 죽이고 정권을 장악한 뒤, 태후의 명이라며 위소왕(衛紹王)의 태자인 종각(從恪)을 옹립했다. 그리고 몽골군에게 항복을 제의했다. 두 대신이 문을 잠그고 아무런 대책도 세우지 않았기 때문에 그들을 죽이고 성 안의 생령(生靈, 주민)들을 위해 몽골군에게 구명을 청한 것이다.

이것이 최립이 주민에게 포고한 고유문(告諭文)의 내용이다.

이에 민중은 쾌재를 불렀다고 전한다. 전쟁만 끝나면 서민은 구원을 받는다. 그 전쟁도 서민과는 무관한 일이다.

다만 최립이라는 인물은 인간적으로는 결함이 많았는지, 평판은 그다지 좋지 않았다. 두 대신을 단칼에 베어 버리는 등 결단력은 좋았지만 오만한 구석이 있었던 모양이다. 스스로 좌승상, 도원수를 칭했으며 정왕(鄭王)에 봉해졌다고 한다.

항복이 받아들여져 성 사람들은 안도의 한숨을 내쉬었다. 최립은 사람들이 자신에게 아첨하는 것을 좋아했는데, 그가 귀띔했는지 아니면 나서서 영합한 자가 있었는지, 최립의 '공덕비'를 세우자는 이야기가 나왔다. 봉건사회의 윤리로 보면, 최립은 제멋대로 황제를 폐립한 역적이다. 그리고 몽골에 투항한 패배주의자다. 그를 위해 공덕비를 세운다는 것에 사대부들이 저항한 것은 당연한 일이었다.

원호문은 최립이 세운 임시정부의 좌우원외랑(左右員外郎)이 되었다. 원호문뿐만 아니라 개봉에 있던 금나라의 관리는 거의 자동으로 최립 정권의 관직에 임명되었다. 공적비 문제를 담당했던 사람이 원호문이었다고 하는데, 그는 태학에 있던, 앞에서 말한 『귀잠지』의 저자 유기에게 비문 쓰는 일을 위촉했다.

최립의 공덕비 문제는 원호문의 생애에 오점으로 남았다. 그러나 그 의논이 있은 직후, 몽골군이 입성하여 대약탈을 감행했기 때문에 비를 세우는 일은 자연히 흐지부지되고 말았다. 원호문은 이 문제에 관해 입을 굳게 다물고 변명조차 하지 않았다. 유기는 『귀잠지』에 도망을 다니는 자기를 붙잡아 억지로 찬문(撰文)하게 한 사람이 원호문이라고 쓰고, 그 교활한 수법을 상세히 적었다. 비문의 머리말을 쓴 사람은 원호문이지만, 그것은 단지 사실을 적었을 뿐이고 상찬의 말은 없었다고도 적었다.

실제로는 흐지부지 취소된 최립의 공덕비 찬문(撰文)이 왜 중대한 문제가 되느냐 하면, 그것이 명절(名節, 명분과 절의)에 관한 것이기 때문이다. 남송은 명절을 특히 까다롭게 따지던 시대였는데, 같은 시대의 금나라도 마찬가지였다. 백만의 목숨을 구하기 위해서라고는 하나 최립의 반란은 반역행위다. 협박을 받아 임시정부에 협력하는 정도라면 몰라도, 최립의 행위를 공덕으로서 찬양하는 것은 아부이며 사대부로서는 죽음과 맞먹는 수치였다. 그 때문에 찬문이 문제가 된 것이다.

유기가 『귀잠지』에서 열심히 자기를 변호하고 그 불똥이 원호문에게 튄 것 같다. 물론 원호문도 그 일에 적극적이지 않았지만, 최립이 날마다 반대자를 죽이고 관청의 마당에 피가 마를 틈이 없는 상황에서 공덕비도 어쩔 수 없는 문제라고 생각했을 것이다. 항복은 받아들여졌지만 몽골군에게 아직 성문은 열지 않았다. 이때 개봉의 백만 목숨의 운명은 최립 한 사람에게 달려 있었다.

그토록 명절에 집착하던 유기는 훗날 원나라를 섬기지만, 원호문은 죽을 때까지 재야인으로 지냈다. 개봉의 성문을 열 무렵에 원호문은 몽골의 진중에 있는 야율초재에게 문서를 보내 금나라 문인들을 보호해 줄 것을 청했다.

망국을 기록한 시인의 붓

성문을 연 뒤, 금나라의 주요 관료들은 포로가 되었다. 원호문도 그 중 하나였다. 가족들과 함께 요성(聊城)이라는 곳에 유폐되었다. 요성은 산동성의 황하 북쪽 연안에 있다. 배를 타고 북쪽으로 건너가야 한다. 원호문은 〈계사 5월 3일 북으로 건너가다(癸巳五月三日北渡)〉(금나라 천흥 2년의 일)라는 제목으로 칠언절구 세 수를 지었다.

> 길가에 쓰러져 엎어진 포로가 즐비하고,
> 지나가는 전차는 물이 흘러가는 듯하다.
> 여인은 곡하며 회골의 말을 뒤따르고,
> 뉘를 위해 걸음마다 뒤돌아보는가.

道傍僵臥滿纍囚 過去旃車似水流 紅粉哭隨回鶻馬 爲誰一步一廻頭

몽골족에게 사람은 곧 재산이었다. 노예로 부리기 위해서다. 개봉에 입성한 몽골군은 대약탈을 자행했다. 재물만이 아니라 사람들도 끌고 갔다. 재물은 전차(輜車, 포장 운반차)에 싣고 갔는데, 그 행렬이 마치 흐르는 물처럼 끝이 없었다. 실로 엄청난 약탈이었다. 납치한 사람은 걷게 했다. 지쳐 쓰러진 포로가 길가에 즐비했다. 납치된 여인네들은 울면서 위구르의 말을 따라 가는데, 도대체 누구를 위해 한 걸음 내딛을 때마다 뒤돌아보는 것일까?

> 여기저기 흩어진 백골은 뒤얽힌 삼실과 같고,
> 고향땅이 사막으로 변한 지 몇 해나 되었을까?
> 하북에는 목숨이 다한 줄 알았는데,
> 뜻밖에 부서진 몇 집에서 연기가 오르네.

白骨縱橫似亂麻 幾年桑梓變龍沙 只知河朔生靈盡 破屋疎煙却數家

길가에 여기저기 백골이 흩어져 있다. 뽕나무와 가래나무를 심은 고향이 사막처럼 변한 지 벌써 몇 해나 되었을까. 황하 이북은 몽골군의 말발굽 아래 주민이 절멸했다고 알고 있었는데, 뜻밖에도 쓰러져 가는 오두막 몇 채에서 밥 짓는 연기가 드문드문 피어오르고 있다.

이 무렵 원호문은 〈속소랑가(續小娘歌)〉라는 제목의 시를 열 수 지었다. 민간 처녀들을 노래한 〈소랑가〉라는 것이 있었는데, 그 노래에 가사를 바꿔 읊은 것이다. 몽골군에게 끌려가는 부녀자들을 읊은 시다.

태평시에는 시집을 가도 고향을 떠나지 않았건만,
단정한 머슴애와 어린 계집아이들.
300년 이래 닦이고 키워져,
이제 사막에 끌려가 소나 양과 바꾸는 물건이 되다니.

太平婚嫁不離鄕 楚楚兒郞小小娘 三百年來涵養出 却將沙漠換牛羊

  태평 시대에는 결혼을 해도 고향 마을을 멀리 떠나는 일은 없었다. 젊은이와 처녀가 나긋나긋하고 귀여운 것은 300년 이래의 문명에 흠뻑 젖어 있었기 때문이다. 그런데 이제는 사막으로 끌려가 소나 양하고 교환되는 물건이 되고 말았다. 그들의 앞날에 어떤 운명이 기다리고 있을까.

청산 높은 곳에서 남주를 바라보니,
강물은 유유히 성을 돌아.
원컨대 이 한 몸 물을 따라 떠나,
해저에 당도하면 뒤도 돌아보지 않으리.

靑山高處望南州 漫漫江水遶城流 願得一身隨水去 直到海底不回頭

  이제 물 밑바닥까지 곧장 가고 싶다. 결코 뒤돌아보지 않을 것이다. 이런 지옥도는 다시는 보고 싶지 않으니까.
  원호문이 요성에 갇혀 있는 동안에 금나라는 멸망했다.
  원호문이 요성에 유폐된 것이 5월이고, 개봉을 탈출한 금나라 애종은

6월에 귀덕에서 채주(蔡州)로 달아났다.

남송에서는 한탁주(韓侂冑)가 옹립한 영종이 가정 17년(1224)에 죽고, 한탁주를 암살하고 다음 실력자가 된 사미원(史彌遠)이 이종(理宗)을 옹립했다. 영종도 고종과 마찬가지로 황자는 있었으나 일찍 죽었다. 이종은 태조의 10세손으로 원래 민간에서 살았다. 이종의 소정(紹定) 5년(1232)에 몽골는 남송으로 사자를 보내 금나라를 협공하자고 제의했다.

남송의 조정은 이제야말로 숙적 금나라에 복수할 기회가 왔다며 흥분했다. 경호체치사(京湖制置使)인 사숭지(史嵩之)가 이에 찬성했고, 많은 정신(廷臣)도 동의했다. 사숭지는 당시 최고실력자인 사미원의 조카인데 그다지 뚜렷한 주장이 없는 인물이었다. 오직 한 사람, 지양주사(知揚州使) 조범(趙范)만이 반대했다.

해상의 맹약은 그 처음엔 매우 견고했다 해도 마침내 화를 불러들였다. 본받아서는 안된다.

라고 그는 말했다. 114년 전 북송은 바닷길로 금나라에 사자를 보내 요나라를 협공하는 동맹을 맺었다. 그 결과가 어떠했는가? 확실히 숙적 요나라는 멸망시켰으나, 송나라는 금나라 때문에 남쪽으로 쫓겨와 오늘에 이르렀다. 동맹은 처음에는 견고하나 차츰 느슨해지는 것이므로, 주의해야 한다는 말이었다.

이것은 소수 의견일 뿐, 남송은 몽골과 동맹하기로 했다. 이듬해(1233), 금나라도 남송에 완안아호(完顔阿虎)를 파견하여 식량을 구걸하고,

대원(大元, 이 시점에서는 아직 원이라는 국호를 사용하지 않았으나 『금사』에서는 이미 몽골을 대원이라고 적었음)이 나라를 멸망시키기를 40년, 이는 서하까지 미쳤다. 하(夏)가 멸망하니 아(我, 금)에 미쳤다. 금이 망하면 반드시 송에 미칠 것이다. 순(脣, 입술)이 없어지면 치(齒, 이)가 시린 건 자연의 이치다.

라며 역시 동맹을 제의했다. 그러나 남송의 조정은 이미 방침을 정한 뒤였다. 사숭지가 파견한 남송의 장군 맹공(孟珙)이 몽골군과 합세하여 채주를 포위했다. 같은 해 10월의 일이다.

해가 바뀌어 1234년 정월, 몽골·남송 연합군이 쳐들어가자 금나라 애종은 채주에서 자살했다. 그전에 종실의 완안승린(完顔承麟)에게 양위했으나, 승린도 전란 속에서 전사하고 이로써 금나라는 멸망했다.

태조가 건국한 이래 십주(十主), 꼭 120년이었다.

갑자(甲子)가 두 번 돌아 오늘 다했다.
허무하게 흐르는 눈물을 남쪽 하늘에 뿌린다.

甲子兩周今日盡 空將衰淚灑吳天

원호문이 금나라의 멸망을 안 것은 요성의 지각사(至覺寺)에 칩거하고 있을 때였다. 갑자, 즉 환력(還曆)을 두 번 되풀이하고 금나라의 명맥은 다한 것이다. 오천(吳天)이란 남쪽 하늘을 뜻한다. 45세인 원호문은 요성에서 아득한 남쪽, 애종이 죽은 채주의 하늘을 향해 하염없이 눈물을 흘렸다.

고향도 나라도 망했는데 이 몸은 홀로,

요성(聊城)에 머물며 또 가을을 보낸다.

늙어빠진 하늘(天公)은 참으로 케케하고,

난래(亂來)의 인사, 더욱더 근심 걱정 쌓여간다.

바둑의 패국을 누가 쫓아 뒤엎을지,

거울에 비친 초췌한 얼굴을 그저 스스로 부끄러워할 뿐.

속세 밖의 고인(故人, 우인)이 행여 물어오거든,

나 위해 말해다오, 흥에 겨워 동류(東流)하련다고.

家亡國破此身留 留滯聊城又過秋 老去天公眞潰潰 亂來人事轉悠悠
棋中敗局從誰覆 鏡裡衰容只自羞 方外故人如見問 爲言乘興欲東流

가을을 보낸다는 것으로 보아 금나라가 멸망한 지 이미 반년 이상이
지났다. 원호문은 금나라를 이 지경으로 만든 하늘을 늙어 빠졌다고 매
도하며 원망하고 있다. 그 밖에도 '노안(老眼)의 천공'이니 '노천(老天)'이라
는 식으로 하늘을 불신하는 구절을 그 무렵 그의 시 안에서 볼 수 있다.

하지만 그는 생각을 바꾸었다. 해야 할 일이 많았던 것이다. 중국 문명
의 전통을 올바르게 계승한 금(金)이라는 나라가 120년 동안 존재했다는
사실을 후세 사람들에게 전해야만 했다.

우선 그는 문인으로서 금나라에 훌륭한 문학이 있었다는 점을 분명
히 밝히기 위해 금나라 당대의 시집을 편찬하는 일부터 시작했다. 지금
까지 간간히 언급한 『중주집』이 그것인데, 여기에는 시인 약 200명을 수
록했다. 더구나 원호문은 그 한 사람 한 사람의 약전(略傳)까지 부기(附記)

했다. 이로써 금 당대의 문화인을 일람할 수 있게 된 것이다. 그러나 금나라의 문화인은 이 책에 수록된 것처럼 장종과 같은 황제, 즉위하기 전에 사망한 황태자 현종(顯宗, 장종의 아버지) 이하 거의 사대부들이다. 스물다섯이 될 때까지 글을 몰랐다고 『중주집』 약전에 기록된 농민 신원(辛愿)이 거의 유일한 예외다. 남송의 시문이 일반 시민의 것인데 비하면 금나라 문화계의 후진성을 감출 길이 없다.

그러나 남송의 시문은 비록 시민의 것이었는지는 몰라도, 『중주집』이 금나라의 문학을 망라하여 오늘날까지 전해지는 데 비해 망실된 것이 많다. 남송에서 정쟁이 되풀이될 때마다 '반도(叛徒)'로 몰린 사람들의 시문까지 없애 버렸기 때문이다. 이렇게 생각하면 원호문의 공적이 참으로 크다고 하겠다.

요성에서의 유폐는 만 2년이 되어 풀렸다. 망국의 한에 젖어 있었지만, 그래도 자유를 되찾은 것은 그로서는 기쁜 일이었다. 석방된 그는 친구의 호의로 잠시 제남(濟南)에 머물렀다. 그곳은 소년 시절, 그가 부임하는 아버지를 따라 들렀던 곳이다. 〈제남잡시(濟南雜詩)〉 안에서 그는 다음과 같이 읊었다.

산을 보고 물을 보는 자유의 몸,
가는 곳마다 시 읊어 흥을 돋움도 새롭구나.
날마다 편주(扁舟)로 연꽃 속을 노니니,
오래도록 마음 있는 제남인이 될거나.

看山看水自由身 著處題詩發興新 日日扁舟藕花裏 有心長作濟南人

그는 요성에서 관씨현(冠氏縣)으로 옮겼다. 관씨의 현령인 조천석(趙天錫)이 그를 위해 힘을 써 준 것이다. 소식(蘇軾)이 황주(黃州)로 옮겨가 황무지를 개간할 무렵 〈동파팔수(東坡八首)〉를 지었는데, 원호문은 이를 본떠 〈동파의 이거에서 배우다(學東坡移居)〉라는 시를 여덟 수 지었다. 그는 그 여섯째 수에서 지금부터 해야 할 일을 읊었다. 긴 시이므로 그 전반부만 인용한다.

> 국사(國史)는 상란을 거쳤으나,
> 천행으로 돌아갈 곳이 있구나.
> 그저 한스러운 것은 10년 뒤,
> 지금의 일을 알 사람이 없구나.
> 흥망은 하늘에 속한 일이니,
> 어찌 일이 잘못된 것만 탓하랴.
> 소문이 원수에게 전해지면,
> 욕하고 헐뜯기를 마다하지 않으리.
> 노신은 나라와 존망을 함께 하고,
> 고현은 전쟁과 굶주림으로 죽었거늘.
> 몸은 죽고 이름 역시 사라지면,
> 의사(義士)는 상심하고 슬퍼하리라.
> 가련한 회서의 성에서는
> 모두가 기꺼이 목숨을 버리리.
> ……(후략)……

國史經喪亂 天幸有所歸 但恨後十年 時事無人知
廢興屬之天 事豈盡乖違 傳聞入讎敵 只以興罵譏
老臣與存亡 高賢死兵饑 身死名亦滅 義士爲傷悲
哀哀淮西城 萬夫甘伏屍 ……(후략)……

개봉 궁전에 수장되어 있던 금나라 당대의 기록과 문헌이 대동란을 거쳤으면서도 다행히 정착할 곳을 얻었다고 첫머리에 읊었다. 이것은 몽골군의 한족 장군인 장유(張柔)가 금나라 사관(史館)에 수장된 실록을 무사히 접수한 사실을 가리킨다. 장유는 기골 있는 무장으로 원나라의 대도(大都) 조영에도 참가했다. 오늘날 북경시는 원나라의 대도를 기초로 했다. 어쨌든 문명에 존경심이 없는 야만적인 몽골 장군의 손에 들어가면 불살라지든지 산산이 흩어져 없어졌을 것이다. 그것을 다행이라고 한 것이다. 그 실록을 바탕으로 언젠가는 금나라의 정사가 엮일 것이다. 일설에 따르면, 사관의 기록을 장유에게 넘긴 것은 원호문의 공작이었다고 한다.

다만 앞으로 10년쯤 지나면 이 시대의 사실을 사람들이 알지 못하게 될까 봐 걱정이다. 나라의 흥망은 하늘의 뜻이므로 모두 멸망한 쪽의 잘못이라고는 할 수 없다. 그러나 그렇게 잘못 전해지는 말이 구적(仇敵, 원수)에게 들어가면 그들은 욕하고 헐뜯을 것이 틀림없다.

그런 일이 없도록 올바른 역사를 후세에 전하는 일에 노력하고 싶다. 금나라 원로들은 나라와 존망을 함께했고, 현자들은 전쟁과 굶주림으로 죽었다. 몸이 죽었을 뿐만 아니라 이름까지도 사라져 버린다면 의로운 인사들은 그것을 안타까워하고 슬퍼할 것이다. 저 가엾은 회서(淮西)의 거리, 채주에서는 황제를 따라 헤아릴 수 없이 많은 용사가 스스로 목숨을 버렸다. 이러한 일들을 나는 글로 써서 남겨야만 한다.

조물주가 이 붓대를 남겨 주었으니,

이 가난 또한 어찌 사양하랴.

造物留此筆 吾貧復何辭

이 시는 이렇게 끝맺는다. 조물주인 신은 내게 이 붓을 남겨 주었다. 이 붓만 있으면 그 밖에 아무것도 필요 없다. 가난 따위는 겁나지 않는다.

그는 자기의 서재를 야사정(野史亭)이라 명명하고, 개인의 힘으로 금나라의 역사를 후세에 남기고자 했다. 앞의 시에 나오는 수적(讐敵)이란 바로 남송을 말한다. 남송은 금나라가 중국문명의 적류(嫡流)라는 사실을 트집 잡았다. 원호문은 많은 비문을 썼는데, 돌에 새겨진 것은 후세에 남을 것이라는 생각 때문이었다.

그는 야율초재의 아들인 야율주(耶律鑄)의 초대로 연경에 간 일이 있었는데, 몽골을 섬기려고 하지 않았다. 문명(文名)이 높았던 그에게 몽골 정부는 함께 일하자고 권유했을 것이다. 1238년, 몽골은 연경에 태극서원(太極書院)을 만들고 같은 해에 과거도 실시해, 많은 금나라 유신(遺臣)들이 그에 응하도록 했다. 이때 과거에서 수석을 차지한 이가 바로 공덕비 문제로 원호문을 비방했던 유기다.

1252년, 63세의 원호문은 몽골의 황제 쿠빌라이를 만났다. 그리고 유교대종사(儒教大宗師)라는 칭호를 받았다. 이 일은 그의 생애의 오점으로 치부되지만, 사실 어쩔 수 없는 일이었다. 존호는 미리 준비가 되어 있었던 것이 틀림없다. 쿠빌라이와 만나는 것을 거부했다면, 그의 목숨이 위태로웠을지도 모른다. 최후까지 몽골의 녹을 먹지 않았던 그는 유신으로서의 절의(節義)를 다했다고 인정해야 할 것이다.

원호문이 특히 힘을 쏟은 것은 금나라 말기의 유문일사(遺聞佚事)였다. 전란으로 인해 기록되지 못한 일들이 많았던 것이다. 다행히 그 일을 보고 들은 사람들이 현존했다. 그는 그런 사람들을 찾아다니며 취재했다. 그 자신도 많은 것을 목격했고, 그리고 들었다. 지금 그것들을 적어 놓아야만 했다. 『임진잡편(壬辰雜編)』, 『금원군신언행록(金源君臣言行錄)』, 『남관록(南冠錄)』 등이 금나라 역사에 관한 그의 저작이라고 하는데 지금 남아 있는 것은 없다. 그러나 그의 저작은 훗날 정사인 『금사』가 편찬될 때, 자료로 쓰였다. 상당 부분 그의 문장을 그대로 옮겼을 것이라 생각한다. 『금사』의 문장은 격조가 높다고 일컫는데, 그 골격이 원호문의 글이니 당연하다고 하겠다. 그의 집념이 열매를 거둔 것이다. 〈야사정유야감흥(野史亭雨夜感興)〉이라는 제목의 시는 그의 놀라운 집념을 우리에게 전해 준다.

개인의 기록도 부고(赴告, 공식 기록)와 관련이 있으니,
항간에서 구하면 혹시 도움이 될 일도 있으리라.
가늘다가는 붓을 들고,
힘을 다해도 쉽게 움직여지지 않는다.
노쇠하여 더디어짐을 스스로 아쉬워하지만,
걱정과 두려움을 누구에게 들려줄까?
뒤척이고 또 뒤척여도 날은 아직 밝지 않았는데,
컴컴한 창에 간간이 빗소리만 울린다.

私錄關赴告 求野或有取 秋兎一寸毫 盡力不易擧
衰遲私自惜 憂畏當誰語 展轉天未明 幽窓響疏雨

　　자신의 개인적인 기록도 국가적인 사건과 관련이 있으므로, 언젠가 정
사 편찬이 시도되어 항간에서 자료를 구하게 된다면 채용될지 모른다.
원호문은 그런 기대, 아니 확신을 가지고 주야로 집필했다.

　　'추토일촌(秋兎一寸)의 호(毫)'란 아주 가는 붓, 즉 세필을 뜻한다. 아주
가벼운 것인데도 자신에게는 한없이 무겁게만 느껴진다고 했다. 역사를
기록한다는 책임감이 짓누르기 때문일 것이다. 이 시는 그의 말년 작품
이다. 나이가 들어 체력이 쇠함을 홀로 위로한다. 걱정과 두려움, 자신의
마음속에 있는 이런 감정을 누구에게 하소연하면 좋을까. 아무도 이해
할 수 없을 만큼 깊다. 이런 저런 생각에 잠 못 이루고 뒤척이기만 하는
데, 날은 좀처럼 밝지 않고 어두컴컴한 창문에 부딪히는 빗방울 소리만
간간이 들려온다.

　　소름끼치도록 무서운 기운이 거기서 느껴진다.

칭기즈 칸에서 쿠빌라이로

형제 싸움으로 분열하는 몽골 제국

무적의 몽골에도 약점이 있었다. 그것은 유목민족계 정권에 공통된 것으로, 계승에 항상 불안 요소가 도사린다는 점이다.

부모는 생전에 장성한 아들들에게 미리 재산의 일부를 나누어 주어, 죽은 뒤에 남은 재산은 막내아들 몫이 된다. 이것이 초원의 상속 관습이다. 말자상속이라고 볼 수 있는데, 장성한 아들들은 이미 제 몫을 받아 분가하고 막내가 성장하여 이제 제 앞가림을 할 무렵에 부모가 죽는 경우가 많았을 것이다. 재산이라고 해야 말과 소, 양, 목초지 소유 정도이므로 장성하기 전에는 관리하기가 어렵다.

칭기즈 칸 가문의 상속도 영지 문제는 관습을 따랐다. 정실인 보르테는 네 아들을 두었다. 장남인 조치(朮赤)는 보르테가 메르키트족에게 납치되었다가 돌아온 뒤에 태어났기 때문에 칭기즈 칸의 핏줄인지 아닌지 의심스러운 점도 있다. 서방 원정 후 조치는 이미 사망했지만, 그 유족은 볼가강 하류의 킵차크족 거주구를 영지로 받았다. 칭기즈 칸 제국의 가장 서쪽 끝이다. 둘째인 차가타이에게는 야율대석(耶律大石)의 키라 키타이(西遼)를 주었다. 오늘날 신강(新疆)도 포함한 중앙아시아다.

셋째인 우구데이에게는 일찍이 나이만 부족의 땅이었던 알타이산 서쪽 기슭의 땅을 주었다. 준가리아라고 부르던 땅이다.

막내인 톨루이에게는 영지를 주지 않았는데, 그것은 앞에서 이야기한 상속법에 따라 아버지가 사망한 뒤에 그 소유 영지, 다시 말해 칭기즈 칸 가문의 발상지인 몽골을 계승하는 것으로 되어 있었다.

영지 상속과 세계 제국인 몽골의 국주(國主) 계승은 자연히 별개였다. 중요 사항은 쿠릴타이(귀족회의)에서 결정하기 때문에 유목민족인 몽골에는 계승에 관한 명확한 성문법이 없다. 예전에는 대제국이라는 게 없었으므로 관습법조차 없었다. 칭기즈 칸 자신도 쿠릴타이에서 카간(可汗)으로 추대되는 형식을 취했다.

칭기즈 칸 사후, 2년이 지나 열린 대쿠릴타이에서 카간으로 추대된 사람은 셋째 아들 우구데이였다. 우구데이는 『신원사(新元史)』에서,

관평(寬平)하며 인서(仁恕), 인군(仁君)의 도량이 있다.

라고 평하듯이 배짱 좋고 온화한 인물이었다. 큰형인 조치와 둘째형 차가타이는 자주 반목하여 사이가 좋지 않았는데, 호라즘 정벌 때도 불화 중인 형들 사이에서 원만하게 조정한 사람이 우구데이였다. 칭기즈 칸도 우구데이의 인품을 인정하여 후계자로 지명하려 했던 모양이다. 하지만 칭기즈 칸이 죽은 뒤, 2년 동안은 막내인 톨루이가 감국(監國)이라는 이

름으로 황제 대리를 맡았다. 아직도 말자상속의 분위기가 농후했던 것이다. 대쿠릴타이 소집도 톨루이의 이름으로 열렸다. 그 자리에서 톨루이를 추대하는 소리도 꽤 높았지만, 야율초재(耶律楚材)가 칭기즈 칸의 유지를 존중하여 우구데이를 밀었고 다른 형제들도 그에 동의했다.

말자상속은 철칙은 아니지만 유목민들 사이에서는 그것을 정상으로 보는 사고가 뿌리 깊게 남아 있었다. 톨루이는 그것을 방패삼을 수도 있었으나 우구데이의 즉위를 기꺼이 인정했다. 우구데이의 인품도 훌륭했지만, 톨루이의 자기희생이 몽골제국의 분열을 막았다고 할 수 있다.

톨루이는 카간의 자리에 집착하지 않았을 뿐만 아니라 자신의 영지인 몽골까지도 우구데이에게 양보했다. 앞에서 이야기한 대로 우구데이는 준가리아 땅을 받았다. 따라서 몽골의 황제가 되었음에도 국가의 중심인 몽골은 지배하지 않는다는 묘한 상황이 벌어진 것이다. 그래서 톨루이는 미련 없이 몽골을 포기하고 이를 우구데이에게 바쳤다.

기질이 활달한 우구데이에게는 여러 가지 일화가 전하는데, 그런 면에서는 톨루이 쪽이 한 수 위라고 할 수 있을 것이다.

중국식 묘호(廟號)로 부를 때는 칭기즈 칸을 태조, 우구데이를 태종이라고 한다. 국초(國初)에 태조·태종으로 이어지는 것은 송나라도 요나라도 금나라도 모두 똑같다. 다만 송나라와 금나라는 태조의 동생이 뒤를 이어 태종이 되었으므로, 부자계승이라는 의미에서 보면 몽골의 태조와 태종은 요나라의 경우와 같다.

태종 우구데이는 재위 13년 만에 사망했다. 금나라 토멸은 그의 시대에 달성한 사업이다. 또 몽골의 카라코룸에 궁전을 지었다. 그는 자신의 후계자로 손자인 시라문과 톨루이의 장남 뭉케, 두 사람을 지목했다. 시라문은 우구데이의 셋째 아들인 코츠의 아들이다. 우구데이가 마음에 두었던 인물은 코츠였지만, 일찍 죽는 바람에 그 아들인 시라문을 특별히 아꼈다.

태종 우구데이가 장남인 구육을 후계자로 지명하지 않은 것은 구육이 주치 집안의 가장인 바투와 사이가 좋지 않았기 때문이다. 몽골제국의 황제인 자는 모름지기 각지의 동족을 잘 결속시켜 가야 한다. 그런 조정자 유형이 바람직한데 구육은 아무래도 자기주장형이었던 모양이다.

그런데 태종 우구데이가 세상을 떠난 뒤, 태종의 황후 투르게네가 4년 남짓 감국으로서 섭정한다. 이로써도 알 수 있듯이 유목민족 사회에서 여성의 권력은 꽤나 강했다. 언제나 장막을 짊어지고 옮겨 다녀야 하므로 규방의 마님 따위는 존재하지 않았던 것이다. 남자들과 함께 말을 타고 초원을 달리며 전쟁 때는 무기도 잡았다. 그만큼 발언권도 컸다.

다음 황제를 결정하는 대쿠릴타이는 1246년에 열렸다. 소집자는 말할 것도 없이 태종의 황후 투르게네였다. 태종이 1241년에 사망했으니 섭정 기간이 좀 긴 편이다. 태종 황후는 태종의 유지를 어기고 장남 구육을 세우려고 했다. 이에 불화가 심했던 조치 집안의 바투가 반대하여 오랫동안 쿠릴타이가 열리지 못했다. 1246년의 쿠릴타이는 바투의 거부를 무릅쓰고 강행했기 때문에 구육의 즉위는 처음부터 무리가 있었다. 중국식으로는 그를 정종(定宗)이라고 부른다.

정종 구육과 바투의 사이가 틀어진 원인은 유럽 원정에 있다. 태종 우구데이 시대이므로 1236년에 시작된 제2차 서방 정벌 때다. 이 원정에서는 모스크바를 불사르고 러시아 수도인 키예프를 함락시켰는데, 이때의 총사령관이 바투였다. 구육은 그 밑에 소속했는데 나이로는 구육이 한

살 위다. 원정 출발 때, 구육은 30세이고 바투는 29세였다. 둘 다 혈기왕성한 무사였다. 바투가 사령관이 된 것은 그의 영지가 러시아에 인접한 킵차크 땅이었기 때문이다. 구육은 자기가 황제 우구데이의 장남이라는 교만함이 있었고 바투는 자기가 지휘권을 잡았다는 자부심이 있었다. 작전이나 그 밖의 여러 가지 일로 두 사람은 어쩔 수 없이 대립했다. 태종 우구데이는 장남 구육의 유럽 원정 중에 사망했는데, 전선에서 두 사람의 불화를 알고 후계자로 삼는 것은 좋지 않겠다고 생각하여 후보에서 제외시켰다.

태종 황후는 시간이 흐르면 두 사람의 대립도 완화되리라 기대했던 모양이다. 하지만 바투는 끝까지 구육의 즉위에 반대했다.

구육은 즉위했지만 바투는 그 쿠릴타이를 인정하지 않았다. 바투는 군대를 이끌고 동쪽으로 향했고, 구육도 에르미 강으로 군대를 전진시켰다. 몽골 제국은 우구데이 집안과 조치 집안의 내전에 휘말리기 직전이었다. 그런데 그곳에서 정종 구육이 갑작스럽게 죽음으로써 상황이 돌변해 내전을 피할 수 있었다. 구육은 그리스도 교도였다고 하는데, 뜻밖에 그의 죽음은 폭음과 지나친 음탐 때문이었다. 1248년의 일로 재위는 겨우 3년에 지나지 않았다.

뒤늦게 빛을 본 톨루이 집안

바투가 군대를 이끌고 동쪽으로 향한 것은 구육과 대결하기 위해서였지만, 상대가 죽어 버렸기 때문에 몽골 제국에 반역할 의사가 없었다는 것을 보여 주려고 구육을 배알하려는 것이었다고 꾸며댔을지 모른다. 바투는 그곳에서 쿠릴타이를 열어 톨루이 집안의 뭉케를 추대했다. 그가 헌종(憲宗)이다.

다만 이 쿠릴타이에는 주치·톨루이 두 집안만 출석하고, 우구데이와 차가타이 집안은 참석하지 않았다. 정종의 황후 오굴 카이미쉬는 감국으로서 두 아들 호자와 낙을 옹립하여 몽골의 주인임을 계속 주장했다. 그리고 지난번 쿠릴타이는 몽골 본토에서 열린 것이 아니므로 무효라고 버텼다. 그래서 바투는 오논 강 근처에서 대쿠릴타이를 다시 열었다. 우구데이 집안에서는 전에 태종 우구데이가 뭉케와 시라문을 추거(推擧)했던 것을 근거로 들어 시라문을 카간으로 세우려 했다. 그러나 태종의 유지를 운운한다면 태종이 지명하지 않은 구육을 옹립한 근거가 우스꽝스러워진다.

일은 바투 일행의 강행 돌파로 결정되었다. 헌종 뭉케가 카간이 되었음을 재확인하고, 정종 황후 오굴 카이미쉬는 양털직포에 싸서 강에 던져졌으며, 시라문과 호자, 낙은 유배형에 처했다. 뭉케는 자기와 카간의 자리를 다툰 시라문만은 용서할 수 없어, 그도 강에 던져 죽여 버렸다.

이리하여 우구데이 집안은 몰락했다. 새로운 카간에게 충성을 맹세한 우구데이 계의 여러 왕들에게 우구데이 집안의 영토를 나누어 주는 방법으로 사후 처리를 마무리했다. 우구데이 집안의 영토 중 일찍이 톨루이 집안이 헌납했던 몽골의 본토는 당연히 톨루이 집안이 되찾았다. 그러므로 나누어 줄 수 있는 것은 원래의 준가리아 땅뿐인데, 이것을 다시 잘게 찢어 나눔으로써 그곳에 군소 영주가 생기게 되었다. 킵차크 한국(汗國)이나 차가타이 한국 같은 큰 세력에 비하면 우구데이 계의 쇠퇴는 너무도 뚜렷했다.

자기희생으로 자복(雌伏)을 강요당한 톨루이 집안에 겨우 햇빛이 비치기 시작했다. 그러나 헌종 뭉케가 남송 토벌군을 일으킨 해(1259)에 죽자, 이번에는 톨루이 집안에서 계승을 둘러싼 내분이 일어났다.

톨루이의 정실은 네 아들 뭉케, 쿠빌라이, 훌라구, 아릭 부케를 낳았다. 헌종 뭉케가 사천(四川)에서 숨을 거둘 때, 쿠빌라이는 악주(鄂州, 호북 무창)의 남송군을 포위 중이었으며, 훌라구는 멀리 바그다드를 공격하던 중이었다. 막내인 아릭 부케는 감국으로서 국도 카라코룸을 지키고 있었다.

아릭 부케는 쿠릴타이를 소집하여 후계자로 추대받고자 했다. 톨루이 집안이 칭기즈 칸의 적류(嫡流)임을 자인하는 가장 큰 근거는 막내아들의 혈통이라는 것이다. 그렇다면 톨루이의 막내아들인 아릭 부케야말로 카간이 될 자격이 있다는 이야기가 된다. 이 소식을 들은 쿠빌라이는 남송의 재상 가사도(賈似道)와 강화조약을 맺고 급히 다륜(多倫)까지 돌아와 쿠릴타이를 소집해 카간으로 추대받았다.

이리하여 톨루이 집안에 두 카간이 출현했으나, 무력으로 아릭 부케가 추방됨에 따라 쿠빌라이가 카간의 지위를 확립했다. 양쪽 모두 쿠릴타이의 추대를 받았다고 주장한 것으로 보아, 그때 몽골에서는 쿠릴타이에 관한 명확한 규정이 없었다는 것을 알 수 있다.

쿠빌라이와 아릭 부케가 내분을 일으켰을 때, 우구데이 집안의 카이두는 아릭 부케 편을 들었다. 카이두는 태종 우구데이의 다섯째 아들인 카시의 아들로 우구데이 영지를 세분할 때, 카야리그 땅을 받았다. 의욕적인 인물인 그는 집안의 비운에 체념하지 않고 재기의 기회를 엿보고 있었다. 쿠빌라이와 아릭 부케의 싸움은 그에게 좋은 기회였다. 아릭 부케는 1264년에 쿠릴라이에게 항복하는데, 그때 풍운아 카이두는 우구데이의 옛 땅을 회복하고 차가타이 한국, 킵차크 한국과 연합하여 커다란 세력을 형성하고 있었다.

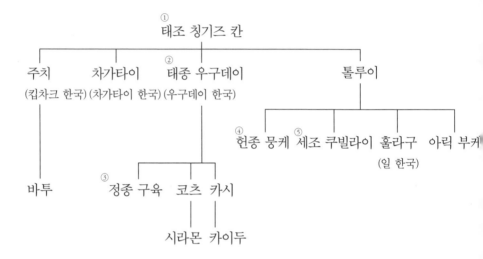

카이두의 반란은 오랫동안 계속되었다. 쿠빌라이는 동방의 패자(覇者)로서 남송을 멸망시키고 일본에 원정군을 보내는가 하면, 버마와 베트남, 자바에 출병했지만, 살아 있는 동안 카이두의 반란은 평정하지 못했다. 그것은 반란이라기보다는 두 세력의 대립이라고 해야 한다.

쿠빌라이는 몽골의 카간을 칭했지만, 실제로는 동아시아 제국의 주인이었을 뿐이다. 동생인 훌라구가 서아시아에 일 한국(汗國)이라는 대제국을 건설했지만, 쿠빌라이의 위령(威令)은 그곳까지 미치지 못했다. 형식은 어떻든 실질적으로는 대등한 우호관계였지 예종(隷從)관계는 아니었다. 러시아에서 중앙아시아에 걸쳐서도 적대관계인 카이두가 활약했고, 쿠빌라이의 지배는 이곳까지 미치지 못했다.

칭기즈 칸의 제국은 분열하여 이미 세계 제국이라고 할 수 없었다. 이 장 첫머리에서 잠깐 언급했듯이, 칭기즈 칸 제국의 약점은 쿠릴타이의 구성과 기능이 명확하지 않아 후계자 선출에 불안 요소가 많다는 점이다. 이 정권은 세계 제국이 된 뒤에도 여전히 부족공동체 분위기에 머물러 있었다. 오논 강 유역에서 유목하던 시기에는 그것이 소박하고 평화롭게 보였을지 모른다. 그러나 중국과 이슬람, 유럽의 문명지역까지 뻗어나간 나라가 된 이상, 이제는 그것이 통하지 않는다. 정리하는 의미에서 칭기즈 칸에서 쿠빌라이까지의 계보를 나타내 보면 위와 같다.

몽골 지상주의자 뭉케

중국의 묘호제도는 원칙적으로 나라를 세운 사람을 조(祖)라 하고 그 계승자를 종(宗)이라고 한다. 칭기즈 칸을 태조라 부르는 것은 당연하다. 그리고 태종, 정종, 헌종으로 이어졌다가 제5대 쿠빌라이에 이르러서는 다시 세조(世祖)가 된다. 칭기즈 칸은 세계 제국을 세웠으나 쿠빌라이 시대에는 분열하여 동아시아 제국이 되는데, 쿠빌라이를 그 시조라 해도 좋을 것이다. 세조라는 묘호에는 그런 의미가 담겨 있다.

쿠빌라이가 카간의 자리에 오르는 데 반대한 막내 아릭 부케는 몽골의 많은 왕족들에게 지지를 받았다. 물론 카이두처럼 우구데이 가문의 부흥을 위해 내분을 기대하고 한쪽 편에 붙은 사람도 있다. 그러나 당시 일반 몽골족이 쿠빌라이를 불신의 눈초리로 바라보았던 것도 사실이다. 일반 사람들만이 아니다. 쿠빌라이의 형인 헌종 뭉케도 그에게 의구심을

품었던 흔적이 있다.

헌종 뭉케는 이른바 몽골주의자였다. 몽골의 전통을 지키는 것이 자신의 사명이라고 생각했다. 사치를 싫어하고 소박한 생활을 좋아했지만, 굿이나 점 따위를 믿는 미신가이기도 했다. 『신원사』는 그를 총명하고 결단성 있으며 굳세다고 칭찬하는 한편, 골육을 시기하고 의심했다고 평한다.

'칭기즈 칸의 시대로 돌아가자.' 이것이 헌종의 신조였다. 그는 순박한 몽골의 유목민이 칭기즈 칸의 명령에 따라 일사불란하게 움직이던 시대를 그리워했다. 그 시절에는 모든 것이 칭기즈 칸 한 사람의 것이었다. 칭기즈 칸이 카간의 자리에 올랐을 때, 그는 아직 태어나지 않았다. 뭉케가 바투의 지지로 즉위한 것은 칭기즈 칸이 즉위하고 45년이 지난 1251년의 일이다. 이미 전설이 된 창업 시대에 비해 그는 자신의 시대가 타락했다고 생각했다.

그가 무엇보다 참을 수 없었던 것은 엄청난 수에 이르는 칭기즈 칸 일족의 왕들이 세계 제국을 공유물로 여긴다는 사실이었다. 다들 자기에게 권리가 있다고 생각했다. 칭기즈 칸 시대에는 칭기즈 칸이 나눠주는 것을 감격해서 받았는데, 지금은 자기 몫이 더 있을 것이라는 눈으로 이 제국을 보고 있다.

헌종 뭉케는 금나라와의 전쟁에서 획득한 전리품을 장병이 자기 몫으로 챙기는 것을 부정한 일로 보았다. 그가 즉위했을 때, 국가 재정이 파산상태였던 것도 그로 하여금 그런 생각을 갖게 만들었다.

정종 구육은 대단한 낭비가였다. 그의 황후 오굴 카이미쉬도 마찬가지다. 징세는 청부제(請負制)였는데, 이를 매박(買撲)이라고 한다. 예를 들면 주로 장사에 능한 서역(西域)상인이 토지의 징세권을 10만 냥에 산다. 돈을 먼저 지불하고 청부를 맡은 사람은 그 땅에서 10만 냥 이상을 뜯어내면 그 차액분을 갖는 것이다. 이 매박 제도가 착취로 이어지는 것은 너무도 명백했으므로, 야율초재는 이 제도를 맹렬히 반대했다. 압둘 라프만이라는 서역의 상인이 은 2만 2천 정(錠)이던 하남의 세수를 4만 4천 정에 청부하겠다고 제안하자, 태종도 그에게 맡길 마음이 생겼다. 세수가 한꺼번에 배로 늘어나는 것은 분명 매력있는 제안이었다. 하지만 압둘 라프만은 그 이상을 벌어들이려고 할 것이므로 세금을 내는 쪽은 도저히 견딜 재간이 없다.

국가 재정이 이런 원시적인 방법으로 처리되고 있었다.

몽골은 처음에는 농경민에게 세금을 거둔다는 사실을 몰랐다. 그래서 논밭을 갈아엎어 목장으로 만들자는 이야기를 했던 것이다. 앞에서 이야기했듯이 야율초재가 농민 추방을 반대하고 세수로 얻을 수 있는 이익을 설명했다. 징세를 하려면 호적을 조사해야 한다.

황폐한 황하 이북의 땅에는 겨우 73만여 호밖에 없었다. 그러나 개봉이 함락되어 전리품으로서 하남에서 사람들이 끌려와 110만여 호가 늘었다. 장병들은 자신들이 소유한 노예로 생각했지만, 그들은 국가의 호구조사 대상이 되었다. 노예들은 무일푼으로 끌려왔기 때문에 원주민과 구별하여 한동안 세금은 반액으로 정해졌다.

야율초재는 그것을 국가수입에 충당하려고 했으나, 시원스런 태종 우구데이는 판적(版籍, 영토와 그 영민)의 절반을 깨끗이 왕족과 공신에게 주어 버렸다.

하북(황하 이북 지방)에는 한인세후(漢人世侯)라는 계층이 생겨났다. 금나라 정우(貞祐)의 남천 때, 동요한 주민들이 앞다투어 남쪽으로 도망간 일은 앞에서 이미 이야기했다. 물론 모두 남쪽으로 옮겨간 것은 아니다. 땅에 집착하는 농민에게 이주는 여간 어려운 일이 아니다. 이런 저런 사정으로 하북에 그대로 남은 사람도 적지 않았다. 이들은 정부가 자신들을 버렸다고 믿었기에 당연히 서로 어깨를 기대고 스스로 지키려고 생각했다. 자위단(自衛團)이 만들어지자 그 지휘자가 필요했다. 이런 경위로 그곳의 호족이나 관료가 지방의 지도자가 되었다. 몽골군이 왔을 때, 저항한 집단도 있었지만 협상하여 항복한 집단도 있었다. 몽골은 복종한 집단의 지도자에게 관직을 주고 그들을 이용했다.

몽골군이 개봉에 입성했을 때, 재빨리 사관(史館)의 실록들을 접수하여 원호문을 기쁘게 한 장유(張柔)도 그 중 한 사람이었다. 그들은 그 후 영주 같은 존재가 되어 '한인세후'라고 불렸다. 대소 합하여 수십 명의 한인세후가 탄생했는데, 그 중에서도 가장 유력했던 것이 앞에서 이야기한 장유 외에 사명직(史秉直), 사천택(史天澤), 엄실(嚴實), 유흑마(劉黑馬), 장영(張榮) 같은 사람들이었다. 요성(聊城)에서 석방된 원호문를 뒷바라지하며 제남(濟南)으로 초대하기도 했던 조천석(趙天錫)도 한인세후의 한 사람이었다. 그들은 자기 영지에서 관리 임명과 징세, 징병을 자유로이 행사하였으니 마치 작은 독립국가 같은 모습을 띠고 있었다.

몽골은 금나라를 패망시키고 그 땅을 판도에 넣었으나, 통치형태는 제각각이었다. 왕족이나 공신의 영지가 있는가 하면 한인세후의 영지도 있었다. 물론 정부 직할의 토지도 있었다. 헌종 뭉케는 그것들을 일원화하고자 했다. 비록 왕족이나 공신, 한인세후의 땅이라 할지라도 칭기즈 칸 제국의 것이라는 생각이 바탕에 깔려 있다.

헌종 뭉케는 금나라 제도였던 '행상서성(行尙書省)'을 몽골에 응용하고자 했다. 중앙행정기관은 상서성이다. 여기에 행(行)자를 붙여서 중앙에서 출장한 행정기관임을 나타낸 명칭이 '행상서성'이다. 오늘날 중국에서는 가장 큰 행정구역의 범위를 성(省)이라 하여 산동성, 강소성 같은 식으로 부르는데, 이는 '행상서성'의 약칭에서 유래한다. 이전에는 부(府), 주(州), 현(縣)이나 도(道)가 있었으나, 지방에 성(省)을 사용하는 일은 없었다.

헌종 뭉케는 국도 카라코룸에 자신이 신임하는 망구사르를 재상으로 하는 중앙정부를 설치하고, 몽골 이외의 제국 영토는 셋으로 나누어서 각각 행상서성을 두었다. 한나라 땅에는 '연경등처(燕京等處) 행상서성'을, 서역은 둘로 나누어 오늘날 중국 신강 땅에는 '별실팔리등처(別失八里等處) 행상서성'을 두고, 오늘날 우즈베크 공화국을 비롯한 중앙아시아에는 '아모하등처(阿母河等處) 행상서성'을 두었다. 아모하는 아무 다리야를 말한다.

그때까지 몽골은 한나라 땅 각지에 다루가처(達魯花赤)라고 부르는 감찰관을 파견했는데, 행정에 직접 관여하지는 않았다. 하지만 이제 행상서성을 설치함으로써 몽골은 동서로 뻗은 제국 영토를 직접 통치하기로 결정한 것이다.

헌종 뭉케에게 그것은 곧 칭기즈 칸으로 돌아가는 일이었다. 칭기즈 칸의 부하들은 주군(主君)을 위해 손발처럼 움직였다. 뭉케는 행상서성을 자유자재로 활용하여 제국을 구석구석까지 몽골의 것으로 만들 작정이었다.

중원에서 발견한 제국의 미래

헌종 뭉케는 즉위하자마자 아우인 쿠빌라이를 막남한지대총독(漠南漢地大總督)으로 임명했다. 이것은 연경등처행상서성을 포함하여 군사까지 통괄하는 직책이다. 막남(漠南)이란 사막에서 남쪽이라는 뜻인데, 한지(漢地)라 해도 물론 남송이 아직 건재했으므로 중국 전역을 말하는 것은 아니다. 그러나 송나라 토멸은 이미 쿠릴타이에서 결정된 일이었다.

쿠빌라이도 왕족의 한 사람으로서 하북 형주(邢州)에 영지를 받았다. 몽골을 우구데이 집안에 헌납했던 톨루이 집안은 뭉케가 즉위하기까지는 적당한 대체지를 받지 못해 영지가 없었다. 따라서 하북의 영지는 비록 작다고 해도 톨루이 가문의 그에는 소중한 것이었다. 톨루이 집안사람들이 다른 가계 사람들보다 한나라 땅에 관심이 많았던 것은 그 때문이다.

형주에는 원래 주민 1만 호가 있었다. 그런데 나날이 줄더니 마침내

500에서 700호까지 줄어들었다. 물론 그곳에 파견한 징세관의 착취가 심했기 때문이다. 아니면 징세 청부인이었을지도 모르지만, 어쨌든 쿠빌라이는 생각에 잠겼다. 『신원사』에는 유병충(劉秉忠)과 장문겸(張文謙) 같은 유생들이 훌륭한 관리를 얻어 잘 다스리게 하라고 진언했고, 그들의 말을 따르자 1년에 호수가 몇 배나 늘었다고 적혀 있다. 가혹한 착취로 농민을 달아날 수밖에 없는 처지로 몰아넣기 보다는 요(徭, 노역)와 부(賦, 과세)를 가볍게 해주는 것이 결과적으로는 훨씬 유리하다는 간단한 이치를 그는 이 작은 영지에서 배웠다. 이 경험이 쿠빌라이가 한지 경영의 원칙을 세우는 바탕이 되었다.

막남한지대총독이 된 쿠빌라이는 금련천(金蓮川)이라는 곳에 성곽을 쌓았다. 오늘날 북경에서 북쪽으로 250킬로미터 떨어진 다륜현(多倫縣)의 땅이다. 이곳을 개평부(開平府)라 불렀으며, 훗날 이곳은 원나라의 상도(上都)가 된다.

성곽을 쌓았다는 것은 몽골족으로서는 획기적인 일이었다. 물과 풀을 따라 방목하는 그들 눈에 정해진 땅에 납작 엎드리듯이 매달려 사는 정주인(定住人)들은 경멸해야 마땅한 존재였다. 한족이 몽골족을 야만스럽고 미개하다고 낮잡아 보듯이, 유목민 역시 부지런히 땅을 갈아대는 농민을 가엾은 포로처럼 비인간적으로 사는 무리라고 업신여겼다. 그런데 쿠빌라이의 금련천 축성은 몽골족인 그가 정주하겠다는 의사를 보여주는 일로 비춰져 동족들을 놀라게 했다.

놀람과 동시에 불안감을 준 것이 틀림없다. 쿠빌라이는 앞에서 이야기한 유병충 외에도 허형(許衡), 요추(姚樞) 같은 한족을 등용했다. 몽골인은 한족을 엄청난 서적을 읽어서 간악한 지혜를 몸에 익힌 사람들로 보았다. 그래서 쿠빌라이가 그 무리에게 속는 게 아닐까 불안해 했다. 이어서 쿠빌라이가 성곽을 쌓자, 마침내 한족처럼 되려는 건 아닐까 하는 의구심마저 품었다.

골육을 시기하고 의심했다는 헌종 뭉케는 아우 쿠빌라이가 속을 알 수 없는 한족들을 제 편으로 끌어들여 세력을 키우려는 건 아닐까 하고 의심했을지도 모른다.

쿠빌라이로서는 한나라 땅을 경영하는 임무를 맡은 바에는 그들의 풍습에도 친숙해져야 한다고 생각했던 것 같다. 약탈과 착취가 아니면 물건을 얻을 방법이 없다는 생각으로 한지를 경영한다면, 형주의 실패를 되풀이할 것이 분명했다.

원호문(元好問)이 쿠빌라이를 만난 것은 헌종 2년(1252) 봄이었다. 원호문이 금련천까지 갔다. 그해 6월, 쿠빌라이는 형인 헌종을 만나 운남(雲南)을 원정하라는 하명을 받았다.

그것은 쿠릴타이에서 결정된 남송 토벌작전의 일환이었다. 남송을 포위하기 위한 원정이다. 쿠빌라이는 운남에서 티베트까지 진출했다. 쿠빌라이의 부장(部將)인 우리얀과 하타이는 멀리 베트남까지 부대를 진격시켰다.

헌종 7년(1257) 9월, 헌종 뭉케는 직접 남정군을 이끌고 카라코룸을 출발했다. 육반산(六盤山)에서 보계(寶鷄)를 거쳐 한중(漢中)으로 들어가 사천으로 향했다. 물론 남송의 영토이었으므로 몽골군은 싸우면서 진격했다. 헌종 9년(1259) 7월, 헌종은 중경(重慶)을 공격하던 중에 조어산(釣魚山)에서 사망했다.

황하천리

복수라는 명분으로 밀어붙인 연합 작전

원호문의 〈속소랑가(續小娘歌)〉 10수 중 마지막 한 수는 요성(聊城)으로 가는 도중에 지은 시가 아니다. 왜냐하면 그 시에서 금나라의 멸망을 읊었기 때문이다. 채주(蔡州)에서 애종이 죽은 것은 원호문이 요성에 도착한 뒤였다.

> 황하 천 리, 병충(兵衝)을 막는다 해도,
> 우괵이 눈에 훤하다.
> 회서의 장병들에게 이르노니,
> 채주의 공적을 자랑마라.

黃河千里扼兵衝 虞虢分明在眼中 爲向淮西諸將道 不須誇說蔡州功

병충(兵衝)이란 군대가 공격해 오는 진로를 말한다. 그것을 액(扼)한다는 것은 막는다는 뜻이니 곧 요해처(要害處)를 말한다. 천 리에 걸쳐 일곡일직(一曲一直)한다는 황하는 중원에 복잡한 지형을 만들어 천연 요해처가 된 것은 사실이다. 그러나 남송은 거기에 너무 의존한 것 같다. 나, 원호문의 눈에는 그것이 우(虞)와 괵(虢)의 관계로 비친다.

춘추 시대 진(晉)나라의 헌공(獻公)이 군비를 증강하여 곽(藿), 경(耿), 위(魏), 우(虞), 괵(虢) 등 여러 나라를 병탄한 일은 제2권에서 이야기했다. 그 경위를 요약하면, 진은 괵을 치기 위해 우에게 길을 빌렸다. 진은 괵이 진의 망명자를 받아들여 반진(反晉) 운동의 거점이 되었다는 것을 구실로 삼았다. 그래서 우는 초대국인 진에게 길을 빌려 주었다. 자기는 진에게 토벌될 만한 이유가 없을뿐더러 요구를 거절하면 그것이 오히려 토벌의 빌미가 될까 두려웠기 때문이다.

이때 우의 대신 궁지기(宮之奇)가 진에 길을 내주는 것에 반대하며 '우와 괵은 보(輔, 광대뼈)와 차(車, 턱뼈)가 서로 의지하며 도움을 주고받는 것과 같은 관계'라고 말하면서 '순망치한(脣亡齒寒)'이라는 속담을 인용했다. 그러나 궁지기의 말은 받아들여지지 않았고, 결국 진은 우를 지나 괵을 쳐서 패망시켰다. 그리고 과연 궁지기의 말대로 괵을 없앤 진은 곧바로 우도 토멸했다. 『사기』의 연표에 따르면, 우·괵의 멸망은 기원전 655년의 일이다.

원호문의 말대로라면 금·남송 두 나라와 몽골의 관계는 그 옛날 우와 괵의 관계와 같다. 금나라는 몽골에게 멸망되었다. 그러나 다음에는 남송이 옛날의 우처럼 멸망당할 것이다. 이는 자명한 일이라고 원호문은 확신했다.

그러므로 회서에 출병하여 몽골의 토금작전에 협력한 남송의 장군들에게 한마디 하고 싶었던 것이다.

　　채주에서 금나라 애종을 포위하여 자살케 한 일을 너무 자랑하며

　　떠들지 말라고.

원호문이 진정(眞定)의 녹천(鹿泉)이라는 곳에서 세상을 떠난 것은 1257년 9월이다. 한 달 전인 8월에 헌종 뭉케가 남송을 치기 위해 카라코룸을 출발했다.

괵이나 우는 춘추의 작은 도시국가여서 같은 해에 멸망했다. 그러나 13세기의 금나라와 남송은 대국이다. 금이 망하고 나서 몽골이 남송을 멸망시키기까지 45년이나 걸렸다.

여기서 금나라 멸망 후, 중원의 상황에 눈을 돌려보자. 금나라가 멸망한 것은 송나라 연호로는 단평(端平) 원년(1234)이다. 남송은 몽골의 요청에 응하여 맹공(孟珙)이 병사 2만을 이끌고 북상했다. 몽골로서는 2만의 원군도 고마웠지만, 남송이 몽골 편에 섰다는 것으로 금나라에게 심리적 타격을 준 효과도 컸다. 또 이때 몽골군은 식량부족으로 곤란을 겪고 있던 터여서 맹공 장군이 가져온 군량 30만 석은 무엇보다도 사기를 돋워주었다.

남송의 구원군은 경황없이 서둘러 파견되었다. 몽골의 사자인 왕즙(王檝)이 왔을 때, 지원 조건에 관한 이야기가 조금은 있었지만, 합의하여 조인하기까지는 이르지 않았다. 남송으로서는 북진하여 금나라에 보복하는 일이 급선무였다.

맹공은 용장이었다. 훗날 전투에서도 그는 그 용맹함을 발휘했다. 채주 전투에서는 몽골의 한족 장군인 장유가 화살에 맞아 부상한 것을 구

출했다. 그러나 이 사실은 『송사』「맹공전」에는 실려 있으나, 『원사』「장유전」에는 실려 있지 않다. 역대 사서를 읽을 때는 이런 점을 잘 살펴야 한다.

금나라 애종은 채주에서 죽었는데, 그 직전에 왕안승린(完顔承麟)에게 양위했다. 그나마 승린이 그곳을 탈출할 가능성이 크다고 보았기 때문이다. 왜냐하면 애종은 비만이어서 말에 올라타는 것도 힘들었기 때문에 탈출은 이미 절망적인 일이었다. 하지만 승린도 전사하고 말았다.

채주 공략은 남송과 몽골의 밀월 시대라 할 수 있다. 이때 두 나라 사이에 확실한 약조를 맺었어야 했다. 후세의 사가는 2만 병력과 식량 30만 석으로 몽골이 기뻐하고 고마워하는 마음이 있는 동안에 교섭에 들어갔어야 한다고 평한다. 청나라 조익도,

두 나라가 (이 시기에는) 서로 인호(隣好)가 돈독하여 애초에는 혐극(嫌隙)이 없었다. 송이 과연 삼경팔릉(三京八陵)을 되찾기를 원했다면, 모름지기 먼저 맹공 등으로 하여금 즉시 군전(軍前)에서 의정(議定)토록 했어야 했다.

고 말한다. 삼경이란 변경(汴京, 개봉), 낙양(洛陽), 귀덕(歸德)의 세 성을 가리킨다. 팔릉이란 말할 것도 없이 북송 8대의 능묘지다. 북송 태조의 영창릉(永昌陵), 태종의 영희릉(永熙陵) 등은 공현(鞏縣) 서남쪽에 있는데, 이것은 개봉보다 낙양과 가깝다. 금의 귀덕부는 송의 응천부(應天府)를 말하는 것으로 오늘날 상구시(商丘市)다. 개봉 함락 후 고종 조구(趙構)는 이곳에서 즉위했다. 남송의 발상지이므로 일종의 성역으로 간주된다.

확실히 몽골에 은혜를 베풀 때, 동맹 조건을 협의했어야 옳았다. 그러나 조익 말대로 맹공에게 그 임무를 맡기는 것은 남송의 분위기로 보아 일단 무리한 이야기라고 해야 할 것이다. 송나라는 건국 초기부터 문고무저(文高武低)를 국시(國是)로 삼았다. 무인의 지위는 우리가 생각하는 것보다 훨씬 낮았다.

송나라는 무인이 힘을 갖는 것, 당나라 말기의 절도사처럼 군벌이 출현하는 것을 끔찍이 경계했다. 악비가 살해된 배경에도 이와 같은 송나라의 기본자세가 있었다.

남송이 몽골과 손잡고 금을 친 것을 두고 이런저런 비평이 있다. '해상의 맹'의 교훈을 잊었다는 비난이 많은데, 그것을 변호하는 목소리도 있다.

시기는 좀 미룰 수 있었을지 모르지만, 몽골은 남송의 도움 없이도 언젠가는 금을 토멸했을 것이다. 그렇게 되면 남송은 부조(父祖)의 원수에게 손가락 하나 대지 못한 셈이 된다. 휘종과 흠종이 북지(北地)로 끌려가고, 무고한 백성과 황족 종실이 수없이 살해되었다. 그러한 금나라에 반격 한 번 못했다면 남송의 군신은 죽어서 무슨 낯으로 조상들을 뵐 수 있을까. 채주에서 애종을 포위해 자살하게 한 일로 조금은 원수를 갚았다고 할 수 있다.

남송에게 금나라는 조상을 욕보인 원수다. 그리고 몽골은 그때까지는 남송과 아무런 원한 관계도 없었다. 친구는 아니지만 적도 아니었다. 적이 아닌 상대에게 적을 치자는 권유를 받고 움직이려 하지 않는다면 겁쟁이라는 말을 들어도 할 수 없다. 어쨌든 남송은 원수를 쳤다.

생선회로 변한 역적의 최후

몽골은 남송에게 원병과 군량을 청했지만, 금나라를 협공하여 멸망시킨 뒤 하남을 남송에게 반환하겠다는 약속은 하지 않았다. 냄새는 풍겼는지 모르나 확약은 없었다. 조익의 말처럼 우호적인 분위기일 때, 협의로 수복을 꾀했어야 했다. 다만 앞에서 이야기했듯이 맹공과 같은 무인이 아니라 재상급을 교섭에 내보냈어야 했다.

남송이 역사에서 배우지 않았다고 비난받을 일이 있다면, 그것은 '해상의 맹'이 아니라 북송 말기에 개봉이 포위되었을 때의 교훈에서 배우지 않았다는 점이다. 형세가 조금이라도 좋아지면 실력에 맞지 않은 강경론이 튀어나와 나라를 그르친 것이 사실이다. 그것은 우국의 정, 임금에게 충성한다는 지극한 정에서 나온 것일지 모르나, 결과는 나라를 멸망시키고 임금은 이역 땅에서 죽어야 했다.

볼모를 걸고 화해 교섭 중에 공격을 가해 상대를 노하게 한 적도 있다. 화해가 이루어져 금군이 철수하자, 일단 약속한 삼진(三鎭)을 넘겨 주지 말자고 해서 철수했던 금군을 다시 불러들여 국도가 유린당했다. 조정에 강경책을 청원한 주모자는 태학 서생인 진동(陳東)이었다. 그가 애국자였음은 인정한다. 그러나 철저한 항전을 외친 그는 송나라의 저항력, 즉 정치, 군사, 경제를 모두 합친 힘이 어느 정도인지 전혀 알지 못했다.

서생이 강경책을 외쳤다는 사실은 송나라의 체질을 그대로 보여준다. 채주에서 금나라를 토멸한 뒤, 몽골과 협의할 것도 없이 삼경팔릉을 수복해야 한다고 조정에서 주장한 사람도 재상 정청지(鄭淸之)였다.

그는 신중하고 정직한 학자로 알려진 정약충(鄭若沖)의 아들로 문조

(文藻)에 뛰어난 인물이었는데, 이때의 출병론은 잘못이었다고 하지 않을 수 없다. 다만, 출병론은 조범(趙范), 조규(趙葵) 형제가 제출했다. 이 형제는 무인이라고 할 수도 있는데, 아버지인 조방(趙方)은 장군으로서 많은 전투를 치렀지만 원래는 진사 출신이었다. 형제는 아버지 밑에서 군무에 종사했다. 하지만 진사 지상주의인 남송 사회에서는 오히려 문(文) 계통으로 분류되었다. 그들의 출병론은 조정 신하들의 반대에 부딪혔으나, 정청지의 적극적인 지지를 받아 최종적으로 결정된 것이다.

그전에 남송의 이종(理宗)은 주양조(朱揚祖)와 임탁(林拓) 등 두 사람을 알릉사로 임명했다. 금나라가 망했으므로 금나라 지배하에 있던 북송의 여러 능에 참배하러 보내기 위해서였다. 남천 후, 실로 107년 만에 송나라는 알릉사를 파견할 수 있게 된 것이다. 북송의 여러 능이 파괴되지 않은 것은 장방창(張邦昌)이 꼭두각시 황제로 있을 때, 금나라에 제시한 조건 중 하나였기 때문이다.

알릉사가 맹공의 군영에 도착했을 때, 몽골 쪽에서는 이미 송나라의 출병 소식을 알고 있었다. 몽골군은 전투 배치를 완료하고 하남을 엄중히 감시했으며, 동관에는 속속 증원군이 도착하고 있었다. 전쟁이 시작되면 여러 능을 참배할 수 없다. 맹공은 두 알릉사에게 아직 열흘 정도는 양군의 접전이 없을 테니 그 안에 다녀와야 한다고 이르고, 경기병(輕騎兵)을 딸려서 주야 강행하여 능을 참배하고 오게 했다.

알릉사는 귀경하여 능의 모습을 그린 〈팔릉도(八陵圖)〉를 바쳤다. 이종은 이를 보고 눈시울을 적시며 한숨을 쉬었다고 한다.

주전론에 부추겨진 남송은 군대를 북상시켜 우선 개봉으로 들어갔다. 몽골군이 이미 대약탈을 자행한 뒤였다. 몽골군은 전리품과 포로를 연행하여 북으로 철수하고 없었다. 앞에서 이야기했듯이 개봉에서는 최립이 반란을 일으키고 몽골에 항복했다. 몽골군은 텅 빈 개봉성을 최립에게 맡겼다.

문인을 협박하여 자신의 공덕비를 세우려고 한 것으로 보아 최립은 꽤나 질이 낮은 인간이었던 것 같다. 대신들은 말할 것도 없고 자기에게 반대하는 자는 가차 없이 죽였다. 예사롭지 않은 사태가 일어나고 거기에 심상찮은 기학적(嗜虐的)인 살인마가 날뛰고 있었으니, 되풀이해서 말하지만, 공덕비를 건립한 원호문에게 책임을 물을 수는 없다고 생각한다.

최립은 세력을 믿고 방자하게 굴었으므로 부하에게도 원한을 샀다. 송군이 가까이 왔음을 안 최립의 부하들은 당장 최립을 죽여 버렸다. 이백연(李伯淵)이라는 자가 최립을 죽였다. 이백연은 그대로 송군에게 투항했기 때문에 송군은 개봉에 무혈 입성했다. 6월의 일이었으므로 금나라가 멸망하고 겨우 반년 밖에 안 되었을 때다.

공덕비 사건도 있어서 원호문은 최립을 몹시 증오했다. 최립이 살해되었다는 말을 듣고 매우 흥분했음이 틀림없다. 그의 시는 원래 잘 억제된 것이 특징인데, 그때 읊은 시에는 격정을 그대로 드러낸 느낌이다.

> 역적 애송이(逆竪)가 마침내 잘게 회(鱠縷)로 떠지니,
> 지금 칼을 휘두르며 삼군이 통쾌를 맛보나니.

> 逆竪終當鱠縷分 揮刀今得快三軍

라고 읊었다. 수(竪)란 애송이란 뜻이고, '회루(鱠縷)'란 가늘고 잘게 뜬 생

선회라는 뜻이다. 역적이 마침내 그런 꼴이 된 것은 통쾌하기 그지없다. 그러나 흥분의 여운은 다른 흥분을 불러오는 법이다. 역적은 살해되었다. 그러나 죽은 애제는 살아 돌아올 수 없고, 멸망한 금나라도 다시는 부활할 희망이 없다. 그는 이 시를 다음과 같이 끝맺었다.

가을바람에 한 줌 고신의 눈물,
외쳐 끊으리라, 창오(蒼梧)의 저녁 구름을.

秋風一鞠搯孤臣淚 叫斷蒼梧日暮雲

창오란 고대 성왕(聖王)인 순(舜)이 승하한 땅이다. 호남(湖南)에 있는데, 시에서는 애제가 죽은 채주 부근을 가리킨다. 그곳에 떠 있던 저녁 무렵의 구름을 내 외침으로 찢고 싶다.…… 이것은 요성에서 지은 〈즉사(卽事)〉라는 제목의 시다.

정보 무지가 빚은 패착

『원사』에 따르면, 이때 송군의 병력은 20만이었다고 한다. 개봉을 점령한 것은 전자재(全子才)의 군대였다.

개봉에 들어온 전자재는 느긋하게 소일하며 지냈던 모양이다. 뒤를 이어 회병(淮兵) 5만을 이끌고 개봉에 들어온 조규가 이를 보고 개봉에 보름이나 있으면서 무엇을 했느냐, 왜 일찍 낙양과 동관을 공격하지 않았냐고 전자재를 호되게 꾸짖었다고 한다.

계속되는 전란으로 낙양은 완전히 황폐해졌다. 손꼽아 기다리던 송나라 대군이 왔으니 주민들이 대환영할 것이라 생각했지만,

적연(寂然, 조용하고 쓸쓸함)하여 응답하는 자가 없었다.

고 하는 상태였다. 저녁 무렵에야 겨우 남은 주민 300여 가구가 성벽에 올라와 투항 의사를 밝혔다. 개봉도 낙양도 송군이 도착했을 때는 빈 성이었다. 낙양에 도착한 이튿날에 가져온 식량이 다 떨어졌다고 하니 이번 출병은 완전히 계획 없이 벌인 일이었다. 여기에는 출병에 반대했던 사숭지(史嵩之)가 군량 보급을 고의로 지연시켰다는 전말이 있었던 것 같다. 남송은 내부 갈등을 드러내고 있었다.

몽골군은 송군의 출병 소식을 듣고 남하했다. 정보는 일찍부터 입수하였으나 때가 무르익기를 기다렸다. 몽골군은 황하의 제방을 무너뜨려 송군에게 피해를 입힘과 동시에 각지의 군대끼리 연락하지 못하게 하는 작전을 세웠다.

그해 초에는 몽골군에게 식량 30만 석을 원조했던 남송군이 반년 뒤에는 병사들이 낙양에서 굶어야 하는 상황이 되었다. 후방에서 군량을 보내 주지 않은 탓도 있었지만, 사실 남송군은 현지에서 조달할 생각이었다. 하남의 백성이 오랫동안 대망하던 왕사(王師, 황제의 군대)가 왔으니, 기꺼이 앞 다투어 식량을 내놓을 것이라고 생각했던 모양이다. 그러나 하남의 황폐는 상상 이상이었다. 현지 조달은 엄두도 못 낼 일이었다.

동관에는 몽골의 정병이 속속 증강되었다. 북쪽과 서쪽에서 몽골군은 눈사태처럼 쳐들어왔다. 몽골의 사령관은 원수(元帥) 타차르(塔察兒)였다.

낙양의 송군은 대패하여 궤주했다.

남송의 문무고관들은 몽골군을 본 적이 없었다. 그때까지 접촉도 없었지만 정보조차 정확히 전달되지 않았던 모양이다. 금나라와 대결하던 시기에도 정보 수집은 금나라에 미치지 못했다. 이는 한탁주가 발동한 개희(開禧) 북벌(1206)에서 비로소 밝혀졌다. 그 후에도 남송은 반성이 없었다.

이는 남송뿐만 아니다. 중국의 역대 왕조는 외부의 정보를 수집하는 데, 그다지 열심이지 않았다. 어쩌면 이것이 중화사상인지도 모른다. 외부에 관한 것은 처음부터 경시하는 태도 때문에 정보전에서 뒤지는 결과를 낳았다.

이때 남송군의 궤주는 규율이 없어서 상호연락도 취하지 않았다. 이 삼경요패(三京撓敗, 삼경, 즉 개봉, 낙양, 귀덕 등에서 크게 패한 것-옮긴이)의 전쟁은 하지 않을 수도 있었던 전쟁이었다. 남송군이 출병만 하지 않았어도 몽골군은 남하할 의사가 없었다. 원호문의 '불수과설채주공(不須誇說蔡州功, 채주의 공적을 자랑하지 마라)'이 사실로 나타났다. 다만 이 경우에는 몽골군이 춘추의 진나라가 되어 괵과 우를 집어삼킨 것이 아니라 남송 쪽에서 먼저 싸움을 건 것이다.

사가들은 범규의 출병론을 '부인(婦人)의 모사(謀事)', 전자재의 행동을 '어린애의 장난'이라고 평하고 있다. 현대 여성이 들으면 화를 낼지도 모르나 당시 사람들은 부녀자나 할 짓이라고 어이없어 했다.

이듬해 몽골군은 남하를 개시했다. 맹약을 어기고 개봉과 낙양으로 군사를 진격시킨 남송을 힐책하는 출병이었다. 그 후 수년에 걸쳐 남송과 몽골의 싸움이 계속되었다. 처음에만 남송이 먼저 싸움을 걸었지 그 뒤로는 모두 몽골 쪽에서 공격했다.

이 시기 남송의 영웅은 채주 공격에서 이름을 떨친 맹공(孟珙)이다. 몽골군은 이 맹공 때문에 여러 번 패했다. 그는 호북 양양(襄陽) 출신인데, 대대로 무장을 배출한 집안에서 태어났다. 4세조 조부인 맹안(孟安)은 악비의 부하로 활약한 인물이었다. 그러나 앞에서 이야기했듯이 남송의 무관은 불우했다. 범규처럼 진사 출신인 아버지를 두어서 무장이면서도 문관 대우를 받았던 인물조차 순우(淳祐) 7년(1247)에 추밀사(樞密使)가 되어 재상의 한 사람이 되었으나 진사가 아니라는 이유로 사임했다.

맹공은 스스로 무암거사(無庵居士)를 칭하고, 진영을 거둘 때는 반드시 그 자리를 비로 쓸고 향을 피웠다. 재물과 여색을 멀리하고 식사도 극히 간소하게 했으며 웅숭깊은 품격의 소유자였다.

몽골군의 침공으로 엄청난 수의 주민과 군인들이 중원에서 남쪽으로 피난해 왔는데, 맹공은 그들을 수용하여 군대에 편제하고 둔전(屯田)을 개척하는 등 재건에 힘썼다. 원래 그는 아버지 맹종정(孟宗政)이 남긴 2만의 충순군(忠順軍)이라는 군대를 갖고 있었다. 군벌이 될 가능성은 있었으나 고승과 같은 그의 생활을 아는 사람은 그의 행동에 의심을 품지 않았다.

진사 출신이 아니기 때문에 재상의 임무를 맡지는 못했지만, 만일 채주전(蔡州戰)이 끝난 뒤에 그가 전권대표로 몽골과 교섭했더라면 남송과 몽골의 관계는 오랫동안 안정되었을지도 모른다.

가희(嘉熙) 원년(1237), 맹공은 몽골군을 황주(黃州)에서 격파하고, 같은 해 3년(1239)에는 자신의 고향인 양양을 몽골군에게서 탈환했다. 이듬해에 사천선무사가 되었고, 이때도 많은 둔전을 일구었다. 훗날 강릉부(江陵

府) 지사를 겸했는데, 여기에서는 꽤 큰 규모의 수리(水利)공사를 시행하여 성공을 거뒀다. 맹공은 군인으로서 뿐만 아니라 정치가로서도 당대에 견줄 자가 없는 인물이었다. 그는 순우 6년(1246) 9월에 사망했다. 그가 재상이 될 수 없었던 것은 아마 진사에 급제하지 못했기 때문일 것이다.

한편 회하에 도달하여 하천과 수로가 많은 지역으로 접어든 몽골군은 기마병단을 앞세운 특유의 기동전이 불가능해졌다. 지금처럼 노도와 같았던 진격은 남쪽으로 갈수록 어려워졌다.

인격보다 실행력을 높이 산 이종

맹공이 죽은 뒤, 경호제치사(京湖制置使)의 중대한 임무를 맡은 사람은 가사도(賈似道)였다. 이 인물은 전임자와 성격이 완전히 반대였다. 맹공이 고승의 풍격을 지닌 용장이었다면, 가사도는 놀기 좋아하는 교만한 사람이었다. 그러나 유능하고 일을 잘한다는 점에서는 두 사람 모두 같았다.

가사도는 회동제치사(淮東制置使)였던 가섭(賈涉)의 아들로, 영종(寧宗) 가정(嘉定) 6년(1213)에 태어났다. 금나라에서는 호사호(胡沙虎)가 위소왕(衛紹王)을 죽이고 선종(宣宗)이 즉위했으며, 호사호를 죽인 출호고기(朮虎高琪)가 좌부원수(左副元帥)가 된 동란의 해다. 금나라는 끊임없이 몽골의 압박을 받았으나 남송은 평화로웠다. 괴로운 나머지 금나라가 군사를 남진시킨 일은 있어도 남송에서는 그다지 사태가 심각하지 않던 시절, 훗날 돌이켜보면 '좋았던 시대'에 가사도는 소년시절을 보냈다.

젊어서 낙백(落魄)하여 유박(遊博)을 거듭하고 조행(操行)이 단정치 않았다.

　『송사』「간신전」에 수록된 그의 전기에는 젊은 시절의 그가 이렇게 적혀 있다. 낙백이란 타락이라기보다는 불량하다는 뜻에 가깝다. 유흥과 도박을 일삼아 행실이 바르지 않았던 것이다. 이 불량소년에게 마침내 운이 트였다. 후궁에 들어간 누이가 이종의 총애를 받아 아들을 낳은 것이다. 어찌된 영문인지 이종에게는 다른 자식이 없었다. 가사도의 누이는 귀비(貴妃)가 되었고 황후와 겨룰 만큼의 권세를 누렸다. 가사도가 그 덕을 본 것이다.

　송나라에는 은음(恩蔭) 제도가 있어, 아버지가 고관이고 공적이 있으면 그 아들도 벼슬길에 오를 수 있었다. 이것이 이른바 임자(任子)다. 가사도는 아버지가 제치사였으므로 가흥사창(嘉興司倉)이라는 직책을 받았다. 북송의 매요신(梅堯臣)을 다룰 때 언급했지만, 임자로서 관리가 되었기 때문에 도리어 출세하지 못하는 예도 적지 않았다. 진사가 아니면 사람으로 치지 않던 시대인 만큼, 임자가 될 자격이 있어도 의욕 있는 자는 과거를 보아 진사가 되려고 했다. 이종은 총애하는 귀비의 동생에게 진사의 자격을 주고 싶어 1차 시험을 면제하는 특전을 베풀었다고 한다. 최종 시험은 전시(殿試)라 하여 황제가 직접 관장하므로 마음대로 할 수 있었다. 앞에서도 육유(陸游)가 1차 시험에서 수석으로 합격했으나, 전시에서 자신의 손자를 수석으로 만들려는 진회(秦檜)의 공작으로 낙방하고 말았다는 사실을 이야기했다. 황제의 뜻대로 시험 결과를 좌지우지할 수 있었으니, 가사도가 무사히 진사에 급제했음은 말할 나위도 없다.

　그 후 대상승(大常丞)과 군기감(軍器監)으로 발탁되었으나, 가사도는 노는 데만 정신이 팔려 있었다. 기녀들을 데리고 서호(西湖)에 배를 띄워 밤 늦게까지 유흥에 젖어 지냈다. 어느 날 밤, 이종은 궁전 누각에서 서호를 바라보다 호수에 수많은 등불이 휘황한 것을 보고 "사도가 놀고 있는 게 틀림없다"고 말했다고 한다. 다음날 알아보니 과연 그랬다. 이종은 경윤(京尹, 도지사) 사엄지(史嚴之)에게 가사도를 타이르게 했다. 그때 사엄지는 가사도가 젊은이로서 다소 탈선하는 점은 있지만 "그래도 그 재목은 크게 쓸만하다"고 대답했다. 가사도는 타고나기를 노는 것을 좋아하지만 일을 하게끔 하면 잘 할 수 있고, 도량도 상당히 크다고 해서 안목 있는 인사들에게 인정을 받았다. 그저 놀기만 좋아하는 양가집 도련님은 아니었던 것이다.

풍주지사(豊州知事), 호광총령(湖廣總領)을 역임하고 호부시랑(재무부차관)을 겸하였으며, 제치부사(制置副使)와 강서로안무사(江西路按撫使)를 거쳐 맹공 사후에 경호제치사가 되었을 때의 나이는 33세였다. 유능한 것은 사실이나 가귀비의 동생이 아니었으면, 그렇게까지 승진하기는 어려웠을 것이다.

그러나 경호제치사는 중요한 자리다. 몽골군이 남하했을 때나 그전 금나라의 남벌에서도 알 수 있듯이 황하의 선에서 남송을 공격하는 길은 세 갈래다. 첫째는 하남에서 강회로 나가는 길, 다음은 호북의 한수(漢水)로 나가는 길, 끝으로 섬서에서 사천 방면을 관통하는 길이다. 제1 진로는 회하계(淮河系)의 복잡한 수로가 물을 꺼리는 기마집단에게 방벽이 되었다. 그리고 제3 진로는 일찍이 금나라와 남송의 국경이었던 대산관(大散關)을 비롯한 산악이 자연의 방벽을 이룬 곳이다. 남송이 가장 경계해야 할 곳은 제2 진로인 한수 연안 진로였다. 바로 삼국 시대에 위나라 조조가 유비와 손권의 연합군을 격파하면서 뚫고 나간 길이다. 그때는 적벽의 싸움에서 조조가 철퇴했는데, 한수평야는 대군이 공격하기 쉬운 길이었다.

그것을 대비하는 것이 경호제치사의 임무다. 경호(京湖)란 경서형호(京西荊湖)를 말한다. 경호제치사는 호북의 군사정치 장관으로 앞에서 이야기한 제2 진로 자체를 총괄하는 요직이다. 그 때문에 맹공처럼 신뢰할 수 있는 인물을 배치했다. 그 후임으로 가사도가 뽑혔으니, 그에 대한 이종의 신임이 얼마나 두터웠는지 짐작할 수 있다. 단지 사랑하는 비(妃)의 동생이라는 이유라면 관위(官位)가 높더라도 더 안전한 지위를 주었을 것이다. 가사도는 역시 사엄지가 기대했던 대로 크게 쓸 인재였다.

그가 비록 청년 시절에 방종한 생활을 보내기는 했으나, 그때 몸에 익힌 빠른 두뇌회전과 뛰어난 행동력, 그리고 빠른 체념 등이 이종에게 인정을 받았다. 이종은 아무리 인격이 고결하더라도 우물쭈물 결단을 내리지 못하고 망설이다가, 결국 아무것도 하지 못하는 대신들을 숱하게 보아왔다. 인격에는 다소 문제가 있더라도 일을 할 줄 아는 사람만이 국란에 대처할 수 있다고 생각한 것이다.

다음 장에서는 남송 말기에 들어선 이종의 치세를 개관하기로 한다.

서호 주변

사미원이 주장한 매사냥 논리

4제(帝) 98년의 뒤를 이어서 남송 제5대 황제가 된 이종(理宗)은 만으로 열아홉 나이에 즉위했다. 영종(寧宗)에게 아들이 없었기 때문에 양자라는 형태로 즉위했다. 옹립한 사람은 사미원(史彌遠)이었다. 황제를 옹립한 대신은 '정책(定策)의 공신'으로서 절대 권력을 장악하는 것이 보통이다. 영종을 옹립한 한탁주(韓侂胄)의 전례는 이미 이야기했다.

사실 이종의 즉위에는 무리가 있었다.

영종은 광종(光宗)의 둘째 아들이었다. 광종의 아우, 즉 영종의 숙부 중에 위왕(魏王) 조개(趙愷)라는 사람이 있는데, 그의 아들인 사촌 조병(趙柄)과 영종은 사이가 좋았던 모양이다. 그런데 조병이 일찍 죽고 그 아들 조해(趙垓)도 세 살 때 죽었기 때문에 후사가 끊기게 되었다. 영종은 사촌의 가문이 단절되는 것을 안타깝게 여겨 종실(宗室) 희구(希瞿)의 아들 균(均)을 기왕(沂王)으로 삼아 그 제사를 잇게 했다. 그런데 영종도 자신의 친아들이 일찍 죽고 양자도 28세에 죽어 버렸다. 그래서 기왕 조균을 황자로 삼아 귀화(貴和)라 개명시켰다. 따라서 기왕의 자리가 비게 되었다. 사미원은 그 집안의 제사를 잇는다는 구실로 이미 민간인이 되어 있던 태조의 10세손 조여거(趙與莒)를 귀성(貴誠)이라 개명하고, 황족에 입적시켜 기왕으로 만들었다.

귀화는 영종의 양자가 됨으로써 황자가 되었지만 아직 황태자로 책립되지는 않았다. 영종이 죽자 사미원은 강압적으로 유조(遺詔)라 칭하고 귀성을 제위에 앉혔다. 소흥부(紹興府)의 민간에 있던 그 조여거가 황제가 된 것이다.

이런 날이 있을 것을 예상한 사미원은 미리 정청지(鄭淸之)에게 귀성에게 제왕학을 가르치도록 의뢰해 두었다. 귀성이 즉위하니 이가 바로 이종인데, 가엽게도 제위를 놓친 귀화는 훗날 사미원의 사주로 살해되었다.

황제를 옹립한 '정책의 공신'도 부자간의 계승, 즉 몇 명의 황자 중에서 한 사람을 선택하는 경우가 대부분이다. 몽골에서도 칭기즈 칸 사후에 열린 쿠릴타이에서 야율초재가 우구데이를 추대했기 때문에 그도 정책의 공신이었다. 같은 정책의 공신이라도 사미원은 매우 무리를 했다. 그의 노력이 없었다면 이종은 결코 제위에 오를 수 없었다. 태조가 즉위한 뒤로 이백수십 년이 흘렀으니, 그와 같은 10세손은 몇백, 몇천 명이나 있었을 것이다.

즉위했을 당시, 이종은 어리기도 해서 사미원에게 고개를 들지 못했다. 사미원은 진사출신인데다 아버지에 이어서 부자 2대가 재상을 지냈는데, 귀화를 죽인 것으로도 알 수 있듯이 그 성질이 잔인했다. 문관이 무인을 업신여긴 것은 송나라 당대의 기풍이었지만, 사미원은 특히 그런 기질이 강했다. 그는 무장을 매사냥의 매에 비유했다. 매는 굶주리면 사냥을 잘 하지만 배가 부르면 달아나 버린다. 무장도 그와 똑같기 때문에 논공행상에서 포장을 지극히 가볍게 했다.

소정(紹定) 6년(1233), 사미원이 죽었을 때, 이종은 안도의 숨을 쉬었을 것이다. 재상 사미원의 죽음은 이종이 즉위한 지 10년째의 일이었다. 사미원은 26년 동안 재상의 자리에 있었다. 이것은 그 전의 진회(秦檜)나 그 후의 가사도(賈似道)라는 두 장기(長期) 재상에 비해서도 훨씬 길었다.

진회와 가사도는 모두 『송사』「간신전」에 들어가 있다. 사미원도 몹시 심한 짓을 저질렀으나 「간신전」에 들어가는 것만은 면했다. 그것은 그에게,

옹녕입리(擁寧立理, 영종을 옹립하고 이종도 옹립했다)

의 업적이 있었기 때문이다. 사미원이 죽은 해에는 몽골이 개봉을 함락하고, 금나라 애종(哀宗)이 채주(蔡州)로 도망쳤다. 맹공(孟珙)이 몽골군과 함께 채주를 공격해 금나라를 멸망시킨 것은 사미원이 죽은 이듬해의 일이다.

이종은 이제야 겨우 친정할 수 있게 되었다. 벌써 30세였다. 그에게는 당연히 포부도 있었다. 다만 사미원이 살아 있는 동안은 자신의 포부를 정치에 반영할 수 없었다. 이제야 겨우 뜻을 이룰 수 있게 된 것이다.

사미원이 이종에게 남몰래 제왕학을 배우게 할 때, 그 스승으로 삼은 사람이 정청지였다. 그는 국자학록(國子學錄)이었는데, 이는 국립대학의 총장 보좌역과 같다. 그는 원래 학자였다. 그가 즉위 전의 이종에게 가르

친 학문은 아마 주자학이었을 것이다. 이종이 친정하자 정청지가 황제의 고문으로 발탁되었다.

친정을 시작하자마자 채주 승리의 여세를 몰아 삼경팔릉 회복을 주창한 주전론에 정청지가 동의했기 때문에 출병이 결정되었다는 사실은 앞에서 이야기했다. 이것은 몽골의 남하를 부르는 대실패로 끝났다. 맹공의 목숨 건 방위전과 몽골군이 남쪽 풍토에 익숙하지 못한 덕분에 남송은 겨우 북으로부터의 압력을 이겨내고 있었다.

북송 말기 대금(對金) 강경론의 주도자가 진동이라는 태학의 서생이고, 삼경팔릉 수복론에 찬성한 사람이 태학의 정청지인데, 후자의 경우는 주자학의 영향이 상당히 컸던 것이 아닐까 생각한다.

위정자에게 편리한 주자학

남송 초기의 학문은 아직 신법파가 강해서 왕안석의 학문이 거의 주류를 차지했다. 북송이 멸망한 것은 신법 때문도 구법 때문도 아니다. 당쟁에 열중해서 나라가 어지러웠기 때문이다.

신법이라는 말에서도 알 수 있듯이 왕안석의 학문은 정치혁신을 목표로 한 실학이었다. 그런데 남송이 되자 주희가 나타나 사변(思辨)과 실천의 철학 체계를 완성했고, 그것을 주자학이라고 부르게 되었다.

주자학에 따르면, 우주의 모든 사물은 '기(氣)'라고 부르는 균일한 미소물질(微小物質)로 구성된다. 기가 움직이는 것은 '양(陽)'이고 정지한 것이 '음(陰)'이다. 양과 음의 결합이 오행(목화토금수)이 되고 만물이 된다. 이 우주의 움직임은 정해져 있으며 그렇게 시키는 것을 '이(理)'라고 부른다.

그 '이'는 한곳에 치우쳐 있다. 학문하는 사람의 목적은 궁리(窮理, 이를 규명함)에 있어야 한다. 우주의 질서인 이는 우리 앞에 삼강·오륜·오상(五常), 또는 예(禮)가 되며 그 질서를 어지럽히는 것은 허용되지 않는다. 주자학에서 명절(名節, 명분과 절의)을 숭상하는 것은 그 때문이다.

주자학 안에는 불교적인 냄새도 나지만 주희는 불교를 이단이라고 확실히 못 박았다. 우주에 기가 충만하다는 설명은, 예를 들어, 밀교에서 대일여래(大日如來)가 온 우주에 가득 차고 만물은 그것을 반영할 뿐이라는 주장을 연상시킨다.

질서를 중시하고 그것을 절대시하는 주자학은 위정자에게 편리한 학문이었기 때문에 자주 이용되었다. 한국과 일본에서도 주자학은 오랫동안 관학(官學)이었다. 하지만 주희라는 천재가 만든 주자학의 체계는 그것 자체로 너무도 완벽하기 때문에 그 후의 발전은 볼 수 없다는 얄궂은 현상이 일어난다. 이것은 구카이(空海, 774~835, 홍법대사로 유명한 진언종 개조-옮긴이))가 진언밀교(眞言密敎)의 공전절후(空前絶後)라고 부르는 정합(整合)한 체계를 만들었기 때문에 진언종 내부에서 발전이 없었던 것과 비슷하다. 유학에서 새로운 발전과 새로운 움직임은 오히려 주자학을 비판하는 자리에서 출발했다. 육구연(陸九淵), 왕양명(王陽明)의 학문이 그렇다.

주희는 불굴의 사람이었기 때문에 한탁주에게 미움을 받아 주자학이 '위학(僞學)'으로 금지되었다고 앞에서 이야기했다. 주희의 눈에 한탁주는 우주의 질서를 어지럽히는 자로 비쳤을 것이다. 주자학은 위정자에게 편리한 학문이었다고 말했는데 그것은 아래서 위를 범하지 않는 범위 안에서였다. 찬탈자나 사악한 마음으로 황제를 조종하려는 자는 주자학의 명절론을 두려워하지 않으면 안 되었다.

명분과 절의의 관념을 강하게 지닌 것은 이른바 인간으로서의 기가 농후한 자로 인정된다. 한탁주는 그것이 엷은 자로 간주되었다. 또 명절이 처음부터 결여된 자는 금수에 가깝고, 문명이 없는 오랑캐는 멸시를 받아 마땅했다. 주희가 금과의 화약에 반대한 것은 그것이 우주의 질서를 어지럽힌다고 생각했기 때문이다. 주희는 금나라를 불구대천의 원수로 규정했다. 많은 조상이 포로가 되거나 살해되었는데, 그 상대와 화의를 맺는다는 것은 있을 수 없는 일이었다. 그것은 이(理)에 어긋나는 일이다.

제왕 교육 때 이종은 정청지 선생에게 이와 같은 것을 철저히 배웠다. 태학 강당에서 정치의 장으로 끌려나온 정청지 선생이 삼경팔릉 탈환에 찬성한 것은 당연한 일이었다. 몽골도 예교(禮敎)와 거리가 먼 오랑캐이고 보면 대화하는 것은 바람직한 일이 아니었다.

이종이라는 묘호는 물론 사후에 붙여진 것이다. '이(理)'란 주자학에서 말하는 우주 운동의 방향이고 인간된 자가 규명해야 할 근본이다. 주자학에 몰두한 황제였기 때문에 그 학문의 근본인 '이'를 취해 묘호로 쓴 것이다. 문(文), 무(武), 인(仁), 덕(德), 순(順), 영(英), 효(孝), 선(宣) 따위는 묘호에 자주 쓰이는 글자로, 같은 묘호를 가진 황제가 여럿 있지만, 이종은 중국 역사상 오직 그 혼자뿐이다.

주희는 우리가 의식하지 않아도 우리에게 영향을 미치는 인물이다. 유학이나 유교라고 할 때, 실은 그것이 바로 주자학인 경우가 많다. 나이든 사람이라면 한 번쯤 읽어 보았을 〈우성(偶成)〉이라는 그의 시는 그가 어떤 사람인지 생각하게 한다.

소년은 늙기 쉽고 학문은 이루기 어려우니,

한 순간도 가벼이 여기지 말라.

연못가에 돋아난 봄풀의 꿈 아직 깨닫지 못했는데,

섬돌 앞 오동잎은 벌써 가을 소리를 내는구나.

少年易老學難成 一寸光陰不可輕 未覺池塘春草夢 階前梧葉已秋聲

각고면려(刻苦勉勵)하라는 뜻이다. 다만 여기에서 말하는 '학(學)'이란 주자학에서 말하는 궁리의 '학'임은 말할 것도 없다. 결코 입신출세하라는 것이 아니다. 주희 자신은 19세에 진사에 급제했지만, 과거 입시를 위한 학문은 비인간적이며 참된 학문, 즉 궁리라고는 인정하지 않았다. 주희의 고제(高弟)들도 대부분 과거에 응하지 않았다. 시험을 보러 가는 제자에게 '다시 생각함이 어떤가'라는 편지를 보내고, 낙제한 제자에게 '축하한다'고 편지를 보냈다. 『근사록』(1176)을 편찬했을 때, 과거가 인간을 망친다는 문장을 넣으려다 공동편자인 여조겸(呂祖謙)의 반대에 부딪혀서 단념했는데, 나중에 편지에서 그 일은 유감이었다고 술회했다.

이런 것을 생각하면, 이 〈우성〉에 나오는 '학'의 내용을 알 수 있고 시구에서 받는 숨막힘도 누그러질 것이다.

인간 주희는 결코 딱딱한 인물이 아니라 술도 좋아했던 모양이다. 〈취하여 축융봉을 내려가다(醉下祝融峯)〉라는 시가 있는데, 이것은 〈우성〉을 지은 사람의 작품인가 싶을 만큼 호쾌하다.

내가 만 리 길을 걸어 바람결에 서 있으니,

절벽 골짜기에 피어나는 구름은 내 가슴 속을 씻어준다.

락주 석 잔에 호기 발동하여,

낭음하며 축융봉을 날듯이 내려왔네.

我來萬里駕長風 絶壑層雲許盪胸 濁酒三杯豪氣發 朗吟飛下祝融峰

명절(名節)을 강조하여 나라를 어지럽히는 불충한 무리를 두렵게 한 주희지만, 형식적인 교조주의와는 무관하다. 모든 것을 자신의 학설에 유리하게 하려고 해석하는 좁은 마음 따위는 없었다. 그것은 『시경』을 새롭게 재해석한 업적에도 나타난다. 그때까지 고주(古註, 옛 주석)에서는 무리하게 정치적인 시, 윤리적인 시라고 해석해 놓은 것을 인간 본래의 마음이 노출된 것, 이를테면 연애시라는 식으로 바로잡는 일을 했다.

주희는 복건의 우계현(尤溪縣)에서 태어났는데, 복건 무이산(武夷山)의 구곡(九曲)을 읊은 〈구곡가(九曲歌)〉는 특히 유명하다. 나도 무이의 구곡에 놀러간 적이 있는데, 주희의 〈구곡가〉의 서경처럼 현실의 풍경이 생생하게 숨 쉬고 있는 느낌이었다.

학자 정치가가 부르짖은 허울좋은 개혁안

사미원의 죽음으로 하고 싶은 일을 할 수 있게 된 이종이 주자학자를 가까이 모으기 시작한 것은 당연했을 것이다. 앞에서 이야기했듯이 주희가 과거를 싫어한 탓도 있어서 많은 주자학자가 민간에 머물러 있었다. 조정에 있다 해도 정청지처럼 태학이나 그 밖의 교육과 의례에 관한 자리에 있는 것이 대부분이었다. 이종은 그런 사람들을 현실의 정치 무대로 끌어냈다.

단평(端平) 원년 (1234), 사미원이 죽은 이듬해, 지방에 있던 진덕수(眞德秀)를 한림학사, 위료옹(魏了翁)을 직학사원(直學士院)에 임명했다. 이 인사에 세간은 갈채를 보냈다. 위료옹은 다시 동첨서추밀원사(同簽書樞密院事), 독시강회경호군마(督視江淮京湖軍馬)라는 직책도 맡았다. 정치, 군사에까지 참여하게 된 것이다. 다만 독시(督視)라고 했듯이 감독하고 관찰하여 황제에게 의견을 내놓는 자리로 실제로 정치에 임한 것은 아니다.

민간의 갈채라고 했는데 가장 높은 환호는 학생에게서 나왔다. 임안(臨安, 항주)에는 태학, 종학(宗學), 무학(武學)의 세 학교가 있었다. 무학은 사관학교이고, 종학은 황족이나 종실 사람들의 학문소이며, 태학은 나라의 최고학부였다. 지방급 학교도 있었으나 이는 태학보다 급이 조금 낮았다. 항주에도 지방급 학교가 있었는데, 그것을 경학(京學)이라고 불렀다.

경원(慶元) 위학(僞學)의 금(禁)으로 주자학은 한때 탄압을 받아 그것을 배우는 것이 금지되었다. 하지만 금지된 것에 마음이 끌리는 것은 고금을 통해 변함없는 청년학도의 심정일 것이다. 오히려 태학의 서생들이 주자학에 높은 관심을 보였다. 위학의 금이 해제되고 보니 태학은 온통 주자학 일색이었다.

조정대신이 아닌 저명한 주자학자가 조정에 등용되었다는 이야기는 서생들에게는 큰 길보(吉報)였다고 생각된다. 그렇지만 오랫동안 조정에 봉직한 정신들에게는 달갑지 않은 일이었다. 실무정치가들은 학자를 세상일에 쓸모없는 인간이라고 생각했다. 관료다운 음습한 반대운동이 잠행했을 것이다. 학자 선생이 잇따라 투입되자 관료들은 그 지위를 잃었다. 그러면서 실무정치가 사이에는 기득의 권익을 침해받는다는 피해의

식이 강해졌다.

학자 정치가의 등장에 박수를 보낸 것은 서생들만이 아니었다. 일반 민중들도 그랬다. 남송의 관리는 상당히 무절제해서 오직(汚職)도 잦았다. 무엇보다 서민의 실제 생활이 어려웠다. 물가는 오르고 세금은 늘어난 것이다.

금의 멸망으로 거액의 세폐를 지불하지 않게 되었는데도, 민중의 부담은 줄기는커녕 오히려 무거워졌다. 군사비 증액이 가장 큰 이유였다.

채주 전투로 그쳤다면 그렇게까지 되지는 않았을 것이다. 금을 멸망시킴으로써 세폐 지출에 정식으로 마침표가 찍혔기 때문이다. 실제로 세폐는 그전부터 중지되었는데, 그것을 꼬투리 잡아 출병해 오는 금군과의 전쟁이 계속되었기 때문에 그 전비의 지출이 적지 않았다. 채주 전투는 그 전비 지출에 마침표를 찍을 수 있는 전투였다.

주자학설에 너무도 충실했던 삼경팔릉 수복전쟁이 남송을 구렁텅이로 몰아넣는 결과를 빚었다. 그 뒤 몽골의 끊임없는 남하작전이 이어졌고, 그에 대한 전비가 줄곧 민생을 압박했다.

나날이 살기 힘들어진 민중은 정치 쇄신을 바랐다. 서민은 주자학자가 등용된 것에 박수를 친 것이 아니라 지금까지와는 다른, 새로운 형태의 정치가가 나타난 것에 기대를 건 것이다. 그런데 그 기대는 여지없이 무너졌다.

한림학사가 된 진덕수는 주희와 같은 복건 출신으로 천주(泉州) 등의 지사를 지내 결코 실무에 어둡지 않았다. 하지만 본질적으로는 정신론자여서 금과의 항전 때도 '송의 적은 금이 아니라 우리'라며 정치 쇄신을 부르짖었다. 수십만 어(語)의 상서를 올려 시정(時政)을 논하고 직언이 지나쳐서 경원당하기도 했다. 한림학사가 되자 그는 먼저 이종에게 정신론(精神論)을 진강(進講)하고, 『대학연의(大學衍義)』43권을 헌상했다. 마치 이것만 정독하면 된다는 듯이 말이다. 어쩌면 정치 실무에 관한 구상이 있었는지는 모르지만, 중앙에 불려온 이듬해 병이 나서 은퇴했다.

위료옹도 일찍이 병부낭중으로 조정에서 일한 적이 있으나, 체계가 서지 않은 조정대신들을 보고는 사퇴하고 시골로 내려갔다. 호남에서 학산서원(鶴山書院)을 열어 후진양성에 힘쓰던 중 이종의 부름을 받았다. 하지만 조정대신들의 배척운동으로 다시 지방으로 갈 수밖에 없었다.

이종은 이 두 사람을 중심으로 '단평(端平)의 갱화(更化)'를 추진하고자 했다. 변화란 갱신변화를 뜻한다. 하지만 그가 기용한 인망 높은 두 학자는 그에게 정치에는 속효성 있는 묘책은 없다는 것을 가르쳤을 뿐이다. 『대학연의』를 읽고 이종은 막막했을 터이다.

사미원이 죽으면 적어도 정치는 자신의 뜻대로 될 것이라고 기대한 이종은 그렇지 않다는 사실을 깨달았다. 뜻밖에도 그가 등용한 인물을 배척하는 운동이 지하에 만연하고 있음을 이윽고 깨달았다. 정치를 뜻대로 하기 위해서는 중앙정부를 움직여야 했지만, 그것이 그의 뜻대로 되지 않았다.

무엇보다도 그를 실망시킨 것은 이상을 바탕으로 한 삼경 탈회전(三京奪回戰)이 생각지 않은 재난을 불러온 것이었다. 그는 오영장(吳泳章)에게 명하여,

　　　　나를 벌하는 조서(詔書)

를 작성하게 했다. 백성과 병사가 전쟁으로 죽고 주민이 정처 없이 떠돌고 도탄의 고통을 겪고 있음을 말하고,

이 모두 짐이 총명치 못하고 아직 덕을 기르지 못하여, 위로는 천심
에 이르지 못하고 아래로는 백성의 뜻을 정하지 못함이라.

고 자신을 책망했다. 여기서 크게 반성하고 마음을 다잡아 국정에 힘썼
으면 좋으련만, 이종은 아무래도 정치가 싫어진 모양이었다. 처음부터 그
런 경향이 있었을지 모르지만 '단평의 갱화'에 좌절한 뒤, 그는 자포자기
하여 향락으로 치달았다.

서호 주변의 궁전은 이 비상시인 와중에 증축되어 밤마다 연회가 열
렸다. 그 동안에도 몽골과의 싸움은 간간히 이어졌으며, 사천의 문주(文
州)에서는 유예(劉銳)와 진융지(陣隆之)가 전사하였다. 성도(成都)에서는 전
세현(田世顯)이 모반했다. 호북에서 방어전에 힘쓰고 있던 맹공이 죽고 그
후임으로 가사도가 임명되었다는 사실은 앞에서 이야기했다.

정쟁 탓에 사라져 간 문집들

가사도는 말할 나위도 없이 이종이 '단평의 갱화'를 목표로 기용한 사
람들과 정반대였다. 『대학연의』강의 따위는 하지 않지만 실무적인 것은
척척 처리했다.

가사도는 쿠빌라이가 호북으로 군대를 진격시켰을 때, 다시 언급하기
로 한다.

지금은 남송 말기의 조금 퇴폐한 문화에 관해 한마디 한다. 원호문을
우두머리로 한 금나라 시에는 소박한 울림이 있는 데 반해, 남송의 그것
은 모형 정원 같은 취미로 전락했다는 것은 앞에서 대비한 대로다. 원호

문은 남송의 그것을 '강서의 침'이라며 아주 무시했다.

남송은 육유, 범성대(范成大), 양만리(楊萬里), 그리고 주희를 정점으로 그 밖에 눈에 띄는 시인이 없다. 다만 시는 시민의 것이 되었다. 많은 사람이 시를 지었다. 예를 들면 대복고(戴復古)라는 인물은 농민이었으나 직업시인처럼 생활했다. 고관에게 가서 칭찬을 늘어놓은 시를 지어서 헌상하고 사례를 받았다. 생일이나 결혼식 등이 그의 돈벌이 장소였던 모양이다.

> 늙어 할 일이 없음을 알고,
> 돌아와 스스로 자적한다.
> 객사 잠을 잔 게 몇 년인가,
> 오늘 내 우거(寓居)를 사랑하노라.
> 처세에 좋은 방책 없어,
> 한가할 때 옛 글을 읽는다.
> 다만 한 번의 지루함을 잘 다스린다면,
> 그 나머지의 다른 것은 더 물어 무엇하랴.

> 老去知無用 歸來得自如 幾年眠客舍 今日愛吾廬
> 處世無長策 閒時讀故書 但能營一飽 渾莫問其餘

이제까지는 식객 노릇만 해 왔으나 아들이 집을 지어 주어 그것을 기뻐하며 지은 시다. 확실히 솔직하긴 하나 너무도 조촐하다.

이 무렵, 영가(永嘉)의 사영(四靈)이라고 해서, 온주(溫州) 영가 출신 중에 자(字)에 영(靈)자가 들어가는 네 시인이 사람들의 입에 오르내렸다.

조사수〔趙師秀, 자는 영수(靈秀)〕, 옹권〔翁卷, 자는 영서(靈舒)〕, 서조〔徐照, 자는 영휘(靈暉)〕, 서기〔徐璣, 자는 영연(靈淵)〕 등 네 사람이다. 그들을 대표로 옹권의 〈봄날 유명원에게 화답하다(春日和劉明遠)〉라는 제목의 오언율시를 소개한다.

처마에 떨어지는 소리를 어쩌지 못하고,
어젯밤 불어치던 바람도 잦아든다.
뜰에는 봄풀이 푸르고,
몇 잎 떨어지는 꽃도 가볍다.
분수를 알아 가난을 기꺼이 견딘다면.
챙길 일 없어서 꿈 또한 맑은 것을.
님을 만나 은둔을 이야기하니,
나처럼 세상 명예에서 멀어지기를 원하더라.

不奈滴簷聲 風回昨夜晴 一階春草碧 幾片落花輕
知分貧堪樂 無營夢亦淸 看君話幽隱 如我願逃名

은둔자의 시라기보다는 소시민의 시라고 해야 한다. 은자란 모름지기 격한 마음을 지녀야 한다. 도연명도 격정가였다는 것이 다름 아닌 주희의 평이다.

시를 짓는 계층이 넓어져 그 중에는 육유와 같이 평생 1만 수나 되는 시를 지은 사람도 있었으니 남송에서 만들어진 시는 실로 엄청날 것이다. 하지만 앞에서도 다루었듯이, 되풀이되는 정쟁으로 인해 인위적으로 없앤 시도 많았다. 작품이 그다지 좋지 않아 문집에 수록되었어도 소중히 다루지 않아 자연스럽게 망실된 것도 적지 않았다. 송대의 정쟁은 당사자의 사후에까지 그 여파가 미쳤다. 채경(蔡京)은 원우간당비(元祐姦黨碑)를 세워 이미 죽은 사마광, 소식의 이름을 아직 살아 있는 정이(程頤) 등과 나란히 새겨 넣었다. 정이는 그 형인 정호(程顥)와 함께 이정(二程)이라 일컬어지며, 우주의 법칙을 이(理)라고 명명하여 심성의 학문을 체계화하려 한 점에서 주희의 선구자로 간주한다. 그나마 제1급 문인들의 문장은 남아 있으나, 필시 구법파의 군소 문인의 시문은 대부분 이때 없어진 것 같다.

채경이 실각하고 신법파가 힘을 잃자, 공자와 나란히 배향(配享, 제사를 모시는 것)되던 왕안석의 상이 격하되어 묘정(廟庭)에 모셔졌다.

당시의 진사는 왕안석의 학문을 배워야 급제할 수 있었기 때문에 남송 초기에는 아직 신법계가 인맥적으로 우세했다. 다만 간당비에 이름이 오른 정씨의 학문을 정통으로 보는 움직임도 강했다.

남송으로 접어들자, 신법·구법의 당쟁이 아니라 주요 정쟁은 화의와 주전 두 파로 나뉘었다. 하지만 그것도 표면상의 것일 뿐 사리사권을 얻고자 하는 무리들이 도당을 짜서 그 세력을 뻗치려는 것이 진상이었다.

진회는 금나라와 화의를 맺은 일로 자신이 악당이 되는 것을 몹시 두려워했다. 조금이라도 자신을 비방하는 말이 있으면 그것을 탄압했다. 화의에 반대한 이광(李光)이라는 자는 등주(藤州)에 유배되었는데, 오원미(吳元美)라는 자가 그 집 건물에 '잠광정(潛光亭)'이라는 이름을 붙인 것을 두고 이광을 은근히 편드는 뜻이라며 투옥시켰다. 게다가 소설 등에서 자신이 악역으로 다루어질 것을 두려워했는지 야사(野史)를 일체 금지할

정도로 철저했다. 유학을 공부하는 모임조차 금지했다. 그곳에서 자신의
험담을 할까 두려웠을 것이다.

> 회(진회)는 또 상서하여 야사(野史)를 금하고, 사람이 밀고하는 것
> 을 허용했으며, 아울러 민간 경사(經社)의 결집을 금했다.

고 사서에 나온다. 앞에서 이야기한 이광은 1만 권의 장서를 가지고 있
었으나 진회는 그것을 불태워 버렸다.

이런 일들로 얼마나 되는 문장이 사라졌는지 헤아릴 수 없다.

원호문의 시 가운데 몽골에 연행된 포로의 참상과 약탈되어 황폐해진
국토를 읊은 것이 있다. 몽골를 신화에 나오는 난폭자 치우(蚩尤)로 바꾸
어 부르거나, 몽골 군사에게 끌려가는 여인을 회흘(回紇, 위구르)의 말을 따
른다고 바꿔 표현하는 식으로 표현해, 꽤 어렵기는 하지만 읽으면 그 뜻을
알 수 있다. 그런데 원호문은 어떤 벌도 받지 않고 쿠빌라이를 만났다.

몽골이 그렇게 관대했던 것일까? 어쩌면 남송에서 정쟁 때마다 상대
의 문장을 소멸시키려고 한 것은 문장이 지닌 힘을 잘 알기 때문일 것이
다. 몽골은 완력은 믿었어도 문장에 힘이 있다고는 믿지 않았기 때문에
그냥 내버려 둔 결과라고 생각한다.

몽골과 남송은 문장을 보는 견해가 크게 달랐다. 원호문은 시문의 힘
을 믿는 쪽이었다. 그가 그것을 남기려고 한 땅은 몽골의 지배하에 있었
다. 몽골은 아직 시문 따위를 무시하는 단계였기 때문에 문제될 것이 없
었다. 원호문의 문장을 비롯해 금대(金代)의 시문인 『중주집』은 남송의
시문보다 훨씬 행운이었다.

악주의 흥망

악주화약의 비밀

가사도(賈似道)에게는 분명 의심스러운 점이 있다. 하지만 지금으로서는 단정할 수 없다. 『송사』 「간신전」에 들어 있으니 내친 김에 여러 죄를 그에게 뒤집어씌웠는지도 모른다.

헌종(憲宗) 뭉케의 벌송군(伐宋軍)은 그 규모가 매우 장대했다. 몽골이 남하하는 길은 세 갈래가 있다고 말했는데, 쿠빌라이의 본거지인 개평부(開平府, 금련천)에서 남송의 수도인 항주를 관통하는 첫 번째 길은 처음부터 무시했다. 회하(淮河)의 복잡한 수로를 걱정했다기보다는 서남에서 포위한다는 기본방침을 목표로 했기 때문이다. 쿠빌라이는 제2 진로로 남하하고, 본대인 헌종 뭉케는 사천을 공격하여 사천에서 서쪽으로 향할 예정이었다. 먼저 쿠빌라이가 운남과 티베트를 공략했을 때, 그곳에 남겨둔 부장 우량하타이의 군대가 더욱 남하하여 안남국(安南國)을 토벌했다. 안남국은 오늘날 베트남을 말하는데 우량하타이는 그곳에서 북상했다.

이 세 군이 장강 중류에 있는 악주(鄂州)에서 합류하여 항주를 향해 총공격을 가한다는 계획이었다.

악주의 주성(州城)은 오늘날 무창(武昌)인데, 일찍이 그쪽의 최고사령관은 맹공(孟珙)이었다가 그가 죽은 뒤에는 가사도로 바뀌었다. 쿠빌라이는 악주를 공격하기 전에 이미 형 뭉케가 죽었다는 소식을 들었다.

국도 카라코룸에 있는 막내 아릭 부케가 쿠릴타이를 소집하여 카간(가한)으로 추대될 것은 뻔 한 일이었다. 쿠빌라이와 가장 사이가 좋았던 셋째 훌라구는 바그다드를 함락하고 이란, 이라크 땅을 공략하는 중이었으므로 너무나 멀어 금방 돌아올 수 없었다. 쿠빌라이가 카간에 추대되기 위해서는 훌라구계의 표를 기대하지 않을 수 없었다. 그는 이때 이미 다른 쿠릴타이를 소집하기로 결의했을 것이다. 하지만 그것도 서두르지 않으면 안 된다.

사천에 있던 본대는 합주(合州, 중경)까지 갔다가 뭉케를 잃고 카라코룸을 향해서 철수하던 중이었다. 지금 여기에서 쿠빌라이가 악주를 눈앞에 두고 북으로 돌아간다면, 베트남에서 북상중인 우량하타이의 군대가 남송 내에서 고립될 위험이 있었다.

베트남에서 북상하는 지역은 인구도 적고 남송의 군대도 별로 없는 광서(廣西)인데, 그곳에서 호남으로 들어가면 남송의 여러 진영이 있고 그 북쪽인 호북은 남송 국방의 중점지역이었다. 쿠빌라이가 철수하는 것은 우량하타이를 적지에 고립시키는 결과가 된다.

우량하타이는 칭기즈 칸이 가장 신뢰한 친위대장 수부타이(速不臺)의 아들이었다. 수부타이는 칭기즈 칸의 서정에 종군하여 남러시아에서 크리미아를 공략했다. 그 후 바투가 이끄는 유럽 원정에서는 부사령관을 맡았고, 금나라의 개봉을 함락할 때는 주장(主將)이었다. 1248년에 73세로 죽은 지 벌써 11년이 흘렀다. 지금은 건국 공신 2세, 3세의 시대다. 그리고 카간의 자리를 다투는 것은 칭기즈 칸의 손자들이었다. 그리고 그 내분을 더욱 어지럽힌 카이두는 칭기즈 칸의 증손에 해당한다.

쿠빌라이는 이를 악물고 우량하타이군과 연락이 닿기를 기다렸다. 버리고 떠날 수는 없는 일이었다. 쿠빌라이에게 우량하타이는 운남, 티벳을 공격했을 때의 전우다. 한시라도 빨리 북으로 돌아가고 싶지만 쿠빌라이는 악주성을 포위하고 있었다.

헌종 뭉케의 죽음으로 사천으로 침공했던 몽골군이 철퇴했다는 소식은 이미 악주에 전해져 있었다. 가사도는 쿠빌라이가 그렇게 오래 악주를 포위할 수 없다고 생각했다. 그에게는 여유가 있었다.

우량하타이군은 가까스로 호남의 담주(潭州, 장사)에 도착했으나, 그곳을 공략하는데 애를 먹어 곧바로 북상하여 쿠빌라이와 합류하지 못했다.

마침 그 무렵, 막내 아릭 부케가 쿠릴타이를 소집한다는 소식이 쿠빌라이에게 전해졌다.

아릭 부케는 톨루이의 막내아들로, 몽골에서는 상속에 관해서만은 막내가 유리했다. 게다가 막남한지대총독으로서 쿠빌라이는 한인 참모를 기용하거나, 성곽을 쌓는 일로 몽골의 장로들에게 중국화한다는 비난을 받고 있었다. 헌종 뭉케조차 아우인 쿠빌라이의 의도에 의심을 품었다. 맹우인 셋째 동생 훌라구는 서아시아에 있어 상황은 쿠빌라이에게 결정적으로 불리했다.

쿠빌라이는 다른 쿠릴타이를 자신의 이름으로 소집하는 것 말고는 방법이 없었다. 그것도 서둘러야 했다. 그래서 쿠빌라이는 악주 함락을 포기하고, 그곳의 남송 제치사인 가사도와 화약을 맺기로 방침을 정했다. 우량하타이가 고전하던 담주에서 동쪽으로 나아가 홍주(洪州, 강서)에서 계속 북상한다는 것도 겨우 알았다. 하루라도 빨리 정전하고 우량하타이군을 수용하여 북으로 돌아가야 했다.

이런 당시의 상황으로 보아 이때 가사도가 쿠빌라이와 매국적인 거래를 은밀히 맺었다는 이야기는 믿기 어렵다.

적 앞에서 철퇴를 감행하는 쿠빌라이의 처지가 견고한 성과 대군을 거느린 가사도보다 훨씬 불리했다는 것은 명백하다. 쿠빌라이는 우량하타이군을 수용해야 한다는 지극히 어려운 작업까지 떠안고 있었다. 철퇴하는 도중이라도 각지의 남송군에게 공격받을 것이다. 그 공격이 늦춰지도록 도움을 청하기 위해서라도 쿠빌라이가 가사도에게 양보하지 않을 수 없었다.

가사도라는 인물은 젊었을 때, 한량이기는 했지만 바보는 아니다. 아니 오히려 무척이나 영리해서 머리 회전이 빠르기로 정평이 나 있었다. 그가 자신이 처한 유리한 상황을 깨닫지 못할 만큼 어리석었다고는 도저히 생각할 수 없다.

일찍이 남송이 금에 제공했던 세폐를 그대로 지불한다든지, 국경선도 금과의 그것에 따른다든지, 아니면 남송이 몽골에 종신하여 장강 이북을 모두 몽골에게 바친다는 밀약을 가사도와 쿠빌라이가 맺었다는 설이 있다. 만일 이것이 사실이라면 확실히 가사도는 매국노다. 하지만 당시 상황으로는 그런 일을 생각할 수 없다. 또 그 후 가사도의 정치적인 움직임을 보아서도 있을 수 없는 일이라고 단정해도 좋다. 가사도가 굴욕적인 화약을 맺는 것은 헌종 몽케의 죽음을 몰랐을 경우뿐이다. 몽케의 죽음은 사천에서 몽골군이 철수했다는 사실로도 의심할 여지가 없었다.

골동 서화에 매수당한 가사도

뭉케는 7월에 죽었으니 쿠빌라이는 남하하던 중에 이미 그 부고를 접했다. 그래도 남하를 계속한 것은 분명 병력이 적지 않은 우량하타이군을 수용하기 위해서였을 것이다. 가사도가 증원군을 이끌고 장승(張勝)이 지키는 악주성으로 향한 것은 11월의 일이다. 뭉케의 죽음은 물론이고 그 후 몽골의 내부 상황, 수뇌들의 동향까지도 가사도는 상당히 자세히 알고 있었다고는 보아야 한다.

남송, 그리고 남송의 대표인 가사도에게 가장 걱정스러운 일은 쿠빌라이가 한지에서 자립할지도 모른다는 것이었다. 쿠빌라이가 동아시아의 문명권을 제압하고 맹제인 훌라구가 서아시아의 문명권인 압바스 왕조의 이란과 이집트를 제압해 버린다면, 몽골 고원의 촌뜨기인 아릭 부케 따위는 나중에 천천히 협공해서 요리할 수 있다.

쿠빌라이의 진중에는 개봉에서 금나라 실록을 접수한 장유(張柔)와 같은 한족 간부들이 있었다. 그들은 쿠빌라이에게 "몽골 고원에 무슨 매력이 있습니까. 차라리 한지에서 자립하여 이곳의 황제가 되십시오"라고 부추겼는지도 모른다. 또 같은 진중에는 우량하타이의 아들 아쥬도 있었다. 몽골의 장로들이 주인인 쿠빌라이의 카간 즉위를 열망하는 것은 당연했다. 쿠빌라이 자신도 몽골 세계 제국을 간단히 막내에게 넘길 생각은 없었을 터이다. 십중팔구 쿠빌라이가 북쪽으로 돌아갈 것이라고 예측한 가사도가 신종을 맹세하는 화의를 맺을 리는 없다. 다만 쿠빌라이에게 한지에서 자립할 의사가 있는지 어떤지, 남송에서 가장 마음에 걸려하는 일을 가사도가 이모저모로 탐색하고 그 결과로 화의 교섭이라는 형태를 취했을 가능성은 있다.

극히 상식적으로 생각해서 악주 전선은 포위한 쿠빌라이군 쪽이 불리했다. 헌종 뭉케의 죽음으로 이제 북지에서의 증원은 기대할 수 없었다. 그에 비해 남송군은 자국 영내의 전투이므로 각지에서 구원군을 부를 수 있다. 민간에서 의용군이 결성되는 것도 가능하다. 몽골군에게 가장 큰 위협은 악주의 북쪽인 양양이 남송군의 수중에 들어가 그곳이 군사기지가 되는 것이었다. 몽골군은 한 번 양양을 함락했지만 맹공이 탈환했다. 철퇴하더라도 몽골군은 악주에 있는 가사도의 추격과 양양에서의 출병으로 퇴로가 차단될 것을 걱정해야 했다.

가사도가 굴욕적인 화의를 맺지 않았을까 의심하는 가장 큰 이유는 나중에 쿠빌라이가 파견한 사절 학경(郝經)을 도중에서 억류했기 때문이다. 쿠빌라이의 사절을 국도인 항주에 들여놓지 않은 것은 가사도가 황제에게 알려지면 안 될 난처한 약속을 몽골과 맺었기 때문이라고 추측할 수 있다.

가사도와 쿠빌라이 사이에는 분명 겉으로 드러나면 곤란한 무엇인가가 있었다. 하지만 그것은 신종을 맹세한다는 굴욕적인 화의가 아니다. 대담한 추리를 시도한다면 북귀를 서두르는 쿠빌라이가 철퇴할 때, 남송군이 추격하지 않도록 가사도를 매수했을 가능성이다. 가사도는 황제에게 대승리라고 보고했지만, 쿠빌라이군은 적전도하(敵前渡河)라는 위험하기 짝이 없는 철퇴작전에 그다지 손해를 입지 않았다. 더구나 죽게 내버려 두면 안 된다고 그토록 기다리던 우량하타이군이 악주에 도착하기 전에 쿠빌라이는 장강을 건너고 있었다. 가사도는 수군인 하귀(夏貴)에게 명하여 도하중인 몽골군을 습격했는데 얻은 수급이 170이었다는 것은 너무 적어 보인다. 조금 뒤의 일이지만 하귀는 몽골군에게 항복했다. 아무래도 이 부근에서 미리 짜고 승부를 겨룬 냄새가 난다. 이듬해, 쿠빌라이의 사절 학경을 수도에 들여놓지 않았던 것은 어쩌면 이 각본의 폭로를 빌미로 몽골군이 협박했기 때문일지도 모른다.

늦게 도착한 우량하타이군까지 부교를 건너서 강 북쪽으로 무사히 도착했는데, 이를 공격하지 않겠다는 약속이 있었기 때문에 쿠빌라이는 안심하고 먼저 강을 건넌 것이다. 문제는 그 약속 내용이다. 단적으로 말해서 쿠빌라이가 가사도를 매수했는데 과연 그 미끼는 무엇이었을까? 근거가 없으므로 단순히 추리할 수밖에 없다. 막대한 금은이었을까, 미녀였을까, 가사도는 그런 것에 자유로웠다. 쿠빌라이군을 장강 속으로 몰아넣었으면 그 전공으로 조정에서는 그에게 엄청난 재물을 하사했을 것이다. 앞에서도 다루었지만 송나라는 역대 왕조 가운데 상벌이 가장 후했던 나라로 유명하다.

가사도는 악주에서 '대승리'한 공적으로 중앙의 부름을 받아 재상이 되었다. 남송 말기의 재상이라는 것 말고도 가사도는 또 다른 면에서 유명하다. 그는 서화미술 수집가였다.

조정으로부터 서호의 북쪽 갈령(葛嶺)에 저택을 하사받은 가사도는 그곳을 집방원(集芳園)이라 이름 붙이고 그 안에 반한정(半閑亭)을 지었다. 그의 아호가 반한노인추학(半閑老人秋壑)이었다. 그는 그곳에 엄청난 문화유산을 수집했다. 오늘날 전하는 옛 서화에는 흔히 수장자의 도장이 찍혀 있다. 오랜 세월 동안 소유자를 전전하다 황제에게 헌상되면 고궁에 보존되는데, 저명한 화가가 되면 수십의 감장인(鑑藏印, 그것을 감상했다는, 아니면 소장했음을 나타내기 위한 날인)이 찍히는 예가 많았다. 가장 많은 감장인은 청나라 건륭제(乾隆帝)의 그것인데, 가사도의 것도 매우 많다. '추학(秋壑)' '추학도서(秋壑圖書)' '열생(悅生)' '장(長)' 등의 도장이 가사도의 것이다.

중국화한 금나라 역대 황제 중에서 예술 취미가 가장 풍부했던 사람은 장종(章宗)이다. 금나라 장종이 송나라 휘종(徽宗)과 똑같은 수금체를 썼다는 사실은 이미 이야기했다. 그는 금나라 내부(內府)에 소장되어 있는 많은 서화에 감장인을 찍었다. 장종의 감장인은 '명창(明昌)' '명창보완(明昌寶玩)' '군옥중비(郡玉中秘)' '어부보회(御府寶繪)' 등이다. 그런데 금나라 장종의 감장인을 찍은 작품에 가사도의 감장인이 찍힌 예도 많다. 이것은 금나라 황실에 비장되어 있는 것이 금나라가 멸망한 뒤에 유출되어 가사도의 손에 들어갔다는 것을 의미한다. 몽골이 연경을 함락했을 때, 아니면 개봉을 함락했을 때, 금나라 황실의 비장품이 유출된 것이다. 더구나 금나라 내부에 비장된 명품은 대부분 북송의 개봉이 함락되었을 때 휘종, 흠종과 함께 북지로 온 것임이 틀림없다. 그렇다면 가사도는 송나라가 금나라에 빼앗긴 문화유산을 되찾았다는 말이 된다. 그것은 북송의 역대황제, 특히 휘종이 고심해서 수집한 것들이었다.

가사도는 이것을 상인에게서 입수했을 것이다. 금나라가 멸망할 때 내부의 서화가 민간으로 유출되는 일은 있을 수 있다. 하지만 몽골이 개봉을 함락했을 때, 한족 장군 장유가 금나라의 사관 기록류를 모두 접수해서 보관한 예가 있다. 확실히 당시 몽골족은 그와 같은 문화유산에는 관심이 없어 그다지 주의를 기울이지 않았는지도 모른다. 하지만 몽골 군중에는 그 가치를 아는 한족 간부가 있었다. 연경이 함락되었을 때, 대문화인인 야율초재가 투항했고 칭기즈 칸은 그의 조언을 자주 들었다. 야율초재가 "이것은 상당히 가치있다"고 진언해서 몽골이 그 수장을 계승했을 가능성이 있다.

수집가의 심리는 가끔 이상한 구석이 있다. 가사도는 고미술품을 갖고 싶은 욕심에 고분을 도굴시켰다는 이야기가 전하는 인물이었다. 나는 악주전 때 어쩌면 가사도가 쿠빌라이에게 그가 금나라 내부에서 손에 넣은 서화를 받았을지도 모른다고 추리한다. 금나라 개봉이 함락되고부터 쿠빌라이가 악주에서 철퇴하기까지 27년이 지났다. 쿠빌라이는 중국의 서화를 감상하는 심미안은 없었을지 몰라도, 그것이 돈으로 평가할 수 없을 만큼 가치 있다는 것은 알았다. 형 뭉케의 명령으로 개봉부에서 남벌전에 나섰을 때, 쿠빌라이는 전비에 충당하게 될지 모른다는 생각으로 내부(內府)의 서화를 갖고 왔을지도 모른다. 휘종이나 장종이라면 그런 일은 하지 않았겠지만, 가치가 있다는 것만 알고 그 '아름다움'을 모르는 쿠빌라이라면 상황에 따라서는 그것을 처분해도 좋다고 생각해서 서화를 가져왔을 가능성이 있다.

몽골은 정보망이 뛰어났기 때문에 쿠빌라이는 가사도가 서화 수집광인 것을 알고 처음부터 적의 최고사령관에게 쓸 '실탄'으로서 이용할 생각이었는지도 모른다.

근거가 약한 추리를 너무 길게 늘어놓는 것은 그만두기로 하자. 다만 악주전에는 수수께끼가 많다는 것을 강조해 둔다. 내친김에 대영박물관에 소장된 유명한 〈여사잠도권(女史箴圖卷)〉도 금나라 문종과 가사도의 검장인이 함께 찍혀 있는데, 이것은 이상하게도 '소흥(紹興)' 인도 찍혀 있다. 그것은 남송 고종(高宗)의 연호다. 그렇다면 이 그림은 정강(靖康)의 변때 휘종·흠종과 함께 금나라 손으로 넘어가지 않았다는 말이 된다. 남송 고종 시대에 항주 남송 내부(內府)에 있었다고 상상할 수 있다. 거기에 금나라 장종의 도장이 찍혔다는 것은 남송에서 종종 금나라로 파견된 사절이 헌상품으로 지참한 것이라고 생각할 수 있다. 금나라에 두 황제와 자신의 생모 반환을 계속 요청한 고종은 모친이 돌아올 수 있다면 〈여사잠도권〉도 아깝지 않다고 여겼을 것이다. 아니면 생모가 무사 귀환했을 때, 사례로 선물한 것인지도 모른다.

어떤 경위로 그것이 가사도의 손으로 넘어왔는지는 알 수 없다. 나는한 가지 추리를 보여 주었지만, 어쨌든 가사도는 송나라가 일찍이 금나라에 빼앗겼던 문화유산을 많이 되찾았다. 그것은 공적이라고 평가해야 할것이다.

또한 장강 남쪽 기슭에 있는 악주를 북쪽에서 공격한 몽골군은 장강에 부교를 띄워서 강을 건넜다. 배나 뗏목을 나란히 붙이고 그 위에 판자를 깔았다. 600년 뒤, 청나라 말기에 태평천국군이 무창(악주)을 공격할 때도 부교를 만들어 군대를 보냈는데, 그 장소는 쿠빌라이 시대와 똑같았다는 점이 최근의 중국 역사학자들에 의해서 고증되었다. 덧붙여서말하면, 중화인민공화국 정부가 장강에 설치한 무한대교(武漢大橋)도 같은 지점이라고 한다.

예나 지금이나 기세등등한 스튜던트 파워

가사도는 「간신전」에 실려서 후세에 나쁜 평판을 받은 인물이지만, 악주전에서 '승리'해서 중앙정부의 재상으로 앉은 무렵에는 인기 절정이라고 해도 지나치지 않다. 분식(粉飾) 보고일지 몰라도 대몽골전의 승리로 그는 관록이 붙었다. 게다가 그보다 앞선 재상이 너무도 무능했고 평판이 나빴던 것이 그의 주가를 높인 면도 있다.

진덕수나 위료옹 같은 학자 정치가가 큰 기대를 모으며 등장했지만, 『대학연의』를 강의하는 이외에는 이렇다 할 실적을 내놓지 못했다. 당연히 기대가 큰 만큼 실망도 컸다. 역시 학자는 정치와 거리가 멀다는 것을 증명하기 위해서 정치 무대에 오른 사람들 같았다.

학자 정치가에게 박수를 보낸 학생들도 머지않아 지지의 목소리를 멈추어 버렸다. 사실 이 시대 학생의 목소리에는 매우 큰 힘이 있었다.

삼학(三學)의 학생이나 경학(京學)의 학생, 특히 태학의 학생은 진사의 유력 후보생이다. 장래, 국정을 맡을 대관이 된다는 자부심이 있었다. 자연히 기세가 등등했다. 그들은 성인(聖人)의 학문을 한다는 것을 방패삼아 학부(學府)를 성역화했다. 학생에게 비난받은 관리는 그 소리가 높아지면 지위에 머무는 것이 곤란했다. 학생을 모욕하는 것은 성인을 모욕하는 일이라는 이치가 통했다.

학생이 나쁜 짓을 해서 도지사가 이를 장형(杖刑)으로 다스리면, 맹렬한 '학생운동'이 일어나 성인의 학문을 하는 학생을 모독했다고 소란을 피워 도지사가 사직하는 소동도 일어났다.

학자 정치가 등용에 실패한 이종은 사미원의 조카 사숭지를 기용했으나 학생들은 이 인사에 반대했다. 사숭지는 학자적인 풍격이 없는 인물이었기 때문에 학생들은 그다지 환영하지 않았다. 마침 사숭지는 아버지를 잃고 아직 복상기간이 끝나지 않았다. 태학의 학생 황개백(黃愷伯) 등

140명이 상서하여,

　　대신의 천자를 보필함은 효로써 천하를 다스림이라.

라는 유학의 근본 교의에 기초하여 사숭지의 재상 취임에 반대했다. 이종은 학생들의 반대를 괘씸하게 여기고 확실히 학교는 정론이라고 생각하지만 그 말이 좀 지나치지 않느냐고 불만을 비쳤다. 이에 대신은,

　　정론은 국가의 원기(元氣)인데, 지금 학교에는 아직도 정론이 남아
　　있으니, 바로 한 줄(一線)의 맥을 보양(保養)할 것을 요한다.

고 대답했다. 세상 일반사람은 무사안일주의에 빠져서 위에서 하는 일에 반대하는 일이 없지만 '정론'이야말로 국가의 정신적 기초이며 지금 그것이 상실되어 가는 듯하나 겨우 학교에만 남아 있다. 이는 매우 귀중한 것이므로 정론의 불이 꺼지지 않도록 지켜가야 한다는 말이다. 요컨대 학생들의 말을 들어주라는 소리였다.

　　이리하여 사숭지는 재상직에서 해임되어 복상을 계속했다. 바야흐로 학생운동은 재상도 해임시킬 수 있을 만큼 힘을 갖기에 이르렀다. 학생을 변호한 대신은 서원걸(徐元杰)이라는 사람이었는데, 정론이 귀중하다고 주장한 것까지는 좋았지만 아무래도 학생 편을 너무 들어주어 그들을 우쭐하게 만들어 버렸다.

　　학생들이 '정론'을 주장할 수 있는 것은 성역 안에 있기 때문이다. 또 그들의 가문이 좋고, 부형 중에 유력자가 있기 때문에 그 수를 믿고 과

감한 발언을 할 수 있었다. 또 지도자들은 그와 같은 정론운동으로 자신을 세상에 드러내 보이려고 생각했다.

하지만 이것은 지나친 감이 있다. 서원걸처럼 학생이 옳다고 학생 편을 드는 것은 그들의 화살이 자신을 향할까 두려웠던 탓인지도 모른다. 학생을 동정하는 자세를 보임으로써 그들의 공격을 피할 수 있었다. 결국 보신(保身)을 위한 일이었다. 학생은 점점 더 우쭐해졌다. 재상까지도 해임했으니 의기가 하늘을 찌를 듯했다.

가사도가 악주에서 개선하여 재상이 되기 전, 정대전(丁大全)이라는 인물이 재상의 자리에 있었다. 그의 경력을 보면 진사는 아니지만 외척에 빌붙어 승진한 전형적인 출세주의자였다. 외척 집안의 가정부를 아내로 맞았다고 하는데, 아마 출세를 위해서는 불물을 안 가리는 데다 외척의 배경을 믿고 오만하기까지 했던 모양이다. 그는 당시 우승상 동괴(董槐)를 모함하여 재상의 자리에 올랐는데, 태학 학생들이 '정론'을 휘둘러서 그를 공격한 것은 당연했다.

정대전은 참으로 기분 나쁜 인물 같지만 학생의 비위를 맞추려 하지 않았던 점만은 훌륭하다. 이 무렵 이종의 총애를 받은 귀비는 국정에도 참견했던 모양이다. 정대전은 그녀의 환심을 사 두었으므로 자신만만했는지도 모른다.

대신의 진퇴는 반드시 예(禮)로써 해야 한다.

태학생 진의중(陳宜中) 등 여섯 명이 이런 정론으로 정대전의 간악함을 상서했다. 이에 정대전은 철저한 탄압으로 임하여 그 여섯 명의 학적을 삭제하고 유형에 처했다. 여섯 학생이 유배지로 출발할 때, 국자좨주사업(國子祭酒司業), 즉 대학교수들이 의관을 갖춰 입고 그들을 배웅했다. 정대전은 더욱 분노하여 삼학에 석비를 세우고,

제생(諸生)은 함부로 극정을 논하지 말라.

고 새겼다. 하지만 정대전의 평상시 소행이 좋지 않았기 때문에 세론은 육학생 편이었고, 그들을 '육군자(六君子)'라고 불렀다.

정대전은 재상이 된 지 3년 뒤인 개경(開慶) 원년(1259)에 실각했다. 이는 악주전이 일어난 해다. 정대전은 사생활도 문란해 며느리가 아름답다는 이유로 가로채는, 당나라의 현종과 같은 짓을 저질렀다. 이런 악평이 자자한 인물의 뒤를 이어 재상이 되었으니, 가사도는 그만큼 덕을 보았다고 할 수 있다. 그는 먼저 육군자를 용서하여 귀경시켰다. 박수갈채를 받았음은 말할 나위도 없다.

가사도는 교육의 예산을 늘렸다. 교육에 열심이었던 것인지, 아니면 학생들의 환심을 사기 위해서였는지는 모른다. 또 이름 있는 주자학자를 중앙으로 불러들여 요직에 앉혔다. 이런 일로 태학의 학생들은 가사도가 자신들의 편이라고 생각해 정론을 휘두르며 정치를 비판하는 일이 줄었다. 재상으로서 정치를 하는데 잡음을 없앤 것이다. 주자학자를 등용한 것은 가사도에게 분명 노리는 바가 있었기 때문이다. 학자는 실무에 어두운 만큼 실무는 가사도가 주로 맡았다. 더구나 측근에 주자학자가 있으므로 최대의 정치 비판 세력인 학생들도 그에게 반대할 수 없었다. 유흥과 도박으로 연마한 빈틈없는 인물다운 방식이었다.

실제로 그는 유능했다. 남송은 오랜만에 정치력이 뛰어난 재상을 맞이했다. 성공했는지 어떤지는 논의의 여지가 있지만, 어쨌든 가사도는 국가 재정의 재건과 그 밖의 정치문제에 의욕적으로 매달렸다.

기강의 숙정(肅正)도 행했다. 그는 악주전을 손수 지휘하면서 남송군의 부패한 모습을 똑똑히 보았다. 장군들은 전리품을 자신의 것으로 챙겼고 전비도 속였다. 가사도는 그것을 엄격히 조사했다. 현지에 있던 그의 눈을 속일 수는 없었다. 많은 장군이 처벌을 받았다. 이 조치는 해이해진 남송군의 기강을 크게 바로잡았다.

이종 말기에는 송대에서는 드물게 환관이 정치에 살짝살짝 그림자를 드리웠는데 가사도는 그 환관의 암약(暗躍)도 억눌렀다. 또 외척의 발언력도 봉쇄하였다. 원래 그 자신이 외척 출신이기 때문에 봉쇄하는 요령은 잘 알고 있었다. 환관이나 외척의 힘을 봉쇄할 때는 군의 기강 숙정 때 취했던 강경한 조치는 피했다. 이때는 임기응변의 훌륭한 말솜씨를 발휘했다.

국익을 먼저 챙긴 간신 재상

국가 재정을 재건하기 위해서는 가사도도 상당히 무리해야 했다.

남송의 경제력은 사실 매우 강대했다. 국가의 북쪽 절반을 금나라에 빼앗겼고, 후기에는 그것이 몽골의 것이 되었지만 남송은 반으로 줄어든 국토만으로 전국토를 보유했던 북송 때보다 경제적으로 훨씬 넉넉했다.

강남은 원래 윤택한 땅이었다. 당나라 때는 국가의 재정을 주로 강회 땅에 의존했다. 남쪽의 경제력으로 북쪽을 먹여 살리는 실정이었다. 특히 식량은 강남으로부터의 운하 수송에 의존했다. 생각하기에 따라서는 북쪽을 잃음으로써 남쪽 사람들은 큰 부담을 덜었다고도 할 수 있다. 금에 바친 세폐는 그때까지 북쪽을 부양하던 부담이 그대로 계속된 것이어서, 재정적으로는 새로운 부담이 아니라는 견해도 있었다. 북에서 이주해온 사람들이 늘자 강남은 구석구석까지 개발되었고, 경제력은 더욱 커졌다.

다만 남송의 경제성장은 전쟁이 없다는 전제하에서다. 역사는 대사건만 특기하므로 전쟁만 일어났다고 착각하기 쉽다. 하지만 남송과 금의 관계는 초기 항전시대는 별도로 하고, 진회가 등장한 이후 평화 상태였다. 해릉왕의 남정과 한탁주의 북벌 같은 정쟁이 오히려 예외였다. 금나라가 멸망하고 남송이 몽골과 직접 국경을 접하게 되면서부터는 전쟁이 일상이 되었다. 아무리 눈부신 경제성장을 이룩했다 해도, 이렇게 되면 어떤 재력도 해면(海綿)에 흡수되는 물처럼 전비로 흡수되어 버린다. 남송 말기, 경제는 급속히 나빠졌다.

몽골과의 긴 국경선을 긴장시킨 것은 남송의 강경한 삼경팔릉 탈환 작전이었다. 이 사건은 앞에서 이야기했듯이 주자학의 이데올로기 때문에 일어난 느낌이 강하다.

가사도가 재상이 된 무렵은 아무리 돈이 있어도 부족한 한심스러운 시대였다. 소주(蘇州) 등 강남지방의 견직물, 월주요(越州窯)의 후계자라고 일컫는 용천요(龍泉窯)의 청자, 경덕진(景德鎭) 등의 도자기는 해외로까지 수출되었다. 시대가 시대인 만큼 대외무역으로 얻은 이익이 국가 재정을 얼마나 윤택하게 했는지, 요즘 감각으로 유추하는 것은 위험할지도 모른다. 그러나 고종 소흥 16년(1146)의 상유(上諭, 임금의 말씀)에,

무역의 이로움은 국가재정을 크게 돕는다. 모름지기 옛 법을 좇아
외국인을 불러들이고, 금옥과 포백을 널리 통용케 하라.

고 무역 장려를 국시로 한 것을 볼 수 있으며, 남송시대에 복건의 천주
(泉州)와 광동의 광주(廣州)가 대외무역항으로서 번영했다는 것을 다양한
기록으로 알 수 있다.

남송말기, 천주에 있던 대무역상 포수경(蒲壽庚)은 아라비아인이었던
것 같다. 이에 관한 것은 쿠와바라 시츠조(桑原騭藏, 1871~1931, 일본의 동양
사학자-옮긴이)의 『포수경의 사적』에 상세히 나와 있다.

남송은 이처럼 엄청난 경제력을 가졌으면서도 대몽골 전비를 충당할
수 없었다. 군비를 마련하기 위해서는 아무래도 백성을 착취해야 했다.
소금과 차, 술 등 정부의 전매품 가격은 여러 차례에 걸쳐 인상되었다. 군
량을 확보하기 위해 농민의 협력을 얻는다는 명목으로 행한 '화적(和糴)'
은 강제적인 것이 되었다. 이는 시가보다도 훨씬 낮은 가격으로 정부가
미곡을 사들이는 제도다. 아무리 저가라도 대금을 지불했으므로 세금이
라고 부를 수 없을지도 모르지만, 농민에게 이 공출은 일종의 세금이나
같았다. 남송정부가 '화적'으로 거둔 식량이 1년에 800만 석에 달했다고
하니 이 제도가 얼마나 악명 높았는지 짐작할 수 있다. 더구나 정부는
이 화적 대금을 회자(會子), 즉 어음으로 지불했는데, 그것을 남발함으로
써 회자 시세가 하락해 농민은 더욱 힘들어졌다. 그것이 물가에 영향을
미쳐 물가상승을 초래했음은 말할 것도 없다.

가사도는 이 악명 높은 화적을 그만두고 다른 방법으로 군량을 확보
하려고 했다. 그것이 공전법이다. 토지 겸병이 진행되어 빈부의 격차가 벌

어진 것도 사회불안으로 이어졌다. 공전법은 200묘(畝) 이상의 토지는 그 3분의 1을 정부가 사들여 공전, 즉 정부의 땅으로 하고 그 수입으로 화적을 대신한다는 발상이다.

이 제도가 대지주에게 불리했음은 말할 것도 없다. 중앙의 고급관료는 대지주 계급 출신이므로 조정에서도 공전법에 강하게 저항했다. 기후 이상도 공전법 때문에 하늘이 노했다고 상서하는 지경이었다. 토지를 매입한다고 해도 회자를 사용하므로 액면가보다 훨씬 싸서 거의 거저나 다름없는 경우도 있었다. 이래서는 매입이 아니라 몰수다. 또 지방 관리는 공전을 늘리면 그만큼 자신의 공적이 되기 때문에 200묘 이하인 중소 지주나 자작농의 토지까지 공전법을 적용해서 빼앗는 사태도 벌어졌다. 평판이 나쁜 화적 대신 생각해낸 공전법 역시 평판은 좋지 않았다. 그렇지만 공전법의 정신은 토지 겸병을 막는 일로 국가적 견지에서는 긍정적인 제도라고 할 수 있다.

유력자의 반대를 무릅쓰고 이것을 강하게 밀고 나간 가사도의 정치력은 상당했다고 해야 한다. 이 일로 그는 대지주, 대관료에게 미움을 받았다. 그가 「간신전」에 수록된 것은 이와 같은 지배층의 원한 때문인지도 모른다. 그는 이 밖에도 남발한 어음을 정리해서 물가상승 대책을 적극적으로 추진했다.

도대체 그의 어떤 점이 간신이란 말인가? 그는 자신도 대지주지만 대지주의 이익을 희생하여서 국익을 우선한 인물이다. 놀기 좋아하고 학자적인 분위기는 없었는지도 모른다. 그는 갈령(葛嶺)의 별장에서 정무를 보았기 때문에 조신들이 조정으로 가지 않고 가사도의 집방원(集芳園)으로 출타했다고 하니, 꽤 제멋대로인 행동도 많았던 것이 분명하다. 나중에 몽골의 압박이 강해지자 천도를 진언했다가 받아들여지지 않았고, 그 일로 죄를 얻어 복건으로 유배되었으며 그곳에서 살해되었다. 천도론도 공전법과 마찬가지로 국가적 견지에 선 의견이었다. 그 일만으로 간신으로 만들기에는 근거가 희박하므로 악주화약을 날조한 것은 아닐까.

악주전 뒤에 가사도는 16년 동안 정권을 장악했다. 강력한 정치력을 바탕으로 한 시정으로 많은 정적을 만들었음이 틀림없다. 아무리 가사도가 최고 권력의 자리에 있었다 해도 쿠빌라이와의 밀약을 16년 동안 숨길 수는 없었을 것이다. 그 일이 알려지자마자 그 자리에서 추방되었을 것이다. 악주화약의 일뿐만 아니라 고분을 파헤쳐서 옛 물건들을 얻었다는 것도 어쩌면 조작된 이야기일지도 모른다.

송대는 그 남북을 불문하고 문인을 숭상하고 지성을 제일의(第一義)로 삼았던 시대다. 무능했어도 진덕수나 위료옹은 존경을 받았다. 유능한 인물이라도 가사도처럼 한량인데다 후광으로 진사가 된 자는 시대에 맞지 않았다고 할 수 있다. 실제보다 나쁜 사람이 되었으나, 어쨌든 그가 남송을 지탱했던 것만은 사실이다. 그의 과감한 정치가 없었다면 남송은 더 빨리 자멸했을 것이다.

애산비가

초원을 떠나 중원의 제국으로

1259년 말부터 이듬해 초에 걸쳐 쿠빌라이가 서둘러 악주(鄂州)에서 개평부(開平府)로 철수해야만 했던 데는 다양한 이유가 있다.

경쟁자인 막내 동생 아릭 부케가 그 근원지인 몽골에서 어떤 움직임을 보여도 쿠빌라이는 그다지 두렵지 않았다. 몽골고원은 유목의 땅일 뿐 생산성이 매우 낮았다. 그곳에서 칭기즈 칸이 큰 세력을 이룰 수 있었던 것은 약탈 전쟁 덕이었다. 그것도 처음에는 규모가 매우 작았다가 그것이 축적되면서 커졌다. 하지만 이제 몽골은 세계 제국이 되었다. 그 주도권을 쥐는 싸움은 처음부터 규모가 클 수밖에 없다. 아릭 부케의 근거지인 몽골고원만으로는 그런 대전쟁의 살림을 감당할 수 없다. 조금이라도 전쟁이 길어지면 당장 군량조달에 어려움을 겪을 것이다. 게다가 병력도 모자란다.

아릭 부케도 그 점을 알았다. 그에게는 아람다르라는 참모가 있었는데 아람다르는 몽골의 땅에서 군사를 모으고, 마찬가지로 아릭 부케를 옹립한 동지 도리치(脫里赤)는 막남제주(漠南諸州)에서 군사를 모으기 시작했다. 막남제주라면 쿠빌라이가 지배하는 지역이다.

이를 안 쿠빌라이의 아내는 카라코룸에 항의하는 사자를 보냄과 동시에 악주에 이 사실을 알렸다. 청컨대 속히 돌아오라. 이것이 전선의 쿠빌라이에게 아내가 보낸 전언이었다. 쿠빌라이의 아들은 개평부에 있다. 만일 몽골이 대동원령을 내린다면 막남의 병사는 그곳의 대총독인 쿠빌라이가 마땅히 모아야 한다. 쿠빌라이가 출정중이라도 아들이 있다. 그런데 아무런 상의도 없이 도리치를 파견한 것에 쿠빌라이의 아내는 화가 났다. 모병 방법만으로만 봐도 아릭 부케를 옹립하려는 일이라는 것이 너무도 분명하다.

쿠빌라이는 아내에게 다시 귀환을 촉구받았다. 『원사』에는 쿠빌라이는 철수하기 직전에 가사도(賈似道)의 사자 송화(宋和)에게 화의 제안을 받은 것으로 되어 있다. 그것에 쿠빌라이는 자신은 명을 받들어 남정하는 것이므로 마음대로 전쟁을 그만둘 수 없다, 사대(事大, 대를 섬김. 즉 투항)할 마음이 있다면 조정(카라코룸을 말함)에 청하라고 대답했다. 억지로 갖다 붙인 듯한 기사가 귀환하기 전에 삽입된 느낌이다. 세폐도 신종하는 것도 『원사』「세조본기」의 이 대목에는 나오지 않는다.

쿠빌라이는 연경을 거쳐서 개평부로 돌아와 자신에게 유리한 쿠릴타이를 열고 카간의 지위에 올랐다. 막남에서 군사와 식량을 보급 받으면 아릭 부케는 쿠릴라이를 이길 수 없다. 1260년 가을, 싸움이 시작되자마자 쿠빌라이가 이겼다. 이해 5월에 쿠빌라이는 연호를 '중통(中統)'이라 정했다. 연호를 정하기 한 달 전에 학경(郝經)이 국신사(國信使)로서 남송에 파견되었고, 가사도가 이를 억류한 문제가 일어났다. 가사도를 위해 변호한다면, 남송으로서는 쿠빌라이와 아릭 부케 둘 중 누가 몽골의 주인이 될지 알지 못하는 시기여서 국신사를 어떻게 다루어야 할지 정하지 못했던 것 같다.

학경은 몽골의 한림시독학사(翰林侍讀學士)였다. 이처럼 쿠빌라이 정권은 쿠릴타이에서 카간에 추대되기 전부터 중국식 관제를 채용했다. 연호를 정함으로써 한 걸음 더 중원 국가에 다가갔다고 말할 수 있다.

1264년에 몽골은 지원(至元)으로 개원하고 지원 8년(1272)에 국호를 '대원(大元)'으로 정했다. 그때까지 중국의 역대 왕조는 처음 왕으로 봉해진 발상지를 국호로 삼는 것이 관례였다. 한, 위, 진, 수, 당, 송, 모두 그랬다. 하지만 쿠빌라이는 특별히 왕으로 봉해진 것이 아니므로 국호도 지명이 아닌 좋은 이름으로 골랐다. 이때 한문 조서에,

> 국호를 세워 대원이라 할 것이다. 무릇 『역경』의 건원(乾元, 하늘)의 뜻을 취한 것이다.

라고 나와 있다. 다만 11년 전, 연호를 중통으로 고쳤을 때의 조서에도

> 『춘추』의 정시(正始)를 본뜨고, 『대역(大易)』의 건원을 본받았다.

라는 구절이 있어, 습관적으로 대원의 국호를 일부에서 이미 쓰고 있었는지도 모른다. 대역건원(大易乾元)에서 따왔다면, 대(大)자는 미칭(美稱)이 아니고 대원의 두 글자가 국호라는 설도 성립된다. 연호에 이어서 국호까

지 정한 쿠빌라이는 마침내 본격적으로 자신의 정권을 중원화하려는 결의를 굳혔다.

아릭 부케는 그 5년 전, 다시 말해 지원 3년(1266)에 쿠빌라이에게 완전히 항복했다. 다만 카이두의 반란은 아직 계속되고 있었다.

쿠빌라이가 지원으로 개원한 해 10월에 남송에서 이종이 죽었다. 재위는 40년에 이른다. 정책(定策)의 공신 사미원이 그 치세 초기에 독재했고, 후기에는 가사도에게 휘둘려 주체성 없는 황제였으며 황자도 없었다. 일찌기 민간에 있었던 이종에게는 조여예(趙與芮)라는 친동생이 있어, 영왕(榮王)으로 봉해졌다. 그 영왕에게 조기(趙祺)라는 아들이 있었는데, 그를 황사(皇嗣)로 삼았다. 조기는 그다지 영명하다고는 할 수 없는 인물이었다. 이종은 핏줄이 가장 가까운 조카를 황사로 세우고 싶어 했지만 군신들은 별로 탐탁해하지 않았다. 이때 조기를 황세로 세우는 데 가장 열심이었던 사람이 가사도였다. 그 덕분에 조기는 황태자가 되었고, 이종이 죽은 뒤 제위에 올랐다. 이가 탁종(度宗)이라 불린 황제인데, 정책의 공신은 말할 나위도 없이 가사도였다. 그런 까닭에 이 재상 앞에서는 아무도 머리를 들 수가 없었다.

남송 최후를 지킨 사대부들

헌종(憲宗) 뭉케의 죽음으로 남송 토벌군이 철퇴한 것이 1259년의 일이었다. 남송이 멸망한 것이 1279년이므로 그 사이는 정확히 20년이다. 뭉케의 죽음, 후계자 다툼, 카이두의 반란 등 주로 몽골 쪽 사정으로 남송의 목숨이 연장되고 있었다.

쿠빌라이도 착실히 국력을 기른 뒤에 송나라를 제압하려고 여유를 부린 점도 있다. 이미 원(元)이라 칭한 몽골이 남송을 공격하는데 가장 방해가 되는 것은 양양(襄陽)이었다. 남송이 양양을 확보하고 있는 한, 원은 함부로 군대를 진격시킬 수 없었다. 뭉케의 명령으로 쿠빌라이가 남하했을 때도 양양을 공략하지 않고 악주까지 진출했기 때문에 몽골군은 살얼음을 밟는 느낌이었다.

쿠빌라이는 이번에는 양양을 피하지 않고 정면에서 공격하기로 했다. 대원이라는 국호를 세운 지 2년 뒤인 지원 10년(1273) 정월, 원군은 마침내 번성(樊城)을 함락했다. 이로써 양양의 운명은 다했다고 할 수 있다.

양양성은 고립되어 쉴 새 없이 긴급사태를 알렸으나, 재상 가사도는 원군을 보내지 않았다. 수장 여문환(呂文煥)은 성내를 돌 때마다 남쪽을 향해 통곡했다고 한다. 더는 손 쓸 방법이 없었다. 마침내 쿠빌라이의 항복 권고문이 도착했다.

> 그대들이 고립된 성에서 저항하기를 어언 5년, 그대들의 주인이 힘
> 을 펼 수 있다면 물론 그것도 좋다. 그러나 세(勢)는 다하고 지원도 끊
> 겼다. 수만의 백성을 어쩌할 건가?

몽골의 규율은 항복하면 목숨은 살려 주나 저항하면 모두 죽인다. 적으로서 대치한 지도 오래되었으니 남송 쪽도 그것을 알고 있다. 여문환은 병사와 관리를 이끌고 마침내 항복했다.

이로써 원군의 남하를 방해하는 요소가 제거되었다. 원나라는 점령한 양양에서 부지런히 병선을 만들었다. 남송과의 싸움은 몽골족에게 익숙

하지 않은 수전이 많았다. 그러나 중원 왕조가 된 원나라의 군대는 몽골족만이 아니라 한족 장병도 많았다. 물을 두려워하는 체질은 어느 정도 개선되었다.

남송은 양양이 함락되고 3년 뒤에 멸망했다. 원나라는 양양을 함락한 이듬해에 일본에 원정군을 보냈지만 실패했다. 일본에서 말하는 문영(文永)의 싸움이다. 그 7년 뒤에 제2차 원정군을 보냈으나 역시 실패했다. 이것이 홍안(弘安)의 싸움이다. 두 번에 걸친 원의 일본원정은 다음 장에서 다루기로 한다.

제1차 일본원정 2년 뒤에 남송은 멸망했다. 양양을 함락한 원군은 다시 남하하여 2년 전에 포위했다가 함락하지 못한 악주를 힘들게 점령했다. 600년 뒤, 태평천국 전쟁에서도 악주(무창)가 함락되자 나머지는 일사천리로 난징의 운명이 다했다. 원군의 악주 점령으로 장강 상류를 점한 원나라는 절대 유리한 위치에 섰다.

가사도는 이것을 무호(蕪湖)에서 요격하였으나 대패했다. 지원 12년(1275) 2월의 일로, 정병 13만을 여러 갈래의 진로로 동원한 끝에 패전한 것이므로 결정적이었다. 이 전투 전에 안경부(安慶府) 지사 범문호(范文虎)가 원에 항복했다. 범문호는 가사도의 사위다.

원군의 총수는 바얀(伯顏)이었다. 그의 아버지 샤옥타이는 쿠빌라이의 동생인 훌라그의 부장으로 서아시아 공략에 종군했고, 바얀도 이란 부근에서 성장했다. 그 후 쿠빌라이를 섬기면서 그 재능을 인정받았다. 원의 남벌군은 한인세후 중 한 사람인 74세의 사천택(史天澤)과 39세의 바얀 두 사람이 사령관으로 임명되었으나, 사천택은 그해(1274)에 죽었기 때문에 바얀이 최고사령관으로서 작전을 지휘했다.

그대, 쉽게 죽이지 마라.

출발에 즈음하여 쿠빌라이는 그렇게 명령했다. 쿠빌라이는 이미 중원 왕조의 황제였다. 칭기즈 칸 시대의 피비린내 나는 살상은 되도록 삼가려고 애썼다. 남송을 토벌할 때도 함부로 죽이지 말 것을 다짐했다.

무호에서 패한 가사도는 그곳에서 16년 집권에 마침표를 찍었다. 해임되어 복건의 장주에 유배되고 정호신(鄭虎臣)이라는 자에게 살해되었다. 정호신은 가사도 때문에 자신의 아버지가 유배되었다는 원한을 품고 있었다.

여문환과 범문호처럼 투항한 고관도 있었지만, 지주(池州)의 조앙발(趙昻發), 요주(饒州)의 당진(唐震), 강만리(江萬里), 또는 강회초토사(江淮招討使) 왕입신(汪立信)처럼 투항보다는 죽음을 택한 사람들도 있었다. 바얀은 왕입신의 유족을 찾아가 정중히 조의를 표했다.

각지에서 근황(勤皇, 황제에게 충성을 다함) 의군이 일어났다. 강서의 문천상(文天祥) 같은 사람은 도중(都中)의 호걸로 계동산만(溪洞山蠻) 등 용사 1만을 모아 임안부(臨安府, 항주)로 달려갔다. 문천상은 스무 살에 수석으로 진사에 급제한 수재였다. 더구나 인물도 매우 준수했다고 한다. 남송의 종말을 장식한 훌륭한 장부였다고 해야 할 것이다. 그는 강남의 각지에서 광범위하게 유격전을 펼쳤다.

바얀은 건강(建康, 남경)으로 들어갔으나 이미 날씨가 더워졌기 때문에 가을이 되기를 기다려서 다시 군을 진격시키자는 조서를 받았다. 바얀은 여세를 몰아 항주까지 단숨에 공격하려고 했지만, 쿠빌라이는 그것을 말렸다.

바얀이 남정군을 이끌고 출발한 1274년 7월, 남송에서는 탁종이 죽고 네 살 된 황자 현(㬎)이 즉위했다. 황태후 사씨(謝氏)가 섭정했다. 이 대국 란 때 어린 황제가 즉위했으니, 남송의 앞날은 암담했다.

일찍이 정대전(丁大全) 때문에 유배형을 받았다가 가사도 때 사면된 학 생 여섯, 즉 육군자의 우두머리였던 진의중(陳宜中)이 이때 재상이 되었 다. 열혈한이었으나 열혈만으로는 이 난국을 헤쳐 나가기 어려웠다.

한편 요직에 있다가 자리를 버리고 도망친 조정대신이 수십 명에 이르 렀다. 태황태후(이종황후)는 이 소식을 듣고,

> 우리 왕조 300여년, 사대부를 대접하기를 예로써 하였건만.

이라며 한탄했다. 확실히 송은 역대왕조 중에서 사대부를 가장 우대한 정권이다. 언론으로써 사대부를 죽여서는 안 된다는 석각유훈이 아직도 살아 있었다. 태황태후는 탄식하였으나 그래도 송나라 멸망 때 나라를 위해 죽은 사람의 수는 다른 왕조 때에 비해 훨씬 많았다. 청나라 조익 은 『이십이사차기』에서,

> 역대 이래 몸을 던져 나라에 순(徇, 따라 죽음)한 자는 유독 송 말에 많다. 패망을 구하지 못했다고 해도, 요컨대 사대부를 양성한 보답이 없었다고 말할 수 없다.

라고 평했다. 많은 순국지사 가운데 대표적인 인물이 문천상이다. 어느 시대에나 형세가 나빠지면 적에게 도망가는 사람은 있는 법이다. 남송 멸

망에 즈음해서도 태황태후를 탄식케 한 사람이 있었다. 하지만 객관적으로 보면 기골 있는 행동을 취한 사람은 조익의 말처럼 당말, 명말, 청말에 비해 송말에 특히 많았다. 사대부를 우대했기 때문이기도 하지만, 주자학의 영향이 컸다고도 할 수 있다.

강남엔 아직 남자가 있네

가을이 되자 바얀은 군사를 진격시켰다. 상주(常州)의 공방전은 몹시 처참했다. 쿠빌라이는 바얀에게 적을 죽이지 말라고 말했지만 그것은 원칙일 뿐이었다. 저항이 심한 곳은 훗날의 본보기를 위해서도 학살을 주저하지 않았다. 상주가 그랬다. 이곳에서도 상주 지사 요은(姚訔)이 죽고, 통판(通判) 진소(陳炤)도 적과 싸우다가 칼에 맞아 죽었다.

바얀의 군대는 마침내 항주성 동북쪽 고정산(皋亭山)까지 진격했다. 남송 조정에서는 문천상과 장세걸(張世傑) 등이 삼궁(三宮, 황제, 탁종황후, 이종황후)을 해상으로 옮기고 자신들은 성을 등지고 일전할 것을 주장했으나, 육군자인 진의중이 이에 반대했다.

감찰어사 양응규(楊應奎)는 황제의 상징인 '전국(傳國)의 새(璽)'를 들고 가 항복했고, 바얀은 그것을 받고 항복 협의를 진행했다. 문천상은 우승상이자 추민사로서 바얀의 진중으로 나갔다.

문천상은 원군이 가흥(嘉興)까지 후퇴하고 강화가 이루어질 때까지 그곳에 머물 것을 요구했다. 물론 바얀은 거절했다. 다만 문천상의 논리 정연한 변론에 감동해서, 어떻게든 이 인재를 원나라를 위해 기용하고 싶어서 투항을 권했다. 문천상은 당연히 승낙하지 않았다. 바얀은 마침내 그를 억류했다. 이때의 일을 문천상은 그의 시집 『지남록(指南錄)』에서 다음과 같이 읊었다.

홀로 말을 타고 당당히 적진으로 나아가,
고금의 화복을 들어 또박또박 진술했네.
북방 사람들이 서로 쳐다보며 남자라 이르며,
강남에도 아직 사람이 있다는 듯 말하더라.

單騎堂堂諸虜營 古今禍福了如陳 北方相顧稱男子 似謂江南街有人

연경으로 호송되던 도중에 문천상은 진강(鎭江)에서 탈주했다. 그는 진강에서 동쪽으로 향했다. 삼궁은 원군에게 사로잡혔으나, 어린 황제 공종(恭宗)의 형 조시(趙昰)는 항주를 탈출하여 온주로 가서 그곳에서 진의중과 장세걸에게 옹립되었다. 동생인 공종이 즉위한 것은 조시가 적출(嫡出)이었기 때문으로 조시의 어머니는 양씨(楊氏)로 그는 서자였다. 탁종이 죽었을 때, 군신들은 조금이라도 나이가 많은 황제가 낫다며 아홉 살인 조시의 즉위를 결정하려 했으나, 가사도가 이에 반대했다고 한다. 단종(端宗)인 조시는 불행한 소년이었다. 원군에게 쫓겨서 복건 천주(泉州)에서 광동 혜주(惠州)로 피신했다 끝내 무인도에서 죽었다. 향년 11세였다. 여덟 살인 친동생 조병(趙昺)이 다시 옹립되었으나, 함께 왔던 가신들이 하나둘 떠나는 바람에 주위는 너무 쓸쓸해졌다. 육군자로 재상이 되었던 진의중조차 복건으로 출장가서 돌아오지 않았다.

조병은 남송의 마지막 황제지만 제호는 없고 다만 제병(帝昺)으로 부른다. 『송사』는 망명한 두 사람을 황제가 아닌 두 왕으로만 기록해 놓고 있을 따름이다.

가엾은 황제는 오늘날 마카오 서쪽에 있는 애산도(厓山島)에서 비와 이슬만 겨우 피하는 간소한 집에 살았다. 문천상은 유격전을 계속했으나, 광동의 조주(潮州)에서 원군 장군 장홍범(張弘範)에게 사로잡혔다. 원나라 지원 15년(1278)의 일이다.

장홍범은 문천상을 자신의 배에 태우고 항복 권고문을 쓰라고 강요했다. 이에 문천상은 다음과 같은 시를 지었다.

> 고생을 만난 것도 한 권의 경서(經書)에서 비롯되었고,
> 참혹한 전쟁에 시달린 지 어언 4년이 지났네.
> 산하는 짓밟혀 몹시 황폐해지고 바람은 버들개지를 흩날리니,
> 우리의 몸과 세상의 흥망은 비를 맞는 부평초와 같구나.
> 황공탄(惶恐灘) 가에서 황공함을 말하고,
> 영정양(零丁洋) 뒤편에서 영락을 한탄한다.
> 사람은 예부터 누구나 죽는 법,
> 단심을 간직하여 청사를 비추리.

> 辛苦遭逢起一經 干戈寥落四周星 山河破碎風飄絮 身世浮沈雨打萍
> 惶恐灘頭說惶恐 零丁洋裏嘆零丁 人生自古誰無死 留取丹心照汗靑

이처럼 쓰리고 괴로운 일을 만나는 것도 따지고 보면 경서를 읽고 과거를 보아 진사가 되었기 때문이다. 이미 주자학의 시대였다. 황공탄(두려

운 여울), 영정양(영락의 바다)이라는 것은 모두 실재하는 지명이다. 영정양은 훗날 아편 전쟁의 전쟁터가 되기도 했다.

장홍범은 정예 2만을 이끌고 남하하여 애산도를 공격했다.

지원 16년(1279) 2월 6일, 원군의 총공격이 시작되었다. 남송군 장세걸, 육수부(陸秀夫)는 칼이 부러지고 화살이 다할 때까지 싸웠다. 남송은 아직 자신들의 연호가 있었다. 이해가 상흥(祥興) 2년이다.

육수부는 먼저 처자를 바다에 던지고 자신은 의관을 바로하고 어린 황제를 등에 업고 바다 속으로 들어갔다. 이때 순사한 사람의 수가 엄청났는데, 그 중에는 궁녀도 적지 않았다. 황제의 어머니 양씨는 아들의 죽음을 듣고,

> 내가 죽기를 참고 간난 속에서 여기까지 왔음은 오로지 조씨의 한
> 점 혈육을 위해서였거늘. 이제는 바랄 것이 없구나.

고 통곡하며 물에 빠져 자살했다. 장세걸은 일단 피신하여 재기를 노렸지만, 배가 뒤집혀 죽었다고 전한다.

문천상은 자기 나라의 마지막 모습을 적의 배에서 지켜 봐야 했다. 그가 지은 〈감유(感有)〉라는 오언율시가 있다.

> 물 건너 남해상에 이르니,
> 흩어진 시신이 얽힌 삼과 같구나.
> 비린내 풍기는 물결은 이 마음을 치며 부서지고,
> 회오리바람은 흰 수염을 불어 날린다.

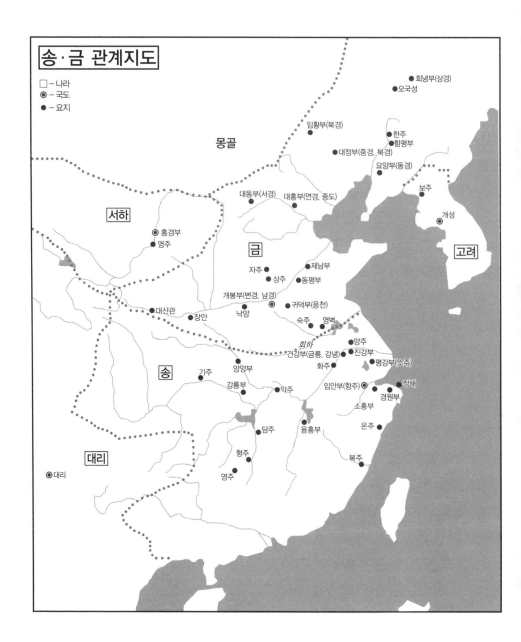

송·금 관계지도

- □ – 나라
- ◎ – 국도
- ● – 요지

몽골

서하

금

고려

- ● 회녕부(상경)
- ● 오국성
- ● 임황부(북경)
- ● 한주
- ● 함평부
- ● 대정부(중경, 북경)
- ● 요양부(동경)
- ● 보주
- ◎ 개성
- ● 대동부(서경)
- ● 대흥부(연경, 중도)
- ◎ 흥경부
- ● 영주
- ● 자주
- ● 제남부
- ● 상주
- ● 동평부
- ● 개봉부(변경, 남경)
- ◎ 귀덕부(응천)
- ● 대산관
- ● 장안
- ● 낙양
- ● 숙주
- ● 영벽
- 회하
- ● 양주
- ● 건강부(금릉, 강녕)
- ● 진강부
- ● 평강부(소쥬)
- 송
- ● 기주
- ● 양양부
- ● 화주
- ● 임안부(항주)
- ● 정해
- ● 강릉부
- ● 악주
- ● 소흥부
- ● 경원부
- ● 담주
- ● 융흥부
- ● 온주
- 대리
- ● 형주
- ● 복주
- ◎ 대리
- ● 영주

산 하나 도니 물 하나,

나라도 없고 또 집도 없다.

남아 천 년의 뜻,

내 생은 아직 다하지 않았다.

朅來南海上 人死亂如麻 腥浪拍心碎 颶風吹鬢華

一山還一水 無國又無家 男子千年志 吾生未有涯

비통한 노래다. 그는 다시 연경으로 갔지만 쿠빌라이의 끈질긴 권유
에도 원나라에 투항하지 않았다. 감옥 안에서 그는 〈정기가(正氣歌)〉라는
시를 지었다. 그리고 마침내 살해되었다.

원나라 장군 바얀은 항복한 남송의 공종, 탁종황후, 이종황후 등 삼
궁을 데리고 연경에 개선했다. 오늘날 북경에 해당하는 연경은 당시 대
도(大都)라 불렀으며, 개평부는 상도(上都)라고 불렀다. 바얀에게는 바얀
의 승리의 노래가 있다.

말머리를 잡고 영표(嶺表, 광동)에서 돌아오는 길에,

천자의 군대 도처에서 모두 오랑캐를 평정하네.

강남(남송)의 것을 머리에 이고 두르지 않고,

오직 매화 한두 가지만 꽂았을 뿐이네.

馬首經從庚嶺歸 王師到處悉平夷 擔頭不帶嶺南物 只揷梅花一兩枝

삼궁을 수행하여 대도로 간 남송의 유신 왕원량(汪元量)은 원나라 황제와 황후가 베푼 환영연을 시로 읊었다. 그는 거문고의 명수로 알려졌으니 어쩌면 거문고를 켰는지도 모른다.

> 황제가 처음 베푼 제일의 연회석,
> 천안(天顔, 황제의 얼굴)은 노고를 묻는 뜻이 면면하다.
> 대원의 황후도 다반(茶飯)을 같이 하고,
> 연회를 마치고 돌아오니 달은 중천에 가득하다.

天顔門勞思綿綿 大元皇后同茶飯 宴罷歸來月滿天

몽골식 연회였을 터이나 차와 음식을 같이하는 어린 황제와 두 과부 황후들에게 그 자리는 틀림없이 굴욕의 자리였을 것이다.

대원의 황후, 쿠빌라이의 아내도 이때 수심어린 표정이었다고 전한다. 예부터 천 년을 이어간 왕조는 없었으므로 자기 자손들도 언젠가는 저 같은 운명에 처할 것이라고 그녀는 남편에게 말했다고 한다.

남송을 멸망시킨 원나라 왕조의 수명은 100년에도 미치지 못했다.

부흥과 명암

정기의 노래

쿠빌라이의 회유를 뿌리친 문천상

문천상(文天祥, 1236~1282)은 충신 의사의 귀감으로 추앙받는다. 제2차 세계대전 이전에 일본 국어 교과서에도 문천상의 이야기가 있다. 또한 에도 시대의 주자학자 아사미 케이사이(淺見絅齋, 1652~1712)가 지은 『정헌유언(靖獻遺言)』에도 문천상의 평전이 실려 있다. 이 책은 막부 말기의 존왕 사상을 고취하는 데 큰 역할을 담당했다. 메이지 유신 때 지사들의 가슴에는 남송 충신 문천상의 모습이 강하게 각인되어, 그것이 그들의 정신을 지탱해 천하를 뒤바꾸는, 이른바 회천(回天)의 행동으로 나타났다.

원나라 세조 쿠빌라이는 중국을 제압했지만 문천상의 정신까지는 짓밟지 못했다. 그런 의미에서 쿠빌라이는 문천상에게 졌다고 해도 좋을 것이다.

과거에서 장원 급제한 문천상은 단순한 천재가 아니다. 강인한 정신의 소유자였다. 원나라와의 첫 전투에서 패하여 도주한 뒤, 실제로 무장 저항운동을 지휘했다. 장원급제했지만 처음 한동안 관직 생활은 불운했다. 당시 실력자이던 재상 가사도(賈似道)에게 영합하는 것을 탐탁지 않게 여겼기 때문이다. 남송이 망국의 위기에 처했을 때, 비로소 그의 존재가 부각되었다.

남송이 광동의 애산(厓山)에서 멸망할 때, 문천상은 원군에 사로잡혀 군영에 갇힌 채 그 상황을 처음부터 지켜보았다. 원나라 장군 장홍범(張弘範)은 그에게 항복을 권했지만, 그는 단호하게 물리쳤다. 이윽고 문천상은 광동에서 북경으로 호송되었다. 도중에 한 번 곡기를 끊고 자살을 기도했으나 8일 만에 그만두었다. 이때 그는 충성이란 무엇인지 몸소 보여주려고 했다. 그러기 위해서는 죽으면 안 된다. 죽음을 당할 때까지 어떻게든 살겠다고 결심했다.

장홍범이 항복을 권한 것은 당연히 쿠빌라이의 뜻이었다. 문천상의 재능을 높이 평가한 쿠빌라이는 그를 귀순시켜 중용하고자 했다. 문천상도 쿠빌라이의 의도를 알았다. 그것에 저항하기 위해서는 살아야만 했다. 그것은 죽는 것보다 어려운 일이었다. 문천상이 북경에 도착하자,

관인이 연회를 베푸는데 그 성대함이 도를 지나쳤다.

고 할 만큼 환대가 지극했다. 그래도 문천상은 주어진 침대에 눕지도 않고 앉은 채로 아침까지 버티었다.

문천상을 귀순시키려는 쿠빌라이의 공작은 강경과 온건 양쪽으로 진행되었다. 이 연회 뒤에 원나라의 승상 보로(孛羅)는 그를 추밀원으로 불러 이번에는 강압적으로 귀순을 권유했지만, 문천상은 여전히 완강하게

거절했다. 이미 원나라에 항복한 그의 동생 문벽(文璧)뿐만 아니라 어린 폐제 공종(恭宗) 조현(趙㬎)까지 설득에 나섰다. 그래도 문천상은 마음을 바꾸지 않았다.

문천상은 머지않아 병마사(兵馬司)로 옮겨져 지하 감옥에 감금되었다. 지하 감옥 토굴 속에서 몸이 쇠하면 자연히 마음도 꺾일 것이라고 생각했기 때문이다. 하지만 문천상은 불굴의 의지로 자신의 뜻을 관철시켰다. 그곳에서 그는 유명한 〈정기가(正氣歌)〉를 지었다. 이 노래에는 장문의 서문이 달려 있다.

문천상은 서문에서 먼저 병마사의 지하 감옥을 이렇게 묘사했다.

> 나는 북쪽 오랑캐의 조정에 끌려와 지하 감옥 한 토굴에 앉아 있
> 다. 토굴의 넓이는 8척, 깊이는 4심(尋, 1심은 8척) 가량이다. 하나 뿐인
> 문은 낮고 작으며 창은 짧고 좁은데 깊이 파내려간 곳이라 으슥하고
> 침침하다.

그리고 그곳에 있는 여러 가지 '기(氣)'를 하나씩 열거했다. 빗물이 사방에서 스며들어 의자 따위가 둥둥 떠다닐 때는 '수기(水氣)'가 된다. 물이 흙탕물이 되면 '토기(土氣)'이고, 더우면서도 바람이 불지 않으면 '일기(日氣)', 밥을 지을 때면 '화기(火氣)'가 되고, 음식이 썩으면 '미기(米氣)', 비좁은 방에 밀어 넣어져 땀내와 찌든 때로 뒤범벅되었을 때는 '인기(人氣)'다.

> 아니면 뒷간이나 송장, 또 썩은 쥐 따위에서 악기(惡氣)가 어우러
> 져 풍길 때는 곧 예기(穢氣)가 된다.

이런 섬뜩한 기가 겹쳐지면 사람은 대개 약해지는 법이다. 문천상은 태어날 때부터 그다지 건강하지 못했던 모양이다. 병약한 자신이 이런 곳에서 2년이나 있으면서도 아무렇지도 않았던 것은 맹자가 말하는 '호연지기'를 기른 덕이며, 호연지기란 천지의 '바른 기운'이고, 이로써 일곱 가지의 기(氣), 즉 수기, 토기, 일기, 화기, 미기, 인기, 예기를 극복할 수 있었다는 기록으로 〈정기가〉의 서문을 맺고 있다.

〈정기가〉는 매우 길지만 후세 사람들에게 큰 영향을 준 시인만큼 전문을 소개하고자 한다. 이 시는 원나라 이후의 중국만이 아니라 이웃 나라 일본의 역사에도 정신적인 연계를 맺고 있다. 이는 역사의 분위기를 이해하는 데도 중요한 문학작품이 될 것이다.

일본에서도 후시다 도코(藤田東湖), 요시다 쇼인(吉田松陰), 히로세 다케오(廣瀬武夫) 등이 문천상을 흉내 내어 각각 〈정기가〉를 지었다. 그 가운데서도 후지다의 작품은 막부 말기 지사들에게 애창되어 그 시대를 파악하는데 좋은 예가 될 것이다.

문천상의 〈정기가〉는 중국의 역사 회고라는 면과 송나라 이후 사대부의 이상상(理想像)이라는 두 가지 면을 갖는다.

당나라 중기까지는 귀족의 시대였다고 할 수 있다. 정치의 중추에 있던 사람들은 대부분 문벌의 힘으로 등용되었다. 당나라 중기 이후부터는 과거에 급제한 진사가 정치의 장에 등장했는데, 그들은 인정을 받아 정치에 참여했으므로 그 은고(恩顧)에 충성으로써 보답해야 했다. 되풀이해서 말하지만, 송나라는 사대부의 시대였다. 진사 지상주의였던 것이다. 주자학은 그 산물이라는 견해가 있을 정도로 유학의 윤리는 이 시대에 선명하게 틀을 갖추었고, 그 형태가 그대로 후세에 전해졌다.

서문에서 기술한 일곱 가지 불쾌한 기(氣)를 압도하는 '정기(正氣)'란 과연 어떤 것일까? 문천상이 투옥되어 있던 지하 감옥의 토굴과 그곳에서 보낸 2년이라는 세월을 머릿속으로 그려보면서 긴 시를 읽어보자.

유학자들의 역사관을 이해하는 7개 코드

문천상의 〈정기가〉는 각운(脚韻)이 4번 바뀌므로 이 60행의 시를 네 단으로 나누어서 설명하는 것이 타당할 것이다.

천지 간에는 정기가 있어,
서로 뒤섞여 온갖 형상을 만드네.
아래로는 강과 산을 이루고,
위로는 해와 별을 이루네.
사람에서는 그것을 '호연'이라 하는데,
힘차게 온 천지에 가득 하네.
황로(皇路)가 맑고 공평해지면,
온화함이 밝은 조정에 깃드네
시운이 막히면 곧바로 절의가 나타나,
하나하나 역사 속에 길이 남네.

天地有正氣 雜然賦流形 下則爲河嶽 上則爲日星
於人曰浩然 沛乎塞蒼冥 皇路當清夷 含和吐明庭
時窮節乃見 一一垂丹青

맹자는 호연(浩然)의 기(氣)를 지극히 크고 지극히 강하다고 주장했는데 엄청난 힘인 것이 틀림없다. 그것은 본디 정해진 형태가 없다. 유동적이어서 서로 뒤섞여 어떤 형태든 될 수 있다. 아래로 가면 강과 산이 되고 위로 올라가면 태양과 별 모양을 취한다. 인간의 정신 속에서는 호연의 기가 되어 무한히 넓어져 패호(沛乎, 장대하게 흐르는 모습)로서 인간 세계에 가득 찬다. 그리하여 인간 세상의 큰 길(皇路)이 맑고 태평할 때는 온화한 형태로 밝은 조정에 분출된다.

그런데 일단 비상사태가 되면 '정기'라는 이름의 에너지는 인간의 절의(節義)라는 형태로 표현된다. 그것은 하나하나 사서에 기록되어 언제까지나 전해진다.

다음 단락에서 문천상은 사서에 기록된 절의를 나열한다. '정기'는 지금까지 이런 식으로 표현되어온 것이다.

제나라에서는 태사(太史)의 간(簡),
진나라에서는 동호(董狐)의 필(筆),
진나라에서는 장량(張良)의 추(椎),
한나라에서는 소무(蘇武)의 절(節).
엄장군(嚴將軍)의 머리가 되고,
혜시중(嵇侍中)의 피가 되네.
장수양(張睢陽)의 이가 되고,
안상산(顏常山)의 혀가 되네.
아니면 요동의 모(帽)가 되고,
맑은 지조는 그 깨끗함이 얼음과 눈과 같네.

아니면 출사표가 되어,
귀신도 그 장렬함에 눈물 흘리네.
아니면 강을 건너는 노(楫)가 되어,
강개(慷慨)는 북방 오랑캐를 삼켜 버린다.
아니면 역적을 치는 홀(笏)이 되어,
반역자의 머리를 깨어 놓았다.

在齊太史簡 在晉董狐筆 在秦張良椎 在漢蘇武節
爲嚴將軍頭 爲嵇侍中血 爲張睢陽齒 爲顔常山舌
或爲遼東帽 淸操厲氷雪 或爲出師表 鬼神泣壯烈
或爲渡江楫 慷慨呑胡羯 或爲擊賊笏 逆竪頭破裂

　　제(齊)나라 태사의 간(簡)에 관한 이야기는 제1권에서 다루었다. 제나라 재상인 최저(崔杼)가 장공(莊公)을 살해했을 때(기원전 548), 기록관(태사)이,

　　　최저가 그 군주를 시해했다.

라고 죽간에 기록했기 때문에 최저에게 살해되었는데 그 동생도 같은 일을 기록해서 살해되었고, 그 막내 동생도 굽히지 않고 같은 것을 기록했기 때문에 결국 최저도 포기하고 내버려 두었다는 이야기다. 죽음을 두려워하지 않고 진실의 역사를 전하고자 한 절의는 정기(正氣)라는 에너지가 그곳에 표현되었다고 풀이할 수 있다.

동호(董狐)도 같은 춘추 시대의 사관이다. 기원전 607년, 진(晉)나라 조천(趙穿)이 주군 영공(靈公)을 죽였을 때 태사였던 동호는 붓을 들고,

조순(趙盾)이 그 주군을 시해했다.

라고 기록했다. 영공을 죽인 것은 조천인데 정경(正卿, 재상)이었던 형 조순이 조천을 응징하지 않았기 때문에 그가 죽인 것과 다름없다고 냉정하게 생각해서 그대로 기록한 것이다. 권력을 장악한 사람을 두려워하지 않고 직필한 것이 제나라 태사를 닮았다. 동호의 행위도 정기의 표현임이 틀림없다.

장량은 진나라 시황제를 죽이려고 역사(力士)를 고용해 철퇴를 던지게 했다. 애석하게도 목표에 빗나갔으나, 독재 군주를 두려워하지 않은 대담한 행동이었다.

한나라의 소무는 무제 때, 흉노에 파견되어 19년 동안 억류되었는데, 사자(使者)의 상징인 부절(符節)을 한시도 몸에서 떼지 않고 늘 간직했다고 한다. 장량의 철퇴와 소무의 부절도 정기가 그곳에 모습을 드러낸 것이다.

엄장군이란 『삼국지』에 나오는 엄안(嚴顔)을 말한다. 유장(劉璋)의 부장으로서 강주(江州, 중경)를 지키던 파군태수(巴郡太守) 엄안은 유비(劉備)의 부장 장비(張飛)와 싸웠으나 패하여 포로가 되었다. 왜 항복하지 않느냐고 질책을 받자,

우리 강주에는 머리가 잘린 장군은 있어도 항복한 장군은 없다.

고 대답했다. 장비는 화가 나서 그 목을 칼로 내리치려 하자,

목을 치려면 쳐라. 무얼 그리 화내는가.

라며 오히려 큰 소리를 친 인물이다. 이 전투는 유비군이 사천을 침략한 것이므로 화를 낼 사람은 유장이었다. 죽음을 두려워하지 않고 난폭자 장비에게 할 말을 한 용기는 참으로 훌륭하다. 여기에는 엄장군의 '머리' 라고 나오지만, 장비는 그 용기에 감복하여 그를 풀어 주고 손님으로 대우했기 때문에 실제로는 머리가 잘리지 않았다. 여기에서는 하마터면 잘릴 뻔한 '머리'라고 해석해야 한다.

혜시중은 혜소(嵇紹)를 말하는데, 시중(侍中)은 관직 이름이다. 죽림칠현의 한 사람이었던 혜(嵇康)의 아들로 진(晉)나라 혜제(惠帝)를 섬겼다. 팔왕(八王)의 난 때, 혜제를 보호하다 비 오듯 쏟아지는 화살을 맞고 죽은 인물이다. 그의 피가 혜제의 옷에 튀어 난을 평정한 뒤, 가신이 그것을 빨려고 하자 혜제는 "그것은 혜시중의 피다, 그것을 빨아서 지우지 마라" 고 말했다는 고사가 『진서(晉書)』에 실려 있다.

장수양은 안녹산의 난 때, 수양성(睢陽城)을 지킨 당나라 장순(張巡)을 말한다. 그는 전쟁을 독려하면서 어찌나 심하게 이를 갈았는지 이가 모두 부서졌다고 한다. 적장(賊將)인 윤자기(尹子琦)가 칼로 입을 비집고 벌리자 이가 두서너 개밖에 없음을 보고, 그 절의에 감탄하여 석방하려고 했으나, 인심을 얻은 그를 살려두는 것은 위험하다고 진언하는 자가 있어서 역시 죽이고 말았다.

안상산은 당나라 상산태수(常山太守)인 안고경(顔杲卿)을 말한다. 유명한 서예가이기도 했던 안진경(顔眞卿)의 사촌 형뻘이다. 안녹산의 난 때, 하북에 의병을 일으켰으나, 적에게 잡혀 포로가 된 뒤, 적을 매도하고 욕설을 퍼부었기 때문에 혀가 뽑혀 죽었다.

이들 열사의 '머리', '피', '이', '혀'는 모두 정기의 결정체라고 할 수 있다.

삼국시대의 관녕(管寧)은 황건(黃巾)의 난 때 요동으로 피난했는데, 위나라 조조의 부름에 응하지 않았다. 84세까지 장수했으나 평생 관직에 나가지 않고 청빈한 삶에 만족했다. 위나라 명제 때도 그 덕과 학식으로 광록훈(光祿勳, 구경의 일원으로 각료급 관직)에 추대되었으나 역시 고사했다. 아마 위나라에 멸망당한 후한(後漢)의 유민으로서 떳떳하지 못하다고 생각했기 때문일 것이다. 가난해서 늘 검소한 옷차림으로 지냈으며, 1년 내내 소박한 조모(皁帽, 검은 모자)를 쓰고 다녀 그것이 관녕의 상징이 되었다. 그의 맑은 절개는 요동의 차가운 얼음과 눈보다 더했는데 그것 역시 정기의 표현이라 할 수 있다.

정기는 또 제갈공명의 '출사표'라는 문장이 되어, 그 장렬함에 귀신도 눈물을 흘리게 했다.

동진(東晉)의 장군 조적(祖逖)은 후조(後趙)에 빼앗긴 실지(失地)를 회복하기 위해 북벌했는데, 장강을 건너는 도중에 노를 부러뜨리며,

> 나 조적은 중원을 수복하지 못한다면, 죽을지언정 다시는 이 강을 건너지 않겠다.

고 맹세했다. 실지를 수복하기 전에는 죽어도 장강을 건너 돌아오지 않겠다는 뜻이다. 이 말을 들은 부하 장졸들 가운데 개탄하지 않은 자가 없었다. 호갈(胡羯, 이민족의 하나. 후조 석륵은 흉노 출신)을 삼킬 듯한 기개가 그 노에 표현되었다.

당나라의 단수실(段秀實)은 모반을 일으킨 주자(朱泚)를 설득하러 갔다가 그가 설득에 응하지 않자, 손에 들고 있던 홀(笏)로 상대의 이마를 내리쳤다. 그 때문에 단수실은 죽임을 당했는데, 단수실의 이 홀에도, 조적의 노에도 모두 정기가 응결되어 있다.

이는 기가 분출한 것으로,
엄연히 만고에 존재한다.
그 기가 일월을 관통하는데,
개인의 생사를 어찌 논할 것인가.
땅을 맨 밧줄도 정기 덕분에 존립할 수 있고,
하늘을 지탱하는 천주(天柱)도 정기 덕분에 존중된다.
삼강은 실로 정기의 명에 따른 것이고,
도의는 이 정기로 근본을 삼는다.

是氣所磅礴 凜烈萬古存 當其貫日月 生死安足論
地維賴以立 天柱賴以尊 三綱實係命 道義爲之根

앞에서 열거한 것처럼 정기가 분출하는 사람들은 영원히 이름이 남는다. 정기는 일월조차 꿰뚫으며 그것으로 가득차면 생사조차 문제가 되지 않는다. 천지는 정기로 유지되고, 군신, 부자, 부부의 '삼강', 즉 인륜도 정기가 명한 것이며, 도의는 그 질서의 뿌리가 된다.

다음에 이어지는 26행이 마지막 단락인데 적당히 나누어서 설명한다. 지금까지 서술한 '정기'의 분출을 문천상은 직접 몸으로 느끼고 옥중에서 불쾌한 기와 싸운 것을 읊었다.

> 아아, 나는 양구(陽九, 나라가 망한다는 점괘)를 당하였지만,
> 나는 미천한 신하의 몸이라 실로 힘이 없구나.
> 초나라 포로의 몸이 되었지만 관을 쓰고,
> 호송차에 실려 궁북(窮北)으로 끌려왔다.
> 정확(鼎鑊, 죄인을 가마솥에 삶아 죽이는 형벌)도 달기가 엿과 같거늘,
> 처형을 바랐건만 뜻대로 되지 않았네.

> 嗟予遘陽九 隷也實不力 楚囚纓其冠 傳車送窮北
> 鼎鑊甘如飴 求之不可得

춘추 시대, 진(晉)나라에 사로잡힌 초나라의 포로는 고집스럽게 초나라 관을 썼다. 그래서 이역에 붙잡혀간 포로를 초인이라고 부른다. 망국의 때를 만났지만 힘이 부족하여 포로가 되어, 궁북(북쪽 맨 끝)으로 끌려온 문천상은 정확의 벌조차도 기꺼이 받고 싶었지만 그 뜻을 이루지 못했다.

> 어두운 방에는 도깨비불마저 잠자무카고,
> 봄날의 뜰은 하늘이 막혀 어두컴컴하네.
> 황소와 준마는 여물통을 같이 쓰고,
> 닭 모이는 웬일로 봉황이 먹네.
> 하루아침에 날씨 탓으로 병이 나면,
> 도랑 속에 버려지는 송장 신세.

陰房閫鬼火 春院閟天黑 牛驥同一皁 鷄棲鳳凰食

一朝蒙霧露 分作溝中瘠

　　지하 감옥의 상태를 묘사한 이 단락은 더 설명할 필요도 없을 것이다. 소와 준마, 닭과 봉황의 형용은 미천한 사람들과 함께 감옥 속에 처넣어진 자신의 모습을 말하는 것 같지만, 한편으로는 한족과 몽골족이 한데 섞여 살던 당시의 세태를 의식한 것인지도 모른다.

　　서문에도 있었듯이 병마사의 지하 감옥은 불결했다. 이런 곳에서 습기에 몸이라도 상하면 도랑 속에 뒹구는 말라빠진 송장 신세가 되는 것은 각오해야 하는 일이다.

　　　　이렇게 다시 추위와 더위가 지나고,
　　　　온갖 요귀도 스스로 두려워하며 물러가네.
　　　　아아, 이토록 늑늑하고 질척질척한 곳도,
　　　　내게는 안락한 곳이네.
　　　　어찌 달리 교묘한 방책이 있으랴,
　　　　음양도 해칠 수 없음은.
　　　　이를 돌이켜보니 밝게 빛나는 정기가 있음이고,
　　　　우러러보니 하늘에 떠 있는 구름처럼 희네.

如此再寒暑 百沴自辟易 嗟哉沮洳場 爲我安樂國

豈有他繆巧 陰陽不能賊 顧此耿耿在 仰視浮雲白

두 번의 추위와 더위, 즉 2년 동안 온갖 더럽고 요사한 기에 둘러싸여 있었으나, 오히려 그것들이 그를 피해갔다. 그리하여 진창도 극락처럼 느껴졌다. 무교(繆巧)란 교묘한 방책을 말한다. 진창을 극락으로 변하게 한 것은 자신이 어떤 교묘한 방책을 썼기 때문이 아니다. 음양도 그의 몸을 망가뜨리지 않은 것은 왜일까? 뒤돌아보니 경경(耿耿)―선명하게 빛나는 것, 즉 정기가 존재하기 때문이다. 그것은 우러러 쳐다본 하늘에 떠 있는 구름처럼 희기 때문이다.

하지만 문천상도 사람인지라 모든 것을 초월할 수는 없었다. 마침내 망국의 때를 만났다. 〈정기가〉는 다음과 같이 끝을 맺는다.

> 한없는 내 마음의 슬픔이여,
> 푸른 하늘은 어찌 다함이 없는가.
> 철인(哲人)은 날이 갈수록 멀어져도,
> 모범(模範)은 예부터 있구나.
> 바람 부는 처마 밑에서 책을 펼치니,
> 옛 성현의 도(道)가 내 얼굴을 비추네.

> 悠悠我心悲 蒼天曷有極 哲人日已遠 典刑在夙昔
> 風簷展書讀 古道照顔色

끝없이 너른 하늘은 그 무한함으로 문천상을 슬프게 만들었다. 의지할 데 없음에 어지간한 그도 문득 불안을 느낄 때가 있었다. 그때마다 그는 서적을 펼쳤다. 이 시에 열거한 철인들은 하루하루 먼 존재가 되어 가지만, 그들이 남긴 전형(典型), 즉 법칙은 옛날부터 전해 오는 것이다. 그것은 서적에 그대로 기록되어 있다. 책을 펼치기만 하면 상쾌한 바람이 불어오는 것 같았다. 예부터 전해 온 정기의 숨결로 가득한 인간의 도가 자신의 얼굴을 비추는 것 같았다. 이제 와서 새삼스레 슬퍼할 것은 없다는 생각이 문천상에게 용기를 주었을 것이다.

우물 속에 숨긴 몽골 만행 폭로문서

불결한 지하 감옥에서 태어날 때부터 병약했던 문천상은 2년이나 잘 버티었다. 송나라는 멸망했지만, 문천상 한 사람이 있는 것과 없는 것은 이 왕조의 영광에 크게 차이가 있을 것이다.

2년씩이나 투옥한 것은 쿠빌라이가 어떻게든 문천상을 귀순시키고자 하는 노력을 포기하지 않았기 때문이다. 사람들이 쉴 새 없이 드나들며 문천상에게 귀순을 권했다. 가장 열심이었던 사람이 왕적옹(王績翁)이다. 이 인물은 남송 말기, 병부상서(국방부 장관)로서 복건을 수비하다 원나라에 항복하여 원나라 복건의 장관이 되었고, 다시 형부상서와 병부상서를 역임했다. 멸망한 나라와 멸망시킨 나라의 왕조에서 각각 국방부 장관을 맡은 것은 색다른 경력이라 하겠다.

왕적옹은 문천상에게 정히 귀순할 뜻이 없다면 도사(道士)가 되어 세상과 인연을 끊는 조건으로 열심히 목숨만이라도 구하고자 노력했다. 그는 같은 귀순자 동료들에게 문천상의 석방운동에 참여할 것을 호소했다. 이에 응했던 사람은 사창원(謝昌元), 유몽염(留夢炎) 등 열 명이었다. 그러나 유몽염은 반대했다. 만일 석방된 문천상이 강남으로 달아나 다시 군사를 모은다면 우리 열 명은 어느 쪽에 서야 하는가가 그 이유였다. 확실히 불굴의 정신을 가진 문천상은 석방된다고 해도 얌전히 도인이 되지는 않을 것이다. 그렇더라도 유몽염의 이기적인 사고에 우리는 불쾌감을 느끼지 않을 수 없다. 유몽염 역시 다른 해에 문천상처럼 진사에 장원 급제한 인물이다. 똑같은 장원이라도 정기가 있고 없음에 따라 이렇게 큰 차이가 생긴다.

감금 3년째, 쿠빌라이는 문천상이 결코 뜻을 굽히지 않을 것이라는 사실을 깨닫고 재상들과 석방을 협의하고자 했다. 마침 그 무렵 중산지방(하북)에서 송나라 천자를 자칭하는 인물이 수천 명을 모아 문천상을 탈출시키려고 시도한 사건이 일어났다. 옥중에 있던 문천상은 원나라 저항운동의 상징이었다. 구명 탄원운동이든 탈회작전이든 그와 같은 일이 일어나자, 옥중 영웅은 당연히 점점 위험한 인물이 되었다. 쿠빌라이도 마침내 문천상을 처형하기로 결정했다. 문천상의 목숨을 단축시킨 것은 결국 그를 숭배한 사람들이었다. 다만 죽음은 문천상이 처음부터 품고 있던 생각이었다. 지원(至元) 19년(1282) 12월, 쿠빌라이는 문천상을 불러 마지막으로 설득을 시도했지만, 정기의 사람은 오로지 죽음만을 청할 뿐이었다. 형은 그 다음날 집행되었다.

문천상을 처형한 장소는 시시(柴市)라는 곳이었다. 후세 사람들은 그곳에 사당을 세워서 그를 제사지냈으며, 그 사당을 문승상사(文丞相祠)라고 부른다. 손문(孫文)이 죽음을 맞이한 철사자 호동(鐵獅子 胡同)의 북쪽, 부학 호동(府學 胡同) 서쪽에 해당하는 장소다.

죽음을 앞두고 문천상은 남쪽을 향해 절하고 나서 조용히 죽음을 맞았다. 향년 47세였다. 며칠 뒤 아내 구양씨(歐陽氏)가 그 시신을 거두었는데, 얼굴이 마치 살아 있는 사람과 같았다고 한다.

　2년에 걸친 문천상의 옥중생활은 그에게는 정기의 표현이라는 의미를 지니고 있다. 그리고 송 왕조에게는 멸망 뒤의 여광(餘光)을 남긴 셈이 된다. 한편 문천상을 2년이나 살려둔 것은 쿠빌라이가 얼마나 인재를 모으는 데 열심이었는지를 말해 준다. 반면, 그것은 원 왕조가 인재난에 허덕였음을 반증하는 것이기도 하다. 광대한 판도를 통치하기 위해서는 유능한 행정관이 필요했는데, 몽골족에는 용맹한 군인은 있어도 유능한 문관은 적었다. 그래서 거듭 각지에서 인재를 모았다. 남송 말기에 조금이라도 이름이 알려진 인물은 원 왕조의 초빙을 거절하기 어려웠던 모양이다. 그것은 강제였으며 거절은 문천상의 예에서도 알 수 있듯이 생명의 위험이 따랐다.

　문천상과 고향이 같은 강서인인데다 진사 동기인 사방득(謝枋得)도 정기의 사람이었다고 할 수 있다. 남송이 멸망한 뒤에는 한때 이름을 바꾸어서 건덕에서 점술가로 지냈는데, 그 재능은 숨길 수 없었다. 그는 정문해(程文海)나 앞에서 이야기한 유몽염 등의 추천을 받았으나, 출사하지 않았다. 하지만 지원 26년(1289), 복건행성(福建行省) 참정(參政) 위천우(魏天祐)에게 강제로 이끌려 어쩔 수 없이 북경으로 가게 되었다. 단식을 시도한 사방득은 북경에 도착하자 병이 나서 끝내 죽고 말았다. 그가 민충사(憫忠寺)에 머물고 있을 때, 유몽염이 의사를 보내어 약과 음식을 권했으나, 사방득은 먹기는커녕 모두 버리고 말았다. 사방득의 사적은 앞의 아사미 케이사이가 지은 『정헌유고』에 의해 일본인에게도 널리 알려졌다. 그뿐만 아니라, 그가 편찬한 『문장궤범(文章軌範)』은 에도 시대의 일본인에게는 『당송팔가문』과 함께 필독교과서로 사용되어 친숙했다.

원나라 지배에 저항한 대표적인 문인으로는 정사초(鄭思肖)를 꼽을 수 있다. 그의 본적은 복건이지만 항주에서 태어나 소주에서 살았다고 하는데 본명은 확실하지 않다. 사초는 남송이 멸망한 뒤 스스로 붙인 이름이다. 송나라 황실의 성인 '조(趙)'에서 '走'자를 떼어내고 '肖'자만 남겨서 무슨 뜻인지 알 수 없게 했는데, 사실은 '조씨의 송왕조를 생각한다'는 의미가 담겨 있었다. 그는 또 자기 방에,

본혈세계(本穴世界)

라는 액자를 걸었다. '本'이란 글자는 '大'와 '十'으로 분해된다. 대(大)를 남기고 '十'을 다음 글자인 '穴'에 넣으면 '宋'이라는 글자가 된다. 액자의 글자는 바로 '大宋世界'인 것이다. 원나라가 지배하는 세상이 되었지만, 이 방은 어디까지나 대송의 세계이고 싶다는 바람을 나타냈다.

정사초는 그 밖에도 억옹(憶翁), 소남(所南), 일시거사(一是居士), 경정시인(景定詩人)이라는 호도 갖고 있었다. 송나라를 기억하는 늙은이라는 뜻의 억옹, 남쪽에 있는 사람(원나라에 출사하지 않은 사람을 뜻함)이라는 뜻의 소남, 오로지 거사라는 뜻의 일시거사, 경정(景定, 남송 이종의 연호, 1260~1264) 연간에 처음으로 남송에 출사한 시인이라는 뜻의 경정시인, 이 모든 호에 한결같이 송의 유신(遺臣)임을 나타내고자 했던 그의 뜻이 짙게 깔려 있다. 화가이기도 했던 그는 난초 그림을 즐겨 그렸는데, 이상하게도 흙을 그리지 않아 마치 난이 공중에 떠 있는 것처럼 보인다. 그 까닭을 사람들이 물으면 "땅은 오랑캐에게 빼앗겨 버렸다. 당신은 그걸 모르는가?"라고 대답했다고 한다.

명나라 숭정(崇禎) 11년(1638)에 소주 승천사(承天寺)의 오래된 우물을 파냈을 때, 그 절의 중이 철로 된 상자를 하나 발견했다. 그 철함 안에는

석회가 가득했고, 그 석회 안에 주석 상자가 하나 더 들어 있었다. 상자를 열어 보니 상자 안에 옻칠이 된 문서가 한 통 들어 있는데, 그 내용이 어마어마해 보였다. 안쪽 봉인에는,

> 대송고신정사초백배봉(大宋孤臣鄭思肖百拜封)

이라고 적혀 있고, 바깥쪽 봉인에는,

> 대송세계무궁무극(大宋世界無窮無極)
> 대송철함경(大宋鉄函經)
> 덕우 9년 불생일봉(德祐九年佛生日封)

이라고 적혀 있었다. 덕우는 남송 공종(恭宗)의 연호로 고작 2년 만에 끝나 버렸다. 그런데 송나라 유신은 원의 연호를 쓰는 것을 부끄럽게 여겨 이미 멸망한 남송의 연호를 고집했다. 덕우가 9년이 되는 해는 1283년이므로 문천상이 처형된 이듬해다. 원나라 연호로는 지원 20년에 해당한다. 이 날짜를 믿는다면, 문제의 철함은 350년이나 우물 속에 숨겨져 있었다는 말이 된다.

내용은『심사(心史)』라는 격렬한 반 몽골 문서다. 몽골족의 야만스러움을 낱낱이 적었다. 그들이 태아를 즐겨 먹는다든가, 쿠빌라이가 문천상의 심장과 간을 먹었다든가 하는 것까지 적혀 있다.

몽골 지배 하에서는 입에 담을 수 없는 일들을 글로 적어서 우물 속에 깊이 감추었다가 후세 사람에게 전하고자 했던 의도가 엿보인다. 이『철함심사』는 옛날부터 진짜라는 설과 가짜라는 설이 있는데, 청나라의 원매(袁枚) 같은 사람은 가짜라고, 일본의 쿠와하라 지츠조(桑原隲藏)는 사실이라고 주장했다. 정사초의 문장은『소남문집(所南文集)』처럼 세상에 전하는 것도 있어 오래된 우물 속에서 나온『심사』의 문장과 비교할 수

있다. 아니면 그것마저도 치밀하게 위조된 것인지도 모르지만, 음미해 보면 글 쓰는 버릇에 공통된 부분도 있기 때문에 나는 진짜라는 설을 믿고 싶다.

송 태조의 공덕으로 우대받은 남송 황족

심한 차별을 받은 탓도 있어서 한인, 특히 지식층 한인이 원 왕조에 품었던 혐오감, 저항의식은 상당히 강했다. 그래서 『철함심사』와 같은 저항의 글이 남은 것이다.

초원에서 자라난 원나라 정권은 확실히 난폭하고 야만스러우며 잔학한 행동도 적지 않았다. 하지만 적의를 품고 기록된 문장을 그대로 받아들이기에는 어딘가 석연치 않다. 공평한 눈으로 보면 원나라가 남송을 멸망시켰을 때의 자세는 금나라가 북송을 멸망시켰을 때보다 부드럽고 관대했다. 금나라는 북송의 두 황제(휘종과 흠종)를 북쪽 땅으로 끌고 가 그곳의 가혹한 환경에서 죽게 했다. 동행한 북송의 황족들도 불행하기는 마찬가지였다. 금나라 해릉왕이 북송의 황족 조씨 남자 130여 명을 죽인 것은 앞에서 이미 이야기했다.

항복한 가련한 황제 공종과 두 과부인 사씨(이종의 황후)와 전씨(탁종의 황후)에게만 해당되는 이야기지만, 목에 밧줄을 거는 굴욕적인 항복 의식을 면제해 주었다. 유방이 진나라를 멸망시켰을 때, 진나라 시황제의 손자뻘인 자영(子嬰)이 항복했는데, 『사기』는 그 대목을,

목에 밧줄을 걸었다.

고 묘사했다. 죽여주십시오, 하는 꼴이었으니 그 굴욕이란 이루 말할 수가 없었다. 그것을 면제하는 것은 엄청난 은혜였다. 전태후는 울면서 아들인 공종에게 "마땅히 은혜에 감사해야 한다"고 타일렀다.

원나라는 어린 공종을 영국공(瀛國公)에 봉했다. 장성한 뒤에는 원나라 공주를 아내로 맞았다. 남송 멸망 15년 뒤인 지원 28년(1291)에 선정원(宣政院)의 신하가,

> 송의 전태후와 영국공 모자는 이미 승려가 되었습니다. 땅 360경(頃)이 있으나, 그 세금을 면해 줄 것을 바랍니다.

라고 말한 일이 기록되어 있다. 승적에 들어 있으니 그 소유지에 면세 조치를 취했다.

원나라 국도에 도착한 삼궁(공종, 사씨, 전씨)을 초청한 연회석에서 세조 쿠빌라이의 황후가 감상적이 되었다고 이야기했는데, 쿠빌라이의 황후는 인간적으로도 아주 훌륭한 부인이었던 모양이다. 삼궁을 따라 항주에서 대도(북경)로 온 궁녀 중에는 낯선 풍토에 적응하지 못해 자살하는 사람도 있었다. 세조는 화를 내며 그녀들의 목을 베어 거리에 내걸었으므로 전태후도 공포에 부들부들 떨었다. 쿠빌라이의 황후는 이를 측은히 여겨 전태후를 강남으로 보낼 것을 청했고, 이에 쿠빌라이는,

> 그대는 부인을 너무 염려하지 마시오. 그는 일국의 국모이며 따르는 유민도 많소. 만일 남쪽으로 보냈다가 혹시나 헛소문이라도 퍼지게 된다면, 그 생명을 보전하기 어려울 것이오. 이는 진정으로 그를 아

끼는 바가 아니니, 오히려 이따금 위로하느니만 못하오.

라고 대답했다. 동정하는 것은 좋지만 그대는 여자이므로 앞일을 생각
하지 못한다고 깨우쳐 준 것이다. 전태후는 멸망한 송나라의 국모로 따
르는 유민도 많다. 강남으로 돌아가게 하는 것은 좋지만 만일 송나라 유
민의 저항운동이 일어나면, 아니 그런 소문만 나도 전태후의 몸은 위태
로워진다. 원나라로서도 그런 소문이 나면 추대될 위험이 있는 전태후를
숙청하지 않을 수 없다. 전태후를 아낀다면 강남으로 돌려보내지 말고
이따금씩 찾아가 위로하는 것이 낫다. 현실 정치의 장에 있는 쿠빌라이
는 진정한 애정의 방법을 그렇게 가르쳤다.

황후뿐만 아니라 쿠빌라이 자신도 전태후의 신변을 걱정했다는 것을
알 수 있다.

남송 멸망 후 50여 년이 지난 원나라 문종 때, 전태후의 땅을 사들여
대승천호성사(大承天護聖寺)를 유지하기 위한 영업전(營業田)으로 만들고,
영국공의 토지도 마찬가지로 대룡상집경사(大龍翔集慶寺)의 영업전으로
만들었다. 이때 어사대의 관리가,

　　마땅히 대금을 치르지 않아야 합니다.

고 진언했으나 받아들여지지 않았다. 전태후와 영국공의 땅은 원나라가
준 것이므로 그것을 사령(寺領)으로 편입할 때는 대금을 지불하지 않아
도 된다는 사고였지만, 문종은 그것을 따르지 않고 대금을 지불했다.

남송 조씨 소유의 토지를 전부 사령으로 한 것은 아니다. 원나라 마지

막 황제인 순제(順帝) 때, 영국공의 아들인 화상(和尙) 조완보(趙完普)의 땅을 추밀사인 승려 각실리(格失里)에게 하사했다는 기록이 있다.

원나라 말기에는 각지에 군웅이 봉기했는데, 그중 남송의 부흥을 외친 집단이 적지 않았다. 지정(至正) 12년(1252), 어사로부터,

　　도둑의 무리가 많이 일어나 망한 송나라를 부흥시킨다는 구실을
　　내세우고 있습니다. 아무쪼록 화상 조완보와 그 친척들을 사주(沙州)
　　로 옮기심이 마땅하옵니다.

라는 의견이 나와 그것이 채택되었다.

남송 부흥을 부르짖는 반역집단이 있었어도 옛 남송 황제의 아들인 조완보는 죽음을 당하지 않았다. 단지 일족(一族) 모두 사주(沙州), 즉 돈황으로 옮기게 했을 뿐이다.

왕망(王莽) 이후, 선양이라는 형식으로 찬탈하면서 전왕조의 군주를 곧바로 죽이는 예가 그때까지 상당히 많았던 것을 생각하면, 원나라의 남송 황족 처우는 매우 문명적이었다고 해도 지나치지 않다.

청나라 조익과 같은 인과사관(因果史觀)을 취하는 역사가는 이것을 북송 태조의 공덕으로 돌린다. 태조 조광윤(趙匡胤)은 후주 사씨(柴氏)의 선양을 받아 제위에 올랐으나, 석각유훈(石刻遺訓)을 내려 사씨를 보호할 것을 자손에게 엄명했다. 실제로 사씨는 남북 양송시대에 걸쳐 300년 동안 황실의 객빈 지위를 유지할 수 있었다.

태조의 뒤를 이은 사람은 아들이 아닌 아우(태종)였다. 이때 태조의 아들이 살해되었다. 북송은 이 같은 태종의 행동으로 어두운 그늘이 드리

워졌고, 멸망에 즈음해서는 휘종, 흠종 이하 많은 태종계열 황족이 여진족인 금나라의 포로가 되어 북지로 끌려가 고통의 세월을 살다가 죽음을 맞았다. 남쪽으로 내려가 남송을 세운 고종(高宗)은 태조 쪽 황족이었다. 태조의 선과(善果)로 남송은 멸망했어도 북송 때와 같은 도륙(屠戮)은 피할 수 있었다고 보는 것이다.

원나라가 망국의 남송 황족을 후하게 대우한 것은 유목 몽골족의 문벌관념 때문이라고 보는 해석도 있다. 『원조비사』의 기술을 보아도 그들이 계보에 이상하리만치 관심이 많다는 것을 알 수 있다.

몽골은 진주알처럼 가계를 중시한다.

이것은 페르시아 역사가인 라시드 알딘이 그의 저서에 기록한 말이다. 칭기즈 칸의 역사를 되돌아보아도 부족, 가문의 단결이 모든 것의 기초가 된다는 것을 알 수 있다.

귀한 혈통을 이어받은 자를 존경하는 몽골족의 사고 덕분에 남송의 황족이 은혜를 입은 것인지도 모른다.

그러나 몽골은 수없이 많은 정권을 멸망시켰어도, 멸망시킨 나라의 수장 일족에게 남송 황족에게 했던 것처럼 관용을 베풀지는 않았다. 예를 들면 여진족인 금나라를 멸망시켰을 때는 그 왕조의 황족인 완안씨(完顔氏)를 심하게 탄압했다. 조익의 인과사관에 따르면, 그것은 금이 북송의 두 황제를 비롯해 그 일족에게 가혹하게 대했던 것의 응보라는 말이 된다.

몽골이 금나라를 멸망시킨 뒤, 남송을 멸망시키기까지 40여 년의 기간이 걸렸다. 반세기에 가까운 세월 동안 몽골족이 개화했다는 견해도 있다. 이 40여 년은 몽골족이 초원의 민족이 아닌 중원의 민족으로서 보낸 세월이었다는 점에도 주의해야 한다.

그때까지 중원에 들어온 새외민족으로는 5세기부터 6세기에 걸쳐 탁발씨(拓跋氏)의 북위(北魏)가 가장 좋은 예인데, 그들은 한족의 문명에 젖어 한화(漢化)되었다. 몽골족의 원나라는 중국 역사상 한화된 점이 가장 적었던 정권이라 할 수 있다.

다만, 그것도 총체적으로 보았을 때 그렇다는 것이고, 중원으로 옮겨 와서 자리 잡은 몽골족이 전혀 문화적 영향을 받지 않았다고는 할 수는 없다. 역시 몽골족의 개화가 남송의 황족에게 다행이었다고 생각하는 것이 타당하다.

원나라는 순제 때 명나라 태조 주원장이 압박해 오자 중원을 버리고 북으로 달아났다. 유목민답게 정권을 유지한 거국적인 이동으로 인명 손실은 그다지 없었다. 무사히 탈출했다고 할 수 있다.

> 원의 순제는 도주하여 사막으로 돌아간 뒤, 자손은 변경에서 번창해 수백 년을 이어갔다. 군자는 이를 가리켜, 천도(天道)에 징조가 있음을 어찌 아니 믿을 수 있겠느냐고 했다.

조익의 말에 따르면, 순조가 탈출한 뒤 새외(塞外, 만리장성 밖)에서 그나마 그 자손이 수장의 지위를 보존한 것도 남송 황족을 우대한 보답이라는 것이다.

원나라가 개화되었다고는 해도 드러내 놓고 문천상을 찬양할 수는 없었다. 몇 번이나 원나라에 항복할 것을 거부한, 복종하지 않은 자였기 때문이다. 문천상의 옛 참모였던 사고(謝翱)는 절강 부춘산(富春山)의 조대(釣臺)라는 곳에 문천상의 혼령을 모시고 제사를 지냈다. 하지만 그 제문은 당나라 충신 안진경을 제사지내는 형식으로 위장해야만 했다.

사고는 문천상이 지휘한 유격전을 지원하느라 가산을 모두 탕진했고 남송이 멸망한 뒤에는 각지의 산수를 유람하면서 유민의 시인으로서 삶을 마감했다. 그가 지은 〈고원추일(故園秋日)〉이라는 제목의 칠언절구를 한 수 소개한다.

빈 정원, 오랫동안 닫혀 있어 사는 이 없고,
성안의 새 날아와 나무에 둥지를 틀었네.
정원에 가득한 푸른 여주(荔枝)를 다 먹고,
새끼를 데리고 날아가니 사람이 비로소 알더라.

空園久閑無人住 城烏應入巢其樹 食盡滿園綠荔枝 引雛飛去人始知

원나라의 일본 원정

세계사에 유례없는 '항몽전쟁 30년'

일본의 다이라노 기요모리(平淸盛, 1118~1181, 헤이안 후기 정국 실권을 장악한 무장-옮긴이)가 후쿠하라(福原, 오늘날 고베시)로 천도를 강행한 것은 미나모토 요리토모(源賴朝, 1147~1199, 가마쿠라 막부 초대 쇼군-옮긴이)가 봉기한 치승(治承) 4년(1180)의 일이었다. 이 이전부터 기요모리는 이곳에서 도시를 건설했다. 그 자신이 후쿠하라로 이주해 오와다노토마리(大輪田泊)를 수리하고 축조했다. 대송무역을 위한 것이었음은 말할 나위도 없다. 효고(兵庫)의 항구였던 오와다노토마리는 동남풍이 약하기 때문에 인공 섬을 만들어서 그것을 방어하고자 했다. 지금도 시마가미쵸(島上町), 츠키시마데라(築島寺) 같은 이름이 남아 있다.

본격적으로 대송무역을 활발하게 하려는 것이 기요모리의 계획이었다. 송나라 상선은 자주 효고에 들어왔다. 승안(承安) 2년(1172), 다카쿠라텐노(高倉上皇, 1161~1181, 재위1168~1180년 사이의 일왕-옮긴이)가 송나라 배를 구경하기 위해 교토에서 효고로 왔다는 기록이 있다. 수입품 중에『태평어람(太平御覽)』1천 권이 있었는데, 이것은 다카쿠라 텐노에게 헌상되었다. 다이라노 기요모리는 경제적인 이익만이 아니라 문화 향상도 염두에 넣어 무역진흥책을 추진했음이 틀림없다.

후쿠하라 천도는 남송 효종(孝宗) 순희(淳熙) 7년에 해당한다. 기요모리의 대중국 무역이라고 해도 고작 남송과의 무역에 지나지 않았다. 이 시기 중국은 북쪽에는 금나라 정권이 있고 남쪽에는 남송이 있었다. 그런데 일본은 중국과 무역을 추진한다면서도 남송만을 상대했고, 금과는 거의 교섭이 없었다.

『송사』에는「일본국전」이 있지만,『금사』에는 없다.『금사』의「외국전」은 오직 서하와 고려만을 기록했을 뿐이다. 금나라는 일본과는 관계가 소홀했지만, 그 대신 금과 고려는 지리적으로 가깝기도 해서 깊은 관계를 맺었다. 금나라가 요(遼)를 멸망시키고 북송의 국도에 군사를 보낸 무렵, 고려의 제17대 왕인 인종(仁宗)은 금을 종주국으로 인정하고 스스로 번(藩)을 칭했다고 한다.

거란족인 요나라가 강성했을 때도 고려는 요를 종주국으로 삼았다. 북방의 강대한 정권과 국경을 접한 고려는 북방의 정세에 특별히 신경을 곤두세웠다. 국가의 존망이 달린 문제인 만큼 북쪽의 동향에 민감한 것은 당연하다.

요나라는 여진족인 금나라에 고통을 받을 때 고려에 도움을 청했다. 하지만 고려는 그 무렵 요를 종주국으로 삼았으면서도 원병 요청에 응하지 않았다. 이것은 올바른 선택이었다.

그전에 '잃어버린 땅'을 회복하려는 북송이 숙적인 요나라를 치기 위해 여진족의 힘을 빌리려고 고려에 그 중개를 부탁했다. 그때 고려는 여진족과 손잡는 것은 위험하다며 북송의 계획에 반대했다. 북송은 산동반도에서 해로로 여진족과 연락을 취해 이른바 '해상의 맹'을 맺었으나, 결과는 북송이 금나라에 멸망당했다. 고려는 상황을 정확하게 판단했던 것이다.

고려는 이와 같은 뛰어난 지혜와 정확한 정세 판단으로 금나라와의 관계를 악화시키지 않고, 금나라의 봉책(封冊)을 받아 속국이라는 형태를 취하면서 사실상의 독립을 보전했다. 하지만 고려의 지혜도 몽골에게는 통하지 않았다.

금나라 말기, 중국의 동북지방은 여진족의 출신지였음에도 거란족의 야율유가(耶律留可)가 그곳에서 반란을 일으켰다. 이를 토벌하기 위해 출동한 금나라 장군 포선만노(浦鮮萬奴)도 자립하여 대진국(大眞國) 대왕을 칭했다.

야율유가는 멸망한 거란족 왕조의 재건자임을 자처하며 국호를 요라 하고, 몽골에 원군을 청해 금나라 토벌군과 싸웠다. 그런데 요나라 국내에서 반란이 일어나 어이없게도 야율유가가 추방되었다. 야율유가를 추방한 정권은 통상 '위요(僞遼)'라고 부르는데, 이 위요는 금군과 싸워서 패주했다. 머지않아 추방된 야율유가는 칭기즈 칸의 후원으로 몽골군의 지원을 받아 위요를 공격했다. 위요는 패주하여 압록강을 건너 고려 영내로 도망쳐 사방을 노략질하며 돌아다녔다.

위요는 거란족 군단이므로 단적(丹賊)이라고도 부른다. 고려는 나라 안을 돌아다니며 약탈하고 방화하는 단족(丹族)을 몽골, 그에 복속한 포선만노와 야율유가 군대의 도움을 받아 진압할 수 있었다. 이 일로 고려는 몽골에게 해마다 공물을 바치기로 약속했다.

칭기즈 칸의 서정으로 몽골군이 철수하자, 포선만노는 몽골에서 독립하고 그 사실을 고려에 통고했다. 고려에 권익을 주장하려는 속셈이었다. 야율유가는 이 무렵에 죽는다.

고려에 힘든 시기가 찾아왔다. 몽골과 포선만노 사이에 끼어서 혹독한 시련을 겪을 수밖에 없었다. 또 몽골이 요구한 공물은 철저한 착취나 다름없었다. 고려가 요나 금을 종주국으로 인정한 무렵 공물을 헌상하면 그 이상의 보답이 있었다. 조공 무역이라는 말로 표현하듯이 고려에 조공은 돈을 벌 수 있는 장사였다. 다만 몽골의 경우는 속된 말로 주는 것 없이 빼앗기만 하는 식이었다.

중원 왕조는 사이(四夷), 곧 사방의 오랑캐에게 은혜를 베풀어 왕화(王化)를 입게 한다는 중화사상이 있었다. 왕화란 문명화나 다름없다. 사방의 미개인들을 문명화시키기 위해서는 문명적인 것을 주어야 했다. 거란족도 여진족도 한족은 아니지만, 그 정권은 요와 금이라는 국호를 칭함으로써 중원 왕조임을 자임했다. 그다지 내키지는 않았지만, 조공을 바치는 나라에 심한 착취도 하지 않았다.

몽골은 훗날 중원 방식으로 원(元)이라는 국호를 칭했는데, 중원 왕조의 풍격을 이어받을 의사는 전혀 없었다. 초원에서 부락 단위로 유목하던 무렵 약탈은 강자의 당연한 권리였고 미덕이기조차 하다고 생각했다. 가혹한 착취로 약자를 약탈하는 것은 몽골에서는 당연한 일이었다.

고려가 해마다 조공을 바치기로 약속한 것은 칭기즈 칸 13년(1218)의 일이고, 이해는 군량미 1천 석이었으나 이듬해부터는 '방물(方物)'로 바뀌었다. 방물이란 그 고장의 특산물을 말하는데 금·은·비단·수달가죽 등을 포함한 귀중품이 많았고, 더구나 그 수량이 막대했다. 몽골의 대두령 관(大頭領官)인 저고여(著古與)는 거의 해마다 고려에 와서 공물을 거두어 갔다. 때로는 포선만노의 사자와 정면으로 충돌한 일도 있었다. 만노 역시 고려에서 세폐를 거두려고 사신을 파견했던 것이다.

고려에서 '방물'을 거둬서 돌아가던 몽골의 저고여 일행이 압록강에서 습격을 받아 살해된 사건이 일어났다. 『원사』 「외국전」은 이것을 칭기즈 칸 19년(1224) 12월의 일이라고 기록했는데, 『신원사』에는 21년의 일로 되어 있다. 포선만노가 고려에 준 자립 통고문에,

성길사한(成吉思汗, 칭기즈 칸)은 먼 서역 땅에서 그 군대가 피로에 지쳐 생사조차 알 길이 없다.

고 했는데, 이 무렵 칭기즈 칸 서정군의 소식은 알 길이 없었던 모양이다.

사서에는 몽골의 사자를 죽인 사람이 단지 '도적'으로 기록되었지만, 나날이 무거워지는 착취에 분개한 고려 정부가 그 배후에 있었을지도 모른다. 포선만노였을 가능성도 있고, 단지 도적떼의 짓일지도 모른다. 어쨌든 칭기즈 칸의 소식이 묘연하다는 것이 습격자를 대담하게 만들었다고 생각된다.

이 사건 후, 고려는 몽골과 교류를 끊었다. 이윽고 칭기즈 칸이 죽고 태종 우구데이가 즉위한 지 3년(1231)이 지나, 몽골은 고려에 군사를 진격시켰다. 저고여를 포함한 몽골의 사자 일행을 살해한 죄를 묻는다는 것이 침공의 구실이었다. 몽골의 군사령관은 살리타(撒禮塔)였는데, 국경을 수비하던 고려 장군 홍복원(洪福源)이 투항하여 몽골군의 안내자를 자처했다.

고려군은 격전을 벌였으나 압도적인 몽골군의 공격을 버티지 못하고 마침내 화약을 청했다. 몽골은 고려에 다루가치(達魯花赤) 72명을 두었다. '다루'란 진압한다는 뜻의 몽골어이고, '가치'는 그것을 행하는 사람을 뜻한다. 몽골 황제의 대관(代官)이라고 해석하면 되겠다. 그런 사람을 72명이나 둔다는 것은 이제 번속관계가 아닌 병합으로 직접 통치하겠다는 생각과 같다.

다루가치의 횡포는 무지막지했다. 착취는 마지막 한 방울까지 짜낼 만큼 무서웠다. 탄원하고자 사자를 보내도 억류해 버렸다. 고려는 마침내 몽골에 저항하겠다는 결의를 굳히고 국도를 강화도로 옮겼다. 초원에서는 무적인 몽골군도 수전에는 약하다는 사실을 알았기 때문이다. 이렇게 해서 30년에 걸친 고려의 항전이 시작되었다.

고려 태자를 반긴 쿠빌라이

강화도 천도는 권신 최우(崔瑀)의 의견으로 강행되었다. 당시 고려는 같은 시대의 일본과 마찬가지로 무가 정치였다. 일본은 호조(北条氏, 이즈의 호족 가문으로 가마쿠라 막부의 권력자-옮긴이)씨였지만, 고려는 최씨가 집권자로 독재정치를 펼치고 있었다.

몽골은 천도를 선전포고로 받아들였고, 따라서 고려의 국토는 거듭되는 몽골의 침공을 받게 되었다. 국토는 유린되고 백성은 약탈당하고 살해되었다. 저항하는 적은 용서 없이 탄압하는 것이 몽골의 방식이었다.

태종 우구데이가 죽은 뒤 황후 섭정기간 5년(1241~1246)과 정종 구육이 죽은(1248) 뒤 3년 동안, 그리고 몽골의 카간 계승 분쟁 때만큼은 고려도 침공을 피할 수 있었지만, 그 일이 마무리되자 다시 몽골군을 맞아 싸워야 했다. 그중에서도 헌종 뭉케 4년(1254)부터 이듬해에 걸친 몽골군 의 침공은 처참하기 이를 데 없었다고 전해진다.

> 이해에 대군이 지나간 곳에는 남녀 포로 20만여 명, 죽은 자는 이 루 다 셀 수 없을 정도로 많았다. 온 군현(고을)은 모두 불에 타 잿더미 로 변하고 말았다.

고 『신원사』는 당시의 참상을 기록했다.

몽골의 요구는 고려가 약속했다가 단절시킨 공물의 부활, 국왕이 강 화도에서 나올 것, 국왕이나 태자의 입조였다.

그러던 중에 강화도에서 쿠데타가 일어나 최씨 정권이 몰락하고, 태자 전(倎, 훗날 식(植)으로 고침)의 입조가 이뤄졌다. 헌종 뭉케 9년(1259), 고려 고종 46년의 일이다. 그 전해에 일어난 반란은 고려 국왕이 권신 최씨로 부터 자유로워졌다는 의미도 지닌다.

고려의 태자가 만나야 할 몽골의 황제 헌종은 당시 벌송군 본대를 이 끌고 사천에 출정중이었다. 아득히 먼 사천을 향해 여행하던 태자 전은 도중에 헌종 뭉케가 죽었다는 소식을 들었다. 이미 감숙의 육반산(六盤 山)까지 갔지만 하는 수 없이 발길을 돌렸다.

그 무렵, 쿠빌라이는 악주(무창)에서 남송과 문제의 화약을 맺고 서둘 러 북으로 돌아가던 중이었다. 아우인 아릭 부케와 후계자 다툼을 벌여 야 했던 것이다. 육반산에서 발길을 돌린 고려의 태자는 북쪽으로 돌아 가던 쿠빌라이와 양양(襄陽)에서 만났다. 쿠빌라이는 놀라 기뻐하며,

고려는 만리나 떨어진 나라여서 일찍이 당나라 태종이 친정했으나,
이를 능히 정복하지 못하였다. 이제 그 태자가 스스로 나에게 돌아왔
으니, 이는 하늘의 뜻이로다.

라고 말했다고 전한다.

쿠빌라이와 태자 전의 해후는 몽골과 고려의 관계를 개선하는 계기가
되었다. 개선이라고 해도 물론 평등한 관계는 아니다. 몽골은 무력을 배
경으로 고려를 자신의 세력권에 넣었다. 다만 그때까지처럼 군사를 움직
여서 진압한 것이 아니라 회유책으로 바꾼 것에 지나지 않았다.

태자 전이 중국에 머무르고 있을 때, 아버지 국왕이 세상을 떠났다.
고려는 국왕 입조라는 몽골의 요구를 병중이라는 구실로 거절했는데, 그
것이 꼭 핑계만은 아니었음이 증명된 셈이다. 태자 전의 입조는 원래 볼
모로 삼으려는 의도였으나, 몽골은 고려의 국왕이 죽자 태자 전을 고려
로 돌려보냈다. 전은 귀국하여 즉위하였으니, 이가 고려의 원종(元宗)이
다.

회유라고 해도 군사만 동원하지 않았을 뿐, 몽골은 여전히 고려에 지
나친 공물을 요구했다. 하지만 몽골군이 물러가고 대관 다루가치 제도도
폐지되어, 고려의 의관풍속은 이제 몽골의 풍습을 따르지 않아도 되었
다. 하지만 과대한 공물 요구에는 여전히 속수무책이었다. 요구에 따르지
않으면 몽골은 고압적인 태도로 위협했으나, 고려가 국토의 황폐와 어려
운 사정을 들며 사정할 때는 더러 수긍하며 들어주기도 했다.

강화도 반란으로 권신(權臣) 최씨는 멸망했지만 무인 정치는 여전했다.
일본의 정권이 게이케(平家)에서 겐지(源氏)로 바뀌고 호조(北条)가 아시카

가(足利)가 되었듯이, 고려도 국왕은 변함없이 권신에 짓눌리고 있었다. 국왕은 왕권을 되찾기 위해 몽골의 힘을 업고 권신에 대항하고자 했다. 그런 이유로 국왕을 둘러싼 문신파는 친몽골적이었으며, 최씨를 물리치고 대신 들어선 김준(金俊)을 위시로 한 무신파는 반몽골적 경향이 당연히 강했을 것이다. 고려 내부의 사정도 이처럼 복잡했다.

몽골은 그 무렵 쿠빌라이의 동생인 아릭 부케가 일으킨 반란을 평정하는 것과 남송 토벌이라는 두 가지 과제를 안고 있었다. 몽골 후계자를 둘러싼 형제의 싸움은 정권의 성격과 깊은 연관성이 있다. 후세의 역사가들은 쿠빌라이를 한지파(漢地派), 아릭 부케를 몽골파라고 부른다. 또는 전자를 농경파, 후자를 유목파라고도 부른다. 예부터 전통적인 유목 제국이기를 고집하는 사람들은 아릭 부케를 추종했다. 그들이 보기에 쿠빌라이는 한인을 중용하고 한족 농경 국가의 조직을 모방하는 위험하기 짝이 없는 지도자였다. 몽골인이 일찍이 북위나 요, 금나라처럼 한족 문화 속에 흡수, 동화되어 고유의 것을 잃어 버릴지 모른다는 위험을 느꼈기 때문이다.

승부는 정해졌다. 쿠빌라이가 이겼다. 집요하게 저항한 아릭 부케도 마침내 형 쿠빌라이에게 무릎을 꿇었다. 패한 원인 중 하나는 식량 보급이 원활하지 못했다는 데 있었다. 한지에서의 보급이 끊어지면 초원의 많은 사람의 생활이 곤란해진다. 유목 국가는 약탈을 그들의 큰 영양원으로 삼는다. 주위가 약탈을 허용하지 않을 만큼 강해지면 유목 국가, 적어도 유목 대국가는 성립할 수 없다. 또 약탈을 되풀이하면 주변을 피폐하게 만들어 스스로 영양원을 고갈시키는 꼴이 된다. 한지 총독을 지낸 경험에 비추어, 쿠빌라이는 유목 대국가의 성립이 불가능하다는 것을 알고, 농경지를 바탕으로 한 정복 왕조로 전환할 것을 목표로 삼았다.

고려가 쿠빌라이 이전에는 몽골군에게 국토를 유린당하고, 쿠빌라이 이후에는 그런 일이 없었던 것은 태자 시절의 원종이 쿠빌라이와 양양에서 만나 교우관계를 맺었기 때문만은 아니다. 쿠빌라이 자신의 정치철학이 유목적인 직접 침략을 피하는 데 있었기 때문이다. 물론, 유사시에는 무력을 사용하지만 회유책을 우선하게 되었다. 한족 문명 본위의 사관에서 본다면 쿠빌라이가 한 문화를 접하면서 차츰 개화한 것이 된다.

고려국왕 원종은 몽골의 이와 같은 변화를 틈타 친몽골정책을 취하여 무인 권신으로부터 실권을 되찾으려고 했다. 쿠빌라이 지원 원년(1264)에 아릭 부케 평정을 축하하는 행사가 열렸는데, 고려의 원종은 권신 김준의 반대를 물리치고 직접 그 행사에 참가했다.

고려는 건국 이래 346년, 24대왕으로 이어지는 동안 외국의 책봉을 받은 일은 있었지만, 지금까지 단 한 번도 왕이 직접 외국에 입조한 일은 없었다. 이때 원종의 입조가 처음이었다.

몽골 제국도 성격이 바뀌었지만 고려도 바뀌었다. 그때까지 고려의 국왕은 권신의 강한 반대를 거스를 수 없었다. 그러나 이제 원종은 김준의 맹렬한 반대를 무릅쓰고 대도(大都, 북경)로 갔고, 그리고 무사히 돌아왔다. 몽골의 힘을 등에 업고 있으면 권신을 두려워할 필요가 없었다. 하지만 몽골의 힘에 의지하면서 고려의 속국화는 진행속도가 빨라졌다.

일본을 침공한 배경

'원구(元寇, 원나라의 일본 원정을 일본 쪽에서 부르는 용어-옮긴이)'에는 위와

같은 역사적인 배경이 깔려 있다. 몽골이 최초로 일본을 초유(招諭)하고
자 한 것은 원종이 입조하고 2년 뒤인 1266년의 일이다.『원사』「일본전」
에,

　　원의 세조 지원 2년(1265), 고려인 조이(趙彝) 등이 일본국과 통하
　는 것이 마땅하다고 말하여, 봉사(奉使)로 적절한 자를 골랐다.

라는 기록이 있다. '통함이 마땅하다'는 말은 우호관계를 맺는 편이 낫다
는 뜻이다. 결코 '취함이 마땅하다'라는 침공을 권하는 말이 아니다. 때
마침 진언한 자가 고려인이었기 때문에 일본 해적의 노략질로 해안지방
일대가 황폐해져, 곤경에 처한 고려가 몽골의 힘을 빌려 일본을 공격했
다고 비약하는 추리가 생겨났는데 이는 지나친 비약이다. 몽골이 일본에
군사를 보낼 때, 인적, 물적인 피해를 가장 크게 입는 쪽이 고려라는 것
은 일본 원정의 결과로도 분명하다. 고려는 처음부터 몽골이 일본에 출
병할 것을 두고 전전긍긍 두려워하여 그것을 저지하는 데 부심했다.
　　조이의 진언은 일본과 우호관계를 맺으면 몽골은 통상 이익 외에 남
송을 고립시킬 수 있다는 점을 강조했다. 조이는 고려 함안(咸安) 출신이
라고 하니, 한반도 남쪽 끝인 마산(馬山) 근처 사람이다. 대마도와 가깝고
일본과의 통상도 활발했던 지방이었으므로, 그는 당시로서는 일본통이
었다고 생각된다.
　　몽골의 최대 과제는 어떻게 해야 남송을 제압할 수 있느냐였다. 다이
라노 기요모리 이후에도 일본은 남송과 통상을 계속했다. 그것이 어느
정도 남송에 힘이 되었는지 자세히는 알 수 없으나, 남송의 힘을 약화시

키기 위해 노력하는 몽골에게 일본은 신경 쓰이는 존재였다. 그래서 일본과 우호관계를 맺기 위한 사절을 인선하는 데 착수하여 이듬해 병부시랑(국방부차관) 흑적(黑的)과 예부시랑(교육부 차관) 은홍(殷弘) 두 사람을 선정했다.

쿠빌라이가 이 두 사람에게 내린 일본 국왕 앞으로 보내는 조서는 다음과 같다.

대몽골국 황제는 서(書)를 일본 국왕에게 보낸다. 짐이 생각하건대, 예부터 소국의 왕은 경계가 서로 접하면 한층 신의를 돈독히 하고 화목에 힘썼다. 하물며 우리 조종(祖宗)은 하늘의 천명을 받아, 구하(區夏, 중국)를 얻게 됨에 아득히 먼 이역 땅에서도 위덕에 따르는 자 그 수를 어찌 헤아릴 수 있으랴. 짐이 즉위 초에 고려의 무고한 백성들이 전쟁으로 도탄에 빠져 있음을 가련히 여겨 즉시 군대를 거두었으며, 그 강토와 사로잡은 남녀노소를 돌려 주었다. 고려의 군신은 이에 감읍하여 내조하였다. 의(義)로는 군신이라 하나 친하기로는 부자지간 같다. 생각건대, 왕의 군신들도 이미 들어 알고 있으리라. 고려는 짐에게 신하라고 칭하는 동방의 나라이다. 일본은 고려에 친밀히 접근하고, 개국 이래 중국과도 때로는 교통함이 있었다. 어찌 짐의 대에 이르러서는 한 사람의 사신도 보냄이 없고 화평하기를 청함이 없는가. 더욱이 두려운 일은 왕의 나라가 이를 알고 있음인지 모르고 있음인지 바로 그것이다. 이에 특별히 사신을 보내어 글로써 짐의 뜻을 널리 알리고자 한다. 바라건대, 이제부터는 문호를 열어 서로 화목하기를 도모하고자 한다. 일찍이 성인은 사해(四海)를 집으로 여긴다 하였으니,

서로 교통하며 화목하게 지냄이 어찌 한 집안 식구라 아니할 수 있으랴. 생각해 보건대, 군대를 동원하게 되면 누가 그것을 좋다 하겠는가. 왕은 이를 깨달아 도모함이 있어야 할 것이다.

첫머리부터 상대를 소국이라 부르며 대국 의식을 노골적으로 드러냈지만, 이 조서는 한결 같이 통호(通好)를 바라고 있다. 군사 동원 운운하며 위협적인 표현도 있어 결코 부드러운 내용만은 아니다. 고려에 관용을 베푼 실적을 늘어놓고 너희들은 아직 그것도 모르냐는 식으로 상대를 촌놈 취급하고 있다. 이런 문서를 받으면 불쾌하기 짝이 없으리라는 것은 당연한 일이다.

성인은 사해로써 집을 삼는다. 이는 『사기』「고조본기」에 '천자는 사해를 집으로 삼는다'고 기록된 것에 근거한 말이거나, 『논어』「안연편(顔淵篇)」에 '사해 안은 모두 형제니라'라는 말을 의식했을지도 모른다. 이와 같은 전거(典據)는 오히려 상대를 몰아세우는 인상을 준다.

『원사』「일본전」에는,

> 고려 국왕 식(禃, 원종)은 황제의 명으로 추밀원 부사 송군비(宋君斐)를 보내왔는데, 예부시랑 김찬(金贊) 등과 함께 조사(詔使) 혁덕(赫德, 흑적)을 안내하여 일본에 가게 하였다. 그러나 가지 못하고 돌아왔다.

고 간단히 적혀 있다. 사신이 일본에 가지 못하고 되돌아온 것이다. 여기에는 고려 쪽의 필사적인 공작 때문이었다. 이와 같은 조서를 가지고 가면 일본 측이 화를 낼 것이 분명했다. 이웃 나라답게 고려는 일본의 기질을 잘 알았다. 문인파 이장용(李藏用)은 몽골의 사절 흑적에게 편지를 써서 일본으로 가는 것이 불가능하다는 것을 누누이 설명했다고 한다. 무인파 반몽골 세력이 그것 보라며 몽골과의 단교를 강행할 움직임을 보였다. 흑적은 이장용의 열의에 감동하여 거제도까지 갔다가 돌아왔다.

대양 만 리에 바람과 큰 파도가 하늘을 찔렀다.

세조 쿠빌라이에게 보낸 고려의 변명서에 이런 표현이 있다. 하지만 세조는 미리,

험한 바람과 파도를 내세워 말하지 말라.

고 못을 박았다.

일단 귀국한 흑적과 은홍은 다시 똑같은 사명을 띠고 고려로 왔다. 이장용의 노력도 일을 조금 늦추었을 뿐이다.

사절 일행은 큐슈(九州)의 다자이후(大宰府)에 이르러 국서를 제출했다. 국서는 가마쿠라로 보내져 다시 교토로 전송되었으나, 결국 받지 않기로 결정을 내렸다.

머물기를 여섯 달, 또 그 진의를 알지 못해 돌아왔다.

고 『원사』에 기록된 바와 같은 결과가 되었다. 이것이 제2차 일본 초유(招諭)였다.

이 결과에 세조 쿠빌라이가 격노했음은 말할 나위도 없다. 고려의 실력자인 김준과 재상 이장용에게 출두 명령이 떨어졌다. 김준은 몽골과 단교하자고 주장하는 무인파였기 때문에 호출에 응하지 않았다. 이장용 혼자 몽골로 떠났다.

쿠발라이는 이때 고려에 군대 동원과 큰 배 1천 척을 건조하라고 명했다.

> 가서 짐의 뜻을 전하라. 빨리 동원할 수 있는 군(병)의 수를 상주토록 하여라. 장차 사람을 보내어 이를 감독케 할 것이다. 지금 군을 보내노라. 너희들은 틀림없이 장차 어느 나라로 보낼 것인지 의심하리라. 혹은 남송이기를 바라는가, 일본이기를 바라는가. 너희 왕으로 하여금 능히 쌀 4천 석을 싣고 망망대해를 건널 수 있는 배를 만들라 하라.

쿠빌라이는 이장용에게 그렇게 말했다. 이에 따르면, 출병이나 조선(造船)의 목적은 남송토벌일지도 모르고, 일본 원정일지도 모른다는 모호한 말투다. 하지만 그전에 예부낭중 맹갑(孟甲)을 고려에 파견한 조서에는 '장차 송나라를 문죄코자 한다'고 남송이 목적임을 분명히 밝혔다.

역시 몽골의 큰 목적은 남송을 토멸하는 것이었다고 봐야 한다. 결국 일본으로 먼저 출병했지만, 그것도 남송을 고립시키기 위한 작전이었다고 생각한다. 그렇다면 왜 남송이 멸망한 뒤에 일본에 다시 원정했는지가 문제가 된다.

당시, 일본의 오슈(奧州)에서는 황금이 산출되었는데 그것이 중국으로도 유출되었다. 그런 일로 일본을 '황금의 나라'로 보게 되어 쿠빌라이가 몹시 군침을 삼켰다고도 생각할 수 있다. 이 시대에 중국을 찾은 마르코 폴로의 『동방견문록』도 일본을 그렇게 묘사했다.

지팡구(일본국)는 대륙에서 동쪽으로 1500마일 가량 떨어진 대양에 있는 큰 섬이다. 주민은 피부색이 희고 예절이 바른 우아한 우상 승배자들이며, 독립국으로서 자기의 국왕을 섬긴다. 이 나라에서는 어디서나 황금을 발견할 수 있기 때문에 백성들은 누구나 막대한 황금을 갖고 있다. 이 나라에는 대륙에서 온 자가 아무도 없다. 상인조차 찾지 않아 풍부한 이 황금은 일찍이 한 번도 외국으로 반출되지 않았다. 위와 같은 막대한 황금이 그 나라에 현존하는 것은 온전히 그런 까닭이다.

계속해서 이 섬나라의 국왕이 소유한 궁전의 화려한 위용에 관해 이야기한다. 이 국왕의 궁전은 그야말로 온통 순금으로만 되어 있다. 우리 유럽 사람이 집과 교회당 지붕을 함석으로 씌우듯, 이 궁전의 지붕은 모두 순금으로 씌워졌다. 따라서 그 값은 도저히 평가할 수 없다. 궁전 내에 수많은 방의 바닥도 전부 손가락 두 개 폭의 두께인 순금으로 깔려 있다. 이 밖에 객실이며 창이며 모든 것을 황금으로 만들었다. 이 궁전의 화려함과 호화스러움은 너무도 어마어마하여, 설령 어느 누군가가 정확하게 보고 평가한다고 해도 아무도 믿어주지 않을 것이다.

마르코 폴로는 덧붙여서 일본은 많은 진주가 나고 그 밖에도 다양한 보석도 난다고 적었다.

아마 당시 중국은 일본을 이렇게 보았던 모양이다. 절반만 믿는다고 해도 이것은 굉장한 일이다. 13세기의 중일 무역은 일본이 대폭적인 수입 초과였는데, 그것을 결제하기 위해 많은 사금을 이용했다. 또 예부터 유학생과 여행자들도 대개 사금을 지니고 갔다. 부피가 크지 않고 휴대하기에 편리했기 때문이다. 게다가 수출품이나 선물용으로 금은으로 만든 생활용품들이 중국으로 많이 흘러 들어갔다. 그런 까닭으로 일본은 '황금의 섬'이란 이미지가 만들어졌을 것이다.

몽골 조정에서는 좀 더 정확한 정보를 입수했으나, 그래도 실상보다 크게 부풀려졌다고 볼 수 있다.

세조 쿠빌라이가 일본에 준 조서에도 일본이 때로는 중국과 교통했다는 내용이 있는데, 그것은 견수사(遣隋使)나 견당사 기록이 사서에 실려 있기 때문이다. 당나라 때, 공사(貢使)를 보냈던 나라가 왜 몽골 조정에는 조공하지 않느냐는, 자부심에서 오는 초조함도 있었다고 생각된다. 몽골은 동서고금을 통하여 지상 최강의 제국이라는 자부심이 있었다. 그 자존심을 충족시키기 위해서도 일본이 공사를 보내기를 요구했다.

원의 제의를 번번히 무시한 일본 막부

제3차 일본 초유는 지원 5년(1268) 9월의 일이다. 그때는 대마(對馬)까지 갔다가 돌아왔다. 물론 일본의 답장은 얻지 못했다. 그 대신 탑이랑(塔二郞)과 미사랑(彌四郞)이라는 두 일본인을 붙잡아 데려왔다.

쿠빌라이는 두 포로를 받고 흡족해 했다고 한다. 포로에게 궁전까지 구경시켜 주었다. 제3차 일본 초유가 성공하지 못했는데, 쿠빌라이가 그다지 화를 내지 않았던 것은 고려에서 실력자 김준이 살해되는 사건이 일어났기 때문에 고려 사절이 일본에 오래 머무를 수 없었던 사정을 알았기 때문이다. 또 포로 둘을 얻었으니 다음은 그들을 송환한다는 구실로 일본 초유를 행할 수 있었다. 다음에 취해야 할 수단이 정해졌으니 그다지 초조해 할 것도 없었다.

고려에서 김준이 살해된 것은 원종의 사주였다. 원종은 임연(林衍)을 시켜 김준을 암살했는데, 일이 끝나고 보니 이제는 임연이 방해가 되었다. 오랫동안 무인 권신에게 시달렸던 원종은 재빨리 임연을 숙청하고자 했으나 이를 눈치 챈 임연에게 선수를 빼앗겼다. 원종은 폐위되고, 왕의 동생인 안경공(安慶公) 창(淐)이 왕위에 올랐다.

그때 몽골에 입조해 있던 원종의 세자 심(諶)은 아버지가 폐위된 사실을 알고 임연을 타도하기 위해 몽골의 힘을 빌리기로 했다. 몽골도 고려에 간섭할 좋은 기회였다. 압도적인 몽골의 무력을 등에 없고 원종은 복위하는데 성공했다.

이와 같은 소동이 있은 지원 7년(1270)에 제4차 일본 초유가 행해졌다. 앞서 잡아온 두 포로가 송환되었음은 말할 것도 없다. 하지만 일본 쪽의 태도는 마찬가지여서 몽골의 국서에 답장을 주지 않았다. 일단 거부의 답서를 작성했으나 그것조차 주지 않고 완전히 무시해 버렸다. 이보다 더 심한 거부는 없을 것이다.

고려의 정정은 흔들리고 있었다. 임연이 국왕을 폐위했을 때, 최탄(崔坦)이라는 자가 임연 주살을 구실로 군사를 일으켜 서북 60여 성을 함락하고 몽골에 투항했다. 몽골은 최탄이 황폐화시킨 지역에 출병하여 이를 점령하고 동녕부(東寧府)를 설치했다. 이후 20년 동안 서경(평양)을 포함한 고려의 서북부는 몽골에 점령되었다. 초대 동녕부 장관에는 최탄이 임명되었다.

이어서 삼별초(三別抄)의 난이 일어났다. '별초'란 정규군 이외의 선발군을 말한다. 좌우의 '야별초(夜別抄)'와 '신의별초(神義別抄)' 등 3개의 군단이 있었기 때문에 삼별초라 부른다. 최씨 이후 이 삼별초는 무인권신들의 무력 배경이 되었다.

국왕은 몽골의 힘을 빌려서 무인 권신을 억누르려고 했기 때문에 삼별초는 당연히 반(反)국왕, 그리고 반(反)몽골이었다. 임연은 병사했으나 그 아들 임유무(林惟茂)가 진격해 오는 몽골군에 맞서 싸웠다. 하지만 무신파 내부에도 항쟁이 있어 임유무는 살해되고 만다.

이 일을 기회로 국왕 원종은 강화도의 강도(江都)를 버리고 구도인 개경으로 환도하고자 했다. 몽골이 고려의 충성을 의심한 첫 번째 이유는, 몽골 기병이 공격하기 힘든 바다 섬에 국도를 정한 것이었다. 그 때문에 끊임없이 '출륙(出陸)', 다시 말해 섬에서 나와 구도로 돌아가라고 압박했다. 고려는 1년 가운데 절반은 강도, 나머지 절반은 개경에 조정을 두기로 함으로써 어떻게든 몽골의 추궁을 면하려고 했다. 그러나 그것도 한계에 다다랐다.

원종은 몽골과 일심동체로 가까운 관계를 맺음으로써 고려를 연명시키고자 했다. 그러기 위해 세자의 비로 몽골의 황녀를 하가(下嫁)해 달라고 요청했고 마침내 실현되었다. 원종의 방침으로 강도 포기는 당연한 조치였다. 반국왕, 반몽골을 표방한 삼별초가 이에 반대했음은 말할 나위도 없다. 그들은 무력으로 저항했다. 원종의 아우 승화후온(承化候溫)을 옹립하여 국왕으로 삼았으니 원종 쪽에서 보면 틀림없는 모반이었다.

몽골 대군은 고려로 진격하고 삼별초는 강화도에 웅거하며 이에 저항했다. 하지만 개경과 너무 가까워서 항전을 계속하기가 여의치 않자, 그들은 배 1천 척을 동원하여 모두가 전라도 진도로 옮겨가 그곳을 근거지로 삼았다. 삼별초는 다시 진도 남쪽으로 이동하여 제주 해협을 건너 제주도를 점령했다. 당시에는 제주도를 탐라(耽羅)라고 불렀다.

제5차, 제6차 일본 초유가 행해졌으나, 가마쿠라(鎌倉) 막부는 여전히 이를 상대하지 않았다. 두 번 모두 몽골의 국신사(國信使)는 조양필(趙良弼)이었다. 제6차 때는 몽골이 이미 국호를 원으로 정한 뒤였다.

조양필은 여진족으로, 아버지는 금나라 절도사를 지냈고 몽골과의 전투에서 태원(太原)을 지키다 전사했다. 조양필은 진사에 합격하여 조주(趙州)에서 교수직에 있을 때, 쿠빌라이의 부름을 받고 재능을 인정받았다. 즉위하기 전 쿠빌라이에게는 한지(漢地)에 하사받은 영지가 있었다. 형주(邢州)도 그중 하나였는데 1만 호의 백성이 500호 정도로 줄어드는 바람에 세수도 뜻대로 걷히지 않았다. 앞에서도 이야기했지만, 유병충(劉秉忠)과 장문겸(張文謙)이라는 유학자가 유능한 관리를 기용하여 잘 다스리게 하라고 진언하여 그대로 따랐더니 1년 사이에 호수가 몇 배로 늘었다. 조양필은 형주 안무사(按撫使) 막장(幕長)으로 등용된 유능한 관리 중 한 사람으로 이때 치적을 쌓았다. 일본에 국신사로 가게 된 것도 황제의 명령에 따라서가 아니라 그가 지원한 것이다.

그때 조양필의 나이 이미 54세로 쿠빌라이가 만류했으나, 그는 기어코 가겠다며 말을 듣지 않았다. 제6차 때, 그는 1년 남짓 다자이후에 머물렀다. 지원 10년(1273) 5월, 조양필은 귀국하여 쿠빌라이에게 일본을 치는 것은 불가하다고 진언했다. 그가 실제로 본 일본은 결코 '황금의 섬'

이 아니었다. 그의 진언은 다음과 같았다.

신이 일본에 머문 지 어언 1년 남짓 됩니다. 그 백성의 풍속을 보건
대, 이리와 같이 사납고 살생을 밥 먹듯이 즐기며, 부자간의 친, 상하
의 예는 있는지조차 모릅니다. 그 나라의 땅은 산수가 많아서, 농사
와 누에를 치는데 아무런 이익이 없습니다. 그 나라 사람들을 얻는다
해도 아무런 쓸모가 없으며, 그 땅을 얻는다 해도 부(富)를 더할 수 없
습니다. 하물며 수군이 배로 그 나라에 건너감은 때 없이 불어 닥치
는 해풍으로 풍랑이 심하여, 그 피해가 이루 측량할 수 없을 만큼 클
것입니다. 이는 수많은 무고한 백성들을 크나큰 구렁텅이 속에 생매
장하는 것과 다르지 않을 것입니다. 신이 깊이 생각하고 이뢰옵건대,
공략하지 아니함이 이로울 것입니다.

같은 글을 인용하면서 『원사』는,

황제는 이에 따르다.

라고 하고, 『신원사』는,

황제는 듣지 않았다.

고 기록하고 있다. 원은 이미 고려에 둔전하면서 일본 출병 준비를 갖추
었고, 그것은 중지되지 않았다. 쿠빌라이가 진언을 듣지 않은 것이니 『신

원사』쪽이 옳다고 해야 한다. 『원사』에 누락된 부분이 많음을 보여 주는
한 실례다.

고려 백성들만 죽어나는 원정 준비

원의 일본 원정이 늦어진 것은 삼별초가 남쪽 섬들을 점거해서 바다
를 건너는 것이 위험했기 때문이다. 삼별초의 최후 거점인 탐라가 함락
된 것은 조양필이 일본에서 귀국하여 쿠빌라이를 알현한 무렵이다.

마침내 바다를 통한 원정의 걸림돌이 제거되었다. 원나라는 탐라에 탐
라국 초토사(招討使)를 두었는데, 이는 이 섬을 직할령으로 만든 것이나
다름없다. 물론 탐라는 고려의 영토였다. 원은 고려에서 동녕부와 이 섬
을 빼앗았다. 원은 이곳을 목장으로 만들어 중죄인의 유배지로 삼았다.

고려왕의 간절한 호소로 고려가 탐라를 되찾은 것은 21년 뒤인 지원
31년(1294)의 일이다. 이때 쿠빌라이는,

이는 사소한 일이다. 고려에 다시 돌려줌이 좋겠다.

고 말했다.

어쨌든 원나라의 직할령이 된 제주도는 일본 원정의 전초기지가 되었
음은 말할 나위도 없다.

고려에 고난의 시기가 찾아왔다. 전선 900척 건조와 병사, 어부 등 도
합 1만 5천 명을 동원하라는 명령이 떨어진 것이다. 고려는 지칠 대로 지
쳤다. 우구데이 시대부터 태자 전(원종)이 쿠빌라이 조정에 입조하기까지

30년 동안은 몽골군과 전쟁을 치르느라 국토는 황폐해진 채 방치되었다. 몽골에 복속한 뒤에도 상황은 결코 나아지지 않았다. 공물 징수도 가혹했고 국정마저도 임연(林衍), 최탄(崔坦), 삼별초의 잇따른 난으로 백성들은 하루도 편히 쉴 수 없었다. 거기에 전쟁 준비 명령이 내려온 것이다. 배를 건조할 인부는 모았으나 그들을 먹일 식량이 없어, 원나라에 애걸하여 식량을 공급받았다. 병사와 뱃사공도 요구대로 모이지 않았다. 이것도 조금 줄여달라고 청했다.

이런 때, 세자 심이 원나라 황녀와 결혼하는 것이 허락되었다. 1274년 5월의 일로 다음 달에 원종이 죽고 세자는 8월에 즉위했다. 이가 고려의 충렬왕이다. 일본 원정군은 10월에 출발했다. 전선 건조 명령이 정월이었으니 그야말로 밤낮을 가리지 않은 강행군이었다. 감독관은 고려인이 사갈(蛇蝎, 뱀과 전갈)처럼 싫어하는 홍다구(洪茶丘)였다. 그는 원나라 장군으로서 고려군민총관이라는 직함으로 부임하였으나 원래는 고려인이다. 그의 아버지 홍복원(洪福源)은 고려의 국경 수비군 대장이었는데, 맨 먼저 몽골에 항복하여 몽골군의 길 안내를 맡아 고려 침략을 도왔다는 사실은 이미 앞에서 이야기했다. 어느 세상이든 이런 앞잡이는 있기 마련이다. 홍복원은 진장(鎭將)이었으니 고려군 내에서도 그다지 높은 지위는 아니었다. 길을 안내한 공으로 몽골에서 중용되었다.

마침 그 무렵 고려 왕족인 영녕공(永寧公) 준(綧)이 몽골의 볼모가 되었다. 이 인물이 앞잡이 홍복원을 증오한 것은 당연했다. 영녕공의 참언(讒言)으로 홍복원은 마지막에는 처형되었다. 그 아들 홍다구가 고려인이면서도 고려에 지나칠 정도로 가혹했던 것은 이와 같은 개인적인 원한 때문이다.

조금 뒤에 이야기하겠지만, 제2차 일본 원정 때, 또다시 병선 건조를 명령받은 고려는 감독관으로서 홍다구만은 파견하지 말아달라고 원나라 세조 쿠빌라이에게 탄원하여 허락받은 일이 있다. 제1차 일본원정 때, 병선 건조 감독으로 온 홍다구가 얼마나 가혹했는지 상상할 수 있을 것이다.

홍다구는 역사상 일종의 기형인물이다. 그뿐만 아니라 초기에 몽골에 항복한 고려의 군대는 몽골군으로서 고향인 고려에 진주하면, 양심의 가책을 느껴서인지 주민에게 너무 심하게 굴었다. 고려 충렬왕은 제2차 일본원정 전에 만일 원군(元軍)을 고려에 보낸다면 몽골족이나 한족 군대를 보내 달라, 홍다구와 그 부하인 고려군(조기에 몽골에 투항한 군대)만큼은 제발 보내지 말아달라고 진정했다.

제1차 일본 원정 준비로 고려가 얼마나 괴로움을 당했는지 이와 같은 일화로 충분히 알 수 있다.

> 말 탄 기병은 갑자기 들이닥쳐 할 일은 많아 번거롭고 벅차기만 한데, 기한은 촉박하고, 독촉함이 번개와도 같다. 백성은 그 때문에 심히 괴롭다.

『고려사』에 기록되어 있듯이 몽골의 전쟁 준비 독촉은 지나치게 심했다. 병선 건조 과정에서도 너무 심하게 다그치는 바람에 어쩔 수 없이 마무리를 대충했는지도 모른다. 이른바 '신풍(神風, 가미카제)'으로 인해 원군 함대가 어이없이 궤멸한 것은 배가 제대로 만들어지지 않았기 때문이라는 설이 있을 정도다.

원군의 제1차 일본 원정은 지원 11년, 일본 문영(文永) 11년(1274)의 일

이다. 바로 일본에서 말하는 문영(文永)의 싸움이다. 『원사』「일본전」에는 이 원정이,

> 겨울 10월, 그 나라에 들어가 이를 물리치기는 했으나, 관군(官軍)이 정비되지 않았고, 또 화살이 다하여 그저 사방을 노략하고 돌아왔다.

라고 간단히 기록되어 있다.

『신원사』쪽은 좀 더 자세히 기술했는데, 이는 가소민(柯劭忞)이 금세기 초에 편찬한 것으로 『원사』에 빠진 부분을 보충했다. 위원(魏源, 청나라 후기 사상가) 등 선인의 연구, 라시드 알딘의 『집사』 등 페르시아어 사료 등을 참고로 했지만, 원구에 관한 내용은 일본 사료를 활용했다. 또 가소민은 『신원사』로 일본 도쿄 제국대학에서 문학박사 학위를 받았다.

원군은 쓰시마, 이키(壱岐)를 공략하고 하카다만(博多灣)에 모습을 나타냈다. 『신원사』에는 쓰시마와 이키에서 원군이 저지른 소행을,

> 마음껏 살육하고 부녀자들을 붙잡아 손바닥을 뚫어 밧줄로 꿰어서 뱃전에 매어 놓았다.

라고 기록했다. 이는 일본의 자료인 『승일련주화찬(僧日蓮註畵讃)』에 따른 것이다. 당시 일본 쪽의 기록, 즉 『역대황기(歷代皇記)』, 『일대요기(一代要記)』, 『제왕편년기(帝王編年記)』, 『보력간기(保曆間記)』, 『진서요략(鎭西要略)』을 비롯해, 『국지군기(菊池軍記)』 등 여러 군기(軍記)에도 '부녀자의 손바닥을 뚫어 밧줄로 꿰어서 뱃전에 매어 놓았다'는 기록은 보이지 않는다.

몽골군은 각지에서 잔혹한 행위를 저질렀다. 쿠빌라이 무렵에는 어느 정도 개화되었다고 하나 손바닥을 뚫어 밧줄로 꿰는 등, 어디까지나 몽골이기에 가능한 일이라고 생각한다. 가교민의 『신원사』는 마침 신해혁명(辛亥革命)의 기운이 고조되는 시기에 쓰여졌다. 한족이 이민족으로 간주하던 만주족 왕조를 뒤엎은 때였다. 한족 중심의 민족주의가 치열했던 시기인 만큼 육백수십 년 전의 몽골족에게도 동류(同類)의 이민족으로서 적개심을 품는 풍조가 있었을 것이다. 가소민이 일본 자료 중에서도 『승일련주화찬』에만 실린 기록을 채용한 배경은 조심해야 할 대목이다.

대포 소리에 놀란 일본군

원군은 하카다, 하코자키(箱崎)를 공격하고 다시 다자이후를 목표로 했다. 원군의 집단전투는 일본의 무사가 그때까지 경험하지 못한 전법이어서 상당히 당황했음이 틀림없다. 하카다 전투에서 일본군은 다자이후까지 후퇴했다. 일본에 없던 대포라는 새로운 무기가 사용되었고, 요란한 북소리와 천지를 뒤흔드는 함성을 내지르는 몽골 전법은 1기(騎)씩 일대일로 승패를 가리는 전투를 원칙으로 하는 일본 무사뿐만 아니라 말까지 놀라게 한 모양이다.

> 천지가 떠나갈 듯한 북소리, 함성소리에 우리 말이 놀라 미친 듯이 달아났다.

는 대목이 일본쪽 전기(戰記)에 나온다.

그래도 일본 무사의 과감한 전투에 원군도 큰 피해를 입었다. 원군은 하카다와 하코자키를 점령하고 하코자키 궁을 불태웠으나, 한편으로는 일본군의 야습을 전전긍긍하며 두려워했다. 군사회의에서 몽골 장군들은 배로 돌아가 야습을 피하자고 주장했고, 고려의 장군은 더욱 전진하여 속공속결할 것을 주장했다. 결국 몽골의 총사령관 흔도(忻都)의 의견에 따라 배로 돌아가기로 결정했다. 해상이라면 야습을 받을 위험이 별로 없기 때문이다.

해상의 원군은 일본군의 야습은 받지 않았으나 태풍의 내습을 받았다. 일본에서는 이것을 '신풍'이라고 부른다.

> 관군(官軍, 원군)의 전선(戰船)은 해안 절벽에 부딪혀 파선된 것이 많았다.

급조한 배였으니 견고할 리 없었다. 침몰하는 배가 뒤를 이었고, 물에 빠져 죽은 자가 부지기수였다. 간신히 살아남은 전선은 전투 능력을 잃고 북으로 철수했다. 원의 제1차 일본 원정은 이렇게 실패로 끝났다.

하지만 원은 일본 원정을 단념하지 않았다. 생각해 보면 실패한 제1차 일본 원정에서 원은 그다지 큰 피해를 입지 않았다. 신풍으로 침몰한 배는 모두 고려가 자비로 건조한 것이었다. 일꾼을 먹일 식량이 없다고 애원하여 식량은 조금 제공했지만 그것도 대수롭지 않은 정도였다. 원정군도 절반은 고려군이었고, 원군이라고 해야 몽골족 외의 한족, 여진족 병단이었다. 함대 전부와 병사의 절반이 고려군이었으니, 인구비로 보면 고려가 입은 타격이 훨씬 컸다.

제2차 원정이 계획되자 가장 당황하고 겁을 낸 쪽은 말할 나위도 없이 고려였다. 함대는 궤멸했으니 다시 건조해야만 했다. 고려는 원나라의 황녀를 왕비로 맞은 충렬왕 시대부터 몽골과 일체화되어 살아남으려고 했다. 그 밖에 다른 활로는 없었다. 충렬왕 스스로 몽골의 복장을 했는데, 일체화라고 해도 쿠빌라이의 말처럼 일시동인(一視同人)은 아니었다. 고려에만 부담이 되는 실상이었다.

제1차 원정에 실패한 이듬해에 원은 다시 일본에 통호(通好) 사절을 보냈다. 예부시랑 두세충(杜世忠)과 병부시중 하문저(何文著)가 정부(正副) 사절로 각각 임명되었다. 그들은 나가토(長門)의 무로츠(室津)에 도착했다. 그때까지는 큐슈의 다자이후로 갔다. 다자이후는 일본의 대외관계 정식 창구였다. 하지만 그때까지 여러 번 다자이후로 가서 성과가 없었기 때문에 이번에는 교토나 가마쿠라의 최고수뇌를 만나 담판을 지을 심산이었다. 그들은 희망대로 가마쿠라로 가게 되었는데, 당시 집권자인 호조 토키무네(北條時宗)는 가마쿠라의 타츠노구치에서 그들의 목을 베어 버렸다. 타츠노구치는 에노시마 건너편에 있는 당시의 처형장이었다. 니치렌(日蓮, 1222~1282, 법화신앙을 주장한 승려, 일련종의 개조-옮긴이)이 참수를 당하기 직전에 하늘이 빛을 내면서 갈라져 망나니가 무서워서 벌벌 떠는 바람에 처형이 집행되지 못했다고 전해지는 타츠노구치 법난(法亂)의 장소가 바로 이곳이다. 두세충이 참수된 것은 니치렌이 같은 장소에서 참수를 면한 4년 뒤의 일이었다.

사도(佐渡)에 유배된 니치렌이 사면되어 가마쿠라로 온 것이 문영(文永) 11년 3월이고, 몽골 내습 시기를 묻자 '올해는 반드시 있다'고 예언하고 미노부(身延)로 떠난 것이 정월이다. 10월에 몽골이 내습했으나 일본은 신풍 덕분에 위기를 모면했다. 두세충이 참수된 것은 그 이듬해 9월이었다.

이때의 국서에 어떤 무례한 내용이 담겨 있었는지는 알 수 없지만, 사절을 참수한다는 것은 엄청난 사건이다. 그런 과감한 일을 저질렀으니 가마쿠라 막부도 각오했음이 틀림없다. 원나라가 다시 내습할 것을 대비해 큐슈, 시코쿠(四国)의 해안 지역에 계엄령이 선포되고 무사가 동원되었다.

사절이 참수된 일은 한동안 원나라에 알려지지 않았다. 귀순을 승낙하는 일본의 답장이 머지않아 도착할 것이라 기대하고 있었다. 원나라는 제1차 일본 원정을 실패라고 생각하지 않았다. 하카다와 하코자키를 점령했기 때문이다. 그곳에서 격퇴된 것이 아니라 사령관의 의사에 따라 배로 돌아와 태풍을 만났다. 불가항력이었을 뿐 패전은 아니었다.

두세충이 타츠노구치에서 참수될 무렵, 본국에서는 원이 벌송군을 진격시켰는데, 남송의 안경부(安慶府) 지사 범문호(范文虎, 가사도의 사위)가 원에 항복했고, 원나라 장군 바얀(伯顔)이 건강부(建康府, 남경)에 입성했다. 이미 강남은 전쟁터가 되어 원나라는 대남송전에 전력을 기울이고 있었다. 일본 원정이 미뤄진 것은 당연했다.

이듬해 지원 13년(1376) 3월, 원군은 임안(臨安, 항주)에 들어왔고, 남송의 삼궁(三宮)은 북으로 끌려갔다. 그 후에도 문천상(文天祥)의 유격전은 여전히 계속되었다. 남송의 어린 황제를 받든 사람들의 저항이 광동 애산(厓山)에서 종말을 맞이한 것이 지원 16년(1279) 2월이다. 『신원사』의 같은 해 2월 갑신일(甲申日) 항에,

강회, 호남, 강서, 복건에 칙서를 내려 전함 600척을 건조하여 일본

을 정벌코자 한다.

고 원정 준비가 시작되었음을 기록한 내용이 보인다. 위의 네 성(省)은 남송이 멸망하면서 새로이 원의 판도에 편입된 지역이다.

원의 제1차 일본 원정에서는 고려만 부담을 졌지만, 제2차 원정에서는 옛 남송도 조선(造船)과 군대 동원을 강제로 떠맡았다.

남송의 군대는 궤멸하지 않았다. 남하한 원군의 속공으로 범문호 등 남송 장군 중에는 항복한 자가 많아 그 군대는 그다지 부상을 입지 않았다. 이 군대가 만일 반몽골전을 일으키기라도 한다면 보통 심각한 문제가 아니었다. 제2차 일본 원정은 해전에 익숙한 옛 남송군을 이용한다는 계획도 있었지만, 그것 말고도 문제의 군대를 바다 저편에 버리려는 속셈이 있었던 것은 아닐까 하는 의심도 든다. 일본을 점령하면 그곳에 둔전시킬 계획도 있었던 것 같다.

옛 남송의 장군 범문호가 주복(周福)과 난충(欒忠)을 일본에 사절로 보낸 것은 같은 해 6월이다. 남송이 이미 멸망했음을 일본에 알리고 일본도 원에 귀순하는 것이 득책이라고 권하기 위해서다. 남송의 구신(舊臣)에게 소식을 듣게 하는 편이 설득력이 있다고 기대했던 것이다. 사절은 다자이후에 도착했으나, 막부는 그곳에서 마찬가지로 그들을 참수했다.

가련한 주복 일행이 일본을 향해 떠난 뒤, 4년 동안 소식 불명이었던 두세충 일행이 참수되었다는 사실이 판명되었다. 두세충 일행을 태우고 간 고려의 뱃사공이 간신히 탈출하여 귀국해서 그 정보를 전한 것이다. 고려는 즉시 원나라 조정에 이를 보고했다. 원은 고려에 전과 마찬가지로 전선 900척 건조와 군대 동원을 명했다.

원정을 강요한 쿠빌라이의 속셈

제2차 일본 원정에서 고려 충렬왕은 주전론을 주장했다. 고려 백성을 고통으로 밀어 넣은 일본 원정을 어째서 고려왕은 주전론을 앞세워 부르 짖었을까?

고려왕이 어떻게 나오든 쿠빌라이는 원정 의사를 바꿀 리 없었다. 어차피 고려는 일본 원정에 끌려 들어갈 수밖에 없다. 그럴 바에야 채찍에 쫓겨서 타국의 노예로서 싸우기보다는 원정을 자신의 전쟁으로 여기고 싸우는 편이 낫다고 판단했을 것이다. 원정에 적극적으로 협력함으로써 속국인 고려의 지위를 조금이라도 높이고자 했다. 몽골 옷을 입고 몽골 식으로 머리를 밀고, 몽골 황녀를 아내로 맞아 원나라 황족의 일원이 된 충렬왕을 민족의 배신자로 보는 견해도 있다. 하지만 냉정히 생각해 보면 충렬왕은 몽골화 정책으로 고려에 유익한 상황을 만들어 냈다.

참전하기에 앞서 원나라 조정에 입조한 충렬왕은 쿠빌라이에게 고려 장병과 원나라 장병을 똑같이 대우할 것, 고려에 적의를 품은 홍다구의 권한을 제한할 것 등을 직소했다. 쿠빌라이는 충렬왕의 제의를 거의 다 들어 주고 '부마국왕(駙馬國王)'임을 공식적으로 선언했다. 부마란 황제의 사위라는 의미다. 충렬왕은 이로써 원나라 황족의 일원으로서, 또 정동행성(征東行省)의 중서좌승(中書左丞)으로서 군대 지휘권을 갖게 되었다.

제2차 일본 원정군은 고려에서 출발하는 동로군 4만과 경원(慶元, 절강성 영파시)에서 출발하는 강남군 10만이 6월 15일에 이키에서 합류하기로 했다. 강남군은 말할 나위도 없이 옛 남송군이었다.

동로군은 제1차와 마찬가지로 흔도, 홍다구가 이끄는 원군과 김만경

(金萬慶)이 이끄는 고려군으로 편성된 혼성군단으로 5월 3일에 합포(合浦)를 출발했다. 6월 15일에 합류할 예정이라면 출발이 너무 일렀다. 동로군은 거제도에서 잠시 정박한 다음, 쓰시마를 향하여 그곳의 일본군을 소탕하고 이키로 진격했다. 그리고 강남군을 기다리지 않고 6월 6일에 이미 하카다 만에 도착했다. 상당히 빠른 속도였다. 하지만 지난번 몽골이 내습한 지 5년이나 지났고 사절도 참수한 터라, 일본은 일전을 각오하고 견고한 석성을 쌓고 군대도 증강했다. 원군은 시카노시마(志賀島)와 노코노시마(能古島)에 상륙하여 본토를 노렸지만, 일본군도 과감하게 반격하여 작은 배를 내보내 적함을 습격하는 등 치열한 전투가 이어졌다. 여름철이었으므로 원군 군중에는 돌림병이 돌았고, 또 강남군과 합류할 시기가 가까워졌으므로 동로군은 일단 함대를 이키로 후퇴시켰다.

그런데 강남군은 기일까지 이키에 도착하지 않았다. 강남군의 사령관은 아랄한(阿剌罕)과 항복한 장군 범문호였는데, 출발 직전에 아랄한이 중병에 걸려 급히 아탑해(阿塔海)가 임명되는 소동이 있어 출발이 지연되었다. 또 그 후 얻은 정보로 이키보다 히라도시마(平戶島)에서 합류하는 편이 낫다는 것을 알고 이것도 급히 변경했다. 이 사실을 동로군에게 알릴 선견선단(先遣船團)이 항로를 착각해 쓰시마에 도착하는 실수까지 겹쳐 기일을 넘겨서 겨우 연락이 닿았다.

강남군은 6월 18일에 경원을 출발해, 6월 말에야 겨우 히라도시마에 도착해 이키에서 출발한 동로군과 합류했다. 원군은 히라도에서 한 달 가까이 군대를 쉬게 하며 그 동안 일본군을 정찰하고 작전을 짜다가, 7월 27일에 행동을 개시해 다카시마(鷹島)를 점거했다. 전투가 시작되자 원나라는 우세 속에서 본토 상륙 준비를 진행시켰다.

그런데 7월 30일에 기타큐슈(北九州)가 태풍권에 들었으며, 다음 7월 1일(이해는 윤년이어서 7월이 두 번 있었다)에 비바람은 더욱 거세지더니 이른바 '신풍'으로 바뀌었다. 이것은 일본의 기록이다. 가마쿠라 시대의 일본과 중국 원나라는 역법(曆法)이 달라서 원에서는 8월을 윤달로 삼았다. 그렇기 때문에 첫 번째 8월 1일이 된다. 무시무시한 태풍으로 원의 전함은 잇따라 침몰했고 엄청난 익사자가 발생했다. 오류투성이로 악명 높은 『원사』는 「일본전」에서 생환자가 3명뿐이라고 기록했는데, 「세조본기」에는,

열에 한 둘이 살아남았다.

고 기록되어 있다. 생환자가 1할이나 2할이라는 뜻이다. 마찬가지로 『원사』「아탑해전(阿塔海傳)」에는 '사(師, 군대)를 상실함이 열에 일곱, 여덟'이라고 되어 있다. 뱃사공, 잡역부 등을 포함하면 거의 20만이었을 테니 3만에서 4만은 살아 돌아온 것이 진상이다. 『고려사』는 고려군 생환자를 1만 9천 397명이라고 기록하므로, 생환자 비율은 강남군 쪽이 훨씬 낮았다.

강남군은 총인원수로 보면 동로군의 두 배 반 정도였다. 그리고 전함 수는 동로군이 900척인 데 비해, 강남군은 3천 500척이었다. 약 4배나 많은 수인데 이는 강남군 전함이 소형이었기 때문이다. 또 원나라는 강남의 네 지방에 조선을 명령했는데, 그중에서 복건을 제외하면 대개 하천지방이어서 외항선 건조에 익숙하지 않았던 점도 생각할 수 있다. 더구나 원에 멸망당한 지 얼마 되지 않은 남송이 원나라의 명령에 그렇게 충실히 따랐다고도 생각할 수 없다. 고려 이상으로 배를 날림으로 만든

것은 아닐까. 가련하게도 일종의 저항 표현이었던 날림공사 때문에 수많은 옛 남송 장병이 목숨을 잃었다.

일본군은 기회를 놓치지 않고 원군을 공격했다. 포로는 2만 명에서 3만 명을 헤아렸다고 한다. 하카다로 끌려온 포로 중에서 옛 남송 장군들만 목숨만 살려 주고 노예로 삼아 무사들에게 나누어 주었다. 몽골인, 고려인, 여진족, 한인(금 왕조의 판도에 있던 화북 사람들)은 모조리 죽였다.

이해는 일본에서는 홍안(弘安) 4년에 해당(지원 18년, 1281)하므로, 홍안(弘安)의 싸움이라고 부른다.

두 번에 걸친 원정 실패에도 쿠빌라이는 일본 원정을 포기하지 않았다. 두 번 모두 전쟁에 진 것이 아니라 태풍으로 함대가 궤멸했기 때문이다. 전쟁으로 인한 피해는 전선을 건조하고 병대를 파견한 고려와 남송이 떠안았을 뿐 원나라는 그다지 큰 타격을 입지 않았다.

일본 원정으로 고려와 남송이 피폐해지는 것을 어쩌면 원나라는 바랐는지도 모른다. 피폐해질수록 반항할 기력도 없어질 것이라고 생각했기 때문이다. 하지만 그것은 안일한 생각이었다. 강남 지방에서 반란이 잇따라 일어났다.

제2차 원정에 실패한 이듬해 쿠빌라이는 다시 고려에 전함 건조를 명령하고 일단 폐지한 정동행성을 부활했다. 충렬왕은 좌승상으로 임명되었다. 그러한 때에 강남에서 반란이 잇따라 일어나 일본 원정을 미룰 수밖에 없었다.

쿠빌라이는 여러 번 일본 원정을 계획했으나, 그때마다 사고가 일어나 실행으로 옮기지 못했다. 지원 20년(1283)에는 광동과 복건에서 반란이 일어났다. 일본 원정을 위해 모은 군대가 토벌대로 전용된 것이 이때다.

게다가 그 이듬해, 점성(占城, 남베트남)의 반란을 진압하기 위해 아탑해가 1만여 군대를 이끌고 남하했으나, 이때도 태풍으로 길이 막혀 철퇴할 수밖에 없었다. 아탑해가 이끈 군대는 사실 일본 원정을 위해 동원된 병력이었다.

점성뿐만 아니라 북베트남의 교지(交趾)에서도 반란이 일어났다. 교지는 끈질기게 반항하여 원나라는 일본 원정에 나설 처지가 아니었다. 게다가 몽골 황실에서도 내분이 일어났다.

지원 21년(1284)에는 왕적옹(王績翁)이 친히 지원하여 일본에 건너가 귀순을 권했다. 왕적옹은 앞에서 이야기했듯이 가장 열심히 문천상에게 귀순을 권한 인물로, 남송과 원의 두 왕조에서 병부상서를 지냈다.

그때까지 일본에 파견된 사절은 두 번이나 참수형에 처했다. 그 사실을 두려워한 수행인들이 쓰시마까지 갔을 때, 그곳에서 왕적옹을 죽여 버렸다.

쿠빌라이는 죽을 때까지 일본 원정을 포기하지 않았다. 그는 지원 31년(1294)에 죽었는데, 그 전해에 고려에 전함 건조 등 일본 원정을 준비하라 명했다. 일본 원정이 원나라의 국가방침에서 완전히 제외된 것은 쿠빌라이가 세상을 떠난 이후부터였다.

몽골이 와도 두렵지 않네

일본에서 원구에 관한 시 가운데 가장 유명한 것이 라이산 요(賴山陽, 1780~1832)의 〈몽골이 왔도다(蒙古來)〉이다. 막부 말기 지사(志士)들은 문천상의 〈정기가〉를 본떠 만든 후지타 토코(藤田東湖)의 같은 제목의 시와 함께 〈몽골이 왔도다(蒙古來)〉를 애송했다.

츠쿠시(筑紫) 바다의 태풍, 하늘은 온통 어둡고,

바다를 뒤덮으며 오는 자 누구인고.

몽골이 왔도다, 북쪽에서 왔도다.

동서로 잇따라 침략하더니,

조가(趙家, 남송)의 늙은 과부를 위협하여 취하고,

남송의 군대를 이끌고 남아국(男兒國) 일본에 쳐들어왔다.

사가미타라우(相模太郎, 호조 토키무네)의 배포는 지극히 크고,

바다를 지키는 무사들은 하나같이 노력하네.

몽골이 와도 나는 두렵지 않네.

내가 두려워하는 것은 산처럼 흔들림 없는 간토(關東, 가마쿠라 막

부)의 명령.

오로지 적을 베어 쓰러뜨릴 뿐, 후퇴는 허락지 않는다.

우리의 돛대를 쓰러뜨려 그것을 타고 적함에 기어올라,

적장을 사로잡으니 아군의 함성 하늘을 찌른다.

원망스럽기 그지없도다. 갑작스런 동풍에 큰 파도가 일어 모두 삼

켜 버렸으니,

적의 선혈을 남김없이 일본도에 묻혀야 하거늘.

筑海颶氣連天黑 蔽海而來者何賊 蒙古來 來自北 東西次第期吞食

嚇得趙家老寡婦 持此來擬男兒國 相模太郎膽如甕 防海將士人各力

蒙古來 吾不怖 吾怖關東令如山 直前斫賊不許顧 倒吾檣 登虜艦

擒虜將吾軍喊 可恨東風一驅附大濤 不使羶血盡膏日本刀

신풍을 천우신조로 받아들이는 것이 일반적인데 그것을 오히려 원망스럽기 그지없다고 읊은 것이 이 시의 특징이며, 이것이 기개 넘치는 무사들에게 애송된 이유다.

소주(蘇州)의 옛 절의 우물에서 350년 동안 숨겨져 있던 『철함심사』에 〈원이 일본을 삼키려 하다(元賊謀取日本)〉라는 제목의 칠언절구 두 수가 실려 있다.

1
위험을 무릅쓰고 건너니 실로 생명을 보존하여 돌아오기 어렵고,
왜중(倭中, 일본)의 풍토는 본디부터 거칠고 사납다네.
설령 항해하는 자가 수백만이라도,
용왕이 한 번 노함에는 가히 당할 수 없음이라.

涉險應難得命還 倭中風土素蠻頑 縱饒航海數百萬 不直龍王一怒間

2
바다 건너 동이로 가는 수만 리 노정,
몽골에 대적할 자 아무도 없음도 또한 분노를 낳게 하거늘.
이번에 떠난 자는 모두 원한을 품고 있나니,
두고 보자, 언젠가 진이 진을 멸망시킴을.

海外東夷數萬程 無讎於韃亦生嗔 此番去者皆銜怨 試看他時秦滅秦

　명나라 말에 발견된 이 『철함심사』는 과격한 반몽골 문서다. 따라서 한족의 민족의식이 지나치게 강렬해 비한족 왕조인 청대(淸代)에는 위험 문서로 취급되어 금서 목록에 올랐다. 그래도 몇 종류의 간본(刊本)이 있었던 모양이다. 일본에서도 문구(文久) 3년(1863)에 야스오카(保岡)가 복각(復刻)했다. 청나라 말기 계몽사상가인 양계초(梁啓超, 1873~1929)는 광서(光緖) 을사년(1905, 메이지 31년)에 『심사(心史)』를 중인(重印)하고, 그 서문에 고인의 문장을 수없이 많이 읽었지만 본서만큼 자신의 마음을 뒤흔들어 놓은 것은 없다고 적었다.

　『철함심사』가 위작이 아니라면, 항주에서 태어나 마찬가지로 강남에서 산 정사초(鄭思肖)는 원나라 제2차 일본 원정 강남군의 출발을 직접 눈으로 본 증인으로서, 이 기술은 주목해야 한다. 『심사』에는 다음과 같은 문장이 있다.

　　신사년(辛巳年, 1281) 6월 중순, 원적(元賊)이 사명(四明, 영파)에서 바다로 나가는데, 대선이 7천 척, 7월 중순에 왜국 백골산(白骨山)에 이르러 토성을 쌓아 병사를 주둔시키고, 적의 성채와 대치했다. 그믐날(7월 30일), 큰 비바람이 일고 우박의 크기가 주먹만했으며 배는 큰 파도에 부딪혀 뒤집히고 침몰하여 궤멸당했으며, 몽골군의 절반가량이 바다에 빠져 죽었다. 배는 겨우 400여 척만이 돌아왔으며, 20만 명은 백골산 위에 있어 배로는 돌아올 수 없어 왜인들에게 모조리 도륙당했다.

『원사』「일본전」에 '10만 무리, 돌아온 자 세 사람뿐'이라는 기록마저 보이지만, 노골적인 반몽골 문서인 『철함심사』에 400여 척이 돌아왔다고 기술한 것도 내가 『심사』를 진짜라고 믿는 근거 중 하나다.

앞에서 이야기했듯이 『원사』의 기술에는 혼란이 보이지만 생환자가 세 사람뿐이라는 충격적인 기사는 사람들의 뇌리에 깊이 새겨지기 마련이다. 20세기에 기록된 신뢰도가 높은 『신원사』에서조차 「범문호전」에 생환자 3명설이 나온다. 참고로 『원사』는 이 범문호라는 중요 인물의 전기를 아예 싣지 않았다.

명나라 말, 기이함을 즐기는 무리가 이를 지어 세상을 속이고자 했다.

는 것이 『심사』 위작설을 믿는 사람들의 결론이다. 그렇다면 이미 『원사』는 세상에 나와 있었다. 또 명대에 문인들이라면 반드시 읽었다는 수필집 『오잡조(五雜俎)』에서도,

몽골군 10만을 이끌고 원정하여 돌아온 자는 세 사람뿐.

이라고 기록되어 있다. 명나라 말기라면 생환자 3명은 일반에게 알려져 있었을 것이지만, 반몽골의 화신과 같은 사람의 문장에 그것을 인용하지 않은 것은 수긍이 가지 않는다. 또 『원사』는 장병이 남겨진 섬을 '오룡산(五龍山)'이라고 했다. 이것은 다카시마(鷹島)를 말하는데, 원군 쪽에서 오룡산이라고 이름 붙였을 것이다. 그런데 『심사』에는 백골산으로 되어 있

다. 아마 그것은 원정군 장병들이 지어낸 별명임이 틀림없다. 위작이라면 문헌을 참조하여 그것에 끼워 맞추려고 했을 터이다. 『심사』는 작자가 생 환자에게 직접은 아니더라도 전해 들은 이야기를 있는 그대로 적은 문장 이라는 느낌이 농후하다.

정사초의 시 가운데 〈원달이 일본을 공격하다 패배하는 노래(元韃攻日 本敗北歌)〉라는 제목의 장시가 있다. 앞에서 마르코 폴로의 일본관을 소 개했는데, 이 장시의 첫머리는 원대 강남인의 전형적인 일본관을 보여 주 어 다음에 인용해 보았다.

동방의 아홉 오랑캐 중 왜는 그 하나일 뿐,
바다가 경계를 이루어 스스로 한 세계를 이루니,
지형은 넓고 길게 수천 리에 이르고,
풍속은 부처를 좋아하고 백성들의 살림도 상당히 넉넉하며,
산물은 심히 풍부하고 다양하며 또한 말을 생산하더라.
배는 중국에까지 가서 장삿길을 트도다.
……(후략)……

東方九夷倭一爾 海水截界自區宇 地形廣長數千里 風俗好佛頗富庶
土産甚夥幷産馬 舶來中國通商旅 ……(후략)……

원나라가 패배한 것을 적고 이 긴 시는 다음의 구절로 끝을 맺는다.

몸을 뒤집어 손바닥을 치며 한 번 웃을 때,

만고(만세), 만고, 만만고.

翻身鼓掌一笑時 萬古萬古萬萬古

색목인들

몽골이 중용한 상업민족

1981년 7월, 나가사키 현 다카시마(鷹島) 남쪽 해안에서 몽골의 관인 (官印)이 발견된 일이 신문에 대서특필되었다. 일본 원정 때 몽골군 장병의 유품임은 말할 나위도 없다. 그 관인은 파스파 문자로 밝혀졌다.

몽골족은 칭기즈 칸 시대까지 문자가 없었다. 기록할 필요가 생겨서 표음문자인 당시 위구르 문자를 채용했다. 『원조비사』도 이 문자로 기록되었다. 하지만 세계의 주인이 된 몽골족에게 문자를 모조리 빌린다는 것은 자존심이 허락하지 않았던 모양이다. 탕구트족은 정권을 만들자 서하문자를 만들었다. 거란족은 요(遼) 왕조를 세우자 거란문자라는 새로운 문자를 창조했다. 여진족도 금 왕조를 세우자 여진문자를 만들었다. 비록 한자를 본보기로 삼았다고는 해도, 틀림없는 자신들의 문자이지 결코 빌린 것이 아니었다. 몽골족도 같은 발상으로 티베트 승려 파스파에게 명령하여 새로운 문자를 만들게 했다.

파스파(八思巴)란 '성자(聖者)'라는 뜻으로 그의 본명은 로테 기얀첸이다. 티베트의 명문 집안에서 태어나, 일곱 살 때 수십만 언(言)의 경문을 읽었고 그 의미를 거의 이해했다고 한다. 티베트 사람은 그를 성동(聖童)으로 받들어 파스파라 불렀다. 생년에 관해서는 여러 가지 설이 있지만, 1235년부터 1239년 사이라고 생각한다. 즉위하기 전의 쿠빌라이를 만난 것이 파스파가 15세 때였다. 쿠빌라이는 이 신동을 존경했고, 즉위하자 그를 '국사'로 삼아 현안의 과제였던 몽골의 신문자를 만들게 했다.

신문자라고 하지만 서하문자가 한자에서 힌트를 얻었듯이, 파스파 문자도 사실은 티베트 문자를 기초로 한다. 티베트 문자는 가로쓰기지만, 그것을 세로쓰기로 하고 글자체를 직사각형으로 한 것이다. 지원(至元) 6년(1269)에 문자가 공포되었고, 그 후 국가의 공식문서는 반드시 이 문자를 정문(正文)으로 사용하도록 했다. 국호를 '원'으로 정하기 2년 전이다.

아무리 파스파가 천재였다고 해도 그가 만든 문자는 사실 상당히 불편했다. 각이 져서 빨리 쓸 수 없었던 것이다. 그 때문에 실용화되지 못했다. 그럼에도 국가가 정한 정식 문자였으므로 중국의 고전 등을 몽골어로 번역하고, 그것을 파스파 문자로 표기했다. 칙어(勅語)와 통달(通達)도 정문은 파스파 문자로 기록했으나, 그것을 읽을 줄 아는 사람은 아무도 없었다. 부문(副文)은 위구르 문자인 몽골어나 번역된 한문 쪽을 읽는다. 아무도 읽지 못하는 문자로 모든 문서를 표기했기 때문에 커다란 에너지 낭비일 수밖에 없었다. 하지만 일본 원정에 소모한 에너지에 비하면 대단치 않다. 다만 파스파 문자는 직사각형 서체이기 때문에 인장이나 비석에 새기기에는 아주 좋았다. 곡부(曲阜)의 공자묘 석비에도 파스파 문자가 새겨져 있다.

파스파 문자는 몽골족의 민족적 자존심을 만족시키기 위해서만 존재했던 것 같다.

평소 부족단위로 생활하는 유목민인 만큼 몽골족은 가계에 관심이 매우 컸다. 자기 부족을 최우위로 놓고 다른 부족을 차별하는 데 관심이 많았다. 원(元)이라는 국가도 몽골족이 최상위에 있고, 다음이 색목인(色目人)이다. 색목이라는 것은 '여러 가지'라는 뜻으로 몽골족 이외의 유목민에서부터 서역인, 마르크 폴로 같은 유럽인까지 포함한다. 그 다음이 한인(漢人)인데, 이는 우리가 쓰는 한민족(漢民族)이라는 뜻이 아니다. 금왕조 지배하에 있던 중국 북방 사람들만을 가리킨다. 마지막으로 몽골족이 멸망시킨 남송 백성들을 남인이라고 불러서 최하위로 여겼다. 마르코 폴로의 『동방견문록』에 종종 등장하는 '만자(蠻子)'가 바로 이 남인을 말한다.

남북은 풍토도 다른 데다 150년 동안 각기 다른 정권의 통치를 받았다. 연운16주의 주민은 오대(五代) 이후 중원 정권에서 벗어나 있었으니 격리된 기간이 300년이 넘는다. 따라서 같은 한족이라도 구별할 만한 근거가 없지 않다. 하지만 한인과 만자를 구별한 정책은 원나라의 통치상 고등정책이기도 했다. 몽골족은 뭐니뭐니 해도 소수민족이다. 국민의 절대다수인 한족이 단결해서 몽골족에 저항하면 승부는 뻔했다. 한족을 단결시키지 않는 것이 몽골족 정권에게 최상의 정책일 수밖에 없었다.

이와 같은 내용의 세세한 정책을 진언한 것은 색목인이었음이 틀림없다. 그들은 이 정권에서 유리한 지위에 있었다. 세계 제국인 당나라에서도 외국인은 군부나 예술 분야에서 두각을 나타냈지만, 그것은 어디까지나 한족과의 경쟁을 거친 뒤였다. 결코 특권이 있어서 그런 혜택을 받은 것은 아니었다. 그러나 원나라에서는 색목인이 한족보다 우대받았다. 이렇듯 특권계급으로서 한족 위에 자리할 수 있었던 것도 몽골족 정권이 존재했기 때문이다. 이 정권의 영속을 바란 색목인이 지혜를 짜내어 여러 가지를 헌책한 것은 당연한 일이었다.

색목인은 경제 관료로서 특별히 뛰어난 능력을 발휘했다. 중앙아시아의 소그드 지방 사람들은 옛날부터 천재적인 상업민족으로 알려졌다. 그리고 유목을 하는 몽골족은 경제에 서툴렀다. 원나라 통치 하에서 색목인은 몽골족의 단점을 보완하는 존재로서 소중한 대우를 받았다.

세금 짜내기의 천재 아흐마드

색목인 관료의 대표는 아흐마드(阿合馬, Ahmad)일 것이다. 마르코 폴로의 견문록에 Acmat라는 이름으로 등장하는 인물이다.

이처럼 아흐마드가 전권을 제멋대로 휘두르고, 더구나 칸은 그의 말이라면 무엇이든 따를 정도로 신임하기 때문에 무슨 일이든 그를 거역하는 자는 한 사람도 없다. 신분이 아무리 높고 세력이 아무리 큰 인물이라도 그 사람만은 두려워했다. 따라서 누구든 아흐마드에게 그 죄가 죽어 마땅하다고 탄핵받으면 그것으로 끝이고, 아무리 본인이 결백하다고 변호해도, 결국 그것은 칸의 귀에 들어가지 않았다. 그렇다고 아흐마드의 뜻을 거역하는 일은 누구도 하려들지 않았으므로, 그 무죄를 변호해 줄 사람을 찾는다는 것은 도저히 불가능한 일이었다. 이리하여 그는 무고한 사람들을 수없이 많이 죽였다. 그뿐만이 아니었다. 일단 그가 반하기만 하면 그 여자도 끝장이었다. 수단과 방법을 가리지 않고 여자를 자기 것으로 만들고야 말았다.

베니스에서 온 이방인 마르코 폴로는 항주가 함락된 지원(至元) 12년 (1275)에 상도(上都)에 들어갔다. 그때가 아흐마드의 최전성기였다. 아흐마드가 왕저(王著)와 고화상(高和尙)에게 모살된 것은 제2차 일본 원정이 실패한 이듬해(1282)다. 마르코 폴로가 중국을 떠난 것은 그로부터 딱 10년 뒤인 지원 29년(1292)이었다. 쿠빌라이의 조정에서 일한 마르코 폴로는 당연히 자신과 같은 '색목인' 아흐마드를 만났고, 그가 죽은 뒤에는 그에 관해 여러 가지 이야기를 들었음이 틀림없다. 위에 인용한 서술은 거의 진실에 가까울 것이다.

아흐마드는 실로 평가가 나쁜 인물로 『원사』는 그를 「간신전」에 넣어서,

아허마(阿合馬, 아흐마드)는 회흘인(回紇人)이다. 따라서 자세히 알려진 바가 없다.

고 너무나도 냉담하게 적었다. 회흘이란 당나라 때 문헌에서 볼 수 있는 위구르족인데, 사실 아흐마드는 위구르족이 아니다. 이 시대에는 이슬람교도를 민족과 상관없이 '회회(回回)'라고 불렀다. 회흘과 회회는 곧잘 혼동되어 엉터리 기록으로 악명 높은 『원사』도 그 잘못을 범했다. 회회라고 해야 한다. 또 『원사』는 경력을 알 수 없는 것처럼 기록했지만, 아흐마드는 라시드 앗딘의 『집사』를 통해 그 경력을 대충 알 수 있다.

『집사』에는 아흐마드 에 페나케티(페나케티의 아흐마드)라고 기록되어 있

다. 페나케티(Fenaketi)는 타쉬켄트의 서남, 시르강 오른쪽 해안에 위치한 지명이다. 그는 위구르가 아니라 이란계 사람이었다. 경력도 알고 있다. 아흐마드는 원래 옹기라트(弘吉刺) 부족의 수장인 아루치(按陳, 아륵적[阿勒赤]이라고도 씀)의 가노였다. 영지와 집안일을 돌보는 집사를 맡다가 아루치의 딸 차비르(察必)가 쿠빌라이에게 시집갈 때, '잉신(媵臣, 신부를 따라가는 가신)'으로서 조정에 들어가 두각을 나타냈다.

차비르는 황후로 옹립되었다. 이가 바로 남송의 황족에게 동정을 베풀었던 인정 많은 정의황후(貞懿皇后)다. 아흐마드는 머지않아 그 실무 능력을 인정받아 중총(中總) 3년(1262)에 중서성 좌우부(左右部)에 임명되었다. 이 관직은 궁정의 서무와 경리를 책임지는 자리다. 그 전해에 아흐마드에게 연경(북경) 만억고(萬億庫)의 각종 물자를 점검하게 했다는 기록이 있는 것으로 보아 태창사(太倉使)를 겸했던 것 같다. 말하자면 창고 주임인데, 이때 경제 수완을 발휘하여 각 창고가 가득 차게 만들었다. 쿠빌라이는 그 재능을 인정했다.

쿠빌라이는 개국의 영주(英主)였으나, 조익은 『이십이사차기』에서,

> 그렇다고 해도 그 이(利)를 좋아하고, 무(武)를 더럽힌 그 마음은 천성으로 뿌리내려, 죽을 때까지 조금도 변함이 없었다.

고 평했듯이 이를 중시했다. 요술쟁이처럼 이익을 늘려서 국고를 풍족하게 해 주는 아흐마드를 신임한 쿠빌라이는 지원 3년(1266)에 제국용사사(制國用使司)라는 특별 부서를 새로 만들어 그를 그 자리에 앉혔다. 얼마후에 이 부서는 상서성(尚書省)으로 승격했다. 이로써 아흐마드는 중서성

의 감독을 벗어나 그와 대등한 자리에 서게 되었다. 5년 뒤, 상서성은 중서성을 병합하고 아흐마드는 사실상 독재적인 재상이 되었다.

아흐마드의 독선은 눈에 거슬릴 정도였다. 그는 제철업을 일으켰고 소금에 부과하는 염세를 늘렸으며, 천하의 호적을 조사하고 약과 차에 이르기까지 국가의 전매와 과세로 세입을 늘려, 세조 쿠빌라이를 만족시켰다. 다른 사람을 썼더라면 이 같은 업적을 올릴 수는 없었을 것이다.

국고가 넉넉해진 만큼 아흐마드 개인의 재산도 늘었다. 인사권까지 쥐고 있었으므로 뇌물을 바치려는 사람들이 문전성시를 이루는 형편이었다. 마르코 폴로의 견문록에 있듯이, 그의 눈 밖에 나면 이미 죽은 목숨과 같았다. 진장경(秦長卿)처럼 아흐마드 때문에 옥사한 자도 적지 않았다.

벌송전(伐宋戰)과 일본 원정을 치르느라 원나라는 아무리 돈이 많아도 늘 부족했다. 쿠빌라이는 아흐마드가 없다면 국가를 운영하기 어렵다고 믿었던 것 같다. 확실히 그의 이재 수완은 뛰어났다. 아흐마드는 원나라가 벌송전 병사를 남으로 진격시켰을 때, 점령지에서 유통되는 남송의 회자(會子, 일종의 어음)를 모두 부도 처리하자는 다수 의견에 홀로 반대하고, 이를 원나라 지폐로 교환하는 정책을 강행했다. 한때 국고 지출은 늘었지만, 점령지의 경제가 혼란을 벗어나 원나라의 지폐 정책이 순조롭게 진행된 것을 생각하면 큰 성과를 올렸다고 할 수 있다.

아흐마드는 앞을 내다볼 줄 아는 사람이었다. 경제인으로서 안목이 있었다. 그리고 그의 정책은 중상주의였다. 서역의 색목인들은 아흐마드의 정책으로 큰 혜택을 입었다. 하지만 그의 정책은 중국의 전통에서 일탈했다. 민족 대부분이 농민인 탓에 그때까지는 농본주의가 정책의 핵심이었다. 아흐마드식 정치라면 농민은 국가를 위해 무거운 세금을 부담하는 존재 이외에 아무 것도 아니었다. 국민에게서 짤 수 있을 만큼 짜내어 끝내는 천 조각 하나 남기지 않고 가져갔다고 할 만큼 가혹했다.

> 천하의 사람들이 그(아흐마드)의 살을 씹어 먹겠다고 생각하지 않
> 은 자가 없었다.(『이십이사차기』)

농민뿐만 아니라 농본주의의 전통을 지키려는 한인 대신들도 아흐마드를 증오했다. 아흐마드의 독선은 민족적 대립으로 발전할 기세였다.

익도(益都)의 천호(千戶)라는 관직에 있던 왕저가 의분을 참지 못하고 고화상과 역모해 아흐마드를 대동추(大銅鎚)로 때려죽였다. 황태자가 상도에서 대도(북경)로 귀환하였으니, 빨리 와서 문후를 올리라고 거짓 사자를 보내 아흐마드를 궁으로 불러들인 것이다.

쿠빌라이는 아흐마드가 죽은 뒤 승상 발라(孛羅)에게 그 죄를 듣고 비로소 크게 노했다. 왕저는 이미 처형되었으므로 쿠빌라이는 "왕저가 옳았다"고 말하고, 아흐마드의 묘를 파헤쳐 관을 깨고 시체를 통현문(通玄門) 밖에 내다 버려 개가 그 살을 뜯어먹게 했다.

천하가 미워한 재정 전문가들

아흐마드가 죽은 뒤에도 원나라는 아흐마드의 정책을 바꾸지 않았다. 세조 쿠빌라이가 이(利)를 좋아하는 이상 착취 정책은 계속될 수밖에 없었다.

아흐마드도 그의 전임자 뒤를 이어서 몽골 정복 왕조의 재정을 관장

했다. 태종 우구데이 시대에 재정을 담당한 색목인 압둘 라흐만이 '칠량포은제(七兩包銀制)'를 실시하고자 한 일이 있다. 그는 재정 관료라기보다는 징세 청부인이라고 해야 할 것이다. 압둘 라흐만은 그때까지 은 2만 2천 정(錠)이던 세금을 그 배인 4만 4천 정으로 징수하겠다고 장담했다. 이 자도 우구데이의 황후인 투르게네의 신임을 얻어 그 연줄로 등용되었으니, 아흐마드와 같은 경우라고 할 수 있다. 칠량포은제란 그때까지 백성이 호(戶)마다 8냥의 실(絲)을 세금으로 바치던 것을 거기에 보태서 은 7냥을 징수하는 것이다. 당시 1냥은 3.73 그램에 상당한다.

이 강압적인 제도는 재상 야율초재(耶律楚材)뿐만 아니라 하북의 한인 제후들도 반대했다. 지금 천하가 겨우 평정되었는데, 동란을 거친 백성에게 부담을 줄여서 쉽게 하기는커녕 중세를 부과하는 것은 도리에 맞지 않다는 것이 반대 이유였다. 우구데이가 죽고 황후가 섭정하게 되자, 압둘 라흐만의 실권이 강해진 것은 당연한 일이다. 하지만 야율초재가 조정에서 열심히 반대했기 때문에 칠량포은제는 실시되지 않았다. 야율초재는 황후 섭정 3년째에 죽었으나, 그 후에도 실력을 잡은 한인 제후들의 반대로 이 제도는 좀처럼 실시되지 않았다. 태종 우구데이가 죽은 지 5년이 지나 가까스로 정종(定宗) 구육이 즉위하자 압둘 라흐만도 실각해서 주살되었다.

압둘 라흐만이 실각한 뒤, 그 때문에 물러나 있던 정적 마흐무드 야라와치(牙老瓦赤)가 등장했다. 그는 전임자의 원안을 조금 줄여서 육량포은제를 실시했는데, 그가 실각한 뒤에 사량제가 되었다. 부담이 너무 커서 실시가 곤란하고 한인제후의 반대도 강했기 때문이라고 생각한다.

포은제는 일본인 아베 타케오(安部健夫, 1903~1959, 동양사학자-옮긴이)의

「원 시대의 포은제 고찰」이라는 논문에 매우 상세하게 설명되어 있다. 어쨌든 유목생활에서 한토(漢土)의 지배자가 된 몽골족에게는 재정을 처리할 능력이 없었다. 그렇다고 한족에게 맡기자니 몽골족으로서 저항감과 시기심이 있었던 모양이다. 색목인은 몽골족과 한족 사이에서 어떤 때는 주선자, 어떤 때는 중간 착취자가 되었다.

아흐마드가 죽은 뒤, 아주 드문 일이지만 노세영(盧世榮)이라는 한인이 재정을 담당했다. 그는 아흐마드에게 뇌물을 바치고 강서각(江西権) 다운사(茶運使)라는 지위를 얻은 적이 있었다. 차 전매 경험이 있었던 것 같다. 아흐마드가 죽은 뒤, 세조 쿠빌라이의 처분이 너무도 가혹했기 때문에 공황에 빠진 조정대신들은 재정을 논하면 아흐마드와 같은 패거리로 의심받을까 봐 지레 입을 다물어 버렸다.

아흐마드가 죽고 조정의 신하들은 재리(財利)에 관해 말하기를 꺼렸다.

는 기록이 『원사』에 나온다. 입을 다물어도 국가재정은 하루도 소홀히 할 수 없는 일이다. 누군가가 담당하지 않으면 안 된다. 이때 상가(桑哥)라는 자가 노세영을 추천했다. 상가는 후에 노세영의 뒤를 이어 재정을 담당하는데, 어쩌면 처음에는 노세영을 희생양으로 삼을 생각이었는지도 모른다. 아니나 다를까, 1년쯤 지나 노세영은 실각하여 살해되고 상가가 기용되었다. 노세영이 활용한 사람들은 모두 아흐마드를 추종하던 무리였다. 아마 이것 역시 상가가 배후에서 조정했을 것이다.

상가는 원래 라마승으로 첨파국사(瞻巴國師)의 제자였다. 여러 나라의 말에 능통했으며, 총제원사(總制院使)가 되어 불교나 티베트와 관계된 일을 담당했다고 한다. 따라서 처음에는 문교관계 전문이었지 재정 쪽은 아니었다. 『원사』에는 그의 출신지를 명기하지 않았지만, 도슨(Constantin d'Ohsson, 1780~1855, 스웨덴의 외교관·역사가-옮긴이)의 『몽골사』에는 상가가 위구르족이었다고 나온다. 상서 우승상으로서 단번에 실권을 장악하고 증세를 단행하여 쿠빌라이의 원정 비용을 염출했다. 인사에서도 강력한 발언권이 있었기 때문에 아흐마드처럼 뇌물을 받고 관직을 주는 악습이 생겼다. 자신의 공적을 찬양하는 '상가보정비(桑哥輔政碑)'도 세웠다. 독선적인 행위가 도를 넘자 탄핵자가 나타났다. 그는 반대자를 탄압하고 자신의 파벌로 무장할 작정이었으나, 쿠빌라이의 신임을 잃고 주살되었다. 증세와 압제 정치로 회하, 장강 유역 등 남쪽 백성은 특히 고생이 심했다. 비교적 풍요로운 지방이기 때문에 착취도 심해서 그 원성이 궁정 내까지 들렸다.

'상가보정비'는 쓰러뜨려졌고, 그 파벌 사람들은 벌을 받았다. 상가를 위해 강남 착취 대리인으로 일했던 우마르(烏馬兒) 이하 일당은 모두 죽음을 당했고 거리에 내버려졌으며 가산은 몰수되었다.

천하가 이에 쾌재를 불렀다.

고 『원사』에 기록되어 있다.

착한 색목인들

색목인이 모두 악당이었던 것은 아니다. 특히 동서 문화 교류에 색목인의 활약은 높이 평가해야 한다. 그중에는 『동방견문록』으로 유럽 사람들에게 동쪽 세상을 알린 마르코 폴로도 당연히 들어간다.

마르코 폴로의 『동방견문록』을 읽으면, 그가 몽골어와 페르시아어는 능통했지만 한어(漢語)는 전혀 몰랐다는 것을 알 수 있다. 17년이나 중국에서 생활할 수 있었던 것은 색목인의 사회가 따로 있어 그 안에서 생활하는 한, 한어를 몰라도 전혀 불편하지 않았다는 것을 말해 준다. 본속법(本俗法)이라고 해서 색목인은 자신들의 출신지 풍습에 따라 생활하는 것이 허용되었다. 북위(北魏)를 비롯해 북조가 한(漢)문화에 동화된 역사를 거울삼아 원나라는 한문화에 동화되는 것에 매우 신경질적이었다. 몽골족뿐만 아니라 색목인에게도 이를 허용하지 않았다. 색목인은 자신들의 본래 문화가 있었기 때문에 한문화에 저항력이 있을 것이라 기대되었다. 몽골족은 문화에 면역성이 없기 때문에 색목인을 방패 삼아 한 문화에 동화되는 것을 막고 민족 고유의 활력을 유지하려고 했을 것이다.

정책적으로 그렇게 했음에도 색목인으로서 한문화에 동화되거나 한문화 속에 발자취를 남긴 사람들이 나타났다. 예를 들면 사두라(薩都剌)는 이슬람교의 타시만부(部) 출신인데 시문집인 『안문집(雁門集)』 8권을 남겼다. 물론 한시문이다. 중국 문학사에서 이 시대의 대표적인 문인으로서 반드시 꼽는 인물이다. 아호는 천석(天錫), 호는 직제(直齊)이며 오랫동안 항주에 살면서 한족과 똑같이 생활했다고 상상할 수 있다. 9월 9일 중양절(重陽節) 등은 이슬람교도의 풍습에 없는데도, 그는 중양절을 노래한 〈객중구일(客中九日)〉이라는 제목의 시를 지었다.

가절(佳節)에 서로 만나 멀리 장사하러 가자 했는데,

국화는 고인(故人)의 고향과 다르지 않네.

이웃집의 술을 살 돈이 없어,

한차례 외롭게 읊는 소리 내 애를 끊는구나.

佳節相逢作遠商 菊花不異故人鄕 無錢沽得鄰家酒 一度孤吟一斷腸

자신의 신세를 읊은 시라면 그가 상인으로서 여행하는 것이 되지만, 진사에 급제했으므로 관리로서의 여행이라고 봐야 한다. 노신(魯迅)은 이 사두라의 애독자였다.

등불 아래『안문집』을 펼치니 홀연 말린 단풍 잎 하나가 나왔다.

노신의 산문시집『야초(野草)』에 〈납엽(臘葉)〉이라는 제목의 작품은 위와 같이 시작된다. 사두라의 어떤 점이 노신의 마음을 움직였는지 알 수 없다. 사두라는 청기(淸氣) 있는 사람으로 평가되며, 원(元)이라는 시대를 잘 표현했다고 한다. 그는 사(詞)도 잘 지었지만, 악부(樂府)에도 뛰어났다. 자신의 문집에『안문집』이라는 이름을 붙인 것은 그의 조부가 공덕으로 안문의 장관이 되었기 때문이라고 한다. 안문은 예부터 북지(北地) 끝으로, 흉노와의 싸움에서는 빠지지 않고 나오는 지방이다. 북지출신으로 강남 생활이 길었던 탓인지, 그의 작품에는 북쪽의 강개함과 남쪽의 정서가 한데 어우러진 느낌이 든다. 어쩌면 노신은 그것에 마음이 끌렸는지도 모른다. 이어서 〈연희곡(燕姬曲)〉이라는 제목의 작품을 소개한다.

연경의 아가씨는 열 예닐곱,

얼굴은 연분홍 꽃과 같고 눈동자는 옻을 칠한 듯.

난초 향기 길에 가득하고 말 먼지는 날아가고,

비취빛 옷소매로 말채찍을 감싸니 아리따움 넘쳐날 듯하네.

봄바람은 제멋대로 달려 춘심을 뒤흔들고,

가야금 가락, 은촛대, 고당(高堂)은 깊어가네.

수놓은 이부자리, 원앙의 단꿈에 포근하기만 한데,

자줏빛 주렴은 안개 내린 듯 어두침침하구나.

물처럼 흘러가는 꽃다운 젊음을 누가 아깝다 하지 않으리.

봄날의 나른함, 소세(梳洗, 머리를 빗고 세수함)마저 권태롭게 하누나.

밤사이 내린 가랑비 거리를 촉촉이 적셔,

뜰에 가득한 버들개지도 흩날리지 않도다.

燕京女兒十六七 顏如花紅眼如漆 蘭香滿路馬塵飛 翠袖籠鞭嬌欲滴

春風馳蕩搖春心 錦箏銀燭高堂深 繡衾不暖錦鴛夢 紫簾垂霧天沈沈

芳年誰惜去如水 春困著人倦梳洗 夜來小雨潤天街 滿院楊花飛不起

　사두라는 사실 한인이었는데, 일부러 색목인처럼 이름을 썼다는 설이 예부터 있었다. 한시문 저자가 그럴 수 있다는 것은 생각할 수도 없다. 시문이 너무도 뛰어났기 때문에 색목인이라 하기에는 아깝다는 마음이 그런 설을 낳았는지도 모른다.

　한시문에 뛰어난 원나라 색목인으로는 그 밖에도 정학년(丁鶴年)이라는 사람이 있다. 이름으로 보면 한족 같기도 하지만 스스로 서역 정학년이라고 불렸다. 증조부인 아라딘(阿老丁, 아로정)과 그 동생인 우마르(오마아, 烏馬兒)는 원나라 초기의 거상이었다. 조부인 점사정(苫思丁, 저스딘)과 아버지인 직마록정(職馬祿丁, 이스마일딘)은 다 같이 지방장관(다루가치)을 지냈다. 대대로 한자 이름 끝 자가 '정(丁)'이었기 때문에 그것을 취해서 '성(姓)'으로 삼았다. 그의 이름은 『원사』에는 보이지 않고, 『명사』「문원전(文苑傳)」에 나온다. 정학년이 33세 때 원나라가 멸망했으므로, 그의 성숙한 문학 활동은 명대에서 완성되었다. 그런 의미에서는 명나라 시인이지만, 원이라는 왕조가 없었다면 색목인인 그가 한시문 작자가 될 수 없었을 것이다. 그렇게 생각하면 그는 틀림없는 원나라 시인이다.

『명사』「문원전」에는 그를 회회인(回回人)으로 기록했다. 앞에서 이야기했듯이 회회는 회흘과 곧잘 혼동되었는데, 엄밀히 말하면 이슬람 교도를 뜻하며 딱히 위구르족은 아니다. 그런데 그는 뛰어난 유생이기도 했다. 17세에 『시경』, 『서경』, 『예기』에 통달하여 대유학자 주회효(周懷孝)에게 인정받았다. 또 그는 작품 안에서 자신을 자주,

　　　낙백(落魄), 건곤(乾坤), 일부유(一腐儒)

라고 노래한다. 유(儒)를 종교가 아닌 윤리로 해석하면 이슬람 교도이자 유생인 것은 결코 모순이 아니다. 마조상(馬祖常)과 활리길사(闊里吉思)는 유명한 원나라 유학자인데, 두 사람 모두 종교적으로는 그리스도 교도였다. 하지만 정학년은 유교에 머무르지 않고 불교에 귀의했다. 이렇게 되면 이슬람 교도인 것과 분명 저촉된다. 정학년은 자신의 거처를 '도선실(逃禪室)'이라고 불렀다. 그의 시집에는 불교 승려들과 응수한 시가 적지 않다.

다음은 〈도선실에 병으로 누워 제선려(선종의 모든 승려)에게 간하다(逃禪 室臥病柬諸禪侶)〉라는 제목의 시다.

한가을에 병약한 나그네,
오래된 절에 황혼이 깃드네.
아득한 들판에서는 늘 범을 두려워하여,
추운 날 서둘러 문을 잠근다.
이별의 근심 등불 아래 그림자 되어,
고향을 그리는 눈물 베갯가를 적시네.
다행히 제선려가 있어,
그 친분이 마치 형제와 같더라.

高秋多病客 古寺寄黃昏 野逈常疑虎 天寒早閉門
離愁燈下影 鄕淚枕邊痕 賴有諸禪侶 情親似弟昆

색목인은 원나라에서 우대받았다. 원나라 말기에 각지에서 반란이 일어나자 몽골인뿐만 아니라 색목인도 보복의 대상이 되었다. 어쩌면 한족의 보복을 피하기 위해 불교와 가까운 척해서 색목인의 색채를 흐리게 하려던 것인지도 모른다. 원나라 말기의 소란 때는 정학년의 누이인 정월아(丁月娥, 갈통보의 아내)가 정조를 지키고 투신자살했다. 그녀는 『명사』 「열녀전」 첫머리에 기록되었는데, 그것은 중화의 예교에 따른 행동으로 간주되었다.

몽골정권이 열심히 한화를 경계했음에도 한문화는 표면상으로만이 아니라 정신 면에도 어느새 큰 영향을 미치고 있었다. 시문, 유불뿐만 아니라 서도, 음곡, 회화 등의 면에서도 서역인의 이른바 중화문화권에서의 활약이 적지 않았다. 1935년, 진원(陳垣, 1880~1971)이라는 사람이 『원서역화화고(元西域華化考)』 8권을 저술했는데, 여기에 진인각(陳寅恪)이 서문을 썼다. 나는 그것을 참조하여 이 장을 썼다.

『원서역화화고』는 정밀한 연구논문이다. 뛰어난 학술연구로서 평가해야 마땅하다. 나는 이 책이 중국이 일본과 본격적인 전쟁에 들어가기 전날 밤에 쓰여졌다는 사실에 무척 감동하면서 읽었다. 열강, 특히 이웃 나라의 침공에 민족주의적 감정이 한껏 고조되었던 시대다. 동삼성(東三省, 만주)은 이미 상실했고 화북도 위태로웠다. 이 시대에 중국 사람들이 이민족에게 지배된 원대(元代)를 상기하는 것은 당연하다. 그것은 분명 한민족에게 굴욕의 시대였다. 하지만 그런 시대였어도 자신들이 가진 문화가 강인했기 때문에 서역인들을 '화화(華化)'시켰다는 점을 자랑스럽게 상기하고, 그것을 고증하여 동포에게 보여 주려 했음이 틀림없다. 자신감을 가져라, 옛날도 이랬다고 동포를 격려하는 소리가 행간에서 들려오는 것 같다.

시도 쓴 야율초재

색목인의 시를 이야기했는데, 여기서는 지금까지 정치가로서 여러 번 이름이 나온 야율초재의 시를 다룬다.

다만 야율초재는 색목인이 아니다. 그는 요(遼) 왕조를 세운 거란족 야율씨의 자손으로 그 선조가 여진족을 세운 금 왕조에 복종하여 정부 고관이 되었다. 야율초재 대(代)에 금나라가 멸망하여, 그는 원을 섬기게 되었다.

걸핏하면 문명을 파괴하는 몽골의 정복자들에게 끈질기게 문명을 설명한 야율초재의 공적은 크다고 하겠다. 그의 '교도(敎導)'가 없었다면 몽골족이 얼마나 많은 인류의 문명을 파괴했을지도 모른다. 칭기즈 칸이 그를 "하늘이 우리 집안에 내려 준 사람이다. 국정을 모두 맡겨라"라고 아들 우구데이에게 훈계했다는 사실은 앞에서 이야기했다. 우구데이의 시대에 색목인 경제 관료가 난폭한 포은제 실시를 제안하자, 야율초재가 격렬하게 반대한 것도 이 장에서 이야기했다. 몽골 정권에서 중용된 인물이지만 비한족(非漢族)이 반드시 색목인은 아니다. 동쪽의 여러 민족, 즉 거란족, 여진족, 고려족 등은 몽골에서 보면 '한인(漢人)'과 다름없었다. 색목인은 어디까지나 서쪽의 비한족을 의미한다.

야율초재는 칭기즈 칸을 따라 서정에 참가했다. 그의 시문집 『담연거사집(湛然居士集)』14권은 원대 문학의 빛나는 정수라 할 수 있다. 우리에게는 서역 정벌 중에 지은 작품이라 특히 흥미 깊다. 그때까지 중국의 시문에 등장한 적 없던 서역 여러 지방을 읊었는데, 다음에 〈경진(庚辰, 1220년) 서역청명(西域淸明)〉이라는 제목의 칠언율시를 소개한다.

청명한 시절에 변방의 성을 지나니,
멀리서 온 나그네, 바람 맞으며 얼마나 정겨웠던가.
들새들이 지저귀는 소리 무슨 뜻인지 알지 못하겠고,
산에 만발한 꽃도 그 이름을 알 길 없구나.
포도주는 잘 익어 향수에 젖은 창자에 스며드니,

마노 술잔은 차갑건만, 취한 눈은 맑기만 하네.

멀리 아득한 고향집에서도 지금은 좋은 일이 있는 듯,

만발한 배꽃, 깊은 산속의 사원, 자고새의 노래 소리여.

清明時節過邊城 遠客臨風幾許情 野鳥間關難解語 山花爛漫不知名

葡萄酒熟愁腸亂 瑪瑙盃寒醉眼明 遙想故園今好在 梨花深院鷓鴣聲

청명절은 양력으로 4월 5일 쯤이며 24절기의 하나다. 이는 중국의 역법에 따른 중국의 절기로 그날에 행하는 행사도 중국의 풍습일 따름이다. 긴 겨울이 끝나고 산과 들이 마침내 산뜻해지는 계절이다. 사람들은 '답청(踏靑)'이라 하여 저마다 교외로 몰려나가 파릇파릇한 풀을 밟으면서 봄놀이를 즐기는 풍습이다. 그 당시의 일이므로 교외에는 분묘가 있어 청명의 답청은 성묘도 겸했다. 청명의 별칭이 '소묘절(掃墓節)'인 것은 이와 같은 풍습 때문이다. 색목인조차 중국의 풍습인 중양의 행사를 지킨 것은 사두라의 시에서 본 대로다. 거란족이지만 몽골족에게 '한인'으로 분류되었던 야율초재가 서역에서 청명을 맞아 고향을 생각하는 것은 당연했을 것이다. 여기에는 포도주라든가 마노 술잔이라는 이국정취가 물씬 풍기는 소재가 많다. 그것을 앞에 놓고 그는 아득히 먼 고향을 그리워한다.

2년 뒤, 야율초재는 같은 청명 무렵에 서역의 하중(河中)에 있었다. 하중은 시르강, 아무강 주변의 비옥한 땅으로 오늘날 우즈베키스탄의 사마르칸트가 바로 이곳이다. 그때도 그는 〈임오(壬午, 1222년) 서역하중유춘(西域河中遊春)〉이라는 제목의 칠언율시 열 수를 지었다. 다음은 그중 한 수다.

이역의 봄 교외에 나와 보니 풀 또한 푸른데,

고향이 그리워 동쪽 저 멀리 바라보니 아득한 천 리.

연못가에 서 있는 버드나무의 새싹은 늘어진 가지마다 푸르고,

난간에 기대어 보니 복사꽃나무 몇 그루 곱기도 하구나.

붉은 살구나무, 바람에 보내는 웃음 진정 뜻이 있음인가,

흰 구름은 비를 보내니 참으로 무정하여라.

돌아오는 하중의 길을 알지 못하는데,

졸졸 흐르는 봄물은 길마다 가득하네.

異域春郊草又靑 故園東望遠千程 臨池嫩柳千絲碧 倚檻妖桃幾點明
丹杏笑風眞有意 白雲送雨大無情 歸來不識河中道 春水潺潺滿路平

　야율초재처럼 일부만 '한인'인 사람은 서쪽으로 가서 그 시야를 넓혔다. 그리고 서역의 색목인들도 자신들의 문화를 가지고 동쪽으로 왔다. 원나라라는 시대의 가장 큰 의의가 여기에 있다.

단절되지 않은 것

대중소설이 등장한 배경

중국 역사에서 보면 원(元)은 이상한 시대였다. '역사의 이변'이라고 할
수 있다. 한족이 아닌 정복 왕조로서 중국 전역을 통치한 것은 원나라가
처음이었다. 중국이 처음 경험하는 일이 적지 않았던 시대다. 무슨 일이
든 첫 경험은 귀중한 법이다. 굴욕의 시대이기는 했지만 장점도 있었다.
이 시대에 고여 있던 물이 휘저어져 썩는 것을 면했다는 설이 있다. 새로
운 피가 주입되었기 때문에 중국은 국가로서의 활력을 회복했다는 견해
도 있다.

야만스러운 힘이 동으로 서로 격동하던 시대였으나, 그런 불쾌한 힘과
동시에 문화의 동서 교류가 원나라 때만큼 왕성했던 시기는 없었다.

앞장에서 소개한 진원(陳垣)의 『원서역화화고』는 오로지 서쪽에서 온
사람들이 중국에서 문화적인 영향을 받은 것만을 고증하고 논한 책이다.
그런데 이 주제를 뒤집어서 중국이 서쪽에서 온 문화의 영향을 받은 것

을 논한다면, 그것 역시 방대한 분량의 책이 될 것이다. 직접적인 영향 외에 자극을 받아 새롭게 만들어진 것까지 다룬다면 끝을 알 수 없을 정도다.

정신적인 자극이라기보다 충격에 가까운 것을 들자면, 한나라 무제(武帝) 때 '국교'와 같은 지위를 획득한 이래 흔들림 없던 유교가 전혀 존경받지 않게 된 점이다. 아마 의식적인 조작이겠지만 원나라는 유(儒)를 존경하기는커녕 오히려 경멸하는 자세를 취했다.

인종차별은 앞에서 다루었다. 몽골 지상주의로 정부기관의 장관은 거의 몽골족이 차지했고, 제2위는 색목인이었다. 금나라 치하에 있던 한족, 거란족, 여진족은 제3위로 한인 취급을 받았다. 마지막으로 남송 치하에 있던 한족은 남인이라 불리며 최하위가 되었다. 남인을 만자(蠻子)라고 부르며 멸시했다.

이런 식으로 업신여김을 당한 한족 중에도 신분의 차가 있었다. 공식 기록은 아니지만 당시 수필에 따르면, 한족은 10등급으로 나뉘었으며, 그 서열은 다음과 같다.

1. 관(官) 2. 이(吏) 3. 승(僧) 4. 도(道) 5. 의(醫)
6. 공(工) 7. 장(匠) 8. 창(娼) 9. 유(儒) 10. 개(丐)

유생은 창녀 아래, 거지 위에 해당하는 가련한 신분이었다.

물론 상위인 관, 이, 승, 도, 의에 해당하는 사람들도 유학 체계의 학문을 한 사람들이다. 하지만 굳이 유생에 등급을 매겨 창녀와 거지 사이에 둔 것은 한족의 가치관을 조소하려고 한 것이 분명하다.

몽골은 금나라를 멸망시키고 중원에 정권을 세운 무렵 국가기구를 운영할 인재를 얻기 위해 과거 같은 제도를 시행했다. 하지만 그 뒤 과거를 폐지하고 말았다.

되풀이해서 말하지만 남북 양송(兩宋)은 과거 지상주의 시대였다. 진사는 자긍심 높은 엘리트 집단으로 국가는 자신들의 두 어깨에 달렸다는 기개가 있었다. 신법, 구법의 다툼이 그토록 치열했던 것도 양쪽에게 불타오르는 자부심이 있었기 때문이다. 독서인은 누구나 진사 시험을 보고 급제해서 진사가 되는 꿈을 꾸었다. 그것이 인생의 목표였다.

과거 폐지는 한족 지식층에게서 인생의 목표를 빼앗은 것이나 다름없었다. 그렇게 만드는 것이 원나라의 바람이기도 했다. 몽골족은 중원에 군림했지만, 한족, 특히 그 안의 지식계급이 내심 자신들을 모멸하고 있음을 알아차렸다. 유교의 도덕기준에서 말하면 몽골족의 생활은 미개하고 야만스러웠다. 예를 들면 아버지가 죽으면 자신의 생모 이외의 아버지의 처첩을 아들이 차지한다는 풍습은 유교에서는 금수나 다름없는 짓이었다. 모멸할 만했다.

그 모멸을 갚아 줄 가장 빠른 길이 유학을 가치 없는 것으로 만드는 일이었다. 유학과 그것에 기초한 과거를 소멸시키는 것이 몽골족의 정신적인 보복이었던 셈이다.

정복자에게 가치체계가 강제적으로, 깨끗하게 멸망당하는 것은 더없이 강렬한 문화 충격이다. 지식인은 대부분 얼이 빠져서 무엇을 해야 좋을지 알지 못했을 것이다. 어쨌든 인생의 목표가 홀연히 사라져 버렸기 때문이다. 하지만 살아가기 위해서는 뭔가 해야 했다.

그때까지 내려오던 체계에서라면 결코 생겨날 수 없을 법한 새로운 문화가 원나라 시대에 생겨났다. 다만 그 문화를 낳은 사람들은 그다지 행복하다고 생각하지 않았다.

예를 들면 희곡이 그렇다. 연극은 예부터 있었지만 대본은 적당히 써왔다. 일류 문인은 연극 대본 따위는 쓰려고 하지 않았다. 중국 문학의 정통은 어디까지나 시문이며 역사서술이었다. 어느 것이든 사실을 서술하는 것이 주류였고, 픽션은 가볍게 보았다. 당대(唐代)에는 전기(傳奇)라는 픽션의 장르가 있어 많은 문인들이 쓰기도 했지만, 그것도 주로 단편이 많았고 작자들은 그것을 그저 취미로 생각했다.

그때까지의 중국에서는 문인이 곧 관료였다. 관료가 되기 위해서는 사서오경을 연구하고 시를 짓고 미문을 작성해야 한다. 그것이 과거의 시험 과목이었기 때문이다. 그런데 원이 오랫동안 과거를 폐지하면서, 본래라면 전통적인 문학을 다루어야 할 일류 문인들이 픽션 분야에 발을 들여 연극 대본까지 쓰게 되었다. 관한경(關漢卿), 마치원(馬致遠), 왕실보(王實甫) 같은 뛰어난 희곡작가가 이 시대에 배출되었다. 시대를 잘 만났더라면 이들이 희곡 따위를 쓰는 일은 없었을 것이다. 한나라의 글, 당나라의 시, 송나라의 사와 나란히 원나라의 희곡이 그 시대의 문학에서 돌출된 부분으로 간주된다.

북송의 수도 개봉(開封)을 쓴 『동경몽화록(東京夢華錄)』에 따르면, 그 무렵 번화가에서는 야담가가 오대(五代) 이야기를 하거나, '설삼분(說三分, 삼국 시대 이야기)'으로 손님을 끌어 모았음을 알 수 있다. 야담이라도 당연히 대본이 있었을 테지만, 이것 역시 연극과 마찬가지로 문인들은 선뜻 쓰려고 하지 않았다. 따라서 엉터리였을 것이다. 그러나 원나라 시대가 되자 일류 문인마저도 관료의 길이 막혀 실업상태였으므로, 이름 있는 사람도 야담의 대본을 쓰게 되었다. 『삼국지연의』처럼 역사적인 사실에 충실한 것도 있지만, 가공한 내용이 많은 것도 있었다. 『수호전』이나 『서유기』가 후자에 속한다. 어쨌든 야담의 질이 크게 향상되어, 그 대본이 일반인의 읽을거리로 자리잡게 될 정도였다. 『삼국지연의』, 『수호전』, 『서유기』 등 우리에게 친숙한 대중적인 읽을거리는 대부분 원말(元末)에서 명초(明初)를 거치며 지금과 같은 형태를 갖추었다.

몽골이 중국문학의 전통을 단절하려는 정책을 취했기 때문에 이 시대에 양질의 창작 소설이 등장했다고 할 수 있다.

양극단으로 나뉜 원 문화

문인은 관료가 아닌 시민이 되었다. 별일 아닌 것 같지만 이는 상당히 중요한 변화다. 저명한 문인, 예를 들면 당나라의 이백(李白)이나 두보(杜甫), 백거이(白居易), 한유(韓愈), 송나라 때의 소식(蘇軾), 왕안석(王安石), 황정견(黃庭堅), 매요신(梅堯臣) 등 금방 머리에 떠오르는 사람은 모두 관료였다. 관료가 아닌 문인은 예외에 속했을 것이다. 그런데 원나라가 되면서 이런 현상이 역전되었다. 주요 문인은 시민이었고, 관료인 문인은 오히려 예외의 존재가 된 것이다.

사실 원나라 전인 남송 시대에 문학이 시민층으로 확산되는 분위기는 있었다. 남송기에 경제가 성장하여 유복한 시민이 늘어난 탓이다. 경제적으로 넉넉해지면 그 에너지 일부가 문학, 예술로 향한다. 시민들 사이에 어느 정도 문예가 보급되어 상태에서 실시된 원나라의 정책이 그런 추세를 더욱 부채질했다고 할 수 있다.

원대의 대표적인 시인이라면 먼저 양유정(楊維楨)을 들 수 있다. 그는 세조 쿠빌라이가 죽고 2년 뒤인 성종(成宗) 원정(元貞) 2년(1296)에 태어났다. 『철함심사』의 정사초(鄭思肖)나 사방득(謝枋得), 임경희(林景熙) 같은 시인은 남송의 망국을 체험했지만, 양유정은 태어났을 때부터 원나라 시대였다. 그는 선배 시인들과는 반대로 원 왕조의 멸망을 경험했다. 원나라의 대표적인 시인인 그는 절강의 부유한 상인 집안에서 태어나 아주 잠시 원의 관직에 있었으나, 나머지는 평생 일개 시민으로 살았다.

관료가 아니었기 때문에 양유정의 생활도 그 시도 자유로웠다. 남북 양송 시대의 시가 시대정신을 반영하여 이론에 치우쳤다면, 양유정과 그가 지도한 원나라 시민의 시는 분방하고 상상력이 풍부했다. 같은 시대의 산문은 창작소설이 주류인데 시도 비슷하다. 연극이나 야담에 가까운 원의 문학은 시에서도 통속적이고 서민에게 친숙한 것이 많다. 양유정의 작품도 민요라고 부를 수 있는 것이 적지 않다. 당나라 시대의 민요인 〈죽지(竹枝)〉 형식을 본 뜬 〈서호죽지(西湖竹枝)〉도 모두 함께 손뼉을 치며 노래할 만한 작품이다. 그중에서 한 수를 소개한다.

> 호수 어귀엔 누선 떠 있고 호수를 비치는 해는 어슴푸레한데,
> 호수 가운데는 단교(斷橋, 서호의 다리 이름)가 있고 호수 물은 깊다네.
> 누선에 키 없음은 그대의 뜻,
> 단교에 기둥 있음은 내 마음이다.

湖口樓船湖日陰 湖中斷橋湖水深 樓船無柂是郎意 斷橋無柱是儂心

아마 연회석에서 자주 불렀을 것이다. 문인묵객이 모이는 연회석에서 양유정은 중심인물이었다. 그에게는 여러 가지 기행에 얽힌 일화가 전한다. 기생의 신발을 술잔 삼아 술을 마신 이야기는 특히 유명하다. 상식에 얽매이지 않고 청탁(淸濁)을 아우르는 성격이 그를 문단의 거물로 만들었을 것이다. 다만 일부 사람에게는 '문요(文妖)'라는 비난을 받았다.

과거 시험이 좀처럼 시행되지 않아 문인들이 인생의 목표를 잃어 버렸다고 이야기했는데, 실은 목표만이 아니라 이념도 잃어 버렸다. 자신의 학문이나 재능이 천하 국가와 서로 연관되어 있다는 문인의 자부심은 당연히 높은 이념에 지탱되고 있었다. 문인이 국정의 장에서 쫓겨나자 그 이념은 허공에 떠돌다 약한 부분은 사라져 버리고, 남은 것은 그저 퇴폐주의가 되었다. 다만 강한 부분은 어떤 형태로든 밑바닥으로 흘러 불굴의 정신을 문화면에 반영시켰다. 두드러지게 이념이 빠진 문화 활동의 소산을 '속(俗)'이라고 한다면, 그 반대는 초속(超俗)이다.

원대의 문화는 매우 속된 것과 극히 초속된 것, 양극단으로 나뉜다. 문인의 기행은 어쩌면 생활이라는 면만이라도 초속이고 싶다는 간절한 바람의 표현일지도 모른다.

속과 초속의 문제는 그렇게 간단하지 않다. 양유정이 민요풍의 시를 지었다고 해서 반드시 그것을 속이라고 말할 수는 없다. 고답적인 시문을 지었다고 해서 그 전부를 초속이라고 말할 수 없다. 그것은 대부분 공허하기 때문이다.

원대에는 수많은 희곡이 지어졌다. 이전과는 달리 재능 있는 문인이 집필했는데, 일반 관객을 상대로 하므로 관객의 수준을 생각해서 써야 했다. 그렇다면 원곡(元曲)은 모두 속이냐 하면 그렇다고 한정할 수는 없다. 가슴속에 강한 이념을 간직한 작자는 일반 대중을 대상으로 해도 그것을 작품 안에 살린다. 평범하고 속된 형식 안에 민중이 거부감을 갖지 않게 초속을 담는 것은 불가능하지 않다.

관한경의 『두아원(竇娥冤)』, 왕실보의 『서상기』 같은 작품은 중국의 문화유산이 되어 지금도 상연되는데, 살아남은 작품은 위에서 이야기한 것처럼 강함을 지녔다. 오로지 관객에게 영합하여 속(俗)으로 흘러간 작품은 일찌감치 사라졌다.

의인법으로 말하면 중국 문화의 정수는 원대에서 사느냐 죽느냐의 경계에 있었다. 몽골 정권의 기본적인 자세는 중국 문화의 정수를 단절하는 쪽에 있었다. 적어도 몽골족 고유의 풍습에 영향을 주어 '동화'시킬 힘이 있는 것은 경계하고, 중국 문화의 활력을 약화시키는데 목표를 두었다. 조정에서는 장식품처럼 문화인에게 지위를 주었으나, 그들은 역대 왕조에서 그랬던 것처럼 정치의 중심으로 들어갈 수 없었다.

시문 분야에서 말하면, 원초는 문천상의 〈정기가〉로 대표되는 저항문학으로 인해 다음 세대에 전하려는 노력이 있었다. 문인이 정치의 장에서 추방되고 시문이 정부의 보호를 받지 못하자, 문학은 민간으로 스며들었다. 그런 과정에서 속화(俗化)라는 문제가 불거진 것은 앞에서 이야기한 대로다.

위험한 상황이었으나 민중 속에 스며든 문학은 위기와 동시에 좋은 기회를 맞이했다. 민중의 세련되지는 않지만 활력 넘치는 힘과 접촉한 것이다. 글씨를 읽지 못하는 사람들은 그때까지 문인과 관계없는 존재였다. 하지만 희곡 작가가 된 문인에게는 글을 모르는 민중도 자신이 표현하는 작품의 관객이다. 이런 접촉이 중국 문학사에 원나라의 자랑인 원곡(元

曲)을 탄생시켰다.

문인은 시민층으로 내려왔고, 시민 쪽에서도 그들을 받아들일 소지가 있었다. 남송 때부터 문학을 좋아하는 시민이 많았다. 특히 강남은 다른 지방보다 그런 분위기가 두드러졌다. 일본의 에도 시대 때 경제적으로 풍부했던 카미가다(上方, 교토와 그 부근)에 서민문화의 꽃이 활짝 핀 것과 같은 상태가 장강 하류 유역이었다.

원나라 초기 저항문학의 무대도 주로 강남이었다. 북쪽에서는 원호문(元好問)이 금나라의 시문을 모아서 후세에게 전하려는 노력이 문화의 축이 되었다.

이와 같은 노력이 원말에 열매를 맺어 문화의 정수는 한층 강인해졌다.

과학에 이바지한 사라센인

시문만이 문화는 아니다. 언어의 벽이 없는 다른 분야는 원대의 왕성한 동서 교류에 큰 자극을 받았다.

실리를 중시한 몽골 정권은 서방의 과학과 기술을 잇따라 채용했다. 특히 전쟁에 도움이 되는 것은 적극적으로 받아들였다. 일찍이 남송의 굳건한 수비로 좀처럼 함락하지 못했던 양양(襄陽)을 공격할 때, 몽골은 회회포(回回砲)를 이용했다고 한다. 그 명칭으로도 이슬람 교도가 개발한 무기라는 것을 알 수 있다. 이 회회포를 몽골에게 전한 사람이 이스마일(亦思馬因, Ismael, ?~1274)과 알라우딘(阿老瓦丁, Alauddin)이라는 이슬람 교도였다.

중국에서 만들어진 화약을 도제(陶制) 용기에 넣어서 적진에 던지는 병기를 '진천뢰(震天雷)'나 '만인적(萬人敵)'이라고 불렀는데, 남송 시대부터 있었다. 그것을 좀 더 멀리 날리는 투사기(投射器)가 이란과 아라비아 부근에서 고안되었다. 따라서 회회포는 동서 과학기술이 서로 자극을 주고받아 탄생된 것이라 할 수 있다.

그리스나 인도의 학문을 받아들인 이슬람 과학이 세계 최고봉이던 시기가 있다. 사라센(아라비아) 문화의 전성기에 유럽 사람들은 '빛은 동쪽에서 온다'고 표현했다. 그래서 유럽에서도 사라센 문화가 가장 빨리 전해진 이베리아 반도가 문화의 선진 지역이었다. 사라센, 즉 이슬람권에서는 의학, 천문학이 특히 발달했다. 세조 쿠빌라이 시대에 자멜 알딘(札馬剌丁, Jamel alDin)이라는 천문학자가 북경에 와서 천체 관측기구를 만들어 만년력(萬年曆)이라고 부르는 달력을 제작했다. 같은 무렵에 아이사(愛薛, Isa, 1227~1308)라는 이슬람 역법학자도 원나라 조정에 초빙되었다.

이런 일이 중국 과학자를 강하게 자극했음은 당연했다. 하북 형대(邢臺) 출신인 한인 곽수경(郭守敬)은 금나라 멸망 3년 전(1231)에 태어났다. 조부인 곽영(郭榮)도 수학자이자 수리학자로 알려진 인물이다. 곽수경도 초기에는 수리학자로서 쿠빌라이의 명으로 서북에 파견되어 수로 보수 작업을 담당했는데, 도수소감(都水少監)이라는 직에 제수되었다. 그 동안 역법이 개정되어 곽수경은 그 일을 담당했다.

원나라 초기는 요와 금에서 사용하던 대명력(大明曆)을 그대로 썼지만, 그 오차가 상당히 커서 유병충(劉秉忠)이 역법 개정을 제안했다. 천문학과 지리학의 태두(泰斗)로서 알려진 유병충은 곽영과 친구 사이였다. 곽영은 손자인 곽수경을 유병충에게 맡긴 일이 있어, 역법 개정 사업에 곽수경이 기용된 것은 당연한 결과였다. 이슬람권에서 천문관계 학자를 끊임없이 불러들인 것도 이와 같은 움직임 때문이었다.

곽수경은 정교한 천체 관측 기구류를 만드는 일에서부터 시작하여 북경에 천문대를 축조하고자 했다. 거기에 설치한 기구류는 정밀한 것이었으나 청나라 초기에 파괴되고 말았다. 청나라 초기에는 예수회 신부가 흠천감(欽天監, 천문대장)에 임명되어 서양 역법을 채용했는데, 곽수경이 만든 구역법 관측 기구는 무용지물이라 하여 파괴했다고 한다. 아니면 그 존재가 두려워서였는지도 모른다. 다만 명나라 정덕(正德) 연간(1506~1611)에 곽수경의 기구를 본떠 만든 것이 남아 있었다. 하지만 1900년의 의화단사변(義和團事變) 때, 8개국 연합군(八國聯合軍)이 북경을 점령했던 시기에 약탈당했다. 훗날에 그것만 반환되어 지금 남경의 자금산 천문대에 보존되었다.

이슬람력(曆)에 자극을 받아 그것을 참조로 한 곽수경의 신역은 '수시력(授時曆)'이라고 이름 붙였다. 1년을 365.2425일로 산출한 이 역은 그레고리력이 같은 숫자를 내놓기 300년 전에 만들어졌다. 일본에서 5대 쇼군 도쿠가와 츠나요시(德川綱吉, 1646~1709) 정향(貞享) 2년(1685)에 정해진 정향력(貞享曆)은 곽수경의 수시력에 기초한 것이다. 정향력은 일본에서 정향 원년 이후 70년 동안 사용되었다.

원나라의 역법 개정은 동서 문화 교류의 커다란 성과였다. 이 시대에는 서쪽도 동쪽의 은혜를 크게 받았다. 중국에서 발명된 인쇄술과 나침반이 본격적으로 이슬람권과 유럽에 전해진 것은 몽골이 세계를 제패하고 부터다. 인쇄술이 문화 보급에 크게 공헌했음은 말할 나위도 없다. 나침반은 항해술 발달을 도와 동서 교류를 한층 활발하게 했다.

동서 교류가 실현한 세계사의 시대

 칭기즈 칸의 세계 제국은 곧바로 분열했으나, 가령 중국의 원나라와 이란의 일 한국(一汗國)은 같은 몽골 형제국으로서 우호관계를 유지했다. 이것도 동서 왕래를 활발하게 한 요소라고 할 수 있다. 마르코 폴로는 귀국할 때 원나라 황녀 코카친 공주를 일 한국의 황제 아르군 칸에게 보내는 사절단의 일원으로 참여했다.

 아르군 칸은 쿠빌라이의 동생인 훌라구의 손자뻘이다. 칭기즈 칸의 혈통은 형제 사이가 나쁜 것이 특징인데, 쿠빌라이와 훌라구는 의외로 좋았다. 중국과 이란이 멀리 떨어져 있어 직접적인 이해 충돌이 없었던 것도 그 한 가지 원인일 것이다.

 아르군 칸은 사랑하는 아내 볼가나를 잃고, 그 뒤를 이을 신부감을 원나라에 요청했다. 볼가나와 혈연관계에 있는 자가 원나라에 있었기 때문이다. 후처를 맞는데도 죽은 아내와 혈연관계가 있는 여성을 바란 것이다. 그래서 17세의 코카친 공주가 뽑혔다.

 마르코 폴로 일행이 이란에 도착해 보니, 아르군 칸은 이미 죽은 뒤였다. 결국 코카친 공주는 아르군 칸의 아들 가잔 칸과 결혼했다. 아버지의 아내가 될 여성과 결혼하는 일은 중국의 유교 윤리에서는 '금수의 행동'으로 보일 것이다. 하지만 몽골에서는 결코 꺼릴 만한 일이 아니었다. 특히 코카친 공주의 경우, 나이로 보아 늙은 아르군 칸보다 그 아들의 아내가 되는 편이 자연스러웠다.

 젊은 가잔 칸은 뛰어난 황제였던 모양이다. 페르시아어와 아라비아어 외에 한어에도 능통했다고 한다. 중국의 군주인 원나라 황제는 쿠빌라이 이후 대부분 한어를 배우지 않았다. 쿠빌라이가 황태자로 세운 친킴(眞金)은 한문 고전을 배웠던 것 같은데, 즉위 전에 세상을 떠났다. 그 후 원나라 황제로 인종(仁宗)처럼 중국의 문화를 이해한 사람도 있지만, 그러한 인종조차 한어를 배운 형적은 없다. 인종은 중국의 고전을 몽골어로 번역시켜 읽었다. 이란의 황제 가잔 칸이 한어에 능통했다는 것은 그런 의미에서 뜻밖의 일이다. 이는 가잔 칸이 얼마나 영명했는지를 말해주는 사실이다. 가잔 칸의 재상이 바로 지금까지 종종 인용한 『집사』의 작가 라시드 알딘이었다. 몽골의 역사는 페르시아어로 쓰여진 이 『집사』를 참조하지 않으면 알 수 없는 부분이 많다. 『집사』를 쓰는데 가잔 칸의 막대한 지원이 있었음은 말할 나위도 없다.

마르코 폴로에 따르면, 코카친 공주를 보내는 일행은 자이톤에서 출발했다고 한다. 자이톤은 오늘날 복건성 천주시(泉州市)를 말한다. 원나라는 천주로를 설치했는데, 이 도시는 자동(刺桐)이라고 부르는 나무가 많았기 때문에 자동성이라고도 불렀다. 그 발음이 잘못 전해져 자이톤이 된 것이다.

이 천주에는 일찍이 포수경(蒲壽庚)이라는 유명한 아라비아 대무역상이 살고 있었다. 항주(杭州)에서 수도가 함락된 남송의 잔당은 어린 황제를 옹립하여 포수경을 의지하였으나 훗날 배신당했다. 쿠빌라이가 일본에 원정군을 보낼 때, 포수경은 원정용 배를 건조하라는 명을 받고 그렇게 많은 배는 도저히 건조할 수 없다며 진정한 일이 기록으로 남아 있다. 아라비아의 호상이 살 정도로 당시 천주는 대국제 무역항이었다.

사절단의 선단은 돛을 4개나 단 범선 14척으로 구성되었다. 1척에 뱃사공 200명에서 300명이 탔다. 명나라 초기, 정화(鄭和)는 가장 큰 배를 사용했지만, 당시 유럽은 아직 그 정도로 큰 배를 만들지 못했다. 마르코 폴로는 배의 크기에 놀랐다. 같은 시대의 이븐 바투타(Ibn Batuta) 등 서방 여행가의 기행도 반드시 중국 배의 크기를 다룬다.

보석상인 폴로 집안은 장사를 하기 위해 중국으로 건너갔다. 마르코 폴로가 중국에 가기 전에 아버지 니콜로는 마르코의 형과 함께 중국에 간 적이 있다. 그때 쿠빌라이에게 주문을 받는 형태로 유럽으로 돌아와, 이번에는 성장한 마르코를 데리고 다시 동쪽으로 향했다고 견문록에 기록되어 있다. 쿠빌라이의 주문은 모든 예술과 학문에 뛰어난 그리스도 교도 100명을 데리고 예루살렘의 그리스도 무덤에 켜져 있는 등불의 성유(聖油)를 받아 오는 것이었다. 성유는 받았지만 100명의 현인 그리스도 교도를 모으는 일은 지극히 어려워서 교황 그레고리오 10세의 주선으로 겨우 두 명만 동행하게 되었다. 다만 이 두 사람도 도중에 도망쳐서 돌아갔다.

칭기즈 칸 가문은 일찍부터 그리스도교와 관계를 맺었다. 쿠빌라이의 생모도 그리스도 교도였다고 한다. 쿠빌라이의 동생 훌라구의 아내도 그리스도 교도여서 바그다드를 공격했을 때, 그리스도 교도를 죽이지 말라고 남편에게 탄원한 이야기는 유명하다. 그리스도교뿐만 아니라 원나라는 종교에 매우 관대했다. 당나라 회창(會昌)의 배불(排佛) 때, 경교(景敎, 네스토리우스파 그리스도교)도 탄압을 받아 중국에서는 오랫동안 그리스도교가 자취를 감추었다. 그것이 원나라 때 다시 부활한다.

폴로 집안이 중국으로 갈 때, 교황을 만난 것으로 보아 그리스도교의 적극적인 포교 계획이 있었던 것인지도 모른다. 그보다 교황 쪽에서 몽골정권과 동맹을 맺어 이슬람 세력을 협격하자는 제안을 했을 가능성이 농후하다.

동서 교류는 통상, 과학, 기술에 머무르지 않고 정치와 종교에도 큰 영향을 미쳤다.

도자의 변

마르코 폴로 일가는 유럽으로 돌아갈 때는 큰 배를 거느리고 당당히 페르시아 만으로 들어갔지만, 중국으로 갈 때는 육로였다. 처음에는 페르시아 만의 호르무즈에서 배를 타려고 했다. 하지만 그 배가 너무 낡아서 육로로 가기로 결정했다. 중앙아시아의 바르한에서 파미르를 넘어 오늘날 중국 신강의 카슈가르(喀什), 야르칸드(莎車)를 거쳐 30일간의 여행 끝에 돈황으로 들어갔다. 이른바 서역 남도라는 실크로드의 한 경로다.

마르코 폴로가 지날 무렵에는 실크로드도 사양길에 접어든 시대였다. 칭기즈 칸의 서정으로 피폐하고 황폐해진 지방이 많았던 것도 한 가지 이유다. 또 주요 무역상품이던 비단이 더는 중국만의 독점물이 아닌 것도 영향을 끼쳤다. 실크로드의 오아시스에서조차 뽕나무를 심어서 비단을 만들었다. 다음으로는 앞에서도 이야기한 항해술의 발달, 거선을 만들어내는 조선 기술의 발달로 해로를 이용한 무역이 주류를 이루게 된 것을 들 수 있다. 나침반과 천문학이라는 동서 두뇌의 산물이 이에 협력했다.

비단을 대신해서 무역의 인기 상품으로 자리잡은 도자기는 낙타의 등보다는 배로 운반하기 좋은 상품이다. 비단과 달리 여러 번 실었다 내리는 동안 파손될 위험이 있기 때문이다. 또 그 무게도 육로로 가기에는 문제가 되었다.

인기상품인 도자기도 원대에 큰 전환기를 맞는다. '도자의 변(變)'이라고 표현해도 좋을 정도다.

수출품인 이상 사는 사람의 기호에 맞춰야 했다. 중국의 도자는 이미 송대에 정점에 달했다. 중국의 미의식에 따르면, 송대의 청자와 백자는 완벽한 수준이었다. 송대에도 해외에 상당히 수출되었지만, 내수에 비하면 그다지 문제가 될 양은 아니었다. 또 동아시아 각지는 이른바 유교권이어서 미의식에 그다지 큰 차이가 없었다.

그런데 원나라 시대가 되자 수출하는 양이 비약적으로 많아졌다. 그리고 사는 쪽은 이슬람권에서 유럽까지 이르렀다. 송자(宋磁)의 완벽성에 감동하지 않은 사람들도 도자기를 사게 된 것이다. 그들은 도자기 표면에 장식을 요청했다. 지금까지는 백자의 산뜻한 형태와 표면에 만족했지만, 세계는 넓어서 그 점에 불만을 느끼는 사람들이 있었던 것이다. 사는 쪽에서는 당연히 이런 저런 주문을 내놓는다. 장사니만큼 주문에 응해 줄 수밖에 없다.

몽골이 무력으로 동서의 숨통을 터놓은 덕분에 다양한 물자가 오고 간 시대였다. 중앙아시아의 옥서스 강(아무 다리야 강) 부근의 바다크샨(Badakhshan)에서 산출되는 훌륭한 청색 안료가 중국에 소개되었다. 그 안료로 백자에 그림을 그리면 선명한 청색이 도자기 면에 떠오른다. 이렇게 해서 원나라 시대에 청화백자가 탄생했다.

채색 기법이 언제 탄생했는지 정확한 연대는 알 수 없다. 작품에 제작 연도가 들어간 것 중에서는 런던 데이비드 콜렉션의 유명한 운룡문화병(雲龍文花甁)이 지정(至正) 11년(1351)으로, 지금으로서는 가장 오래된 것이다. 아마 이해나 조금 전에 채색 기법이 나타났다고 생각해도 좋을 것이다.

1976년, 한국의 신안 앞바다에서 침몰된 배에서 많은 양의 도자기가 발견되었다. 바닷속에서 나온 것이므로 출토되었다고 할 수는 없다. 그 것은 대부분 용천요(龍泉窯)에서 구운 청자인데, 함께 인양된 동전에 정화통보(政和通寶)가 들어 있으므로 12세기 이후의 것이 분명하다. 그리고 채색 기법의 도자기는 한 점도 나오지 않았으므로, 제작 연대의 하한선을 위의 1251년 이전으로 보는 것이 거의 정설이다. 그에 관해서는 이론도 있지만 배에 실은 물건이 대부분 자기라는 것은 당시 무역 상황을 상세히 보여 준다.

채색 기법 이야기로 돌아가서, 색을 입힌 도자기는 중국 화배공(畵坯工)들의 발상이라기보다는 고객의 취향에 맞춰서 생산한 신상품으로 보는 쪽이 타당할 것이다. 도자기를 제조하는 도공들은 어쩌면 이와 같은 신상품 제작에 저항감을 가졌을지도 모른다. 애써 만든 백자의 옥 같은 기면(器面)에 끈적이는 그림을 그려 넣는 것을 불쾌하게 느꼈을 것이다. 속물스럽다고 생각하면서도 어떻게 하면 그 속된 악성(惡性)에서 벗어날 수 있을까 열심히, 그리고 남몰래 머리를 굴렸을 것이다.

문학에서 일어난 것과 똑같은 문제가 도자기 예술에서도 일어났다. 속과 초속의 문제다. 이 문제를 뛰어넘은 작품은 살아남아서 문화의 축을 이루고 시대를 이어갔다고 생각한다. 채색은 중국 도자의 전통을 단절시키지 않았다. 외부의 힘이 가해진 '도자의 변(變)'이었지만 훌륭하게 다음 시대로 이어졌다.

원나라는 모든 면에서 '변'을 일으켰다. 하지만 어떠한 야수적인 폭력으로도 오랫동안 배양된 전통을 없애 버릴 수는 없었다. 오히려 침체를 깨뜨렸고, 그런 의미에서 중국의 전통 속에 융화되었다고 할 수 있다. 그토록 동화되기를 두려워했으면서 다른 형태로 중국 문화를 유지하는 데 공헌한 셈이다. 전통의 계열 속에 들어선 원나라가 다음 시대로 이어진 것은 말할 필요도 없다.

뒤에서 다루겠지만 한족 왕조인 명나라가 원을 대신해서 중국에 군림 했는데, 명은 송의 부흥을 지향하면서도 역시 원의 계승자일 수밖에 없었다.

송의 문화는 섬세했다. 명에는 송과 같은 문화상의 빈틈없는 섬세함 이 없다. 거칠다는 점에서는 송보다 원을 닮았다. 송의 '정주(程朱)의 학 (學)'은 이론만 내세우는, 논리 정연함으로 무장한 느낌의 학풍이다. 그 에 비해 명나라의 학문을 대표하는 왕양명(王陽明)의 그것은 주자학 같은 분석적인 것이 아니라 종합적인 면을 취한다. 송의 학문이 서재적(書齋的) 이면서 사색적이라면, 명의 그것은 실천적이라는 특징을 갖는다. 이와 같 은 성격은 기마민족적인 색채를 띤다. 학문이라는 면에서까지 명나라는 송보다는 원의 기질을 이어받았다.

이제부터는 원에서 명으로 옮겨가는 시대의 추이를 더듬어 갈 텐데, 늘 이 계승의 문제를 주의해야 한다고 생각한다.

채색 기법에 관한 이야기가 나왔으니, 잠시 도자예술을 위의 계승문제 와 연관시켜 조금만 언급해 볼까 한다. 명나라 도자기의 대표는 오채(五 彩)다. 일본에서 말하는 아카에(赤繪)가 바로 이것이다. 오채는 빨강과 파 랑, 노랑, 검정, 흰색의 다섯 가지 색으로 장식한 화려한 도자다. 이는 결코 송자의 그윽하고 차분함을 직접 계승했다고 말할 수 없다. 원의 채 색 도자기 선상에서 그것을 이어받았다고밖에 생각할 수 없다. 명대에 는 이질적인 취향을 강요하는 힘이 없었다. 그런데 오채가 경덕진(景德鎭)

의 주류가 되고, 더구나 그것이 수출용뿐만 아니라 내수용으로도 대량으로 생산되었다. 중국 일반 사람들이 그것을 원했기 때문이다.

　오채의 아름다움은 이해하기 쉽다. 간명하고 솔직하다. 이는 예부터 명나라 문학의 특징으로서 지적된다. 원대에는 '기질의 변'마저 일어났다고 해도 좋을 것이다. 가지각색의 변(變)이 일어났지만, 결론적으로 그것은 단절시키는 힘은 없었다. 전통 속에 변을 일으킨 주체를 다음 시대에 포용할 정도의 강인함이 있다는 것을 역사는 우리에게 말해 준다.

원나라 말기의 사대가

조맹부가 일으킨 예술복고 운동

조맹부(趙孟頫)가 세조 쿠빌라이의 부름을 받고 북경으로 간 것은 지원(至元) 23년(1286)의 일이다. 애산(厓山)에서 남송이 멸망한 지 7년이 지났다. 쿠빌라이가 끈질기게 인재를 모았다는 사실은 이미 이야기했다. 부름을 받고도 가지 않으면 생명이 위험했다. 저항의 문인 사방득(謝枋得)조차 여러 번 거절한 끝에 결국은 북경으로 가지 않을 수 없었다. 절의를 지키는 궁여지책으로서 그가 금식한 이야기는 앞에서 다루었다. 조맹부도 기꺼이 북경으로 간 것은 아니다. 남겨 두고 간 서간으로도 그가 원나라를 받들게 된 것이 얼마나 고통스러웠는지 알 수 있다. 그의 처지는 사방득보다 위험했다. 왜냐 하면 조맹부는 송나라 황실의 일원이었기 때문이다.

송 왕조를 연 태조 조광윤(趙匡胤)의 넷째 아들인 조덕방(趙德芳)의 10세손이 그의 신분이었다. 북송은 태조의 동생인 태종의 자손이 황통을

이었기 때문에 그의 가계는 황제와 멀어졌다. 남송에 이르러 태조계 고종이 황제가 되면서 그의 가계는 황통과 조금 가까워졌다.

유목민족은 가계를 진주처럼 중요시했다고 반놀림감이 되기도 하듯이, 원나라는 남송 황제의 유족을 우대했다. 조맹부가 부름을 받고 원나라 왕조에 출사하여 정2품관인 한림학사 승지까지 승진한 것도 이러한 우대책의 일환이었다. 원은 은혜를 베풀 생각이었으나, 조맹부 본인에게는 그것이 고통이었다.

조맹부는 문인으로서도 서예가로서도 화가로서도 뛰어난 인물이었다. 황족이라는 것 외에도 이처럼 뛰어난 재능의 소유자라는 점도 원나라 조정이 그를 내버려 두지 않은 이유였다. 그의 출사를 놓고 사촌형 조맹견(趙孟堅) 등이 비난했다. 하지만 그에게는 나름대로 생각이 있었다. 단지 목숨이 아까워서만은 아니었다.

몽골의 압도적인 무력을 직접 보았으므로, 그것을 뒤엎는다는 것은 당시로서는 불가능한 일이었다. 그렇게 판단한 이상 문인으로서 이루어야 할 일이 저항 말고도 있을 것이라고 생각했다. 이루어야 할 일이란 문화의 전통을 지키는 것이었다. 바로 문화의 축을 잇는 작업이다.

중국의 문화는 역대로 조정이 그 중심이었다. 적잖이 이질적인 조정이지만 문화의 전통을 지키려면, 그곳에 들어가는 것이 가장 효과적이라고 생각했다. 실제로 그가 조정에 있었기 때문에 많은 문화인이 유형무형의 은혜를 입었다.

그의 다채로운 재능 중에서 가장 뛰어난 것은 그림일 것이다. 남송은 수도 항주에 화원을 설치해 직업화가를 우대함으로써, 겉으로는 회화예술이 매우 번영한 것처럼 보였다. 그러나 조맹부는 남송의 화풍이 쇄약하다고 인식했다. 남송의 화풍에서 벗어나 북송, 더 거슬러 올라가 당나라의 화풍을 목표로 노력했다. 그는 다양한 필법으로 제작을 시도했다. 같은 산수라도 청록산수(靑綠山水)에서 미법산수(米法山水)라는, 거의 이질이라고 해도 좋을 필법을 구사했다. 온갖 시도를 한 것은 자신이 그것을 이해하기 위해서라기보다는 후세에 무엇을 전할지 모색하려는 자세가 아니었을까?

조맹부의 예술 복고 운동은 다음 세대에 주는 선물이라는 의미를 지닌다. 실제로 이 운동은 원나라 말기 사대가(四大家), 즉 오진(吳鎭), 황공망(黃公望), 예찬(倪瓚), 왕몽(王蒙)으로 이어져 그가 기대했던 이상으로 훌륭한 결실을 맺었다. 사대가 중에 왕몽은 조맹부의 외손이었고, 또 황공망은 직접 조맹부의 지도를 받았다.

예술 복고 운동은 그림뿐만 아니라 시문 분야에서도 일어났다. 역시 송시(宋詩)의 분위기를 버리고 당시(唐詩)의 정신으로 돌아가는 것이 목표였다. 원각(袁桷)과 우집(虞集) 같은 문인이 대표적이다. 더구나 이 사람들은 양유정(楊維楨)과 같은 재야인이 아니라 조맹부처럼 원의 조정에 출사했다. 선배로서 조맹부가 그들을 지도했다고 생각할 수 있다.

조맹부에게 장강과 그 배경의 산들을 묘사한 〈장강첩장도(長江疊嶂圖)〉라는 작품이 있는데, 우집은 그것에 다음의 오언율시를 적었다.

예로부터 장강의 험함은,
능히 백발의 비애를 낳았으니.
백 년 동안 경제(온갖 정책)가 시행된 끝에,
어느 날 그림으로 펼쳐진다.

절간은 어슴푸레하게 서 있고,

고기잡이 배는 널찍이 도네.

쓸쓸하고 외로운 나무 두어 그루,

때마침 조수가 밀려오는구나.

昔日長江險 能生白髮哀 百年經濟盡 一日畵圖開

僧寺依稀在 漁舟浩蕩回 蕭條數株樹 時有海潮來

장강의 험함에 의지하여 공방전이 되풀이되는 가운데 사람들은 고통과 슬픔으로 늙어가던 시대는 이미 과거가 되었다. 그것은 원이 온갖 정책을 잘 베풀었기 때문이라고 여기서는 체제를 찬미한다. 이 시에서 볼 수 있는 솔직한 묘사는 송시를 뛰어넘어 당시의 취향이 느껴진다.

조맹부는 남송 이종(理宗) 보우(寶祐) 2년(1254)에 태어나 원나라 영종(英宗) 지치(至治) 2년(1322)에 죽었다. 그가 죽은 해에 사대가의 최연장자인 황공망은 54세, 오진은 43세, 예찬은 22세, 그리고 가장 어린 그의 외손 왕몽은 14세였다. 그들은 원나라 말이라는 혹독한 시대를 살아가야 할 운명이었다.

속물 인간을 혐오한 점쟁이 화가 오진

네 사람의 뛰어난 예술가는 각각의 길을 걸어갔다. 역시 나이순으로 가장 연장자인 황공망과 오진이 천하가 소란스러운 중에 명나라 세상을 보지 못하고 이 세상을 떠났다. 소년 예찬과 왕몽은 명대까지 살았으나 그 운명은 같지 않았다.

황공망과 오진은 같은 해, 그러니까 원나라 순제(順帝) 지정(至正) 14년(1354)에 죽었다. 황공망은 86세, 오진은 75세였다. 명대까지 산 나머지 두 사람도 75세 전후까지 살았으니, 원말 사대가는 당시로서는 모두 장수한 셈이다.

네 사람은 같은 시대를 같은 강남에서 살았는데, 그 중에서 오진만큼은 조금 달랐다. 나머지 세 사람은 서로 교유관계를 맺었는데, 오진만 그들과 사귄 형적이 보이지 않는다. 원말 사대가라는 것은 후세 사람들이 붙여준 명칭이다. 네 사람이 살던 무렵, 오진은 다른 세 사람만큼 명성을 얻지 못했다. 그림이 팔리지 않아 거리에서 점쟁이 노릇을 하며 생계를 꾸렸다.

오진은 절강의 위당진(魏塘鎭, 오늘날 가선현)에서 살았다. 이웃집에 성무(盛懋)라는 화가가 살았는데, 이 사람의 그림은 잘 팔렸던 모양이다. 오진의 아내가 성무처럼 되라고 푸념을 늘어놓자, 그는 "20년 뒤에는 거꾸로 될 것이오"라고 대답했다고 한다.

대가로 인정받지 못했지만 성무도 뛰어난 화가였다. 그의 그림에는 일종의 소란스러움이 느껴졌다. 그 수선스러움이 사람들의 마음을 끌었던 것 같다. 보는 사람을 위한 서비스였을까? 그는 쉽게 이해할 수 있는 그림을 의식해서 그렸다. 미술평론가는 성무의 그림을 보는 사람이 작자에게 이끌려서 그림 속으로 들어가고, 그뿐만 아니라 "그림 안녕히 가십시오"하고 전송받는 느낌이라고 평한다. 중국인이 독서할 때, 눈을 오른쪽에서 왼쪽으로 움직이는 습관을 교묘하게 계산에 넣은 구성이라고도 생각한다. 상당한 기교가다. 그에게는 문인 기질은 희박하고, 그보다는 오

히려 프로의식 쪽이 훨씬 농후했다. 명나라의 동기창(董其昌)은 그의 화풍을,

교묘하기는 하나 실로 필묵에 휴경(畦徑)이 있다.

고 평했다. 휴경이란 법칙쯤 되는 의미다. 다양한 기교를 구사하지만 궤도에서 벗어나는 법은 없다. 세간의 약속에서 벗어난 그림을 그리면 팔리지 않는다. 동기창은 성무 정도의 기교가 있는 화가가 기성의 틀을 뛰어넘지 못했던 것을 불만스럽게 생각한 것이다.

위에 사대가에 들지 못한 성무의 화풍을 소개한 것은 그것이 '속(俗)'으로 전락할 위험을 안고 있기 때문이다. 내 개인적인 의견으로는, 그의 그림은 결코 속되지 않다. 하지만 작품이 속으로 흐르는 것을 구해 준 것이 기교라는 표면적인 점에 있었다는 데 역시 불만을 느낀다.

다시 한번 되풀이해서 말하지만, 속과 초속(超俗)의 문제야말로 원이라는 시대의 심오한 방을 여는 열쇠다. 속으로 치우친 옆집 유행화가 성무를 점쟁이 화가인 오진은 어떻게 대했는지 알아 보자.

대기만성형인 오진의 작품은 마침내 말년에 평가를 받았다. 하지만 속물인 졸부들이 그림을 사러 오면 인정머리 없이 쫓아 보냈다. 집 주위에 매화를 심어서 그것을 벗하며 스스로 매화도인(梅花道人)이라 불렀다. 사람을 벗하기보다는 매화를 벗하는 쪽을 선택했던 것이다. 그는 분명히 세속에 얽매이지 않기를 지향했다. 그는 속물스런 냄새가 나는 사람을 참지 못했다. 당연히 과도한 표현과 장식을 싫어했다.

몇 년 전에 나는 오진에 관한 글을 썼는데, 그중에서 일부를 인용한다.

그(오진)는 눈에 띄게 두드러진 것이 있으면, 그것을 가능한 깎고 줄이고 없애려고 했다. 그리고 그는 아무 것도 과장된 것이 없다는 사실을 그는 끊임없이 자신에게 말하면서 작품을 만들었다. 그의 작품의 관기(款記)에는 흔히 '희작(戲作)'이라고 쓰여 있다.

"묵희(墨戲)의 작(作)은 대저 사대부 사한(詞翰)의 나머지."

라고 오진은 말한다. 문인의 넓은 의미의 문화생활에서 부산물처럼 생기는 것이 그가 이상으로 삼는 회화였다. 그것은 소리 높여 주장해서는 안 된다. ……(중략)…… 눈에 띄는 부분을 없앴는데, 그로 인해 그림 전체가 두드려지는 일이 있다. 오진의 작품에 강렬한 개성이 반영되었다고 평하는 사람도 있다. 강렬한 개성이야말로 그가 애써 숨기려고 그토록 강렬하게 바랐던 것이다.

오진에 따르면, 미의 극치는 단순미이고 그것은 대나무의 모습에 응결되어 있다. 그는 자신을 매화도인이라 칭하면서 끊임없이 대나무 그림을 그려 유명해졌다.

무엇이든 보급이 많아지면 질의 저하를 부른다. 원대에 문화는 시민층으로 확산되었으나, 저속함과 야비함으로 흐르는 면이 있어 문화의 축을 구하고자, 초속(超俗)에 의해서 그것에 저항하는 힘이 꿈틀댔다. 이웃에 동지로 사는 화가가 각각 양쪽 방면의 대표자였던 것은 참으로 흥미롭다. 더욱 흥미 깊은 것은 속에 저항한 오진이 단순함이라는 '속'을 다듬어 자신의 무기로 삼은 것이다.

오진은 자신이 거처하는 방을 '소속루실(笑俗陋室)'이라고 불렀다. 송나라 사람이 쓴 '소속(속을 비웃다)'이라는 액자를 방안에 걸어 두었다. 눈에

띄는 것을 지극히 싫어했던 그였지만, 자신의 방 안에서만큼은 자신의
정신 자세를 보여 주는 글을 걸었던 것이다. 스스로 경계하려는 속셈이
었을까?

초속의 미를 일깨운 황공망

황공망이 투옥된 것은 원나라 인종 연우(延祐) 2년(1315)의 일이다.

그는 소주의 북쪽에 있는 상숙(常熟)이라는 고장의 육씨(陸氏) 집안에
서 태어났는데, 원래 이름은 육견(陸堅)이다. 육견은 어려서 부모를 여의
고 집은 가난했으나, 신동으로 소문이 나서 일곱 살 때, 황락(黃樂)이라는
노인의 양자로 들어갔다.

　　황공망자구의(黃公望子久矣, 황공은 아들을 바란지 오래 되었다)

이미 90세가 된 황락은 그 때의 기쁨을 이렇게 말했다. 그리고 그 말
을 따서 육가에서 황가로 들어간 양자에게 공망이라는 이름을 새로 지
어주었다. 아명은 자구(子久)였다. 그는 성장해서 관리가 되었다.

아무리 신동이라는 소문이 자자했어도, 원나라 때 만자(蠻子)로 불
린 남인(남송인)은 출세할 수 없었다. 원대에는 몽골인, 색목인, 한인, 남
인의 종족 차별이 뚜렷했다. 이 주제를 다룬 저서로는 몽사명(蒙思明,
1908~1974, 중국 역사가-옮긴이)의 『원대사회계급제도(元代社會階級制度)』라는
훌륭한 저서가 있다. 그에 따르면, 각종 국가 기관의 수장은 반드시 몽골
인이어야 하며, 차관급은 색목인이고, 한인과 남인은 간부가 될 수 없었
다. 한인으로 간주된 야율초재(耶律楚材)가 재상이 된 것은 세조가 제도
를 정하기 이전의 일이다. 일반 고급행정 인원도 몽골족이나 색목인이 차

지했다. 군정 인원이나 무기를 관할하는 직책에는 색목인마저 드물었고, 한인과 남인은 전혀 얼씬도 할 수 없었다.

형벌을 보면 칭기즈 칸 시대의 규칙은, 이슬람 교도를 한 사람 죽인 자는 황금 40파리시의 벌금, 한인 한 사람을 죽인 자는 한 필의 노새로 충분했다고 한다. 『원사(元史)』「형법사」에 따르면, 몽골족이 약간 술에 취해서 한인을 때려죽여도 벌금과 매장 비용만 내면 되었다고 한다. 그 대신 한인이 국인(國人, 몽골족)을 때려서 상처만 내도 사형에 처했다고 하는, 매우 불평등한 제도였다.

앞에서도 다루었지만, 한인은 옛 금나라 영토의 한족(漢族) 외에 거란, 여진, 고려도 포함하며, 한인 중에서 한족을 말할 때는 '한아(漢兒)'라는 말을 사용했다. 한인으로 취급된 고려는 원나라의 조정과 인척관계(충렬왕의 비가 몽골의 황녀였다는 등)였음에도,

어찌하여 아직도 색목인과 동등하지 않느냐?

며 색목인과 같은 우대를 요구하는 문서를 제출한 것이 『익재집(益齋集)』이라는 책에 실려 있다.

남인은 아직 그 이하였으므로, 황공망이 관청에서 일했다고 해도 그 지위가 어느 정도였는지 대충 짐작할 수 있다. 가련한 신동은 지방의 말단 관리였다. 그가 근무하던 곳은 상서성(尚書省) 중대(中臺) 찰사원(察使院)이라는 징세감사를 맡은 관청이었다. 이 관청의 주임은 장려(張閭)라는 인물로, 몽골족의 앞잡이가 되어 지배자의 위광을 등에 업고 가렴주구를 일삼았다. 장려는 강남의 전조(田租)를 담당했는데, 그 지독한 방법으

로 사람들로부터 심한 원망을 샀다. 원나라 정부에서 유능한 관리란 세금을 잘 거두는 사람이었다. 그 방법은 그다지 문제 삼지 않았다. 장려는 예정된 액수 이상의 세금을 징수하고 차액은 자신이 챙겼다. 아마 이와 같은 짓을 저지른 사람이 장려만이 아니었을 것이다.

몽골족과 색목인이 장관이나 간부가 되었어도 말단의 실무는 아무래도 한인과 남인이 맡았다. 게다가 몽골족과 색목인은 대개 한문을 읽지 못했다. 말단 행정 문서는 물론 한문으로 적었기 때문에 그럴 수밖에 없었다.

역대 중국에서 관(官)과 이(吏)의 격차는 참으로 크다. 관이라고 하면 국가의 관료지만, 이(吏)라고 하면 현지의 임시채용과 같은, 지위가 극히 낮은 사람들로 속리(俗吏)라든가 서리(胥吏)라고 불렀다. 지식층에 속하는 사람이라면 누구나 관을 목표로 했고, 이(吏)가 되는 것을 부끄럽게 여겼다. 그런데 원나라 사회기구에서는 아무리 고양이 높아도 남인인 이상, 관이 될 가능성은 매우 희박했다. 경제적으로 여유가 있는 집안의 자제들은 아예 출사하려고 하지 않았다. 쥐꼬리만한 월급 때문에 굴욕적인 모욕을 당하고 싶지 않았던 것이다.

관과 이가 서로 연계되어 있던 이제까지의 역대 왕조라면 둘 사이의 중계가 잘 되었을 것이다. 하지만 원대의 관은 한문도 제대로 알지 못하는 허수아비 같은 자들이 많아서 그 아래 이와의 연결 관계가 밀접하지 않았다. 큰 공백이 생긴 만큼 이(吏)는 관을 속이기 쉬웠다.

원대의 말단 행정은 한마디로 도장 행정이었다. 공문서 한 장에 무턱대고 도장을 찍어 댔다. 관계가 있을 법한 서리들, 때로는 그다지 관계가 없어 보이는 부문의 서리까지 도장을 찍었다. 이 도장투성이 문서는 여

차해서 문제가 일어났을 때, 책임 소재가 누구에게 있는지 알 수 없게 하기 위한 대책이었다. 이것으로 원의 형벌이 얼마나 가혹했는지 알 수 있다. 무슨 일이 생기면 곧바로 목이 달아나기 때문에 위험해서 어쩔 수 없는 일이었다. 목숨이 달린 문제이므로 열심히 책임을 면할 방법을 생각했다. 서리들은 다 같은 운명공동체이므로 서로 도장을 찍어 주었다.

위에는 이념을 가진 정치가가 없었다. 몽골족은 소수이며, 오직 자신들의 이익만 생각했다. 색목인은 중개인 같은 존재였다. 위가 이 모양이었으니, 아래에 이념을 가지라고 요구해도 그것은 무리였다.

원대는 역대 왕조 중에서 가장 수준이 낮은 인간이 관청에 있었다. 아무리 가난해도 이(吏)만큼은 되고 싶지 않다는 기풍이 있었다. 하지만 달리 할 일이 없고 가족을 돌봐야 하면, 어쩔 수 없이 관청에서 일해야 했다. 황공망이 그런 경우였다.

그의 상사인 장려는 착취당하는 사람들에게도 참는 데 한계가 있다는 것을 몰랐는지, 아니면 그 한계를 잘못 알았던 것 같다. 참다못한 강서 공강(贛江)의 농민들이 폭동을 일으켰다.

폭동이 일어나면 그 지방에서는 세금을 거둘 수 없다. 원나라 정부가 관리를 평가하는 기준은 세금을 거두었느냐 아니냐에 있었다. 폭동으로 세금을 걷을 수 없게 된 장려에게는 엄벌이 기다리고 있었다. 장려는 체포되어 심문을 받았다. 그리고 그의 부하였던 황공망도 이 일로 투옥되었다. 뜻밖의 재난이었다.

어쩌면 장려가 희생양으로 선택되었는지도 모른다. 이 사건은 원 왕조가 멸망하기 약 50년 전에 일어났다. 이 시기에 이 정도의 농민 폭동은 각지에서 일어났다. 농민들의 원한이 원 왕조와 몽골족을 향하지 않도록 앞잡이를 희생양으로 삼았다고도 생각할 수 있다. 징세 청부인인 관리가 제멋대로 몹쓸 짓을 했을 뿐, 정부는 아무 것도 몰랐다고 시치미를 뗄 심산이었을 가능성도 있다.

황공망은 머지않아 석방되었다. 하찮은 말단 관리로 농민 폭동에 책임 따위가 있을 리 없었다. 그는 서리가 된 탓으로 심한 수모를 겪은 것이다. 이것도 문장을 짓는 일 말고는 달리 재주가 없었기 때문이다. 옥중에서 그는 그 점을 반성했던 것 같다.

그의 나이 이미 47세였다. 그 밖에 자신이 할 수 있는 일이 있을까? 그때 그의 머릿속에 어려서 그림을 좋아했던 기억이 떠올랐다. 황공망이 본격적으로 그림을 그리게 된 것은 50세가 넘어서부터다.

황공망이라고 하면 중국 회화사상 최고봉이라고 해도 좋을 정도다. 원 이후의 화가들은 반드시라고 해도 좋을 정도로 황공망의 화풍을 배웠다. 누구나 황공망 식으로 그림을 그려서 그의 화풍이 상투적으로 보일 정도였다. 하지만 그가 자신의 작풍으로 그림을 그린 무렵, 사람들은 눈을 크게 뜨고 놀라움으로 보았다.

오진과 마찬가지로 황공망의 그림도 초속(超俗)의 작업이었다. 속과 관련이 있을 법한 것은 모두 걸러 냈다. 화면의 흐름에는 그 흐름을 의식하지 않는 손의 움직임이 느껴진다. 산이 있고 물이 있지만, 그 기복은 결코 강조되지 않았다.

그림을 그리는 데는 대체로 사(邪), 첨(甛), 속(俗), 뇌(賴)의 네 글자를 마땅히 제거해야 한다.

그는 '사산수결(寫山水訣)' 안에서 후진 화가에게 그렇게 가르친다. 사(邪)란 부정한 상념이다. 잘 그려 보자든가 보는 사람의 눈을 현혹시키자는 좋지 못한 생각을 말한다. 첨(甛)은 물론 달콤함이다. 보는 사람에게 아첨하여 달콤한 분위기를 자아내는 것이다. 속(俗)은 설명할 것도 없고, 뇌(賴)는 선인의 화풍에 너무 의존하는 것이다. 선인을 연구하는 것은 좋지만 그것에 의지해서 창작 공부를 게을리 하는 것을 경계한다. 모두 초속의 가르침이다.

황공망이 출옥한 뒤, 다시 출사하지 않았음은 말할 나위도 없다. 그리고 전진교(全眞敎)라는 도교 교단에 들어갔다. 이것은 당시 야비하고 외설스러운 도교에서 벗어날 것을 목표로 신자들에게 엄격한 계율을 요구한 종교 단체다. 그의 대표작인 〈부춘산거도(富春山居圖)〉에는 무심의 평온함이 느껴진다. 하지만 이와 같은 교단에 적극적으로 들어간 그의 마음 밑바닥에는 격렬한 그 무엇이 힘차게 소용돌이 쳤던 것은 아닐까? 그것은 개인의 내면 문제만이 아니라 시대가 그를 몰아붙였기 때문이기도 하다. 화필과 인연을 맺게 해 준 투옥 생활도 이와 같은 시대를 초래한 역사의 흐름과 깊은 관계가 있다.

먹을 황금처럼 아낀 예운림

황공망보다 30년 이상 젊은 예찬은 태호(太湖) 북쪽 기슭의 무석(無錫)이라는 곳에서 태어났다. 왕몽은 그 남쪽 기슭인 호주(湖州)에서 태어났으며, 황공망은 상숙, 오진은 가흥(嘉興)에서 태어났으니, 원말 사대가가 모두 강남 태호 주변 출신이다.

예찬은 대부호의 아들인 탓에 저택 안에는 엄청나게 큰 건물이 있어 만 권이나 되는 책과 역대 명화가 비장되어 있었다. 예찬만큼 좋은 환경에서 자란 예술가는 없을 것이다. 저택 내 건물인 운림당(雲林堂)과 소관선정(蕭關仙亭) 같은 이름을 따서 자신의 아호를 지었다. 그중에도 운림이 가장 유명한데 본명인 예찬보다 예운림(倪雲林)이 더 잘 통하므로 이제부터는 그렇게 부르기로 한다.

초속(超俗)이라는 문제는 예운림이 가장 철저했을지도 모른다. '먹 아끼기를 금과 같이 했다'고 할 정도로 그는 쓸데없는 것은 그리지 않았다. 그가 그려낸 것은 심상의 풍경뿐이었다. 기운(氣韻)이라는 골격을 간신히 붓으로 감싼 느낌이다.

예운림이 그린 소소담원(蕭疏淡遠)한 풍경은 이 세상에 존재할 리 없다. 산수화를 감상하는 사람은 그 안에 들어가서 유람하고 공상을 즐긴다. 앞에서 이야기한 성무(盛懋)의 산수는 마치 안내인이 딸린 느낌이다. 청나라 석학인 완원(阮元)은 예운림의 산수에 들어가면 재미가 없다고 불평을 털어놨다. 예운림은 자신이 그린 산수 안에 다른 사람을 끌어들이려는 생각 따위는 하지 않았다.

유명한 〈어장추제도(漁莊秋霽圖)〉도 그렇지만, 그의 산수에는 근경과 원경 사이에 아무 것도 그려 넣지 않은 형식이 많다. 그 공간인 무(無)의 세계에 사람들은 때로는 두려움을 느낀다. 그의 작품 중에 인물을 그린 것은 단 한 점뿐이다. 집이나 정자를 그려도, 그곳에 사람의 그림자는 없다. 어떤 사람이 그 까닭을 묻자, "허허, 이 세상에 사람 따위가 있던가요. 몰랐는데요"라고 대답했다는 이야기는 유명하다.

예운림은 병이라고 해도 좋을 만큼 결벽증이 심했다. 손님이 마당의 오동나무에 가래를 뱉었다는 말을 듣자, 그는 그 나무를 베어 버렸다. 이끼 위에 낙엽이 떨어지자, 작대기 끝에 바늘을 달아 그것을 낚아 올렸다고 한다. 이런 결벽이 허용되었던 것도 그가 대부호였기 때문이다.

강남의 민간문단의 대가인 양유정(楊維楨)이 이따금 도를 넘은 놀이를 즐겼다는 사실은 앞에서 이야기했다. 한번은 예기(藝妓)의 신발을 잔으로 삼아 술을 마시고, 동석했던 예운림에게도 그것을 마시라고 권한 일이 있다. 예운림은 신발에 담긴 술을 그 자리에서 쏟아 버리고 발끈 화를 내며 자리를 떠났다. 그로서는 당연한 일일 것이다.

지정 15년(1255), 짧은 기간이지만 예운림이 투옥된 적이 있다. 투옥된 이유는 세금 체납이었다. 극도의 결벽증인 그가 어떤 기분으로 투옥생활을 보냈을지 짐작하고도 남는다. 그런데 대부호인 그의 집이 왜 세금을 내지 않았을까? 세금이 너무 과중했기 때문이라는 것 말고는 생각하기 어렵다.

원나라 왕조는 이미 말기적 증상을 보이고 있었다. 이미 각지에서 방국진(方國珍), 장사성(張士誠), 주원장(朱元璋) 등이 반란을 일으켰다. 재정난에 허덕이던 몽골 정권은 각지의 부호에게 무거운 세금을 물림으로써 그 난국을 타개하려고 했다. 이 당시에 각지에서 일어난 난은 황공망이 투옥되는 원인이 된 그 강서의 농민 폭동과는 규모면에서 격이 달랐다. 반란이 일어난 지역에서는 세금을 거둘 수 없었는데, 그런 지역이 꾸준히 늘었다. 따라서 거둘 수 있는 곳에서 거둘 수 있는 만큼 거두려고 했다. 몽골의 세제는 포은제의 설명에서도 다루었듯이 매우 강제적이었다. 이는 약탈을 미덕으로 여긴 초원 기마 유목민족의 기질이 아직 사라지지 않았음을 말해 준다. 징세라기보다는 강탈이라는 느낌이 강했다.

예운림에게 〈술회(述懷)〉라는 제목의 긴 오언고시가 있다. 다음에 그 일부를 인용한다.

세를 내자니 고혈이 다했고,
옥살이를 하자니 병에 걸릴까 우울하구나.
부지런히 일하여 더러운 풍속을 행하니,
수많은 소란스러움에 마음은 홀로 놀란다.
몸을 굽혀 서리에게 절하며,
별을 이고 일찍 나와 관아의 뜰에서 기다린다.
옛적 봄풀은 빛은,
지금 눈 속의 싹과 같구나.

輸租膏血盡 役官憂病貫 黽勉事汚俗 紛攘心獨驚
磬折拜胥史 戴星候公庭 昔日春草暉 今如雪中萌

가난한 사람이라면 이해할 수 있다. 하지만 예운림은 그 지방에서 제일가는 부호였다. 그런데 세금 독촉으로 시달림을 받아 사대부가 부끄럽게 여기는 저 서리들에게 머리를 깊이 숙이고, 아침 일찍부터 관청에 출두하여 기다려야 했다. 그렇게 무거운 세금을 도저히 낼 수 없다, 조금만 깎아 달라고 빌었던 것이다. 긍지 높고 결벽한 그에게 견딜 수 없는 일이었다. 오히려 땅과 집이 있기 때문에 세금에 시달려야 했다. 관아에 가서 말단 관리를 만나 이것저것 절충하는 것도 모두 재산 때문이다. 그는 마침내 재산을 정리하여 친척들에게 나누어 주었다. 관리와 능숙하게 절충

하고 뇌물도 줄 줄 아는 눈치 빠른 사람은 토지와 가옥이 많아도 부담스
럽게 느끼지 않는다.

이렇게 해서 예운림은 집을 버리고 아내인 장적조(蔣寂照)와 함께 유람
을 떠났다. 참으로 시원스런 행동이다. 재산을 정리하고 남은 돈은 그가
존경하던 숭수관(崇壽觀)의 도사 장우(張雨)에게 기부했다. 그는 돈 따위
는 필요 없었다. 돈과 재산이 있어 세금 같은 세속적인 일에 골치를 썩기
보다는 강호의 한 은사(隱土)로서 유람하는 편이 그에게는 훨씬 마음 편
한 일이었을 것이다. 절에서 묵기도 하고 친구 집에 신세를 지기도 하고,
그리고는 조그만 암자를 마련하여 그곳에서 살았다. 나이는 이미 50세
가 넘었지만, 관아에 들락거리기보다 몸은 편했다. 문인으로서도 화가로
서도 이미 이름이 났다. 각지의 벗들은 그가 자기 집에 머물러주기를 바
랐다. 신세를 진 집에는 그림을 그려서 사례했다.

강남에서 가문의 격을 결정할 때, 예운림의 그림을 소장했느냐 아니
냐에 따라 순위가 달라질 정도였다고 한다. 그 때문에 호사가는 천금을
들고 그림을 사들였다.

명나라의 왕치등(王穉登)은 예운림을 그림보다도 시가 뛰어나고, 시보다
도 인간됨이 뛰어나다고 평했다. 그는 곧잘 자신의 그림에 자작시를 썼다.
다음의 오언절구는 그가 지은 시 가운데서도 가장 유명한 시의 하나다.

동해에 병든 나그네가 있어,
스스로 말하기를 잘못한데다 또 어리석기까지 하니.
벽에 그린 그림을 비단과 종이에 베낌은,
어찌 미친 짓이라 하리오.

東海有病夫 自云繆且迂 書壁寫絹楮 豈其狂之餘

세금 문제로 예운림이 투옥의 괴로움을 당하고 난 뒤 10년 쯤 지나서, 원나라 왕조는 북쪽의 초원으로 쫓겨나고 말았다.

두 왕조를 섬긴 왕몽

원말 사대가 가운데 왕몽은 다른 세 사람과 화풍이 크게 다르다. 다른 세 사람은 초속을 위해 쓸데없는 것은 가능한 숨아내 마치 먹을 아끼는 듯 그림을 그렸다. 하지만 왕몽에게는 생략이라는 생각이 전혀 없었다. 오히려 그는 먹을 듬뿍 사용했다. 이렇게 그려낸 산수가 이 세상의 것이라고 생각할 수 없었던 점에서는 예운림과 같았다. 두 사람 모두 인간의 존재를 허용하지 않는 풍경이었다.

왕몽의 그림을 보는 사람은 그 산수에 압도되고 만다. 이것은 주관의 산물이라고밖에 할 수 없다. 예운림의 그림과 마찬가지로 심상의 풍경이다. 그럼에도 왕몽의 심상은 어쩐지 불안하게 보인다. 수면에까지 빈틈없이 그물코 모양을 그려 넣은 정성은 보는 이를 숨 막히게 만든다. 아니면 불안한 속에서 흔들림 없음을 표현하려 한 것인지도 모른다.

조맹부의 외손자인 왕몽은 더는 바랄 수 없을 만큼 예술적인 환경에 몸을 담고 있었다. 외숙인 조옹(趙雍), 그 아들이자 왕몽과 사촌인 조봉(趙鳳), 조린(趙麟)도 모두 화가였다.

사대가의 다른 세 사람에 비해 그는 다른 점 또 있다. 원나라 시대에 관직을 바랐다는 점이다. 그는 북경으로 가서 조정 인사들과 교제했다. 그리고 이문(理問)이라는 원나라 조정의 관직에 앉았다. 이것은 검찰관이었다고 한다. 원말의 동란에 그는 관직에서 물러나 항주의 동쪽에 있는 황학산(黃鶴山)에 은거했다. 예운림처럼 속세의 번잡함이 싫어서 은거한 것이 아니다. 동란으로 조정이 흔들리는 것을 보고 가망이 없다고 판단하고 떠난 것이었다.

나중에 다루겠지만 소주에서 장사성의 지방정권이 탄생했을 무렵, 왕몽은 이 정권에서 일했다. 주왕(周王)을 칭한 장사성이 소주를 점령한 것은 지정 16년(1356)이었다. 왕몽이 태어난 해는 지대(至大) 원년(1308)이라는 설과 대덕(大德) 2년(1298)이라는 설이 있다. 전자라고 해도 50세 가까운 나이에 장사성의 정권에 들어간 것이다. 특별히 강요받은 것 같지도 않다. 예운림은 장사성의 부름을 거절했다. 또 장사성의 동생인 장사신(張士信)이 사례를 하고 그림을 청했을 때, 예운림은 받은 비단을 찢고 권력자를 위해서는 그림을 그리지 않는다고 거절했다. 사자는 화를 내며 예운림을 때렸지만, 그는 꿈쩍도 하지 않았다. 일은 그것으로 끝났다. 이름 높은 예운림조차 이러했으니, 왕몽도 부름을 거절할 수는 있었다. 왕몽이 자진해서 장사성의 정권에 들어갔을 것이라고 생각한다.

군웅들의 쟁패전이 끝난 뒤, 주원장이 원을 북쪽 사막으로 쫓아내고 명나라의 제위에 오른 홍무(洪武) 원년(1368)은 왕몽이 만 60세 되던 해다. 왕몽은 명나라에도 출사하여 태산(泰山)의 지사(知事)가 되었다.

예술가로서 왕망은 초속의 자리에 있었다. 하지만 현실 세계에서는 속세 안으로 들어간 인물이다.

왕몽의 운명은 나중에 다룰 기회가 있을 것이다.

바다와 육지의 반란

이념 없는 정복 왕조의 한계

칭기즈 칸의 가계에는 주색에 잘 빠지는 피와 후계자 다툼이 처절하다는 피가 절망적일 정도로 강하게 흘렀던 것 같다. 다만 후계자 다툼의 살벌함은 칭기즈 칸 가문에만 국한된 이야기는 아니다. 절대 권력을 쥔 정권의 수장 자리는 어디나 유혈이 따르는 쟁탈전이 벌어졌다. 초원의 유목민이었던 몽골의 그것은 부족간의 항쟁과 어우러져 더욱 격렬했다.

부족 파벌 외에도 정책이나 사상이 다른 데서 비롯된 항쟁도 당연히 있었다. 소수민족인 몽골족은 국민의 대다수를 차지하는 한족을 통치한다는 어려운 문제를 안고 있었다. 정책 다툼이라야 귀결점은 한족 정책에 초점을 맞추는 것이다. 건국 초기에 행해진 차별 정책을 계승하여 몽골족을 한화(漢化)로부터 지켜내야 한다는 강경파가 있었다. 이들은 국수파라 해도 좋을 것이다. 이에 반해 고압적인 정책은 언제까지나 계속될 수 없으며, 상대가 대다수인 점을 염두에 두어 그들을 유화하는 정책을 취해야 한다고 주장하는 파가 있었다. 이들을 유화파, 또는 한화파라고 부르기도 한다.

과거 문제 하나만 해도 파벌 항쟁에 휘둘렸다. 유교를 멸시한다는 정책에 따라 과거가 폐지되자, 한족 사대부들은 어찌해야 좋을지 몰랐다. 그러나 생각났다는 듯이 이따금 부활되기도 했는데, 후자인 한화파가 실권을 잡았을 때였다. 그렇지만 되도록 한족, 특히 남인의 수를 억제한다는 타협이 뒤따랐다. 참고로 원나라 1대에서 과거가 행해진 것은 8번이고, 급제한 진사 수는 다 합해야 고작 278명에 지나지 않았다. 한화파는 그다지 적절한 명칭이 아니다. 국민의 대다수가 한족이라는 현실에 입각했으므로, 현실파나 실무파라고 불러야 마땅할 것이다. 원말 명재상이었던 톡토(脫脫)가 한화파의 유력자였다.

세조 쿠빌라이가 죽은 뒤, 황태손인 티무르(성종〔成宗〕)가 즉위한 것은 비교적 문제가 없었다. 황태자 친킴(眞金)이 일찍 죽는 바람에 쿠빌라이는 일찌감치 황태손을 후계자로 정해 체제가 잡혀 있었기 때문이다. 그러나 성종은 후사가 없었기 때문에 그 사후에 후계자 다툼이 일어난 것은 어찌 보면 당연한 일이었다. 순조롭게 황위 계승이 일어난 것은 세조-성종뿐이고, 나머지는 모두 투쟁으로 황제를 결정했다.

황제는 자신을 옹립해 준 권신에게는 아무래도 떳떳하지 못하고, 권신은 자신의 공을 믿고 권력을 마음껏 휘둘렀다. 이것은 당나라 중기 이후, 당나라 황제가 간신에게 옹립되는 것이 상례였고, 환관은 정책의 공을 내세워 독선이 많았던 것과 비슷하다. 당의 환관은 황제를 죽이고 황제를 갈아치우는 일도 서슴지 않았다. 원나라의 권신도 똑같았다. 제5대 영종(英宗) 시대발라는 테크시(鐵矢)에 의해 옹립되었는데, 테크시는 머지않아 그를 죽이고 태정제(太定帝) 예순테무르를 옹립했다. 우승상 엔테무르 (燕帖木兒)도 자기가 옹립한 명종(明宗) 쿠살라를 죽이고 그 동생인 문종 (文宗) 토그테무르를 옹립했다. 문종은 죽을 때, 형 명종의 아들 토간테무 르를 제위에 올리라고 유언했지만, 엔테무르는 그것을 어기고 영종(寧宗) 이린시발을 세웠다. ……이런 식으로 일일이 열거하자면 엄청나다.

권신들은 격렬한 권력 투쟁을 벌이고 그 승리자가 황제를 옹립하고 멋 대로 갈아치우기도 했으며, 패배자를 죽였다고 쓰면 그것으로 끝이었다. 반란군이 각지에서 일어나 국가의 기초가 흔들릴 때조차 원 왕조의 권 력 투쟁은 그칠 줄 몰랐다. 이런 상태에서는 침착하게 정책을 검토하고 장기적인 전망을 세워서 정치를 하는 것이 불가능하다. 원래 몽골 정권 은 만족을 모르는 정복욕으로 세워졌다. 정복욕을 약탈욕으로 바꿔 써 도 그다지 무리는 아닐 것이다. 징세와 약탈을 구별하기 어려울 정도였다 는 것은 앞에서 이야기했다.

정치 이념이 결여된 정권이었다. 겉치레뿐이라고 해도 이념은 탐내는 법인데, 그것조차 없었다. 어떻게 권력을 휘두를까, 어떻게 하면 사치할 수 있을까, 오직 그것만 생각했다.

옹립되었다는 약점이 있더라도 황제에게 강한 지도력이 있었다면 좋으 련만, 몇몇 예외를 제외하면 역대 원나라 황제는 성적이 좋지 않았다. 옹 립되는 것이므로 허수아비에 어울리는 인물이 선택되었다. 묘하게도 황 제들은 하나같이 주색에 약하다는 칭기즈 칸 집안의 혈통만큼은 잘 지 켜 나갔다.

정복 왕조로서의 원나라는 수많은 문제를 안고 있었는데, 중앙의 상황 이 이와 같아서 문제를 해결하거나 정권을 보강할 노력을 할 수 없었다.

원 왕조의 최대 과제는 대 한족 정책, 그것도 이른바 남인 대책과 그 주거지역인 강남을 파악하는 것이었다. 종종 이야기했지만 회하 이북은 일찍이 금나라 영토였고, 그곳의 한족은 이민족의 통치를 받은 경험이 있었다. 몽골이 정권을 수립할 때도 적극 협조한 한족이 있어 한인제후로서 우대를 받았다. 그러므로 그다지 긴장된 관계는 아니었다.

이에 반해 옛 남송 영토의 백성들은 이민족의 통치를 받는 것이 처음이었다. 몽골 점령군으로서 위압적인 자세로 대하고 의식적으로 그들의 문화를 경멸하는 태도를 보임으로써 그들의 자존심을 무너뜨리려고 했다. 북방의 한족과 단결하는 것이 두려워 한인·남인을 차별했다. 몽골 쪽에서 보면 한인을 우대한 것이 된다. 그로써 한인이 몽골 정권에 협력하기를 기대한 것이다. 인원수가 적은 몽골족은 한인과의 연합을 강화함으로써 정권을 안정시키려고 했다. 한인 우대는 바꿔 말하면 남인 냉대와 다름없다. 남인, 즉 옛 남송 영토, 특히 강남의 선진 지역에 살던 한족은 굴욕의 나날을 보냈다. 그 정신적인 저항은 『철함심사』 등의 예에서 본 대로다.

소수민족인 몽골족은 직접 통치하는 범위가 정해져 있었다. 따라서 옛 금나라 영토와 옛 남송 영토는 통치 방식이 달랐다. 전자는 거의 직접 통치가 가능했으나, 후자에는 소수의 간부만 파견할 뿐이어서 간접정치가 고작이었다.

정권 유지를 위한 주둔군도 남인 군대는 위험하다고 판단해 한인군대를 파견했다. 새로 복속한 남인은 신뢰할 수 없지만, 복속의 역사가 긴 한인은 신뢰할 수 있다고 생각한 것이다. 그리고 신뢰하지 않을 수도 없었다. 강남까지 파견할 만큼 몽골 병사의 수가 많지 않았다. 억지로 변통해서 파견해도, 막북(漠北)에서 자란 몽골 병사는 강남의 풍토에 익숙하지 않기 때문에 건강상의 이유에서도 쓸모없게 될 위험이 있었다.

이것은 몽골 정권이 남인 대책을 위해 차츰 한인을 신뢰하지 않을 수 없게 된 것을 의미한다. 몽골 정권은 중국 전체를 지배하에 두었기 때문에 한지(漢地, 강남을 기준으로 화북)와 한인의 제휴를 강화해야만 했다.

원나라의 국도는 둘이다. 오늘날 북경과 원래의 개평부(開平府)로, 전자를 대도(大都) 후자를 상도(上都)라고 불렀다. 여름이 되자 정부 기관은 대거 대도에서 상도로 옮겨갔다. 이 이도제(二都制)는 몽골 정권의 성격을 상징한다. 원나라 왕조를 세운 쿠빌라이는 몽골 세계 제국의 한지 총독이었다. 쿠빌라이 정권은 출신지인 막북과 지배지인 한지의 이원적인 성격을 띠었다. 이도제로 상징되듯이, 원 왕조는 막북과 한지의 균형을 잡았다. 그런데 남정(南征)으로 강남을 손에 넣으면서 일이 복잡해졌다. 강남을 장악하기 위해 한인의 힘을 빌리면서 균형이 크게 깨져 버렸다.

원 왕조는 남송을 멸망시킨 뒤 한지 쪽으로 무게 중심을 옮겼고, 이것이 막북에 있는 몽골족의 불만을 초래했다. 막북은 국가 발상지인 만큼 원나라 황족도 적잖이 살고 있었다. 이것이 황위계승투쟁을 더욱 복잡하게 한 원인이기도 했다.

원은 무엇보다 먼저 강남 통치 체계를 바꾸어야 했는데도, 권력투쟁을 하느라 거기까지 손을 쓸 수가 없었다. 무엇보다 그때까지의 인습을 조금이라도 바꾸는 것에 조정 주변은 크게 저항했다. 몽골 지상주의의 기둥이 개혁으로 말미암아 영향을 받지 않을까 우려했던 것이다. 이렇게 해서 초보수적인 사고가 모든 개혁을 저지했다. 시대는 움직인다. 그 흐름에 맞추어 개혁하지 않으면, 정치 기구도 녹스는 법인데 그 일을 할 수 없었다. 이미 자정작용, 또는 복원력이라는 것을 잃어 버린 터라 원 왕조의 앞날도 어두웠다.

해적질로 초고속 승진한 방국진

풍요로운 강남땅을 손에 넣은 원 왕조의 사치는 더욱 심해졌다. 또 그것을 위한 원정이기도 했다. 어느새 원 왕조는 강남 없이는 하루도 살 수 없는 체질이 되어 버렸다.

원대의 호칭 관례에 따라 한지와 강남을 나누었을 때, 인구에서 강남은 한지의 10배나 되었다. 경제력에서는 아마 10배로는 어림도 없을 것이다. 예를 들면 원 왕조 재정의 큰 부분을 차지했던 전매용 관염(官鹽)의 태반이 강회지방에서 생산되었다. 식량만 해도 옛 수당(隋唐) 시절부터 강남의 쌀이 대운하를 통해 북쪽으로 운반되었다. 당이 안사(安史)의 대란을 버틸 수 있었던 가장 큰 원인은 강남이 전쟁터가 되지 않았던 데 있다는 설이 유력하다. 이와 같은 강남을 지배하에 두고, 그 강남에 더욱더 의지하지 않을 수 없게 되어 버렸다.

유목민은 예부터 농경이나 상업민족을 경멸하는 경향이 있었다. 그 이유 중 하나는 그들이 열심히 농사짓고 그리고 저장하기 때문이다. 예를 들면 이동 생활에서 저장은 상상하기 힘든 일이다. 이동할 때마다 무거운 짐을 옮기는 것은 번거롭다. 필요한 것은 다음 이동 장소에서 조달하면 된다는 사고방식이다. 그래서 몽골족은 그날 번 돈은 그날 다 쓰는 버릇이 있었다. 원대에는 황족, 공신, 총신(寵臣)에 대한 하사가 상당히 후했다. 국가재정에서 말하면 낭비와 같은 일들이 끝없이 이어졌다. 있는 족족 써 버리기 때문에 강남을 손에 넣고도 형편은 늘 똑 같았다.

똑같기는커녕 오히려 문제를 하나 늘린 꼴이었다. 일단 생활 규모가 커지면 그것을 줄이기는 몹시 어렵다. 원 왕조는 보기에 따라서는 강남 때문에 목이 졸리는 형국이었다. 강남의 식량과 강남의 소금이 오지 않으면, 원 왕조는 경제적으로 존립할 수 없었다.

강남의 물자는 운하나 해로를 이용해 북쪽으로 운반되었다. 원나라의 일본 원정 장이나 마르코 폴로의 귀국 장에서도 이야기했지만, 당시 중국은 끊임없이 거선을 만들었다. 이 물자 수송로는 원나라의 생명선이라고 해도 좋았다. 원으로서는 이것을 확실히 지켜야 했다. 운하는 육지 내의 수로이므로 그런대로 좋았으나, 바닷길은 초원의 전사인 몽골족이 가장 꺼리는 무대였다.

앞에서 한국 신안 앞바다의 침몰선 이야기를 했다. 폭풍을 만나 피하려고 했으나, 결국 그 지점에서 침몰했을 가능성이 가장 큰데 해적에게 습격 받은 것은 아닐까 추리하는 사람도 있다. 엄청난 물자를 실은 배는 해적의 표적이 되기 쉽다. 치안이 확립되어 경비가 엄중하다면 손 댈 수 없지만 그것이 느슨해지면 해적이 날뛴다.

궁정에서는 음모가 소용돌이 치고 상층부는 권력 투쟁으로 날 새는 줄 모르고 국가 기구는 자정, 복원할 힘을 잃었다. 이것은 곧 국력 쇠약을 의미한다. 국력의 쇠약은 가장 약한 부분에서 민감하게 나타나는 법이다. 몽골이 가장 꺼리던 바다에서 가장 먼저 그런 조짐이 나타났다. 해상 경비가 아무래도 소홀했던 모양이다. 호시탐탐 기회를 엿보던 해적들이 이를 눈치 챘다. 수송선이 잇따라 습격을 받았다.

국도가 개봉이나 낙양, 아니면 장안에 있던 시대는 남쪽 물자 수송은 주로 운하에 의존했다. 원나라는 북경을 국도로 삼았기 때문에 운하 외에 바닷길을 이용할 수 있었다. 겨울철 결빙기를 제외하면, 천진의 백하(白河) 하구가 북경의 주요 항구가 되었다. 해상 수송의 이점은 운하 수송보다 큰 배를 이용할 수 있다는 것이다. 특히 해안의 염전 단지에서는 편리하다는 이유로 해상 수송을 많이 이용했다.

해적의 출현은 원 왕조에게 큰 충격이었다. 생명선이 끊기면 큰일이었다. 원은 즉시 해적소탕에 나섰으나 그다지 효과는 없었다. 원의 해군이 약했던 탓이다. 해적은 수송선뿐만 아니라 원나라 군선까지 습격할 정도였으니 원의 해군이 얼마나 약체였는지 짐작할 수 있다.

이와 같은 상황을 배경으로 방국진(方國珍)의 난이 시작되었다. 방국진은 원래 절강의 황암(黃巖)이라는 곳에서 소금 장사를 하며 그 수송을 업으로 삼던 인물이다. 키가 크고 얼굴은 검었으나 몸은 희었다고 한다. 선상 생활로 햇볕에 타서 그렇게 되었을 것이다. 완력도 뛰어났던 모양인데 결코 처음부터 해적이었던 것은 아니다.

지정(至正) 8년(1348)에 채난두(蔡亂頭)라는 자가 해적질을 하다가 관리에게 붙잡혔다. 해적을 일소하려던 정부는 줄줄이 그 무리를 체포하려고 수사 활동을 벌였다. 탐문으로 동료의 이름을 실토하게 하거나 밀고를 장려하는 등 온갖 방법을 동원했다. 이럴 때는 사사로운 원한을 풀기 위해 거짓 밀고를 하는 자도 나타난다. 방국진은 제법 규모가 큰 장사를 했기 때문에 남의 원망을 산 일도 있었는지 "방국진이 채난두와 내통한다"고 밀고한 자가 나타났다. 그 사실을 안 방국진은 밀고자를 죽이고 일족과 함께 해상으로 망명해 진짜 해적이 되고 말았다. 그 무리는 수천 명이었다고 한다. 밀고가 된 데다 살인까지 저질렀으니 다른 방도가 없었다.

원은 당연히 토벌군을 출동시켰다. 그런데 토벌군 사령관 토르치반(朶兒只班)이 방국진 무리에게 패했을 뿐만 아니라 포로가 되고 말았다. 원의 해군은 풋내기 해적보다 약할 만큼 엉성했다. 이렇게 되자 토벌보다는 회유하는 수밖에 없었다. 이때 방국진은 포로로 삼은 토르치반을 협박해서 자신에게 '정해현위(定海縣尉)'라는 관직을 내리도록 원나라 조정에 요청하게 했다. 정해현은 주산열도(舟山列島)를 포함한 절강 해안의 일부다. 방국진은 일단 현위가 되었으나, 한번 맛들인 해적질을 그만둘 수 없었는지 다시 배반하고 온주(溫州)를 약탈했다. 원은 이번에는 볼로드테무르(孛羅帖木兒)를 출동시켰으나 그 역시 패해서 포로가 되었다. 원은 방국진에게 다시 관직을 주었다. 이런 일이 되풀이되자, 방국진의 관직도 차츰 높아져, 휘주로치중(徽州路治中)에서 해도조운만호(海道遭運萬戶)가 되었고 다시 행성참정(行省參政)으로 승진했다. 한번 반란을 일으킬 때마다 관직이 올라갔으니, 난을 일으키는 것이 득이었다. 그 무렵 하남, 강북 각지에서 반란이 잇따라 원은 바다와 육지 양면작전으로 괴로움을 겪었다. 대주로(臺州路) 다루가치인 타이부호아(泰不華)까지 죽인 해적인데도, 방국진을 용서하고 고위 관직을 주지 않을 수 없었다.

원은 방국진을 이용해서 반란군을 토벌하게 할 계획을 세웠다. 자력으로는 도저히 반란군을 물리칠 수 없었던 것이다. 그런 실상을 안 방국진은 대담한 반란을 되풀이했다. 아니, 대담하게 보여도 방국진은 모든 실상을 사소한 것까지 정확하게 분석하고 있었다고 생각한다. 분석 결과를 판단해서 그때그때 어떻게 행동할지 결정했을 것이다. 말이 이랬다저랬다 일정하지 않고 절개 따위는 전혀 없는 사람처럼 보였지만, 방국진도 좋아서 이런 짓을 한 것은 아니다. 목숨이 아깝기 때문에 도망가서

도적이 되었고, 그 뒤의 행동도 생명이 위태하다는 계산에 따라 움직였다고 봐야 한다. 동기는 어찌 되었든 원말의 반란에서 제법 조직을 갖춘 것은 방국진이 최초였다. 그는 반란의 효시라는 영예를 얻었다.

원을 무너뜨린 마니교

북송 말, 역시 절강에서 방납(方臘)이라는 인물이 반란을 일으켰다. 『수호전』에서는 양산박의 호걸이 정부에 귀순하여 이 방납을 토벌하는 것으로 묘사되어 있다. 북송 말기를 다룰 때도 이야기했지만, 북송은 요나라를 토벌할 군대를 동원했다가 방납의 난이 일어나 군대를 절강으로 돌렸다. 그 때문에 역사의 흐름이 결정적으로 크게 바뀌어 금나라에 대한 북송의 처지가 악화되었고 끝내 멸망으로 이어졌다. 그런 의미에서도 방납의 난은 중요한 의미를 갖는다.

똑같이 절강에서 일어난 반란이고, 더구나 반란 지휘자의 성도 같은 방(方)씨라 원말의 방국진이 북송말의 방납과 어떤 관련이 있지 않을까 추리하는 사람도 있다. 아직까지는 그런 추리를 뒷받침할 만한 증거가 나오지 않았다. 방납은 칠원(漆園)의 주인이었고, 방국진은 많은 종업원을 거느린 소금상 겸 운송업자였다.

방납의 난 대목에서, 이 난에 참가한 사람들은 '끽채사마(喫菜事魔, 채식주의자이며 마신을 섬김)'의 신앙으로 맺어졌다고 이야기했다. 그 신앙이란, 당나라 무종이 도교 이외의 모든 종교를 억압한 이른바 회창(會昌)의 법난 때, 탄압받고 표면상 경교(景敎, 네스토리우스파 그리스도교), 요교(祆敎, 조로아스터교) 등과 함께 사라진 마니교일 것으로 생각된다.

마니교는 마니라는 인물이 창시한 종교다. 사산(Sasan) 왕조 시대에 이란의 국교였던 조로아스터교를 개혁한다는 의미를 가진다. 조로아스터교는 이 세계를 광명신과 암흑신이 다투는 장으로 보는 이원론적인 세계관을 바탕으로 광명신이 최후의 승리를 얻는다고 주장한다. 마니교는 조로아스터교의 이원론을 더욱 철저하게 하여, 광명신과 암흑신은 원래 서로 만나는 일도 없고 싸우는 일도 없이 차원을 달리한다고 생각했다. 마니교가 귀의하라고 설교하는 것은 말할 것도 없이 광명신에 귀의하는 것이다.

사산 왕조에서는 국교에 반대하는 이단으로 간주하여 철저하게 탄압하였으며 마니를 비롯한 그 교도들을 잔인하게 처형했다. 중국으로 전해진 마니교는 당나라 때 장안에 사원까지 건립하고 얼마간은 포교 활동을 했으나, 회창의 법난으로 적어도 표면상으로는 궤멸했다. 탄압의 세례를 수없이 많이 받은 종교이므로 국교로서 보호받는 것에 익숙했던 조로아스터교와 달리 법난 후에도 지하로 숨어들어 다양하게 모습을 바꾸며 살아남았으리라 짐작된다. 민절(閩浙, 복건, 절강 지방)에 마니교 신자가 많았던 모양이다. 복건 천주(泉州) 화표산(華表山)에 원나라 때의 마니교 암자가 남아 있다는 기술이 『민서(閩書)』에 있음을 『원서역인화화고』의 저자 진원(陳垣)이 지적했다. 마니 교도는 교육에 열심이며 일종의 공산사상을 가져, 무슨 일이든 동료와 나누는 풍습이 있다. 이것은 단결해서 일을 일으킬 때, 의지가 되는 모체가 되었다.

탄압만 받던 마니교도 위구르족에게 받아들여져 국교와 같은 지위를 얻었다. 물론 그것은 위구르족이 이슬람교로 개종하기 전의 일이다. 중국 신강의 투루판 분지에 있는 고창(高昌)은 당나라 중기 위구르족의 대

이동 이후 위구르 정권의 중심이었다. 그 고창 유적에서 마니교 사원 흔적과 마니교의 경전이 발견되었다. 또 돈황에서 발견된 엄청난 고문서 중에도 마니교와 관련된 문서가 포함되어 있다. 돈황을 근거로 삼은 서하인들도 위구르인의 영향으로 마니 교도가 많았던 모양이다. 원나라 시절, 안휘(安徽)의 합비(合肥)라는 곳에 하인(夏人, 서하, 탕구트족) 군대가 주둔하고 있었는데, 여궐(余闕)이라는 합비 사람이 그 군대의 모습을 관찰하고,

> 성(姓)이 달라도 친척처럼 지내 얻은 것이 있으면 변변치 못한 음식
> 이라도 반드시 그 친구를 부르고, 친구 사이에는 있으나 없으나 서로
> 함께하고, 여유가 있으면 곧 이를 남에게 준다.

고 그의 저서 『청양집(靑陽集)』에 기술했다.

또 원나라는 과거를 8회밖에 치르지 않아 진사가 278명밖에 배출되지 않았지만, 고창의 위구르족 설씨(偰氏)는 한 가문에서 진사를 9명이나 배출해 세상 사람들을 놀라게 했다는 기록이 남아 있다. 매회의 과거에 빠짐없이 진사에 급제하고, 그중 한 번은 두 사람이 급제한 적이 있다. 연우(延祐) 5년(1318)에 진사가 된 설옥립(偰玉立)은 복건 천주로의 다루가치가 되었는데, 『민서』에 따르면, 그는 임지에서 학교를 세워 가난을 구제하였으며, 도지(圖志)를 구해 이전에 들은 소문을 찾아가서 확인했다고 한다. 진원은 고창 설씨가 마니 교도였다는 것을 자세히 고증했다.

여기에서 마니교를 기술하는 것은 지하에 잠복해서 형태를 바꾼 마니교가 원말 대반란에 크게 관계하고 있기 때문이다. 잠복 기간에 마니교는 가령 북송 말기처럼 '끽채사마'라는 독자의 조직을 갖기도 했고 다른

종교의 옷을 빌리기도 했다. 『민서』에 마니불(摩尼佛)이라는 표현이 있는 것처럼 마니교는 흔히 불교와 혼동되었던 것 같다. 마치 그것을 이용하듯이 불교 속으로 들어가 일부를 빌렸다가 전부를 빼앗은 경우도 생각할 수 있다.

원말 대란의 도화선이 된 백련교(白蓮敎)는 미륵이 세상에 내려와 내세를 구원한다고 주창한 불교의 한 파인데, 거기에 마니교의 요소가 농후하게 배어 있다. 훗날 원을 쓰러뜨리고 명 왕조를 세운 태조 주원장도 젊어서는 백련교 신자였다고 한다. 백련교는 일명 명교(明敎)라고 칭했다. 마니교는 광명신께 귀의해야 한다고 말한다. 이것도 백련교 안에 마니교적 요소가 있음을 보여 주는 한 예일 것이다. 주원장은 나중에 왕조를 세우고 국호를 '명'으로 정했는데, 젊었을 때, 백련교, 즉 명교 안에 있었음을 기념하는 의미가 담겨 있다.

미륵 세계를 염원한 백련교도

백련교의 난은 하남에서 일어났다.

원의 가렴주구로 중국 전역이 피폐해졌으나 그중에서도 하남, 즉 황하 남쪽과 회하 이북 땅이 가장 심했다.

금과 남송이 국경을 둘러싸고 분쟁을 일으켜 남정이냐 북벌이냐로 서로 싸울 때, 주요 전쟁터가 된 곳이 하남땅이다. 금을 멸망시킨 원이 남하하여 남송을 칠 때도 하남은 그 공방전을 치르는 전쟁터였다. 전장이 된 것은 그 지방 젊은이가 전쟁터로 끌려 나가 노역에 종사하여 노동력을 잃었음을 의미한다. 전쟁터가 된 토지가 황폐해진 것은 당연했다.

하남 땅이 얼마나 황폐해졌는지, 몽골족 대신은 그곳에서 농민을 추방하고 아예 목장으로 만들자는 무자비한 제안을 내놓을 정도였다. 그렇지 않아도 폐허가 된 이 지방에 지정 4년(1344)에는 황하가 크게 범람했다. 제방이 곳곳에서 터지고 논밭은 물바다로 변했다. 물론 수확은 바랄 수도 없었다. 치수공사 책임자로 임명된 가로(賈魯)가 과감한 공법으로-그래봐야 강제로 인력을 동원하는 정도지만-겨우 복구에 성공한 것이 지정 11년(1351)이다. 하남에서 인부 15만, 군부 2만이 동원되어 이 공사에 참여했다. 강제적인 징용이어서 전원 무상으로 일했다. 이런 상황인데도 하남에서 반란이 일어나지 않았다면 오히려 그것이 더 이상한 일이었다. 이전부터 백련교 계통임을 자처하는 사람들이 작은 반란을 일으키기는 했으나, 이제는 소규모 반란으로 끝나지 않았다.

미륵불은 석존이 입멸한 후 56억 7천만 년 뒤의 말법 세상에 중생을 구원하기 위해 출현한다고 전한다. 56억 7천만 년이라는 숫자보다 말세라는 쪽에 중점을 둔다. 사람들은 자신들이 사는 시대가 말세라고 느끼면, 미륵불의 출현에 희망을 걸게 된다.

　　천하가 실로 어지러우니, 미륵불이 세상에 내려오시다.

피폐한 하남 사람들 사이에 그런 말이 순식간에 퍼져 나갔다. 저절로 퍼진 것은 아니다. 의식적으로 퍼지게 조작했다. 영주(潁州)의 유복통(劉福通)과 그 일파인 두준도(杜遵道), 나문소(羅文素), 성문욱(盛文栩)이 난을 계획하고 한산동(韓山童)이라는 인물을 추대했는데, 준비 공작의 일환으로서 유언 작전을 시작했다.

한산동은 백련교의 교주적인 존재다. 그의 가계는 대대로 백련교 지도자로서,

소향혹중(燒香惑衆, 향을 피워 우매한 대중을 현혹하다)

이라는 죄로 영년(永年)이라는 곳으로 유배된 조상도 있었다.

유복통은 아무래도 열성적인 신자는 아니었던 것 같다. 난을 계획하려면 사람들을 모아야 한다. 대대로 백련교 사제 일을 한 한산동은 열렬한 신도를 많이 모을 수 있었다. 유복통은 그 점에 착안했을 것이다. 다시 말해 한산동을 이용하려고 했다.

백련교로 국한하면 신도 이외의 사람은 꺼릴지도 모른다. 그래서 유복통은 유언 작전 제2탄으로,

한산동은 사실 송나라 휘종(徽宗)의 8세손으로 실로 중국의 주인

될 분이다.

라는 소문을 퍼뜨렸다. 이민족의 지배를 받는 사람들의 적개심을 사람을 끌어모으는 데 사용한 것이다.

반란군 거병은 엄숙하게 옛날식 대로 백마와 검은 소를 죽여서 천지에 맹세했다. 송(宋)의 부흥을 목표로 내세웠다. 송은 화덕(火德)으로 천하를 보전했다고 전하므로 그 색은 붉은색이다. 이 난에 참가하는 사람은 붉은 두건을 머리에 둘러 표시하기로 했다.

지정 11년(1351)은 가로(賈魯)가 황하의 치수를 명받은 해다. 치수공사를 위해 많은 젊은이들이 동원되었다. 강제 노동에 불만을 품은 젊은이들의 참가도 기대했을 것이다.

유언 작전을 비롯해 여러 가지 준비공작을 한 것까지는 좋았는데, 준비가 진행될수록 일이 들어날 위험도 커지는 법이다. 그해 5월, 아직 본격적으로 거병하기도 전에 반란 계획이 누설되고 말았다. 그 사실을 눈치 챈 유복통은 급히 영주로 돌아가 군사를 일으켰다. 한산동은 늦게 달

아나는 바람에 체포되어 처형되었다. 한산동의 아들인 한림아(韓林兒)는 어머니 양씨(楊氏)와 함께 간신히 무안(武安)의 산으로 피난할 수 있었다.

유복통은 주고(朱皐)를 근거지로 삼아 나산(羅山), 상채(上蔡), 진양(眞陽), 확산(確山)을 차례로 격파하고, 여주(汝州), 영주(寧州), 광주(光州) 등에 침공했다. 군대는 삽시간에 10여만에 달했다고 한다. 그 중심은 백련교 신자였지만, 대부분은 원의 압정에 반항하는 사람들이었다. 아니면 빈궁 때문에 아사 직전의 사람들이 앉아서 죽음을 기다리기보다는 차라리 싸우겠다는 심정으로 반란군에 참가했다. 몇 년 동안 물에 잠겨 있던 하남에서는 굶어 죽는 자가 속출했다. 훗날 명나라 태조 주원장의 부모와 형제들도 이때 아사하고, 그만 홀로 황각사(皇覺寺)라는 절에 들어가 겨우 목숨만 유지할 수 있었다.

10여만이나 되는 무리가 모이자 원군도 이를 막을 수가 없었다. 붉은 두건을 머리에 두른 반란군을 홍건군(紅巾軍)이라 불렀다. 원군이 토벌하지 못한다는 것을 알자 각지에 호응하는 자가 잇따랐다. 서수휘(徐壽輝)는 기주(蘄州) 방면에서, 포왕삼(布王三), 맹해마(孟海馬) 등은 상주(湘州)와 한주(漢州) 방면에서, 지마리(芝蔴李)는 풍(豊)과 패(沛)의 땅에서, 곽자흥(郭子興)은 호주(濠州)에서 각각 군사를 일으켜 호응했다. 하지만 원래 이들 세력은 통일된 것이 아니었다. 다들 홍건군이나 홍군을 칭했으나, 사전에 연락이 있었던 것도 아니었다.

유복통처럼 모반을 계획하던 자들이 각지에 있었다. 마음속으로만 모반을 생각하던 자도 있었을 것이다. 친한 사람에게만 자신의 속마음을 살짝 귀띔한 자도 있었을 것이다. 그 밖에 소수의 인원을 모은 자, 상당한 인원을 모은 자, 이처럼 다양한 단계의 '모반'이 각지에 있었다. 유복통은 그중에서 가장 앞선 단계에 있었을 뿐이다. 그 자신은 신자가 아니었을지 모르지만 백련교를 겨냥한 점이 빛을 발했다고 할 수 있다. 아니면 백련교 쪽에서도 결기할 계획이 있어, 교단 이외의 세력을 끌어들이려고 적극적으로 움직였는지도 모른다. 하지만 그 후의 움직임을 보아도 유복충이 주도권을 쥐고 있었으니, 원말의 반란에서 육지 쪽은 그가 막을 올렸다고 생각해도 좋을 것이다. 바다에서 일어난 반란의 주인공은 물론 방국진이었다.

홍건군 황제 한림아

연계가 없는 집단이 여기저기서 군사를 일으켰으나, 원나라 정부쪽에는 마치 일제봉기처럼 보였다. 그때까지도 산발적인 반란은 있었다. 하지만 백련교 계통의 호윤아(胡潤兒)가 지원 3년(1337)에 봉기했던 신양주(信陽州)의 난만이 그나마 조직다운 점이 있을 뿐, 모두 발작적인 폭주에 가까웠다. 원군은 마치 파리채를 들고 있다가 한 손으로 파리를 때려잡듯이 간단하게 진압했다. 그러므로 한산동과 유복통의 모반도 처음 한동안은 또 귀찮은 파리떼로 받아들였다. 그런데 각지에 호응하는 집단이 나타나 그때까지와는 양상이 달랐다. 마치 불타오르는 벌판과도 같았다.

상황이 심상치 않다고 깨달은 원나라 조정은 대군을 동원해서 토벌에 나섰다. 그때까지의 산발적인 반란을 간단히 평정할 수 있었던 것은 하남에 원나라 주둔군이 많이 배치되어 있었기 때문이기도 했다. 직접 통치는 하지 않지만 하남 각지에 주둔시킨 군대가 강남을 엄중히 감시하고 있었다. 작은 반란이라면 주둔군만 조금 움직여도 진압할 수 있었다. 그러나 벌판의 불을 끄려면 하남군만으로는 턱없이 부족했다.

동원된 원나라 토벌군 사령관에는 승상 톡토(脫脫)와 차간테무르(察罕帖木兒)가 임명되었다. 이는 원나라가 이 반란을 얼마나 중시했는지를 말해 준다.

유복통은 살해된 한산동의 아들 한림아를 찾아내 박주(亳州)에서 맞아들여 황제라 칭했다. 지정 15년(1355) 2월의 일이다. 홍건군이 서둘러 거병한 지 4년 가까이 지나 있었다. 그동안 홍건군은 원군을 상대로 하남을 횡행했다. 하지만 상징으로 내세울 총수가 없다는 것은 여러모로 체면이 서지 않았다. 단결을 유지하기 위해서도 집단 내에 상징적인 존재가 필요했다. 그래서 한림아를 데려와 황제로 삼은 것이다.

송나라 휘종의 후예라고 선전했으므로 국호는 당연히 송(宋)으로 했다. 연호는 용봉(龍鳳)으로 정했다. 한림아는 송나라 황제이면서 동시에 백련교의 교주이기도 했다. 백련교는 명교라는 별명도 있었으므로 한산동은 일찍이 자신을 명왕(明王)이라 칭하고, 아들 한림아는 소명왕(小明王)이라 칭했다. 여기서도 마니교적인 분위기를 느낄 수 있다.

백련교만의 반란이었다면 무엇이든 나누는 마니교의 아름다운 전통에 따라 훌륭한 해방군이 편성되었을지도 모른다. 하지만 당시 상황에서는 백련교도만으로는 병력이 부족해 잡다한 분자가 뒤섞인 군단이 될 수밖에 없었다. 아무리 황제이자 소명왕인 한림아를 추대해도 잡군은 잡군일 수밖에 없다. 아마 중핵인 신자 집단은 군율도 엄하고 이념도 있었을 것이다. 그리고 그 주변에 행실이 나쁜 유적 같은 집단도 있었을 것이다. 한마디로 뒤죽박죽이었다.

박주에 궁전을 지어 그곳을 송의 국도로 했다. 한림아의 어머니 양씨는 황태후로 존칭되었고 두준도와 성문욱은 승상이 되었으며, 유복충과 나문소는 평장정사(平章政事), 유복통의 동생인 유륙(劉六)은 추밀원사가 되었다. 이것이 송국의 수뇌부다. 체제는 갖추었으나 곧바로 내분이 일어났다. 두준도가 점차 두각을 나타내면서 황제의 신임을 얻자 이를 시기한 유복통이 병사를 시켜 그를 죽여 버리는 사건이 일어났다. 그 이후 유복통이 모든 실권을 장악했다.

내분이 일어나는 집단은 약체화하는 법이다. 머지않아 송국은 원군의 공격을 받아 국도 박주가 포위되었고, 유복통은 황제 한림아를 호위하여 안풍(安豊)까지 달아났다.

미흡하나마 병력이 복구됨에 사기 또한 왕성했다.

고 『명사』 「한림아전」에 기록되어 있다.

겨우 목숨만 부지하여 도망쳤으나 군대란 이내 집결되는 법이다. 기근 지대에서는 먹는 것만 해결해 주면, 어떤 일이든 마다하지 않는 자가 많다.

원이 정말로 반란의 뿌리를 뽑을 생각이었다면 식량을 방출한다든가 세금을 감면하는 등 민생고를 해결할 정책을 실시했어야 했다. 그러지 않았으므로 원나라 멸망은 당연한 추세였다.

그 무렵 원의 조정에는 라마승이 출입하며 요상한 불사(佛事)를 행하였고, 여러 왕후는 앞 다투어 사원을 건립하거나 전지(田地)와 저택 등을 기부하는 등 낭비의 풍조가 극에 달했다. 세금 감면은커녕 착취는 더욱 심해지기만 했다.

홍건군 쪽에서도 내분으로 단결이 흐트러졌다. 한림아는 유복통이 하자는 대로 했고, 유복통도 군대를 완전히 장악하지 못했다.

　　병력은 많다 하나 군기는 엉망이다.

『명사』는 이 시기의 홍건군을 이렇게 평했다.

각지에서 호응한 반란군이 반드시 한림아의 '송국(宋國)'에 복종했던 것은 아니다. 예를 들면 기주에서 거병한 서수휘 등은 멋대로 '천완국(天完國)'을 칭하고 연호를 치평(治平)이라 정하는 등 한림아 집단의 주도권을 인정하지 않았다.

원군의 공격 목표는 당연히 반란의 중심인 '송국' 집단이었다. 안풍에서 변량(汴梁, 개봉)으로 나간 유복통은 원군의 맹공을 피하기 위해 군을 세 갈래로 분산시켰다.

관선생(關先生), 파두반(破頭潘), 풍장구(馮長舅)라는 부장은 오늘날 산서성으로 북상하여 기주(冀州, 하북)로 진군했다.

백불신(白不信), 대도오(大刀敖), 이희희(李喜喜)가 이끄는 홍건군은 함곡관(函谷關), 동관(潼關)을 넘어 관중(關中)으로 들어갔다.

모귀(毛貴)는 산동으로 진격하여 교주(膠州), 내주(萊州), 익도(益都) 등을 잇따라 함락했다. 세 갈래로 나뉜 군대 중에서는 모귀가 가장 강했다.

위에서 든 홍건군의 간부 이름은 이상한 점이 적지 않다. 선생이라는 것은 그것이 이름인지 존칭인지 분명치 않으며, 파두반은 성씨가 파(破)가 아니라 '깨뜨린(破) 머리 반(潘)'이라는 뜻이라고 생각한다. 반란군에 참가해서 간부가 된 사람들은 일족에게 누가 될까 두려워 가명이나 별명을 쓰는 경우가 많았던 것 같다.

이 세 갈래 외에 원군의 장군 전풍(田豊)이라는 자가 홍건군에 참가했다.

모귀는 산동의 제남(濟南)을 함락하고 북상하여 소주를 함락한 다음, 대도(북경)에 육박했다. 원나라 순제는 천도까지 생각했으나 대신들이 간하여 단념했다. 과연 대도 근교에서는 원군이 용감하게 싸워 모귀는 제남으로 퇴각했다.

관선생과 파두반은 다시 두 갈래로 나뉘어, 하나는 태행산(太行山)을 넘어 완주(完州)를 함락하고 대동(大同)을 약탈했으며, 만리장성 밖 여러 군(郡)을 공격해, 마침내 원나라의 여름철 국도인 개평부(開平府) 상도를 함락했다. 이도제(二都制)였다고는 해도 한 국도에 반란군이 들어간 것이므로 일은 매우 중대했다. 이때 상도의 궁전이 파괴되어, 이후 황제의 북순(北巡, 여름철 피서 여행)은 중단되었다.

상도를 유린한 홍건군은 방향을 바꾸어 동북으로 들어가 요양(遼陽)을 점령하고, 마침내 고려까지 이르렀다. 요양 함락은 지정 19년(1359)이다. 이때 원의 의주로총관(懿州路總管)이 살해되었다.

관중으로 향한 백불신과 이희희 군은 봉상(鳳翔)에 들어갔으나, 차간테무르의 원군에게 패하여 촉(蜀, 사천)으로 달아났다. 하지만 이희희의 잔당은 영하(寧夏)를 함락하고 영무(靈武) 부근을 황폐화시키며 기세를 올렸다.

이렇게 말하면 한림아를 추대한 무리가 동쪽으로는 동북과 고려, 서쪽으로는 촉까지 미쳐 제법 규모가 컸던 것처럼 보인다. 하지만 그 진상은 원나라 대군에게 단번에 격파될까 두려워 분산했던 것이다. 홍건군은 헤아릴 수 없을 만큼 많은 성읍을 공격해서 함락했으나, 대개는 그 뒤로 곧 원군이 수복했다.

견해에 따라서는 이것은 분산패주다. 패주하면서 식량과 물자를 얻기 위해 성읍을 공략하고 약탈한 것이다. 떠돌이 군단과 다름없었다. 거점을 만들지 않았던 것은 그것을 지킬 힘이 없었기 때문이다.

다만 산동에 들어간 모귀만큼은 제남을 거점으로 삼는데 성공하여 그곳을 3년 동안 유지했다. 그는 그곳에 빈흥원(賓興院)을 세워 행정기관 같은 것을 만들어서, 원의 관리 희종주(姬宗周)를 기용했다. 360곳에 둔전을 설치하는 등 다른 홍건군에 비해서 나름대로 계획성이 있었다.

한림아를 구출하여 승기를 잡은 주원장

톡토나 차간테무르 같은 원나라 최고 수뇌가 전쟁터에 나간 것으로 보아 홍건군을 토벌하겠다는 원군의 의지는 보통이 아니었다.

상도까지 유린당했으니 위기감을 느끼는 건 당연했다. 나라의 운명을 건 토벌전이었다. 앞에서 이야기했듯이 홍건군은 대부분 유적이 되어 힘을 결집할 수 없었기 때문에 이것을 각개격파하는 것은 그다지 어려운 일이 아니었다.

홍건군은 처음부터 통일된 이념과 군율이 없었다. 여기에는 계획이 누설되는 바람에 준비가 부족한 채 거병했다는 사정도 있을 것이다. 가능한 많은 군사를 모으기 위해 군인의 자질을 따질 여유도 없었다. 따라서 각지에서 멋대로 홍건군을 칭하는 무리가 군사 활동을 시작했다.

위에서는 한림아를 황제로 추대한 홍건군의 핵심군단에 관해서 이야기했는데, 그것조차 내분이 일어나 여러 가지 문제를 일으켰다.

각지로 떠돌던 패주병들의 군율은 완전히 흐트러져 백성들에게 큰 피해를 주었다. 말은 백성의 고통을 덜기 위해 결기했다고 하면서도, 행동은 그에 어울리지 않았다. 따라서 백성의 협력을 얻지 못했다. 사람들은 몽골도 상당히 심했지만, 이들 무리도 그 못지않게 너무 심했다고 생각했음이 틀림없다. 다만 홍건군 중에서도 백련교 신자로 구성된 핵심 집단들은 유적질을 하지 않았던 것 같다. 이 시기의 기록은 최후의 승리자인 주원장이 선택하고 정리했기 때문에 문헌만으로 실상을 복원하기는 지극히 어렵다.

어쨌든 차간테무르는 관중에서 농(隴, 감숙)에 걸쳐서 홍건군을 모조리 격파하고 주변 일대를 평정한 뒤에 대군을 이끌고 '송국'의 국도인 변량성 공격에 착수했다. 원군은 행화영(杏花營)에 본진을 설치하고 기타 군대는 성 주위에 보루를 쌓아 포위했다.

성을 포위한 지 100여 일이 지나자 변량성 내의 식량이 다 떨어졌다. 유복통은 마지막 수단으로 황제 한림아를 도와 정예 100기(騎)를 이끌고 동문을 열어 혈로를 뚫어 가며 안풍으로 돌아가는 데 성공했다. 『명사』에 따르면,

> (송국의) 후궁, 관속, 자녀 그리고 옥새, 보화는 모두 차간테무르가
> 압수했다.

는 기록이 있다. 농민기의군(農民起義軍)이라는 표현이 있는데, 폭정에 반대해 일어난 반란군이라면서도 변량성에는 이미 후궁도 만들고 궁녀까

지 두었다. 옥새는 명령을 내리는 데 필요하지만, 어느새 적지 않은 보화까지 비축해 놓았던 것이다. 시대가 다르기 때문에 한마디로 말할 수는 없지만, 홍건군 전체에 기의군(起義軍)이라는 명칭이 과연 적절할까?

그러는 동안에 가장 조직력이 뛰어난 모귀가 있던 산동도 심상치 않았다. 3년에 걸쳐서 제남을 유지했으나, 그곳에서도 내분이 일어난 것이다. 모귀는 부하 조균용(趙均用)에게 살해되었는데, 이번에는 속계조(續繼祖)라는 자가 조균용을 죽였다. 그러자 각자 부하들끼리 싸움이 벌어져 내란상태가 되었다. 제남에 3년이나 있었으니, 그곳에도 미녀와 보화가 많았을 텐데 그 쟁탈이 원인이 되었던 것은 아닐까?

안풍으로 탈출한 유복통은 부장 이무(李武)와 최덕(崔德齊) 등이 적을 보고 두려워 진격하지 못하자 엄하게 꾸짖으며 처형하려고 했다. 거병한 이후 동지였던 두 사람은 결국 도망가서 원나라 장수 이사제(李思齊)에게 항복했다.

변량을 회복한 차간테무르는 아들 코코테무르(擴廓帖木兒)를 파견하여 동평(東平)을 쳐서 전풍(田豊)을 항복시키고 산동을 거의 평정했다. 그런데 지정 22년(1362)에 항복했던 전풍 등이 차간테무르를 모살하고 익도(益都)로 도망가 숨어 버렸다. 아버지의 원수를 토벌하기 위해 코코테무르는 대군을 이끌고 익도성을 포위하고 안풍에서 구원차 달려온 유복통의 군대를 화성부(火星埠)라는 곳에서 크게 무찔러 패주시켰다.

거병한 지 벌써 10년도 넘은 세월이 흘렀다. 홍건군의 주류도 그럭저럭 마지막에 이르렀다. 구원군을 격퇴한 원군은 굴을 파서 익도성으로 들어가 전풍 등을 죽여 버렸다.

이듬해 지정 23년, 장사성의 부장 여진(呂珍)이 안풍의 홍건군 근거지를 에워쌌다.

장사성은 뒤에서도 다루겠지만, 순수한 정부군은 아니었다. 바탕은 역시 반란군이다. 다만 각지에 봉기한 반란군이 대개 백련교나 홍건군과 관련이 있었던 것에 반해 장사성은 그렇지 않았다. 장사성은 주왕(周王)을 칭하고 연호를 정했으나, 나중에 그것을 폐하고 원과 강화를 맺었다. 식량부족으로 고생하는 북경에 쌀을 수송하여 점수를 땄다.

이 무렵 장사성은 반란을 일으켜 지방에 할거하는 세력이지만, 나중에는 원과 손을 잡은 기묘한 세력이다. 점수를 딸 심산이었는지 원나라를 위해 출병하여 안풍을 포위했다. 그 부근을 자신의 세력권에 둘 좋은 기회라고 생각했음이 틀림없다.

안풍의 홍건군은 이때 주원장에게 원병을 요청했다. 계통은 다르지만 주원장은 홍건 거병에 호응하여 호주를 근거지로 한 곽자흥의 부장이었다. 홍건군의 주력 부대가 당하면 큰일이었다기보다는,

안풍이 깨지면 곧 사성(士誠)이 더욱 강해진다.

는 정치 역학의 계산에 따라 원병을 보내기로 결정했다. 더구나 몸소 출정했다.

주원장의 구원군이 도착하기 전에 장사성의 부장 여진이 안풍성에 들어가 유복통을 죽였다. 원말 동란의 실마리를 열었던 이 난세의 영걸도 여기에서 덧없는 최후를 맞았다.

한 발 늦었지만 안풍성에 도착한 주원장은 여진을 공격해서 패주시키고 성내에 숨어 있던 한림아를 구출했다.

주원장은 한림아를 저주(滁州)에 머무르게 했다. 주원장이 오왕(吳王)을 칭한 것은 그 이듬해의 일이다. 스스로 군주가 되려는 그에게 한림아의 존재는 난감했을 것이다.

2년 뒤에 임아가 죽었다.

고 『명사』는 2년 뒤 한림아의 죽음을 그렇게 전하면서, 그와 나란히 주원장이 요영충(廖永忠)에게 명하여 남경으로 모셔 오려 했을 때, 배가 뒤집혀서 강에 빠져 죽었다는 이설(異說)도 소개한다. 주원장의 성격을 생각할 때, '죽였다'고 해석하는 사람이 많은 것은 어찌된 일일까?

홍건군의 주류는 12년 동안 원을 떠들썩하게 만들었는데, 이제 그 궤적을 더듬으면서 마지막으로 실패한 이유를 생각해보자.

먼저 본류 집단조차 통일이 안 되었다는 것이 가장 큰 이유다.

그리고 원나라가 위기감에서 본격적인 토벌군을 출동시킨 것이 두 번째 이유다.

압도적인 원군의 위협을 피하기 위해 홍건군이 분산한 것도 돌이킬 수 없는 실패였다고 할 수 있다.

분산하면 힘이 약해지는 것이 당연하다. 20세기 홍군(紅軍)의 대장정에서도 거의 전군을 이끌고 이동했다. 홍건군은 결기했을 당시부터 여기저기서 끌어 모은 군단이었기 때문에 분산하면 약체화될 것을 알면서도 분산할 수밖에 없었다고 생각한다.

다음으로 분산해서 이동하더라도 같은 방향으로 갔다면 그런대로 괜찮았을 것이다. 상도를 향하기도 했고, 고려까지 쳐들어가는 식으로 여기저기 휘젓고 다닌 것은 분명히 작전상 실패다.

홍건군 주류는 남쪽으로 이동해 장강을 건너 강남으로 도망갔어야 했다. 강남은 원이 직접 통치하는 땅이 아니고, 주둔군의 수도 그다지 많지 않았다. 원이 남정군을 일으켰어도 물의 고장인 강남에서는 몽골군의 자랑인 기마대가 무용지물이 된다.

게다가 강남 주민이 몽골 정권에 품은 적개심은 한지(漢地, 화북)에 비해 훨씬 강했다. 늘 남인이니 만자니 하며 경멸당했고 사사건건 차별대우를 받았다. 그런데도 인구는 압도적으로 많았다.

앞에서도 이야기했지만 한지의 재정은 강남의 소금과 차에 의존했다. 강남에 할거하며 그곳을 장악했더라면, 한지는 오래 버티지 못했을 것이다. 외국 무역의 중심지도 강남에 있었다. 광주, 천주, 항주에서 이루어지는 무역의 과세도 군비로 쓰기에 충분했을 것이다.

아무리 생각해도 강남에 들어가는 것이 유리했는데, 분산한 각 집단은 동쪽을 향하거나 서쪽으로 진격했다. 만리장성 밖의 상도도 쓸데없이 여러 번 습격했다. 아마 뛰어난 참모가 없었기 때문일 것이다.

원말 반란군 중에서 살아남은 무리는 모두 군사를 이끌고 강남으로 들어갔다. 그들은 천하를 얻기 위해 서로 싸웠다. 그리고 최후의 승자는 주원장이었다.

강남을 무대로 한 패권 다툼은 다음에 기술하기로 한다.

왕조 말기

원 조정을 휘저은 권신들

원 왕조가 음모의 소굴이 된 것은 몽골족이 부족단위의 유목 시대부터 수장의 계승에 관한 확실한 규정이 없었기 때문이기도 하다. 장로들이 쿠릴타이에서 수장을 추천하는 것이 원칙이었으나, 대체로 막내가 상속했다는 이야기는 앞에서 소개했다. 큰아들부터 차례로 자립하여 자신들의 부하와 집단을 거느리게 되어, 결국 막내아들이 아버지의 지위를 상속받는 경우가 많다. 또 막내아들은 나이도 젊고 그만큼 기백이 날카롭고 대단한 외에 장기정권을 기대할 수 있기 때문이다.

세조 쿠빌라이가 중국에 군림한 이후의 황통은 다음의 표와 같은데, 대를 이을 아들이 없었던 성종이 죽은 뒤, 황실은 권신에게 옹립되는 것이 상례였다. 다음의 황통도 서열을 보면, 11대 중에서 형제상속이 세 번이나 있다는 것이 특징이다. 더구나 마지막 영종(寧宗)·순제(順帝)의 계승은 아우에서 형으로 이어지는 이례적인 경우다. 또 한 가지 특징은 초대 세조 쿠빌라이와 마지막 순제 두 사람만 30여 년이라는 긴 세월 동안 재위에 있었고 나머지는 치세가 모두 짧고 그나마 10년이 넘는 사람은 2대 성종 단 한 사람뿐이라는 사실이다.

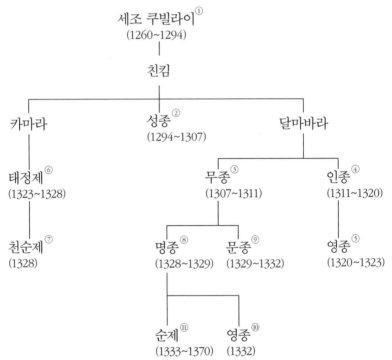

원 왕조의 마지막 황제인 순제가 즉위한 원통(元統) 원년(1333)은 일본의 고다이고(後醍醐, 1288~1339) 일왕 원홍(元弘) 3년으로 닛타 요시사다(新田義貞, 1301~1338)가 가마쿠라를 공격해 호조(北條) 가문이 멸망한 해에 해당한다. 그 이듬해가 건무(建武) 중흥의 해다.

위의 황통도에서도 알 수 있지만 명종이 죽은 뒤, 그 동생 문종이 황위를 계승했다. 이는 우승상 엔테무르(燕帖木兒)가 옹립했다. 명종의 장남인 순제가 아직 열 살 남짓밖에 되지 않았다는 것도 어쩌면 표면상의 이유였을지도 모른다.

문종은 죽을 때, 자신의 아들을 제쳐 놓고 형인 명종의 장남, 즉 순제에게 황위를 물려 주겠다고 유조했다. 형에게 아들이 있지만 아우인 자신이 즉위한 것이 마음에 걸렸고, 또 황위가 얼마나 불편한 자리인지 실감했기에 자신의 아들에게는 물려 주고 싶지 않았을지도 모른다.

이 유언이 있었는데도, 실력자인 엔테무르는 순제가 아닌 그 동생 영종을 제위에 앉혔다. 순제의 생모는 몽골에 있었는데, 아버지 명종이 북순(北巡, 몽골의 고향으로 여행함)했을 때, 비(妃)가 되어 그곳에서 순제를 낳았다. 그런데 명종이 죽자, 황후(물론 순제의 생모는 아니다)가 명종이 재위에 있을 때, 순제가 자신의 아이가 아니라고 말했다고 주장했기 때문에, 순제는 고려의 대청도(大靑島)로 귀양 가고 다시 광서(廣西)로 옮겨졌다.

문종의 유조대로라면 순제는 광서에서 돌아와 즉위할 수 있었지만, 권신의 뜻은 황제의 유조보다 힘이 컸다. 영종은 권신 엔테무르에게 옹립되는 형태로 즉위했으나, 50여 일 만에 죽고 말았다.

엔테무르는 사실 명종을 죽이고 그 동생인 문종을 세운 사람이다. 그렇기 때문에 문종도 그 황후도 자신의 아들을 권신의 꼭두각시로 만들거나 곧바로 살해되는 황제로 만들고 싶지 않았을 것이다. 문종의 황후는 "내 자식은 아직 어리니 광서에 있는 명종의 아들이 13세가 되었으므로 그를 황제로 세우는 것이 좋겠다"고 말했다. 이리하여 순제가 광서에서 북경으로 오게 되었다.

순제가 고려의 대청도에서 광서로 옮겨진 것은, 요양(遼陽)의 원나라 고관이 당연히 황위에 올라야 할 이 소년을 옹립하여 고려와 손잡고 반란을 일으키려 한다는 정보가 있었기 때문이었다. 아마 그것은 유언비어였을 것이다. 실력자인 엔테무르가 고의로 흘린 소문인지도 모른다.

엔테무르가 순제의 즉위를 꺼린 것은 몽골에서 태어난 순제가 옛 고향에 있는 황후와 중신들의 지지를 받을까 두려웠기 때문일 것이다. 원왕조는 몽골파와 한지파가 대립했다는 사실은 앞에서 이야기했다. 엔테무르는 한지파였다. 한(漢)문화 존중을 주장하는 사람이었다. 권신으로서 그가 정권을 쥐고 있는 동안에는 과거가 자주 시행되었다. 그런데 순제가 즉위하면, 몽골 국수파 대신들이 몰려와 그의 시책을 뒤엎을 위험이 있었다.

순제가 광서에서 북경으로 들어오기까지도 암살될 가능성이 농후했다고 전한다. 그 때 변량에 있던 바얀(伯顔)이 군사를 이끌고 순제 곁에 바싹 붙어서 호위하여 무사히 북경에 입성할 수 있었다. 이 공으로 바얀이 새로운 권신이 되었다. 마침 순제가 즉위한 해에 그처럼 반대하던 엔테무르가 죽었기 때문에 이 황위 계승에 유혈 참사는 일어나지 않았다.

바얀은 엔테무르와 정 반대로 열렬한 몽골 국수주의자였다. 그가 권신이 되려면 죽은 엔테무르의 일족, 그리고 그 도당들과 싸워야만 했는데, 그는 그 싸움에서 승리했다.

즉시 과거가 폐지되었음은 말할 나위도 없다. 아마도 바얀은 이상 성격이었던 것 같다. 별난 인물인데다 언동도 상식을 벗어난 데가 있었다. 엔테무르의 한문화 존중 시절에 불우했던 것의 반동이었는지도 모른다.

장(張) · 왕(王) · 유(劉) · 이(李) · 조(趙) 등 다섯 성(姓)의 한인을 모두
죽이자.

바얀은 그런 제안을 했다고 한다. 이에 비하면 원나라 초기에 하남에

서 모든 농민을 추방하고 목장을 만들자는 제안은 별로 대수롭지도 않다. 중국은 성씨의 수가 적은데 위의 다섯 성은 '대성(大姓)'이라고 해서 가장 흔한 성이며, 조는 송나라 황족의 성이다. 이 오성의 한인을 모두 죽이면 중국의 인구는 절반으로 줄 것이다. 참으로 어처구니없는 이 제안은 다행히 채택되지 않았다.

권신은 몽골 국수파였지만, 순제는 소년시절 광서에 있으면서 일반 한인 아이들과 똑같은 교육을 받았다고 하므로 한문화를 이해했을 터이다.

또 바얀이라고 하면, 남송을 공격한 원나라 장군 중에 이름이 같은 인물이 있었다. '유덕의 현자'를 의미하는 몽골어이므로 이름이 같은 사람이 많았다. 그렇다고 해도 혈연관계는 아니다.

순제를 둘러싼 출생의 비밀

원나라 황제 11명 가운데 순제만큼 기구한 운명을 겪은 인물도 없다. 망국 때의 황제였다는 것 때문만은 아니다. 고려의 대청도에 유배되었다가 당시로서는 변경 지방인 광서로 옮겨간 것은 앞에서 이야기했다.

평가 하나로도 명군이라는 주장도 있고, 암군이라는 주장도 있다. 그의 대에서 원나라가 멸망했으니, 결과론으로 보면 명군이라고 하기는 어렵다.

광서에서 암살 위기를 겨우 벗어나 북경으로 들어온 순제는 처음에는 권신 바얀이 시키는 대로 했는데, 13세라는 나이를 생각하면 그 일로 비난하는 것은 너무 가혹하다.

황제로서 역대 황제의 묘에 참배하는 것은 당연하지만, 순제에게 선제는 아우인 영종이었다. 영종의 묘 앞에서 그는 "영종은 내 동생인데 내가 절을 해야 하는가"라며 의전담당 관리에게 물었다. 유교의 윤리를 염두에 두고 그것에 따르려고 했음은 말할 것도 없다. 몽골의 방식대로 한다면, 이런 일은 문제가 되지 않는다.

순제의 즉위는 앞에서도 이야기했듯이 문종 황후의 뜻에 따른 것이다. 순제는 그 은혜에 보답하기 위해 처음에는 문종 황후를 황태후라 하고, 마침내 태황태후라고 존칭했다. 그녀는 순제에게는 숙모가 된다. 그런데 태황태후라는 존칭은 할머니 취급한 것이므로, 이는 유교의 질서사상에 어긋난다. 이때 허유임(許有王)이 간하였으나, 순제는 듣지 않았다. 사가들은 이 일을 두고 순제를 암군이라 평한다.

이것에는 후일담이 있다. 순제는 아버지 명종이 살해된 경위를 추궁하던 중 문종의 황후에게 분노를 느꼈다. 명종을 살해한 것은 엔테무르지만, 황족이 명종을 보호하는 데 소홀했던 것도 사실이다. 그 분노로 인해 태황태후라고까지 받들었던 숙모를 동안주(東安州)로 귀양 보내 죽음에 이르게 했다. 청나라 때의 역사가 조익은 이 일을,

> 처음에는 존칭함이 예가 아닌데도 행하고(숙모를 조모로 격상시킨 것), 나중에는 죄가 아님에도 죄로 삼았다(명종의 죽음은 그녀에게 직접적인 책임이 없다는 것). 쇠조(衰朝)의 황주(荒主), 전도망행(顚倒妄行)함은 처음부터 꾸짖을 필요도 없다.

고 평한다. '쇠조의 황조', 즉 망해 가는 나라의 몹쓸 황제이니 꾸짖을 가치도 없다는 말이다. 평가치고는 최저의 평가라고 하지 않을 수 없다.

명군인지 암군인지 알 수 없는 이 마지막 황제는 그 출생에 얽힌 소문도 다양했다.

아우인 영종이 먼저 즉위한 것이 애당초 예사롭지 않다. 그 이유는 앞서 이야기했듯이 명종의 정황후(正皇后)가 한 말 때문이었다. 하지만 순제가 명종의 친자식이 아니라는 이야기는 세간에도 퍼져 있었던 모양이다. 한문화 존중파인 엔테무르가 몽골에서 태어난 순제를 싫어해서 그런 소문을 퍼뜨렸을 가능성도 있다. 다만 『경신제대사기(庚申帝大事記)』와 같은 야사뿐만 아니라 『원사』「본기」에도 순제가 명종의 친자식이 아니라는 사악한 말을 순제가 조서를 내려 반박하며, 그 출처가 문종이라고 숙부를 비난한 기사가 있는 점으로 보아 당시부터 뿌리 깊이 퍼져 있었던 모양이다.

순제는 경신년에 태어났기 때문에 경신제라고도 불렀다. 『경신외사(庚申外史)』라는 야사에는 순제가 명제의 친아들이 아니라고 문종이 이야기한 사실을 우집(虞集)과 마조상(馬祖常)이 그대로 기록한 것에 순제가 크게 노하며, 두 사람을 죽이려고 한 이야기가 실려 있다. 두 사람의 직무는 황제의 행동을 기록하는 것이므로 업무에 충실했을 뿐이다. 톡토(脫脫)가 곁에서, 두 사람은 천하에 저명한 문인이므로 그들을 죽이면, 후세의 사가들이 "폐하가 이 수재를 죽였다"고 기록할 것이라며 간하였으므로, 용서했다는 이야기도 보인다.

조금 지나친 이야기지만, 순제야말로 항주에서 항복한 남송의 어린 황제 공종(恭宗)의 아들이라는 설도 있다. 공종(그때의 연호에 따라 덕우제라고도 부른다)은 원나라에 항복한 뒤, 원나라 영국공(瀛國公)에 봉해져 세조의 황녀를 아내로 맞았다가 나중에 출가했다.

영국은 토번(土蕃)에서 부처를 배우고 매래적(邁來的)을 아내로 삼
았는데 곧 잉태했다. 우연히 명종이 막북(漠北)으로 도피해 영국과 친
밀했다. 매래적을 원해 아내로 삼아 마침내 순제를 낳았다.

이것은 원충철(袁忠徹)의 『부대외집(符臺外集)』이라는 야사에 실린 내용
이다.

아마 몽골로 여행 갔을 때, 명종은 미모의 유부녀를 보고 소망하여
자신의 여자로 만들었던 것 같다. 그 미녀는 이미 임신하고 있었을 것이
라고 생각된다. 칭기즈 칸의 장남인 조치에 얽힌 이야기로 미루어 생각
할 수 있는 일화다. 그 미녀가 낳은 아이가 명종의 장남인 순제였다는 것
은 몽골의 풍습에서는 있을 수 있는 이야기다. 다만 그 미녀(『원사』에는 매
래적(邁來廸)으로 나옴)의 전 남편이 영국공이었다는 것은 역시 지나치게
꾸민 느낌이다.

원나라가 다스리는 백성들 중 대다수를 차지하는 한족이,

  지금의 몽골 황제는 사실 남송 공종의 아들이다. 사실은 우리와
  같은 한족이다.

라는 소문을 냄으로써 위안을 받았다고도 생각할 수 있다. 특히 심한 차
별 대우를 받는 남인에게는 지어낸 이야기라도 위아래가 뒤집히는 재미있
는 이야기다. 몽골 왕조에 남송의 자손이 군림하고 있는 것이 되니까.

소설이 아니니 있을 법 하지도 않은 이야기를 소개하는 것은 쓸데없
는 짓일지도 모른다. 하지만 당시 사람들이 이 소문을 쑥덕이던 정경을
상상하면, 이와 같은 이야기가 즐거움이기도 했다는 사실 역시 기술해
둘 필요가 있다고 생각한다. 고증에 정평이 난 조익도 『이십이사차기』에

서 경신제의 출생과 관련된 여러 가지 전설을 소개하며,

> 생각하니, 지원 13년, 영국공이 항복했다. 나이 6세. 지원 25년, 영
> 국공은 불교를 토번에서 배웠다. 나이 18세. 연우 7년, 순제가 출생한
> 해에 영국공 나이 50세. 그의 나이로 보아 그다지 이상하지는 않다.

며 순제가 영국공의 아들일 가능성이 없지 않다고 기록했다.

라마승에 빠져 재정을 파탄낸 순제

영국공의 아들인지 아닌지는 의심스럽지만, 순제가 명종의 친자식이
아니었을 가능성은 상당히 높다. 친자가 아니라는 설에 분노하며 그 소
문을 낳은 장본인인 숙부 문종의 묘주(위패)를 철거한 기록이 정사에도
있다. 순제 자신도 내심 자신의 출생을 의심했는지도 모른다.

재위 도중에 순제는 아유시리다라(愛猷識里達臘)를 황제로 세워 정무
를 맡기고 자신은 거의 은거하며 지냈다. 아직 30대 중반이었으니 너무
이른 퇴진이었다. 쿠릴타이의 전통이 있던 몽골에서는 황태자를 세우는
것조차 이상한 일이었다.

순제가 정치의 장에서 물러날 마음을 먹게 된 이유는 무엇이었을까?

몽골 국수주의자였던 권신 바얀은 순제가 20세가 된 무렵에 실각했
다. 톡토의 모략으로 강서로 유배되어 그곳에서 사약을 받고 죽었다. 톡
토는 한 문화 존중파였기 때문에 과거도 곧바로 부활되었다. 톡토의 주재
로 『요사』, 『금사』, 『송사』의 세 정사가 편찬된 것은 특기할 만한 일이다.

대체로 중국의 왕조는 전왕조의 실록을 정리해서 정사를 만드는 것이 하나의 의무이기도 했다. 오대(五代)처럼 짧은 왕조에서는 불가능한 일이 었지만, 송은 『오대사(五代史)』와 신·구 『당서(唐書)』를 지어서 그 의무를 다했다. 원나라는 세 가지 정사를 편찬함으로써 중국 전통 왕조의 하나 임을 스스로 선언했다고 할 수 있다. 바얀의 집권 시절이라면 이와 같은 사업은 계획되지 않았을 것이다.

역사 편찬 사업은 지정 3년(1343) 3월에 시작되어 지정 5년 10월에 완 성되었다. 예를 들면 『송사』는 대단히 방대한 내용인데, 그에 비해 너무 단기간에 끝난 느낌이다. 하지만 실은 세조 쿠빌라이의 시기에 이미 삼사 의 사고가 완성되었고, 톡토는 그 결정적인 최종 원고를 만드는 작업만 했다고 한다.

톡토가 반란군 토벌 사령관에 임명된 사실은 앞에서 이야기했는데, 그는 장사성(張士誠)과 싸우던 중 돌연 정적의 모함으로 실각하여 운남으 로 유배되던 길에 독살당했다.

순제가 황태자에게 정무를 맡기고 라마교에 심취해 요승(妖僧)들의 말 을 믿고 방중비술(房中秘術)에 빠지는 등 환희 세계의 사람이 되려고 한 것은 그 무렵부터다. 톡토의 실각과 죽음으로 세상이 덧없게 느껴졌기 때문인지도 모른다. 또 그 무렵 백련교 계통의 반란이 하남으로 확산되 어 가는데도 토벌도 제대로 되지 않는 사태가 벌어졌다. 그것을 비관했 던 것일까? 아니면 자신의 출생에 관한 비밀을 알고 느낀 게 있었을지도 모른다.

톡토의 실각도 하마(哈麻)나 라마 요승들이 꾸민 음모 때문이었다. 세 조 쿠빌라이가 파스파를 국사로 삼은 이래, 라마교는 원나라 조정에서 국교와 같은 대우를 받았다. 몽골은 세계 제국이었기 때문에 그에 걸맞게 모든 종교에 관대했다. 그중에서도 라마교는 특별 대접을 받았다.

티베트에서 일어난 불교의 한 파인 라마교는 밀교답게 사제간에 구전(口傳)으로 비밀의식이 전해졌다. 라마란 스승 쯤 되는 의미다. 비밀의식이 강조된 나머지 사교(邪敎)로 흐를 위험이 있었다. 공개되지 않는 것을 원칙으로 개인 대 개인의 관계를 중시했기 때문에 라마가 황제와 손이라도 잡으면 큰 문제였다. 비법이라면서 괴상한 주문을 외는 예가 그때까지도 종종 있었다.

남송이 멸망한 뒤의 일인데, 라마의 요승 양련진가(楊璉眞伽)라는 자가 송이 부흥하지 못하게 하는 비법을 진언했다. 그것은 남송 여섯 황제의 묘를 파헤쳐 시체를 꺼내고 머리와 동체를 잘라 각각 다른 곳에 두어야 한다는 내용이었다.

이 양련진가의 비법은 사실 다른 데 목적이 있었다. 능을 파헤쳐서 그곳에 매장된 귀중한 부장품을 가지려는 속셈이었다. 실제로 그는 황제의 능만이 아니라 중신, 요인의 묘 100여 기를 파헤쳤다.

남송 황제들의 능은 소흥(紹興)에 있었다. 황제의 능은 황제가 재위 중에 앉았던 옥좌와 마찬가지로 남쪽을 향해 만드는 것이 관례였다. 그런데 소흥에 있는 황제의 능은 북면을 향해서 조성되었다. 국도인 개봉은 금나라에 빼앗겼고, 오늘날 항주는 임시 국도로서 마르코 폴로가 말한 킨사이(行在)다. 언젠가 북쪽으로 돌아가 실지(失地)를 회복해야 한다. 황제의 능은 이렇듯 북쪽을 그리워하는 소망을 담아 북쪽으로 앉혔고, 더구나 언젠가는 북쪽의 선조도 제릉구(帝陵區)로 이장될 것이므로 지금은 임시 능묘라고 생각했다. 그 때문에 남송 황제의 능은 황제의 능치고는 규모가 작다. 양련진가는 능을 파헤치기 쉬웠을 것이다. 사방으로 흩어진 머리 잘린 유골은 항주 옛 궁전터에 매장되었다. 불교 승려로서 있을 수 없는 행동이라 하겠다.

절강 온주 출신인 임경희(林景熙)라는 인물이 약초를 캐는 척 하며 유골을 수습한 이야기는 잘 알려져 있다. 호수에 던진 두개골도 있었다. 이종 황제의 것이었는데, 임경희는 어부에게 물속에 들어가서 찾아달라고 부탁했다. 모은 유골은 원래 능 가까이에 몰래 매장하고 회나무를 심어서 표식으로 삼았다. 이때 임경희는 〈동청화(冬青花)〉라는 시를 지었다.

동청화 꽃 필 때,
하루에 창자는 아홉 번 접힌다.
강이 가로막혀 비바람에 대나무 그림자는 공허하니,
오월, 심산에 잔설을 지킨다.
돌부리의 운기(雲氣)는 용이 숨 쉬는 곳,
보통의 땅강아지와 개미는 감히 구멍을 뚫지 못하네.
옮겨온 이 종자는 인간의 것이 아니니,
일찍이 아노니 만년 술잔 속의 달.
촉혼(蜀魂)은 날아다니고 뭇새는 신하이니,
야반의 일성(一聲), 산죽(山竹)을 찢는구나.

冬青花 花時日一腸九折 隔江風雨晴影空 五月深山護微雪
石根雲氣龍所藏 尋常螻蟻不敢穴 移來此種非人間 曾識万年觴底月
蜀魂飛繞百鳥臣 夜半一聲山竹裂

촉혼은 두견새라는 뜻으로 촉에 있던 제왕의 혼이 변한 새라고 전한다.

라마승 모두가 양련진가 같지는 않았다. 그렇지만 원나라 순제에게 아첨했던 라마승은 정치적인 야심을 가진 악질분자가 많았다. 순제가 다분히 정신적으로 고통스러워하는 것을 라마교의 요승들은 기회라고 생각했다. 라마승들은 장생의 비법이나 국가를 수호하는 비법이라며 불사(佛事)를 열어 돈을 쓰게 했다. 황제가 그런 불사에 지출하는 돈은 라마승들의 호주머니 속으로 들어갔다.

원나라 말에 국가 재정은 파산 상태가 되어 버렸다. 이렇게 된 가장 큰 원인은 세조 쿠빌라이의 원정이다. 일본 원정 뒤에도 안남, 미얀마, 자바 등 남쪽으로 원정했으나, 거의 실패하여 얻은 바가 없었다. 아흐마드(阿合馬)나 상가(桑哥) 같은 색목인 경제관료들이 장사꾼 같은 발상으로 국가 재정을 운영했기 때문에 사람들의 반감을 사서, 그것이 반란을 초래했다. 반란을 진압하기 위한 비용이라는 명목으로 가렴주구는 더욱 심해졌다. 이런 상황에서 라마 비법 불사에 큰돈을 쏟아 부은 것이다. 역사가들은 원나라 말 재정난의 하나로 반드시 라마 불사를 거론한다. 순제가 암군이라는 면모가 가장 잘 드러난 대목이라 하겠다.

기황후와 환관 박불화

파벌 항쟁은 어느 시대에나 있었던 일이므로 순제만 특히 그 문제로 비난하는 것은 가혹하다. 다만 전제군주 시대에는 황제의 권력이 막강하므로 그가 좀 더 정신을 차렸더라면 파벌 항쟁도 어느 정도는 억제할 수 있었을 것이다. 그런데 그가 세운 황태자까지 파벌 항쟁에 휘말리고 말았다.

순제가 즉위한 초기에는 원통(元統)이라는 연호를 썼는데 곧바로 지원(至元)으로 고쳤다. 1335년의 일이다. 하지만 지원이라는 연호는 세조 쿠빌라이 때 30여 년 동안 사용했다. 똑같은 연호를 같은 왕조에서 사용한 예는 없었다. 이것은 세조 시대로 돌아가자는 바얀의 국수적인 복고주의에 따른 것이다. 혼동하기 쉬우므로 순제 시대의 연호를 후지원(後至元)이라고 부르기도 한다. 바얀의 실각으로 국수주의 시대가 가자 연호도 지정(至正)으로 고쳤다. 지정 원년은 1341년에 해당한다. 한문화 존중파 시대가 되어 허유임(許有壬), 구양현(歐陽玄), 이호문(李好文), 황진(黃縉) 같은 유학자들이 순제에게 사서오경을 진강(進講)했고, 순제도 열심히 강의를 들었다. 이것을 순제 명군설의 근거로 보는 역사가도 있다. 정무도 열심히 보았는데, 『원사』 곳곳에서 그 내용을 볼 수 있다. 예를 들면 『원사』 「소천작전(蘇天爵傳)」에,

후지원 2년, 조정의 서무를 갱신한 점이 많았다. 천자는 나라를 다스리려는 뜻이 매우 간절했다. 천작(天爵)은 아는 것을 말하지 않은 것이 없었다.

며, 순제가 정치에 적극적이고 정신(廷臣)도 직언했음을 기록했다. 다만 기록을 액면 그대로 받아들일 수는 없다. 역대의 실록은 왜곡된 부분이 상당히 많기 때문이다. 위에 인용한 『원사』의 문장을 냉정한 역사가였던 청나라 조익은,

생각건대, 순제는 재위 중에 오직 향락만을 탐했다. 어찌 일찍이 정

치할 뜻이 있었겠는가. 또한 방자하기 이를 데 없었다. 대체로 이것은 거의 다 구사(舊史)의 원문(原文, 궁정 기록관의 문장)으로서 선행은 상세히 기록했지만, 악행은 대략 기록한 것이다.

라고 일축한다. 그가 즉위한 경위 따위는 동정할 수 있으나, 한 나라의 황제로서는 역시 실격이라고 봐야 할 것이다. 그것이 단적으로 드러난 것이 라마교의 가장 부패한 부분인 관능(官能) 추구로 기운 면이다. 착실한 인간이 할 짓이라고는 생각할 수 없다. 절과 탑을 짓기 위해 교초(交鈔, 지폐의 일종)를 남발해 물가가 상승할 줄 알면서도, 그것을 그만두지 못한 것은 정치의 기본조차 알지 못했기 때문이다. 교초가 종잇조각이 되면 물가는 뛰고 민심은 흉흉해진다. 쌀값을 표준으로 하면, 원나라 말 반세기 동안 물가가 2천500배나 상승했다.

톡토(脫脫)가 하마(哈麻)와 그 매제인 토크로테무르(禿魯帖木兒)에게 속아서 죽음을 당한 뒤, 조정은 이 무리가 좌지우지했다.

권세욕에는 끝이 없다. 더 큰 권세를 얻기 위해 하마와 토크로테무르가 등을 돌렸다. 여기에는 정무를 관장한 황태자의 권한이 강화되었다는 배경이 깔려 있다.

하마는 순제를 폐하고 황태자를 즉위시키려고 했다. 그러기 위해서는 순제파인 토크로테무르도 제거해야 했다. 하지만 결과는 순제 쪽이 이겨서 하마가 살해되고 말았다. 하마의 죽음으로도 조정의 대립이 해결되지 않았다. 피를 나눈 순제와 황태자의 대립 양상이 된 것이다.

순제파로는 좌승상인 타이핑(太平)과 토크로테무르, 어사대부 로테샤(老的沙) 같은 사람들이 있다.

황태자파로는 그 생모인 기황후(奇皇后)와 우승상인 삭사감(撒思監), 환관 박불화(朴不花) 등이 있다.

원나라 역사에서 적어도 환관이 무대 앞으로 등장한 것은 멸망 직전인 이때가 처음이었다. 『원사』「환관전」의 서두에,

> 태조(칭기즈 칸)는 지위가 높은 신하의 자제를 선발해 좌우에 두고 일을 맡겼다. 그러므로 환관이 권리를 빼앗을 수 없었다. 이는 참으로 일대(一代)의 좋은 법이다.

라고 기록되어 있다. 당나라와 명나라에 비해 확실히 원나라에는 환관의 화가 거의 없었다. 하지만 조익은 이 일도,

> 그러나 실로 대신들의 권력이 너무도 막대하고, 또한 소란의 발단이 되기에 족했으므로, 그 화는 환관에 비해 더 심함을 어찌 모르는가.

라며 이론을 제기한다. 원나라의 황제가 권신에게 옹립되고 살해된 것은 지금까지 이야기한 대로다. 중당(中唐) 이후 당나라 황제가 환관의 손에 폐립된 것에 비해 원나라 쪽이 과연 더 나을까. 조익은 환관보다도 권신 쪽이 훨씬 더 심했다고 말하는 것이다.

환관은 가족, 적어도 친자식은 없다. 그래서 그 왕조가 망하면 조정에 기생하는 그들은 완전히 빈털터리 신세가 된다. 그런 의미에서 환관에게는 왕조를 의지하는 마음과 충성심이 있었다. 하지만 권신은 다르다. 마음만 먹으면 그 왕조를 찬탈할 수도 있다. 중국 남북조의 흥망은 모두 그

러했다. 수나라의 권신 이연(李淵)이 수나라를 찬탈하고 당 왕조를 창건했고, 그 당나라는 권신 주전충(朱全忠)에게 멸망당했다. 환관에게는 이런 예가 없다.

그런데 원나라 말기에 등장한 환관 박불화는 고려인이었다. 황후 기씨가 고려인이어서 그녀의 수행 신하로서 원나라 조정에 들어왔다. 환관은 아니지만 쿠빌라이 황후의 수행 신하로서 조정에 들어가 권세를 휘둘렀던 아합마의 경우와 거의 비슷하다.

소년 시절, 고려의 대청도로 유배를 간 일도 있었기 때문일까. 순제는 고려인을 몹시 편애했다. 정궁황후(正宮皇后) 파얀후토콕(巴顏呼圖克)이 살아 있을 무렵부터 기황후만 총애하여 나중에는 정궁황후로 책립했다.

환관 박불화는 황후 기씨의 수족이 되어 일했다. 순제를 폐하고 황태자를 세우는 일에 순제파인 좌승상 타이핑을 끌어들이기 위해 박불화가 공작을 펼쳤다. 하지만 타이핑은 한사코 그것을 거부했고, 기씨는 마지막 수단으로 그를 죽였다.

궁정에서 벌어진 일로 마무리되었다면 이는 잔 속의 태풍으로 끝났을 것이다. 하지만 이 시기에 하남에서 반란이 잇따라 일어나 장군들이 그것을 평정하기 위해 출동했다. 전쟁이 일어나면 자연히 군벌이 형성되는 법이다. 궁정 내의 황제파와 황태자(아니면 기황후)파의 대립은 각각 대립하는 군벌과 결탁하여 마침내 말기적인 증상을 보였다.

전풍(田豊)의 모략으로 살해된 차간테무르(察罕帖木兒)가 한쪽 군벌의 수장이었는데, 그가 죽은 뒤, 그 군벌을 아들인 코코테무르(擴廓帖木兒)가 상속했다고 앞에서 이야기했다. 황태자파는 이 코코테무르와 손잡았다.

코코테무르에 대립하는 군벌의 영수는 볼로드테무르(孛羅帖木兒)였다.

그도 아버지 타시파토로(答失八都魯)의 군벌을 상속했기 때문에 모두 2대째다. 코코테무르는 차간테무르의 친아들이 아니라 양자였다. 코코테무르의 본명은 왕보보(王保保)라고 한다. 황제파가 볼로드테무르와 손잡은 것은 당연했다.

황제파인 로테샤는 황태자파인 박불화를 숙청하려던 계획이 황태자에게 알려지는 바람에 해임되어 볼로드테무르의 군영으로 도망쳤다. 황태자는 그를 인도해 줄 것을 요구했으나, 볼로드테무르는 이에 응하지 않았다.

황태자파인 삭사감과 박불화는 볼로드테무르에게 모반의 뜻이 있다고 탄핵하여 그 관작을 깎고 병권을 박탈했다. 그런 명령을 순순히 받아들일 볼로드테무르가 아니었다. 그는 부장인 톡켄테무르(禿堅帖木兒)에게 북경을 공격하라고 명령했다.

순제는 볼로드테무르의 명예를 회복시키고 삭사감과 박불화를 볼로드테무르에게 넘겨 주었다. 이 일로 황태자파는 큰 타격을 입었고, 황태자는 코코테무르에게 볼로드테무르를 공격할 것을 요청했다. 화가 난 볼로드테무르는 다시 군사를 움직였고 황태자는 도망쳤다. 북경에 들어간 볼로드테무르는 중서좌승상으로 임명되어 천하의 병마권을 장악했다. 로테샤는 평장정사(平章政事)에, 톡켄테무르는 어사대부에 각각 임명되어 황제파의 천하가 되었다.

망명한 황태자는 재차 코코테무르에게 볼로드테무르를 공격하게 했다. 이번에는 볼로드테무르 쪽이 패배를 맛보았고, 볼로드테무르와 그 일파는 모조리 살해되었다. 사태가 완전히 달라져서 이번에는 황태자파의 천하가 되었으며 코코테무르는 중서 좌승상이 되어 실권을 장악했다.

다만 코코테무르는 무인 기질이 다분해서 일이 돌아가는 형편상 황태자파가 되었지만, 순제를 퇴위시키고 황태자를 즉위시키는 일에는 찬성하지 않았다. 그 때문에 황태자와 기씨에게 미움을 샀고 당연한 말이지만 순제도 적의를 품었다. 그런 일로 코코테무르는 복잡한 정치 상황으로 뒤얽힌 북경에 있는 것이 싫어서 군대를 이끌고 하남으로 가겠다고자원했다. 순제는 코코테무르를 하남왕(河南王)에 봉하고 홍건군 토벌 총사령관으로 삼았다.

그런데 하남 땅에는 이미 장양필(張良弼), 공흥(孔興), 토리포(脫列伯) 등이 각지의 반란군과 싸우며 신군벌을 형성하고 있었다. 그들은 군사를 모아 코코테무르가 오는 것을 저지하려고 했다. 코코테무르의 군벌 내에서도 코코테무르와 불화를 빚은 부장들이 조정에 탄핵 상소를 올려 코코테무르는 파면되기에 이르렀다.

지정 25년(1365)의 일로, 일이 어떻게 되어 가는지 알 수 없는 상태가 되고 말았다. 이러고도 나라가 망하지 않는다면 오히려 그것이 더 이상한 일이었다.

지상 천국

문화의 중심지 소주

위로 천당이 있고 아래로 소항(蘇杭)이 있다(上有天堂 下有蘇杭).

언제부터인가 이런 속담이 퍼졌다. 소주와 항주는 지상 천국이라는 뜻이다. 범성대(范成大, 1126~1193)의 『오군지(吳郡志)』에 나오는 말이니, 적어도 남송 무렵에는 그렇게 불렸음을 알 수 있다. 같은 남송 시대에,

소(蘇), 호(湖)가 숙(熟)하면 천하는 부족함이 없다.

는 속담이 있었다. 소주와 호주(湖州, 태호 남쪽) 일대가 풍작이면, 그것으로 전국의 식량을 충당할 수 있으므로 기근 걱정은 없다는 뜻이다. 이모작을 할 수 있는 땅으로 농업 기술도 발달했고 농업 외에 직물업도 성했다.

이 지방에는 황도파(黃道婆)의 전설이 있다. 남송 말부터 원나라 초기에 걸쳐 실재했던 여성의 이름이다. 노비로서 학대를 받은 그녀는 소주에서 도망쳐, 어찌된 영문인지 해남도(海南島)까지 흘러 들어갔다. 해남도는 양질의 목화를 생산했는데, 게다가 방직 기술도 뛰어났다고 한다. 그녀는 해남도에 30년을 살며 여족(黎族)에게 방직기술을 배워서 일하다, 50세가 넘어서 망향의 그리움을 이기지 못하고 소주로 돌아왔다. 그리고 해남도의 양질의 목화씨와 방직법을 전해, 소주의 직물업이 비약적으로 발전하여 번영했다는 이야기다. 그때까지 손으로 돌리던 직기를 발로 밟아서 돌리는 식으로 바꾸었기 때문에 몇 배의 능률을 올렸다고 한다.

소주는 제지업으로도 유명했다. '분전지(紛箋紙)'는 일명 채전(彩箋)이라고도 하는데, 색상이 다양해 아름답기가 꽃과 같다고 칭송되었다. 뛰어난 종이가 생산되기 때문에 인쇄업도 발달했다. 지금도 소주의 판화는 전통을 자랑한다. 문인이나 화인도 모여들어 산업뿐만 아니라 문화의 중심지기도 했다.

마르코 폴로는 그의 여행기에서 원나라 때의 소주(수주, Suju)를 다음과 같이 묘사했다.

수주는 참으로 크고 훌륭한 도시다. 주민은 우상을 숭배하는 교도들이며, 우대한 칸에게 예속되어 있고, 지폐를 사용한다. 그들의 생업은 오로지 상업과 수공업이다. 생사(生絲)의 생산량이 막대하여 옷감용 비단이 대량으로 직조된다. 부유한 대상인의 수도 적지 않다. 이 도시는 매우 규모가 커서 주위 둘레가 60마일에 달한다. 성내 인구도 조밀하여 그 수를 헤아릴 수 없을 정도다. 실제로 만일 수주시의 인구가 모두 무인이라면, 만자(蠻子, Manzi)는 그만큼의 병사만으로도 전 세계를 능히 정복할 수 있을 것이다. 그러나 그들은 무인의 기질을 전혀 갖고 있지 않으며, 상술에 뛰어난 상인들, 온갖 재주에 뛰어난 공장(工匠)들이며, 개중에는 자연철학 이론에 통달한 대가와 우주의 신비를 체득한 명의도 있고, 주술을 터득한 점복술(占卜術)에 도통한 자도 적지 않다.

주위 둘레가 60마일이라는 것은 과장이지만, 그 밖의 내용은 소주를 정확하게 묘사하고 있다고 할 수 있다.

하남은 피폐했지만 강남의 소주는 번영했던 모양이다. 아니면 이것은 상공업이 번창해서 소주에 부호가 많았다는 뜻인지도 모른다. 소주에도 가난한 사람이 많았지만, 마르코 폴로처럼 여행자로서 그곳을 찾으면 부호들과 그들의 사랑방의 호화로움만 눈에 띄었을 것이다.

백련교 계통의 반란군이 하남의 각지에서 정부군과 싸우는 동안에도 강남은 비교적 평화로웠다. 하남의 농민은 황하 범람으로 농지를 잃어 일하고 싶어도 일이 없는 곤경에 처해 있었다. 그들이 난을 일으킨 것은 당연했다. 소주의 주민은 아직 하남의 백성들보다 일할 기회가 많았다. 더구나 상공업은 전쟁이 일어나면 끝이기 때문에 주민들은 난이 일어나는 것을 바라지 않았다. 모두들 이 소중한 평화를 지키려는 마음이 있었을 터이다.

한편 강남 전반에 관한 이야기지만, 몽골 정권에 대한 격렬한 적개심이 주민들 사이에 있었다. 몽골 쪽에서 남인을 만자(蠻子)라며 멸시했기 때문에 그것에 반발하는 것은 당연한 일이다. 『철함심사』를 지은 정사초

(鄭思肖)도 소주에 살았다.

원나라 시대에 강남 각지에서는 종종 시문 경시대회가 열렸다. 사랑방에 문인이 모여서 하는 경우도 있었지만 제목을 내서 일반에게 모집하는 경우도 있었다. 월천음사(月泉吟社)라는 시문 모임을 주재한 오위(吳謂)가 〈춘일전원잡흥(春月田園雜興)〉이라는 제목을 냈는데, 2천735명이 응모했다는 이야기가 『회록당시화(懷麓堂詩話)』에 실려 있다. 송강(松江, 오늘날 상해 부근)의 여황계(呂璜溪)는 거금을 준비해서, 사방의 이름난 시인을 초빙해 양유정(楊維楨)을 심사위원으로 하고, 갑을(甲乙)을 정해 후한 상을 주었기 때문에 '한때의 문인이 모두 모여 삼오(三吳)를 뒤흔들어 놓았다'고 전할 정도였다. 요개(饒介)라는 인물은 시를 좋아해서 시인을 모아 놓고 〈취초(醉樵)의 노래〉라는 제목을 내었다. 취초는 요개 자신의 호다. 1위를 한 장간(張簡)은 황금 1병(餠), 2위를 한 고계(高啓)는 백금(은) 3근(斤)을 상품으로 받았다. 이것은 『명사』 「문원전」에 기록된 일화다.

원나라는 문학을 경시한 시대였는데 어떻게 이런 풍류가 존중되었는지, 그 이유를 조익은,

> 대체로 남송의 유민고로(遺民故老)가 서로 황량한 강가의 적막한 모래사장에서 한탄하며 창을 읊은 것에서 풍류의 여운이 시작되어, 오랫동안 쇠퇴하지 않고 전해지다가, 드디어 풍류의 모임이 성립됨에 처음부터 조정 법령이 가볍고 무거움에는 구애받지 않았다.

고 추리한다. 유민고로들은 남송의 멸망으로 인한 정신적 충격을 시문에 의지해서 전했기 때문에 쇠퇴하지 않았으며, 그러다가 정부의 방침과는

상관없이 문학 경시대회 같은 풍습이 성립되었을 것이라는 말이다.

아니면 오랫동안 과거가 폐지되었으므로, 이런 종류의 민간 경시대회는 과거를 대신하는 것으로 간주되었을지도 모른다. 어떤 사람은 이를 과거를 폐지한 원나라 정치에 저항하는 의식을 담고 있다고 보기도 한다. 경시대회 주재자가 심사위원으로 초빙한 사람은 대개 저항파 시인이었다는 것이 그 근거다.

소주 문단을 주름잡은 왕몽과 고계

원나라 말기 사대가 중 최연소자인 왕몽(王蒙)은 소주의 문예 모임에 자주 얼굴을 내밀었다. 항주 황학산(黃鶴山)에 은거했다고 하는데, 원래 왕몽은 사교를 좋아하는 도회인이었다. 관계에 미련이 있었다는 이야기도 앞에서 이야기했다.

당시의 소주의 행정 지명은 평강부(平江府)였으나, 보통은 그 일대를 오(吳)라고 불렀다. 오중사걸(吳中四傑)이라든지 북곽(北郭, 소주성의 북쪽) 십우(十友)라는 말도 있다. 이런 식으로 순위를 정하는 명칭이 생겨난 것은 경시대회가 성행했던 풍조의 영향일 것이다. 오중사걸은 양기(楊基), 고계, 장우(張羽), 서분(徐賁) 이렇게 네 명을 말한다. 그중에서도 고계가 특히 뛰어났다. 당시 소주의 문인 중에는 홍건의 난을 피하거나 후원자가 많다는 이유로 이곳에 온 자가 적지 않았다. 하지만 고계는 소주 토박이였다.

앞에서도 이야기한 북곽십우는 고계 외에 왕행(王行), 서분, 장우, 송극(宋克), 여요신(余堯臣), 여민(呂敏), 진칙(陳則), 당숙(唐肅), 고손지(高遜志)인데, 이중에서 소주 토박이는 고계와 왕행뿐이다. 이것으로도 소주라는 도시가 얼마나 많은 문인을 끌어들였는지 알 수 있다.

고계는 순제 지원(至元) 2년(1336)에 소주의 북곽에서 태어났다. 태조 주원장이 즉위하고, 명나라 왕조가 창건된 홍무(洪武) 원년(1368)은 고계가 33세 때였다. 홍무 7년에 39세로 죽은 고계는 명나라 시대에는 7년밖에 살지 못했으므로 원말 명초 사람이라고 해야 할 것이다. 하지만 그는 명나라를 대표하는 시인이다. 명 왕조는 294년이나 이어졌지만, 3세기에 이르는 이 시대에 고계를 뛰어넘은 시인은 끝내 한 사람도 나오지 않았다. 어쨌든 그와 어깨를 나란히 할 수 있는 사람은 그보다 240년 쯤 뒤에 태어난 원굉도(袁宏道) 정도다. 명나라의 대시인은 명초와 명말에 각각 한 사람씩 배출된 셈이다.

원나라 말기의 역사를 고계의 연보와 대조해 보면, 몽골 국수주의의 대승상인 바얀이 실각한 것이 지원 6년(1340)이므로 고계가 다섯 살 때다.

절강(浙江) 해상에서 방국진(方國珍)이 반란을 일으킨 것은 고계가 13세 때이고, 백련교가 한산동(韓山童), 유복통(劉福通) 등의 지도로 하남에서 거병한 것은 그가 16세 때였다. 당시는 일반적으로 조혼하였으나, 고계는 지정 13년(1353)에 주씨(周氏)의 딸과 결혼했다. 그가 결혼한 해에 장사성(張士誠)이 태주(泰州)에서 군사를 일으켰다. 홍건군의 일파인 곽자흥(郭子興)의 거병은 그 1년 전이다. 곽자흥 밑에 주원장이 있었다. 장사성과 주원장은 고계의 운명과 큰 관련이 있으며 결국 고계를 죽음에 이르게 하지만, 신혼의 고계는 그와 같은 일은 꿈에도 몰랐다.

장사성이 소주를 점령한 지정 16년(1356)에 고계는 21세였고, 2년 뒤에 아내의 친정 근처인 오송강(吳淞江)의 청구(青邱)에 살면서, 자신을 청구자(靑邱子)라 불렸고 〈청구자가(靑邱子歌)〉를 지었다. 이 작품은 그의 시인 선언이라고 해도 좋을 것이다. 그것에는 다음과 같은 서문이 있다.

강가에 청구가 있는데, 나는 그 남쪽으로 이사하여, 그 이름을 따서 스스로 청구자라 부른다. 한가로이 지내며 무사하니, 종일 고심하다, 틈을 내어 청구자가를 지어 그 뜻을 말하고, 이로써 시음(詩淫, 시에 미침)이라는 비웃음을 풀려고 한다.

〈청구자가〉는 상당히 긴 시지만, 메이지 23년(1890)에 모리 오가이(森鷗外, 1862~1922)가 「국민의 벗(國民之友)」에 이 시를 번역했다. 문학적인 포부를 가진 29세의 모리 오가이가 23세에 시인 선언을 한 고계에게 깊이 공명했던 것은 아닐까. 조금 길지만 세월을 뛰어넘은 중국과 일본의 정신 교류, 혹은 공명의 역사의 한 사실로서 오가이의 〈청구자〉를 인용해 본다.

청구의 몸은 몹시 여위기는 했으나, 그 옛날
오운각(五雲閣) 아래 살던 때의 청렴한 모습을 지니고 있다.
언제 이 세상에 내려왔을까. 이름을 밝히지 않음도 슬픈 일이다.

풀을 베고 자지 않고, 괭이 들고 밭도 갈지 않는다.
녹이 슬 대로 슨 칼, 흩어진 책.
*오두미(五斗米)를 벌기 위해 허리를 굽히지 않고, 성을 함락하기 위
해 혀를 놀리지 않는다.

산골에서 아침저녁 노래하고 또 노래하며,
논두렁에 지팡이 끄는 모습을 보고 *노나라의 우유, 초나라의 광
생이라고,
저마다 말하더라.

마음 둘 곳 없는 청구는 노래를 그칠 틈도 없구나.
어제는 배고픔이 잊혀지고, 오늘은 괴로움이 가신다.

노래에 반해 취해 있고, 때가 잦으면 흐트러지네.
헝클어진 머리는 빗지 않았기 때문이고. 내 아이가 울어도 달래주
지 않고,
손님이 불러도 응답하지 않는구나.

안회의 가난도, *의돈씨의 부유함도,
걱정하지도 않고 바라지도 않는다.

누더기 옷도 부끄러워하지 않고,
그 모습도 부러워하지 않는다.
까마귀, 토끼 뛰놀아도 쫓지 않는다.
용호를 잡았다 해도 돌아보지 않는다.

물가에 혼자 앉아서, 숲속을 혼자 거닐면서,
기원을 구명한다면 조화만물 남김없이,

스스로 진심을 밝히리. 어둡고 아득한 구석까지,
모조리 마음이 통해 눈에 보이지 않는 것의 소리도 들을 수 있구나.

*현슬(懸蝨)의 작은 것도 꿰뚫는 내 화살.
날뛰는 큰 고래도 억누를 수 있는 내 힘.

맑은 항해(沆瀣, 이슬)의 기운. 험한 *쟁영(崢嶸, 가파른 산마루)의 길.
아침 햇살은 구름을 걷고, 들판의 풀은 햇살과 이슬을 견뎌낸다.

구름사다리 타고 올라 달 떠오르는 곳으로 들어가,
*코뿔소 뿔에 불을 붙여 우저(牛渚)를 본다.

귀신과 마음이 통하여 산수의 모습과 우열을 다툰다.
쏟아지는 빛은 하늘 가득한 별의 숲인가.
색을 이루는 것은 들판의 이슬인가.
필적에 살며시 떨어뜨리면 옥의 소리가 들린다.

강가 초가집 처마 끝에 비가 개니,
소나무에 불던 바람도 그치는구나.

바람 부는 창 밑에 누워 낮잠을 실컷 자고나니, 노래하지 않을 수
없구나.
일어나 나가 *항아리를 두드리며 노래를 부른다.

세상의 귀를 놀라게 하는 소리에 맞춰서 *군산의
노인이 달 밝은 밤에 재미있게 피리를 불게 했으면.

그러면 홀연히 파도가 일고 산은 무너지고,
새는 소리치고 맹수는 울부짖는데 이것에 놀란 하늘을 붙들고,
나를 이 세상에서 떠나게 해 달라고 백학의 등에 올라앉아,
달의 세계로 돌아가 봄이 어떨지.

靑邱子 臞而淸 本是五雲閣下之仙卿
何年降謫在世間 向人不道姓與名

躡屣厭遠遊 荷鋤懶躬耕 有劍任鏽澀 有書任縱橫
不肯折腰爲斗米 不肯掉舌下七十城 但好覓詩句 自吟自酬賡

田間曳杖復帶索 旁人不識笑且輕 謂是魯迂儒 楚狂生

靑邱子 聞之不介意 吟聲出吻不絶咿咿鳴
朝吟忘其饑 暮吟散不平 當其苦吟時 兀兀如被酲

頭髮不暇櫛 家事不及營 兒啼不知憐 客至不果迎
不憂回也空 不慕猗氏盈 不慚被寬褐 羨垂華纓
不問龍虎苦戰鬪 不管烏兔忙奔傾 向水際獨坐 林中獨行
硏元氣 搜元精 造化萬物難隱情 冥茫入極遊心兵 坐令無象作有聲

微如破懸瓵 壯若屠長鯨清 同吸沆瀣 險比排崢嶸

靄靄晴雲披 軋軋凍草萌

高攀天根探月窟 犀照牛渚萬怪呈 妙意俄同鬼神會 佳景每與江山爭

星虹助光氣 煙露滋華英 聽音諧韶樂 嘗味得大羹
世間無物爲我娛 自出金石相轟鏗

江邊茅屋風雨晴 閉門睡足詩初成 叩壺自高歌
不顧俗耳驚 欲呼君山老父攜諸仙所弄之長笛
和我此歌吹月明 但愁欻忽波浪起 鳥獸駭叫山搖崩

天帝聞之怒 下遣白鶴迎 不容在世作狡獪 復結飛佩還瑤京

이 시에서 언급한 고사는 원말 명초의 문인에게는 상식이었지만, 현대의 독자에게는 약간 주석이 필요하다.

*오두미는 옛날 관리의 급료로, 도연명이 그렇게 적은 급료를 받기 위해 상관에게 허리를 굽혀 인사하는 것이 싫어서 사직했다는 유명한 이야기가 있다. 혀를 놀린다는 말은 한나라 고조 유방의 부하인 역이기(酈食其)가 뛰어난 말재주로 제왕(齊王)을 설득해서 항복시킨 것을 가리킨다.

*노(魯)는 공자의 나라로 현실을 무시하는, 사정에 어두운 유학자가 많았다. 초(楚)나라의 광생(狂生)은 『논어』에 있는 일화로 공자의 수레 옆에

서 "그만둬, 그만둬, 지금의 정치를 따르는 자는 위험해"라고 노래한 접여(接與)라는 자를 말한다. 둘 다 현실을 떠난 인물이다.

*의돈(猗頓)은 전설상의 대부호이고, *현슬(懸蝨)은 활의 명인인 기창(紀昌)이 이(蝨)를 소 꼬리털에 붙여 그 심장을 쏘아 맞추었다는 이야기에 근거한다. *항해(沆瀣)는 선인(仙人)이 마시는 하늘 위의 이슬. *쟁영(崢嶸)은 험한 모습.

*코뿔소의 빛은 동진(東晉)의 온교(溫嶠)라는 자가 우저(牛渚)라는 곳을 지나다가 코뿔소의 뿔을 불태우니 여러 가지 요괴가 보였다는 이야기를 배경으로 한다. 보통사람에게는 보이지 않는 것이 시인인 자신에게는 보인다는 뜻이다. *항아리(壺)를 두드린다는 것은 왕돈(王敦)이 침 단지를 두들기며 조조(曹操)의 노래를 불렀던 분방한 태도를 말하며, 그것을 자신과 비교한 것이다.

*군산(君山)의 노인이란 동정호(洞庭湖)의 배 위에서 피리를 좋아하는 장사꾼이 피리를 불 때마다 나타는 노인으로, 이 이야기는 『박이지(博異志)』에 나온다. 군산의 노인은 장사꾼에게 피리를 가르쳐주겠다며 피리 세 개를 꺼냈다. 큰 피리는 천제(天帝) 앞에서 부는 것인데 이를 인간 세계에서 불면 세상이 파괴되고, 중간 피리는 신선을 위해서 부는 것인데 인간 세상에서 불면 큰 재앙이 닥치고, 작은 피리는 자기가 친구와 즐기는 것인데 인간 세계에서 불면 불안을 일으킨다고 말하고, 작은 피리를 불자 호수 위에 풍파가 일어 사람들이 소동을 일으켜서, 불기를 그만두고 술을 마시고 어딘가로 사라졌다고 한다.

뛰어난 시인의 시는 군산의 노인의 피리처럼 이 세상에 재해와 불안을 가져오므로, 천지신명이 자기를 달나라로 데리고 떠날 것인가. 곧 젊은 시절 고계의 기개가 전해지는 시다. 하지만 고계의 운명은 그가 지은 시인 선언의 마지막 구절처럼 되고 말았다. 그것은 뒤에서 이야기하기로 한다. 원문에서는,

천제, 이를(피리를 분 것) 듣고 노하여 하얀 두루미를 내려 맞이하시니

라고 되어 있다.

우연히 시작된 십팔 용사의 거병

원말 명초 소주의 비극, 고계의 비극, 그리고 문인의 비극이 이 〈청구자가〉에 예언되어 있는데 그것은 장사성의 소주 입성으로 시작된다.

장사성은 별명이 구사(九四)이며 태주(泰州)의 백구장(白駒場) 출신이다.

배를 부리며 소금을 운반하는 것으로 업을 삼다.

고 『명사』의 그의 전기에 기록되어 있다. 태주는 오늘날 강소성 태주시(泰州市)에서 태현(泰縣)에 걸친 지방으로 장강 북쪽에 있다. 배를 부린다고 해도 방국진처럼 해로가 아닌 운하로 소금을 운송하는 정도였다. 암거래 소금을 운반하는 일이라 상당한 재산을 모은 것 같은데, 재물을 가벼이 여겨서 사람들에게 나누어 주는 것을 좋아해 많은 사람들의 인심을 얻었다고 한다. 성격도 시원시원해서 부하들을 많이 거느렸다. 운송인의 두목이긴 하지만, 이른바 천한 직업이라 그 지방의 토호나 유생들에

게는 천대를 받았다.

　장사성은 모욕을 참지 못하는 남자였다. 토호 중에서도 구의(丘義)라는 자가 특히 장사성을 모욕했다. 참다 못한 장사성은 동생 셋을 포함해 장사 18명을 데리고 구의의 집으로 쳐들어가 그를 죽여 버렸다. 내친김에 부근에 있는 부잣집까지 습격하여 집을 부수고 돌아다니며 불을 질렀다.

　이것이 장사성의 거병이었다. 이왕 잘못을 저질렀으니 갈 데까지 가보자는 심산이었다. 평소에 인심이 좋아 돈을 물 쓰듯 썼기 때문에 그 밑으로 많은 젊은이들이 모여들었다. 실업자도 많았고 소금 운송인부로 관리에게 혹사당하여 불만을 품은 자도 적지 않았다. 태주를 함락하고 참정(參政)인 조련(趙璉)을 죽였다. 흥화(興化)를 함락하고 덕승호(德勝湖)라는 곳에 성채를 세웠을 때는 만여 무리가 그의 휘하에 있었다. 그는 강북의 요충지인 고우(高郵)를 함락하고 성왕(誠王)을 칭했다. 국호를 대주(大周)라 하고 연호는 천우(天祐)로 정했다.

　이것이 지정 13년(1353)의 일이다. 아무래도 사사로운 원한에서 비롯된 반란이었으므로 백련교와는 그다지 관계가 없다. 다만 한산동, 유복통 등의 거병은 이보다 2년 전에 일어났으니, 반란이 빈번했던 당시의 분위기에 편승한 감은 있다. 정부쪽에서 보면 백련교와 관계가 있든 없든 반란은 반란이었다.

　백련교처럼 종교적인 유대가 없는 장사성의 반란군은 단결력도 약했을 터이다. 더구나 원나라 조정은 다른 백련교의 반란보다 장사성의 반란을 중시했다. 이 군단이 점거한 태주에서 고우에 이르는 지방은 양주에서 북상하는 대운하를 따라 있기 때문이었다. 장사성군은 이 대동맥을 끊어 버렸다. 국가재정의 8할이 소금 전매로 충당되었고, 그 소금의 절반이 강회, 그러니까 장사성이 할거한 지방에서 났다. 북쪽의 식량은 거의 강남이 책임졌다. 운하를 제압당하면 북쪽은 당장 식량난에 빠지고 마는 상황이었다.

원나라 조정은 정계의 최고실력자인 우승상 톡토(脫脫)를 장사성 토벌에 내세웠는데, 이는 일이 얼마나 중대했는지를 말해 준다. 톡토는 대군을 이끌고 장사성군을 격파하고 고우성으로 진군했다. 고우의 외성이 함락되고 본성 함락도 얼마 남지 않았을 때, 포위한 원나라 군대에 대이변이 일어났다.

지정 14년(1354) 12월 신해일의 일이다. 갑자기 조서가 군중에 도달했는데, 어찌된 일인지 총사령관인 톡토를 파면하고 관직도 삭탈한 채 회안(淮安)으로 연행되어 갔다. 군재(軍財)를 낭비했다는 것이 죄상이었지만, 사실은 하마(哈麻)의 모함이었다.

하마는 모친이 영종(寧宗)의 유모였던 관계로 일찍이 궁중에 들어가 전중시어사(殿中侍御史)가 된 인물이다.

유모가 존귀한 것은 원위(元魏)보다도 지나침이 없다.

고 조익은 말했다. 북위는 황태자가 책립되면, 그 생모는 죽어야 했으므로 유모가 권력을 쥐는 것은 당연했다. 원나라에는 황태자의 생모를 죽이는 난폭한 관습은 없었지만, 유모를 귀하게 대접하는 것은 북위와 같았다. 유모뿐만 아니라 그 남편까지 관직을 받았다. 하마의 아버지인 토크로(禿魯)도 기국공(冀國公)에 봉해져 태위(太尉, 국방부 장관)의 관직을 받았다. 따라서 하마가 궁정에서 중용된 것은 결코 이상한 일이 아니었다.

톡토와 하마의 관계는 복잡했다. 처음에 톡토는 베르게부하(別兒怯不花)의 모함을 받아 죽게 되었을 때, 하마의 변호로 살아난 일이 있다. 그래서 톡토는 승상이 되자 하마를 중서우승상에 기용했다. 그런데 하마는 여중백(汝中栢)의 모함으로 선정원사(宣政院使)로 격하되었다. 그 여중백이 톡토의 심복이었으므로, 하마는 톡토를 원망하여 황태자와 황후 기씨에게 톡토를 모함하여 이처럼 출정 중에 이례적으로 파면시킨 것이다.

토벌전은 톡토의 지휘로 연전연승이었다. 『원사』는 이 대목을,

서역과 서번 모두가 군대를 보내와서 도와 줬다. 군기(軍旗)는 천리나 이어지고, 금고(金鼓)는 들을 뒤흔들었다. 지금까지 출사(出師)가 이보다 거창했던 때는 없었다.

고 기록한다. 더구나 군대가 제녕(濟寧)을 통과할 때, 사람을 궐리(闕里, 공자가 출생한 곡부)에 파견해서 공자를 제사지내고, 추현(鄒縣, 맹자의 고향)을 지날 때는 맹자를 제사지내게 했다. 이것은 그 지방의 민심을 수습하기 위한 세심한 행동이었다. 한 문화 존중파인 톡토였기 때문에 이와 같은 포석을 생각할 수 있었던 것이다. 명장이라 할 만하다. 그런데 가장 중요한 때에 파면되었다. 톡토의 파면을 허락했다는 한 가지 사실만으로도 순제는 암군(暗君)이었다고 할 수 있다.

고우성을 포위하고 있던 원나라 군대가 동요한 것은 당연한 일이었다. 고우성 내에 있던 장사성은 이제 다 끝났다고 체념하고 있었다. 그런데 하룻밤이 지나고 보니 원군이 혼란에 빠져 있었다. 원나라 조정의 어리

석은 결정이 장사성의 목숨을 구했다. 장사성의 군대가 적의 혼란을 틈타 성내에서 일제히 출격하자, 사령관이 없는 원군은 순식간에 궤멸되었다. 원군은 패주하고 장사성군은 위기에서 간신히 살아남을 수 있었다.

이듬해 전쟁터가 된 회동(淮東)이 흉작이었음은 말할 나위도 없다. 기근이 일어나자 장사성의 군대는 남하했다. 앞에서 이야기했듯이 반란군 중에서 강남으로 들어간 집단만이 살아남았다. 회동의 기근마저 장사성에게는 행운이었던 것이다. 이 시기의 그는 정말 운이 좋았다.

다음해인 지정 16년(1356) 2월, 장사성은 평강부(平江府), 즉 소주를 점령하고 계속해서 호주, 송강, 상주(常州) 등 여러 지방을 함락하고, 평강을 융평부(隆平府)로 고쳤다. 이리하여 장사성의 대주국은 고우에서 소주로 천도했다.

취초(醉樵)라는 자신의 호로 시 경연대회를 주최했던 요개(饒介)는 대주국의 참정 자리에 있던 고관이었다. 고계의 작품이 2위로 뽑혀 은 3근을 받은 것이 이해였으니, 그는 약관 20세 남짓의 나이로 소주의 유명 시인들과 어깨를 나란히 한 셈이다.

소주를 점령한 초기에 장사성은 정치에 의욕을 갖고 수리사업을 일으키거나 개간에 힘썼으며 양잠, 방직, 채탄 같은 공업 진흥에도 심혈을 기울였다. 천우통보(天祐通寶)를 주조해서 상업 발전을 꾀하고, 1년 동안 세금을 면제해 주기도 했다. 우선은 선정을 베풀었을 것이다. 소주의 남과 북은 당시 황무지였으나, 장사성은 군대를 동원해서 논으로 바꾸었다. 군사적으로도 성벽을 증강하고 대포를 주조했다.

하지만 선정은 오래 가지 못했다. 무엇보다 소주는 지상의 천당이었다. 모처럼 왕이 되었으니 천당 생활을 누리지 않으면 손해라고 생각했던 것이다. 정치를 아우인 장사신(張士信)에게 맡겼으나 장사신도 황경부(黃敬夫), 채언문(蔡彦文), 엽덕신(葉德新) 세 사람에게 위임했다. 이 정권은 차츰 부패했다.

보물만 챙긴 장사성 형제

십팔용사(十八勇士)의 궐기라고 하지만, 습격과 방화로 시작된 소동이었으며, 장사성의 군대는 원말 반란집단 중에서 혁명 의식이 가장 저조했다.

화려한 도시인 소주를 지배하게 된 강북의 소금 운송인부들은 금방 소주가 지닌 매력에 빠져들었다. 그들은 날마다 연회를 열었다. 요개처럼 시문 경연대회를 여는 것은 그나마 고급이었다. 하지만 장사성이 소주로 들어온 해에 주원장(朱元璋)도 남하해서 남경(南京)을 점령했다. 대주국도 방심하고 있을 때가 아니었다.

남하한 반란군끼리 패권을 다투게 되었는데, 장사성은 주원장에게 대항하기 위해 원나라와 강화를 맺었다. 강화라고 하나 원나라는 쇠퇴했어도 천하의 주인이었으니, 장사성이 항복하고 원나라에 귀순한 것과 같았다. 원나라의 강절우승상(江浙右丞相)인 타시테무르(達識帖木兒)의 배려로 장사성은 태위라는 관직을 받았다. 원래는 국방부 장관에 상당하는 자리였지만 명목상의 작위였다. 그래서 장사성은 왕의 호칭을 폐하고, 국호도 연호도 다 폐지했다. 그렇다고 점령지까지 원에 반환한 것은 아니었다. 관작도 명목상의 것이었고 귀순 역시 명목상의 것이어서, 여전히 소주의 지배자였다.

고우성(高郵城)에서 궁지에 몰려 성이 함락되기 직전에 톡토가 파면된 것과 회동의 기근으로 남하한 것 등 장사성은 행운의 파도를 탔는데, 행운은 여전히 계속되었다. 절강에 있던 원나라 군대의 불화가 표면으로 드러난 것이다. 강절우승상 타시테무르와 항주 수장(守將)인 양완자(楊完者) 사이에 심각한 대립이 생겨 관직으로 은혜를 베푼 우승상이 은밀히 장사성에게 출병을 요청했다. 장사성은 그에 응해 양완자를 공격해 죽이고, 실질적으로 항주도 손에 넣었다. 지정 18년(1358) 9월의 일인데 다음 달, 항주 남쪽의 소흥(紹興)에서도 방국진과 얽힌 내란이 일어나 장사성은 손쉽게 그 땅도 손에 넣었다.

지상의 천당을 두 곳이나 손에 넣었으니, 남하한 반란집단 중에서는 장사성이 가장 유리한 위치에 있었다. 그런데 반란군인 주제에 원나라에서 관작을 받고 그 원나라를 배경으로 경쟁관계인 반란군에게 대항하려던 안이한 자세가 문제였다. 처음에는 승천사(承天寺)를 거처로 삼았지만 머지않아 오왕(吳王) 부차(夫差)의 궁전 터에 웅장한 궁전을 짓고 사치스럽기 그지 없는 호화로운 생활을 했다.

고계는 어찌된 영문인지 장사성의 출병으로 세상이 소란하고 뒤숭숭할 때 절강을 여행하고 있었다. 종군은 아니지만 전란을 만났음을 그의 작품에서도 엿볼 수 있다. 〈봉구의 전장을 지나다(過奉口戰場)〉라는 장시의 마지막 구절은,

……(전략)……

오랫동안 전쟁은 끝나지 않고,

강약을 따지지 않고 병란을 일삼는구나.

공명은 누가 이루고,

살인은 천하에 퍼져 있다.

난을 구제할 재주가 없음을 부끄럽게 생각하며,

한참을 우두커니 서서 덧없이 영혼을 슬퍼하네.

……(전략)…… 年來未休兵 强弱事併吞

功名竟誰成 殺人遍乾坤 愧無拯亂術 佇立空傷魂

약육강식의 시대가 된 세상에서 고계는 문인의 한 사람으로서 아무 것도 할 수 없음을 탄식했다. 특별히 용건도 없으면서 일부러 위험한 지방으로 떠날 마음이 든 것은 소주의 시 모임 같은 분위기의 공허함에 반발했는지도 모른다. 그의 시인 선언에서도 시인은 군산(君山) 노인의 피리처럼 이 세상에 어떤 형태로든 영향을 주어야만 한다는 사고가 엿보인다. 그런데 그는 살인 세계 가운데서 그냥 우두커니 서서 헛되이 슬퍼하고 있을 뿐이다.

원나라 관작을 받은 장사성은 절강을 손에 넣은 이듬해부터 귀순의 표시로 북경의 조정에 쌀을 운송하기 시작했다. 해로로 11만 석을 보냈으며, 지정 23년(1363)에 그만둘 때까지 5년 동안 예의로 매년 식량을 보냈다.

식량 운송을 중단한 것은 이제 효과가 없다고 보았기 때문이다. 그렇다면 왕호를 칭하는 것도 삼갈 일이 아니었다. 그래서 다시 왕을 칭했는데, 이번에는 오왕(吳王)이라 하였다. 『명사』에 따르면, 장사성의 외모는 둔중하고 과묵했기 때문에 오히려 사람들이 큰 인물로 보았던 것 같다.

하지만 사실 원대한 계획은 없었다.

고 혹평한다. 장사성을 타도하고 천하를 거머쥔 명나라의 기록인 만큼 이러한 혹평도 조금은 감안해서 받아들여야 할지도 모른다. 하지만 장사성의 통치를 보고 있으면, 그에게는 역시 멀리 보는 계략이 없었다고 해야 한다.

잇따른 행운으로 그의 영토는 남쪽으로는 소흥에서부터, 북쪽으로는 서주(徐州)를 넘어 제녕의 금구(金溝)까지 이르렀다. 동쪽은 바다지만 서쪽은 강적인 명나라 주원장의 세력과 접하고 있었다. 정신을 똑바로 차려야만 하는 시기인데도 장사성은 무능한 동생 장사신에게 정치를 맡기고, 그 동생은 다시 아첨하는 무리들에게 정치를 맡겼다.

장사성 형제, 그리고 장사성의 사위인 반원소(潘元紹)는 금은보화, 서화와 골동품을 수집하는데 열중했으며, 밤낮 없이 가무를 즐겼다.

전쟁이 일어나면, 장군들은 병을 핑계로 집에 틀어박혀 나오지 않았다. 관작과 논밭, 저택 같은 '상품'을 제공해야만 마지못해 나서는 형편이었다. 군대가 출진할 때도 노비와 첩, 악기까지 싣고 축구와 도박을 즐기면서 전쟁터로 향했다. 전쟁에서 져도 장사성은 특별히 장군을 벌하지 않았고 해임하지도 않았다.

상하 모두 오락을 좋아하여 패망에 이르렀다.

이것도 『명사』의 서술이다.

장사성의 중신인 요개가 문인들을 모아 포상 등으로 인기몰이를 한 것은 앞에서도 이야기했다. 문인이나 화가로서 저명한 사람들이 요개의 소개로 장사성을 섬겼다. 원나라 말의 사대가(四大家) 중에서 관계 진출을 가장 바랐던 왕몽(王蒙)이 장사성의 참모가 된 것은 당연한 일인지도 모른다.

문단의 대가인 양유정은 역시 대가답게 장사성을 섬기기를 거부하고 속세를 떠나 은거했다. 무거운 세금에 시달리던 예운림(倪雲林)은 집을 떠나 방랑의 길에 올랐다. 장사신이 그림을 청했을 때, 비단을 찢은 뒤 구타당한 일은 앞에서 이야기했다. 하지만 그의 친구였던 진여언(陳汝言), 진여질(陳汝秩) 형제, 또 오중사걸 중 한 사람인 양기와 북곽십우 가운데 한 사람인 송극도 어떤 식으로든 장사성의 정권에 협력했다. 소주에 사는 한 그것은 어쩔 수 없는 일이었다.

주원장 일어서다

떠돌이 거지 중

주원장은 찢어지게 가난한 집에서 태어났다. 『명사』「본기」에는 선조가 패(沛)에 살았는데, 나중에 구용(句容)으로 옮겼다가 다시 사주(泗州)로 갔으며, 아버지 대에 호주(濠州)의 종리(鐘離)에 살았다고 한다. 회하 유역인데 위의 기록은 주원장의 집안이 고향도 없는 유민(流民)이었다는 것을 말해 준다.

주원장은 지정(至正) 4년(1344)의 가뭄과 메뚜기 떼로 인한 대기근으로 가족을 전부 잃었다. 그때 그의 나이 17세였다. 황각사(皇覺寺)에 들어가 겨우 음식을 얻었으나 당시는 사원에서도 먹을거리가 별로 없었다. 머지 않아 그는 각지를 탁발하며 돌아다녔다. 탁발이라고 하면 듣기에는 그럴 싸하지만, 사실은 거지 중일 뿐이다. 3년의 걸식생활 끝에 황각사로 돌아 왔다. 그리고 그곳에서 백련교의 난을 만났다.

중국 역사상 일개 서민에서 출발해 왕조의 시조가 된 사람은 한나라의 유방과 명나라의 주원장 단 두 사람뿐이다. 그런 의미에서 이 두 사람은 자주 비교된다. 또 주원장은 의식적으로 한나라의 유방을 닮으려고 했다.

유방은 유학자의 관(冠)에 오줌을 눌 정도로 학문을 싫어해서 글재주 따위는 없었다. 주원장에 관해서는 조익이,

> 명조(明祖, 주원장)는 유랑걸식으로 일을 일으키고 글을 배우지 못했다. 그런데 그 후 문학에 통달하여 널리 고금에 밝았다.

고 기술한다. 주원장의 어제집(御製集)이 전하는데 신하가 윤색했는지는 몰라도 상당한 글재주가 있는 것 같다. 이런 의미에서 유방보다 뛰어나다. 또 조익의 '글을 배우지 못했다'는 말은 지나친 감이 있고, 황각사에 있었으니 거기에서 적어도 불경을 읽는 기본적인 학문은 몸에 익혔을 것이다.

백련사의 난이 일어나자 곽자흥(郭子興)이 호응하여 호주에 거병한 것은 앞에서 이미 이야기했다. 주원장은 그때 황각사를 뛰쳐나가 곽자흥의 군대에 참여했다. 지정 12년(1352)의 일로, 주원장 나이 25세 때다. 자기가 있는 곳에서 가장 가까운 두목에게 달려간 것이니 영주(穎州)에 있었다면 유복통, 기주(蘄州)에 있었다면 서수휘(徐壽輝)에게 의탁했을 것이다.

주원장은 그곳에서 두각을 나타내어 곽자흥의 양녀를 아내로 맞아할 정도로 인정을 받았다. 이 여성은 마아무개(馬某)가 어딘가에서 유괴하여 곽자흥에게 팔아먹었기 때문에 마씨라고 칭했으나 본래 성은 확실하지 않다. 이 여자가 훗날 현부인으로 알려진 마황후(馬皇后)다.

곽자홍도 홍건군을 칭했고, 원나라 군대에게 토벌되어 상당한 손해를 입었다. 주원장은 병력을 보강하기 위해 태어난 고향인 종리로 돌아가 군사를 모았다. 전란으로 농사일도 할 수 없었기 때문에 군인이 되려는 자는 얼마든지 있었다. 주원장은 그곳에서 700명의 병사를 모집했다. 그 중에서 서달(西達)과 탕화(湯和)라는 죽마고우 등 20여 명을 뽑아서 장교로 삼아 나머지 700여 군단을 훈련했다. 이것이 주원장의 수병(手兵)이며, 훗날 대명제국 군대의 탄생이라고 할 수 있다. 그 부근의 잡군과는 다른, 규율이 있는 정예 군대를 만든 점에 주원장의 비범함이 나타난다.

두목인 곽자홍은 백련교의 난에 호응했으나 과연 백련교 신자였는지는 의심스럽다. 『명사』 「곽자홍전」에는 그 아버지가 곽공(郭公)이라고 되어 있지만, 이것은 단지 곽씨 아저씨라는 의미이니 이름조차 전하지 않는다고 생각해도 좋을 것이다. 어머니는 고녀(瞽女)였다. 일부러 눈을 멀게 한 소녀에게 음곡을 가르쳐서 부자에게 넘기는 자가 있었다. 그것이 고녀인데 나이를 먹으면 팔아 버렸다. 곽공은 고녀를 아내로 삼아 자홍을 낳았다. 곽공은 고녀와 결혼한 뒤 모든 일이 잘 풀려 돈도 모았던 모양이다. 아들인 곽자홍은 사내답고 용감해서 아버지가 모은 돈을 뿌려서 장사들과 교제하며 제법 두목으로 행사했다. 호주에서 거병했을 때는 병사 수천이 모였다고 한다.

주원장도 거기에 참여했는데 어찌된 이유인지, 첩자로 몰려서 체포되고 말았다.

훗날 명나라의 태조가 된 이 인물은 초상화가 두 종류인 것으로 유명하다. 한 장은 매우 온화한 신사의 면모를 하고 있지만, 다른 한 장은 더없이 추하고 괴상하다고 여길 만큼 못난 얼굴이다. 전자는 지나친 분식이라기보다는 꾸며낸 군주상이고, 그보다는 후자의 초상이 실물과 가깝다는 것이 정설이다. 곽자흥군에 참가했을 때, 의심받은 것도 너무도 괴상한 얼굴 때문일 것이다. 하지만 곽자흥은 잡혀온 주원장의 용모를 기이하게 여겨 포박을 풀어주었다. 앞으로 반란을 일으켜야 하므로 아무리 힘든 일이라도 해야 한다. 주원장은 누구나 외면해 버릴 만큼, 잔혹한 일이라도 눈 하나 깜짝 안하고 할 것처럼 보였던 것이다. 곽자흥은 '한번 써 보자'고 생각했음이 틀림없다. 먼저 병사 10명의 장(長)을 시켜 보았는데, 눈부신 공을 세워 차츰 중용되었다.

어쨌든 이렇게 해서 새로운 군대를 이끌고 돌아와 보니 곽자흥군에는 내분이 일어났다. 팽대(彭大), 조균용(趙均用) 같은 두목급 남자들이 새롭게 참가하여 집단 내에서 세력쟁탈을 벌이고 있었다. 이에 실망한 주원장은 서달, 탕화, 비취(費聚) 같은 간부를 이끌고 남하했는데, 도중에서 원나라 군대와 싸워서 그들을 흡수하고 차츰 병력을 키워 2만여에 달했다. 원나라 군대라고 해도 시골 농민을 긁어모은 것이므로 출신으로 말하면 반란군과 마찬가지였다.

이런 점에 주원장의 비범함은 있다고 생각한다. 적 가운데서 아군을 찾아낸다는 발상이다. 이는 그가 가족 전부를 굶주림으로 잃은 유민 출신이라는 데서 터득한 능력일 것이다. 원나라 군대의 병사로 끌려나온 것은 최하층 젊은이들이었다. 조금이라도 여유가 있는 가정에서는 돈을 써서 아들을 군대에 보내지 않았다. 주원장은 남하할 때, 여패채(驢牌寨)에서 원나라 민병 3천과 원나라 장수 장지원(張知院)이 이끄는 병졸 2만을 횡간산(橫澗山)에서 수용했다. 그는 처음부터 원군을 적이라고 생각하지 않았다. 그러기는커녕 같은 계층의 동료라고 생각했기 때문에 항복을 권하는데도 설득력이 있었다.

남하하던 도중에 주원장은 정원(定遠) 사람 이선장(李善長)을 만났다. 이야기를 나누던 중 두 사람은 의기투합했고, 이때부터 이선장은 주원장의 참모로 참가했다. 그때까지 주원장의 막하에는 서달과 탕화처럼 전쟁에 강한 지도관은 있었지만 참모는 없었다. 자신의 집단에 그런 결점이 있다는 것을 알았으므로, 이선장을 부하로 삼은 것에 크게 기뻐했다. 이선장이 주원장에게 말한 것은 간단했다. 주원장이,

사방의 전투가 언제쯤 평정되겠는가?

라고 묻자, 이선장은 다음과 같이 대답했다.

진(秦)이 문란하여 한고(漢高, 유방)는 포의(布衣, 서민)에서 일어나 활달하고 도량이 넓으며, 사람을 알아서 이를 잘 쓰고, 살인을 좋아하지 않으며, 5년에 제업(帝業)을 이루었습니다. 공은 호주 출신으로 패(沛, 유방의 출생지)와 멀지 않습니다. 산천의 왕기(王氣)는 공이 받고 있으니, 그(유방)가 이룬 바를 따르면 천하는 충분히 평정될 것입니다.

어쨌든 유방을 본보기로 삼으면, 천하는 틀림없이 평정된다는 말이다. 더구나 천하를 평정하는 사람은 다름 아닌 당신이라고 추켜세웠다. 왕의 기운을 타고났다는 소리를 듣고 좋아하지 않을 사람은 없다.

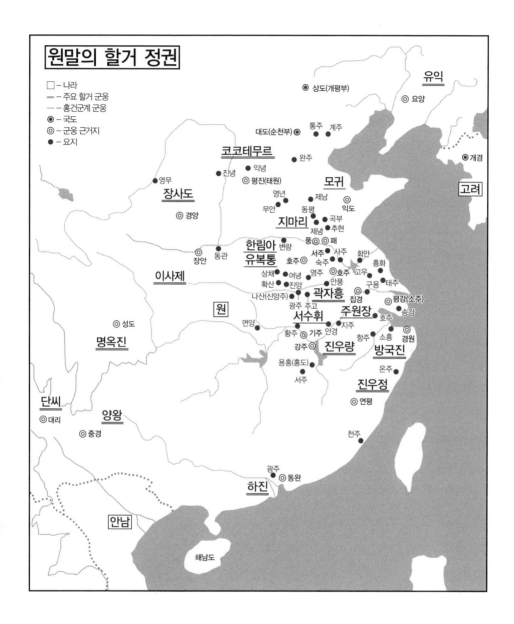

원말의 할거 정권

□ – 나라
═ – 주요 할거 군웅
─ – 홍건군계 군웅
◉ – 국도
◎ – 군웅 근거지
● – 요지

유익
◎ 요양

상도(개평부)

통주 계주
대도(순천부)

코코테무르
익녕 완주
진녕
◎ 평진(태원)

개경

고려

모귀
영년 제남
영무
무안 동평 익도
장사도 지마리 곡부
◎ 경양 제녕 추현
변량 풍 패
한림아 서주 사주 회안
유복통 호주 ◎호주 흥화
상채 여녕 영주 고우
이사제 확산 진양 안풍 구용 태주
나산(신양주) 집경 평강(소주)
장안 동관 곽자흥 송강
◎ 성도 광주 주고 호주
원 면양 서수휘 호주
명옥진 황주 기주 안경 지주 항주 소흥 경원
강주 진우량
용흥(홍도) 방국진
단씨 서주 온주
◎ 대리 진우정
양왕 ◎ 연평
◎ 중경
천주

하진
광주
● 동완
안남
해남도

유방을 좋아하고 토론을 즐긴 주원장

장사성이 고우에서 남하한 것은 앞에서 이야기했듯이 기아(飢餓) 지대에서 탈출하기 위해서지 특별히 장래를 위해서는 아니었다. 그에 비해 주원장의 남하는 이선장의 의견에 따른 것으로, 이것은 확실히 장래를 염두에 둔 포석이었다.

더구나 이 남하군은 매우 숙연했다. 사람을 죽이지 말라, 주민을 학대하지 말라는 명령은 말단까지 철저했다. 이것은 홍건군의 전통이기도 했지만 이선장의 헌책이기도 했다. 두목인 곽자흥은 백련교 신자는 아니었지만 주원장은 그럴 가능성이 있다. 탁발 기간까지 포함해서 황각사에서 보낸 승려 생활이 무려 8년에 이른다.

훗날 주원장은 백련교를 미신이라 하여 비난하는데, 반란 활동을 하던 어느 시기에 정신적으로 전향한 것 같다. 신앙은 버렸어도 규율, 군기를 중시해 유적(流賊) 같은 행위를 억제했다는 점에서는 백련교 계통의 반란군 수법을 유지했다. 전향한 뒤의 주원장은 그것을 천하를 얻는 전술로 채용했음이 틀림없다.

집경(集慶)을 점령하고 그곳을 거점으로 삼은 것도 이선장의 헌책이었다. 집경은 오늘날 남경시인데, 주원장은 이곳을 취하여 응천부(應天府)라고 개명했다. 남하하던 중에 총수(總帥)인 곽자흥이 죽었으므로, 주원장은 명실 공히 호주 거병파 홍건군의 영수가 되었다. 실제로 주원장이 2만여 병사를 흡수했을 때, 이미 이 파의 홍건군은 그의 것이 되었고 곽자흥은 명예총수에 지나지 않았다.

장사성의 소주 점령과 주원장의 남경 점령은 거의 동시에 이루어졌다.

전자는 지정 16년(1356) 2월이고, 후자는 같은 해 3월이다. 남경 점령에 즈음해서는 원나라 어사대부 복수(福壽)가 격전 끝에 전사했다. 남경에 입성한 주원장은 다음과 같은 포고령을 내렸다.

원나라 정치는 문란하여, 전쟁이 일어났다. 내가 온 것은 백성을 위해 병란을 제거하기 위해서일 뿐이다. 각자는 모두 안심하고 이전과 똑같이 지내시오. 어진 선비는 예의로서 중용하고 구정(舊政)에서 불량했던 자는 이를 제거할 것이다. 관리는 탐욕하여 백성을 못살게 굴지 마라.

유방이 함양에 들어갔을 때, 진나라의 번잡한 법률을 모조리 폐지하고 법삼장(法三章, 사람을 죽인 자는 사형, 상해와 도둑질은 죄로 다스린다)으로 정리한 고사를 닮았다. 아마 그것을 의식했을 것이다. 또 순직한 원나라 어사대부 복수의 장례를 거행하여 그 충절을 기렸다.

남경에 들어간 무렵에는 이선장 외에 송렴(宋濂)과 유기(劉基), 도안(陶安) 같은 교양 있는 인물이 주원장 측근에 있었다. 주원장은 그들과 정치와 군사에 관해 토론하는 것을 즐겼고, 때로는 시회를 열었다. 도안과 학술을 논하고, '국조모략무쌍(國祖謀略無雙)의 사(士), 한원문장(翰苑文章) 제일가(第一家)'라는 문첩(門帖, 문에 거는 글)을 준 이야기는 잘 알려져 있다. 도안이 죽었을 때는 친히 제문을 작성했다. 신하에게 종종 시문을 주기도 하는 등 뜻밖에 풍아(風雅)한 사람이었다.

동쪽의 소주에서는 곳곳에서 시문 모임은 열렸으나, 주인인 장사성에게는 풍아한 마음 따위는 없었다. 오로지 재보만 사랑할 뿐이었다.

남경을 점령했지만 주원장 집단은 안심할 수 없었다. 서쪽에는 호북의 기주, 황주에서 거병한 서수휘 집단이 있었는데 이는 대집단이었다. 한산동, 유복통의 주류인 홍건군과 비교해서 서파(西派) 홍건군이라고도 불렀다. 장강 중류를 거점으로 삼았으므로 이 집단은 수전(水戰)이 특기였다. 주류파를 제쳐놓고 서파는 일찍부터 자신들의 점령지를 천완국(天完國)이라 칭하고 연호도 치평(治平)이라 했으며, 서수휘는 황제를 칭했다. 그는 원래 포목장사가 업이었고 백련교 신자였다고 생각한다.

서파 홍건군의 부장 예문준(倪文俊)은 원나라 군대와 싸우는 동안 차츰 힘을 키웠다. 황제를 칭한 서수휘는 원나라의 주력과 자주 싸웠고 패주하는 일도 있었다. 예문준은 천완국 승상에 임명되었는데, 기회를 보아 서수휘를 죽이고 그 자리를 빼앗으려고 했다. 하지만 이 계획은 실패하고 예문준은 황주로 도망쳤다.

여기에 면양(沔陽)의 어부 집안에서 태어난 진우량(陳友諒)이라는 인물이 등장한다. 글을 읽고 쓸 줄 알았기 때문에 현의 속리를 지낸 일도 있었다. 반란이 일어나자 그는 반란에 참가하여 예문준의 부하가 되었다. 예문준이 서수휘 모살에 실패하고 황주로 도망치자, 진우량은 상사(上司)에 해당하는 예문준을 죽이고 그 부대를 자신의 지휘 하에 두었다. 지정 17년(1357)의 일이다. 그리고 자신을 선무사(宣撫使)라 칭하고, 이듬해 안경을 점령하고 용흥, 서주를 격파했으며, 강서의 요지를 공격해 지주(池州)를 함락했다.

곽자흥 집단 중에서 주원장이 총수보다 세력이 강했듯이, 서수휘 집단에서도 진우량의 세력이 가장 강했다. 그리고 지정 20년(1360), 진우량은 마침내 서수휘를 철퇴로 때려죽이고 스스로 황제를 칭했다. 국호는 한(漢)이고 연호는 대의(大義)였다.

진우량이 지주를 취한 시점에서 주원장의 세력권과 접하게 되어 홍건군 계 두 군의 관계에 긴장감이 흘렀다. 진우량은 소주의 장사성에게 사자를 보내, 남경의 주원장을 협공하자고 제안했다. 이 무렵 주원장은 오국공(吳國公)이라고만 칭했다. 국호나 연호를 정하지 않고 한림아를 황제로 한 송국(宋國)을 받든 형태였다. 주원장은 절강의 방국진과 우호관계를 맺고 협공에 대항했다. 허나 방국진이 유사시에는 그다지 믿을 만한 사람은 아니라는 것을 알고 있었다. 다만 장사성에게 심리적인 부담만 주려고 생각했던 것이다.

방국진은 그 무렵 원나라 조정에서 관작을 받은 상태였다. 원나라의 행성(行省) 원수부도사(元帥府都事)인 유기(劉基)는 난을 일으킨 자는 주살해야 한다며 관작 수여에 반대했고, 그 때문에 사직하고 고향으로 돌아갔다. 주원장은 유기가 현명하다는 이야기를 듣고 예를 다해 유기를 맞이했다. 유기는 동서의 협공 대책으로서 동쪽은 그대로 두고 오직 서쪽을 쳐야 한다고 헌책했다.

그 근거로는 동쪽의 장사성은 밤낮으로 연회를 여느라 바빴고, 별로 의리도 없는 진우량을 위해 출병하지는 않을 것이라는 생각이었다. 확실히 장사성은 홍건군계 집단이 아니다. 반란군 계보에서 보면 주원장과 진우량이 가까웠다. 협공 약속은 했지만 장사성에게는 '형제 싸움에 개입하고 싶지 않다'는 구실을 댈 수 있었다. 과연 주원장과 진우량이 싸움을 시작했어도 소주의 장사성은 병력을 움직이려고 하지 않았다.

지정 21년(1361), 주원장은 친히 병선단(兵船團)을 이끌고 진우량군과 싸워서 강주에서 이를 격파하고 진우량을 무창으로 쫓아냈다. 수전을 특기로 하는 서파 홍건군을 수상에서 격파함으로써 주원장은 큰 자신감을 얻었다.

지정 23년(1363), 진우량과 맺은 협공 약속을 지키지 않은 장사성이 부장인 여진(呂珍)을 파견해 안풍을 포위하게 했다. 안풍에는 송국 황제 한림아와 유복통이 있었다. 주원장이 직접 원병을 이끌고 여진을 격퇴했다는 사실은 앞에서 이야기했다. 이것이 3월의 일인데, 4월에는 진우량이 홍도(洪都)를 포위했다. 이리하여 천하를 양분하는 대결전의 막이 올랐다.

주원장은 7월, 남경을 출발하여 먼저 호구(湖口)에 도착했다. 이곳은 파양호(鄱陽湖)의 입구에 있는데 예부터 전략상 요지였다. 가깝게는 신해혁명 후, 이열균(李烈均, 1882~1946, 중국 군인-옮긴이)의 제2혁명도 이 호구에서 일어났다.

주원장이 친히 출전했다는 말을 들은 진우량은 홍도의 포위를 풀고 진양호로 들어가서 이를 맞아 싸우려고 했다. 이때 진우량의 병력이 60만이었다고 한다. 다소 에누리한다고 해도 대군임에는 틀림없다.

> 거대한 배가 연이어서 진(陣)을 이루고, 높이는 10여 장(丈), 그 행렬은 수십 리에 달했다. 정기(旌旗)와 창칼, 방패를 바라보니 산과 같았다.

진우량 군대의 위용을 『명사』는 위와 같이 묘사하고 있다.

여기에서 주원장 군대는 진우량 군을 화공(火攻)으로 완패시켰다. 동북풍이 크게 일어난 것도 주원장 군에게 행운이었다.

바람은 강렬하고, 세찬 불길은 하늘을 뒤덮고, 호수는 모조리 벌겋게 물들었다. 진우량의 병사는 크게 혼란하고, 여러 장수들은 고함치며 날뛰었다. 목을 베기를 2천여 급, 불에 타고 물에 빠져 죽는 자는 그 수를 헤아릴 수 없었다.

그 뒤로도 싸움은 며칠 동안 이어졌지만 진우량 군의 부장 중에서 항복한 자가 잇따랐고, 8월에 호구 돌파를 시도해 경강(逕江)에서 싸웠으나, 힘이 다하여 마침내 진우량이 전사함으로써 원나라 말 최대의 격전은 막을 내렸다.

전설적인 예언자 유기

파양호 수전에서 승리한 뒤 9월에 주원장은 일단 응천부(남경)로 돌아가 논공행상을 행하고, 10월에 다시 무창으로 진격하여 진우량의 잔당을 모조리 항복시켜 호북(湖北)의 여러 요지를 평정했다. 12월에 주원장은 상우춘(常遇春)을 남겨 놓고 자신은 남경으로 개선했다.

파양호의 싸움에서 주목해야 할 것이 몇 가지 있다. 진우량군의 큰 병선에 겁을 먹고 후퇴하려는 장교를 주원장은 10여 명이나 목을 베었다. 생사흥망을 건 싸움에는 예부터 이와 같은 일은 종종 있었다. 반면 주원장은 적의 포로를 인도적으로 대우했다. 진우량군은 포로인 장사를 모두 죽였으나, 주원장은 포로를 송환하고 부상자는 극진히 간호했다. 그뿐만 아니라 죽은 자에게 위령제까지 지내 주었다.

고향에서 모은 수병 700명이 어느새 2만여 명으로 늘어난 '흡수'의 비밀이 여기에 있다. 진우량군이 포로를 몰살시킨 것은 전쟁에서 패했다는 분노 때문일 것이다. 이렇게 말하면 주원장은 자제심이 강해서 감정을 잘 억제하는 인물이라고 생각할 수도 있는데 실제로도 그럴까? 명나라 태조 주원장의 일생을 음미해 보면, 그는 오히려 감정, 그것도 쉽게 격정으로 치닫는 인물이었다는 느낌이다. 모순된 말이지만 '냉정한 격정가'라는 표현이 적합할 것 같다. 모순투성이인 인간이었다. 하지만 그 모순이 천하를 얻는 데 큰 힘이 되었는지도 모른다.

주원장의 옛 주인인 곽자흥은 주원장이 하려고만 든다면 어떤 잔인한 일도 해낼 수 있는 인간이라는 점을 간파했다. 다만 주원장이 격정의 분출을 억제했던 것은 천하를 통일할 뜻이 있었기 때문이라고 생각한다. 어떤 일을 하든 천하 통일을 염두에 두었다. 천하통일을 위해 이것은 해야 하는지, 해서는 안 되는 일인지 그는 늘 그것을 기준으로 행동했음이 틀림없다.

파양전(鄱陽戰) 직전인 3월에 주원장은 직접 군사를 이끌고 안풍의 한림아, 유복통을 구원하러 갔다. 군사(軍師)격인 유기는 그를 말렸으나 주원장은 듣지 않았다. 이때 주원장의 친정은 유명무실한 송나라의 황제이자 백련교의 소명왕(小明王)인 한림아를 구하기 위해서가 아니었다. 안풍이 장사성의 손에 떨어지면 장사성이 너무 강해진다. 그것은 자신의 천하통일에 방해가 된다고 판단했기 때문이다. 유기는 달리 생각했다. 소주에서 환락의 생활을 보내고 재물만 사랑하는 장사성은 아무리 판도를 넓혀도 두려운 존재가 될 수 없다는 것이 유기의 견해였다. 그러므로 안풍 정도는 내버려 둬도 괜찮다고 간했던 것이다. 그보다는 장강 상류라는, 유리한 거점을 차지한 진우량에게 전력을 쏟아야 한다는 것이 유기의 의견이었다.

유기는 장사성 따위는 문제 삼지 않았다. 장사성은 진우량과 맺은 협공 동맹조차 실행할 의사가 없다는 것을 간파했다.

유기의 호는 백온(伯溫)이며 중국에서는 이 인물을 전설적인 예언자로 꼽는다. 비교하자면 한나라 고조 유방 밑에 있던 장량(張良)쯤 되는 인물이다. 인품 사나운 공신이 많았던 유방 진영에서 한(韓)나라 재상 집안에서 태어난 장량은 하얀 피부 때문에 여자로 착각할 만큼 인물이 뛰어나 사람들에게 사랑받았다. 난세에서 통일에 이르는 시대에는 거칠고 살벌한 인물이 활약하는 법이다. 그런 가운데서 장량은 한 모금의 청량제 같은 존재였다. 출입 진퇴도 깔끔했다. 유기도 절강 청전현(靑田縣) 출신으로 23세에 진사에 급제한 수재다. 원대(元代)에 가끔 시행했던 과거는 송대에 비하면 매우 좁은 문이었다. 더구나 인종에 따라 정원에 제한이 있어 남인으로서 급제하기는 지극히 어려웠다. 유민이나 협객 출신이 많은 명나라 건국 공신 중에서 유기는 색다른 인물이었다.

유기 숭배는 중국의 민간에 뿌리 깊게 남아 있다. 어쩌면 그것은 중국인의 과거중시나 문인존중 감정과 관계가 있는지도 모른다. 단순한 유학자가 아니라 천문학과 수리학에도 뛰어났다. 청렴결백한 인물로 관직이나 지위에 연연하지 않는 품격이 있어 관(官)을 떠나 은거하는 일이 많았던 것도 민중에게 사랑받는 이유 중 하나다.

청나라 세조 순치제(順治帝, 1643~1661)는 군신들과 역사상 가장 훌륭한 군주를 논한 끝에, 그것은 한나라 고조(유방)도 당나라 태종(이세민)도 송나라 태조(조광윤)도 아닌 명나라 태조(주원장)이라고 했다는 유명한 이야기가 있다.

좋으냐 나쁘냐 기호적인 관점에서 말하면, 사실 나는 명나라 태조는 아무래도 좋아지지가 않는다. 모순투성이의 인물이라고 말했는데, 그것은 마성(魔性)의 인간이라고 바꿔 말해도 좋을 것이다. 난세를 통일하여 왕조를 열 정도의 인물이라면 마성을 지녀야 하는 것인지도 모른다.

안풍의 장사성군을 격파하고 곧바로 돌아가서 숙적 진우량군을 소멸시켰을 때, 주원장은 득의양양했을 것이다. 안풍 출병을 간한 유기에게 "그때 자네는 말렸지만 봐라, 잘되지 않았느냐"며 한마디 하고 싶은 기분이었다고 해도 당연한 일이다. 하지만 주원장은 유기에게 "그때 나는 안풍으로 가지 말았어야 했다. 만일 진우량이 말을 달려 응천(應天)을 공격했다면 큰일이 났을 게야"라고 말했다. 간언을 듣지 않고 일에 성공했지만 그 간언은 옳았다고 평가한 것이다. 보통 사람이 아니라는 것을 알 수 있다.

나중에 유기에게 한 말은 아마 본심이 아니었을 것이다. 안풍 출격은 장사성의 세력권이 확대되는 것을 막는 외에 진우량의 군대를 유인하려는 목적도 있었다. 주원장은 어차피 진우량과 자웅을 가려야 했다. 남경에서 서파 홍건군을 공격하려면 장강을 거슬러 올라가야 한다. 더구나 상대는 수전이 특기인 장강 유역의 군단이다. 원정으로 지친 상황에서는 공격을 받을 것이 뻔했다. 이때는 적이 먼저 출격하게 하는 것이 상책이다. 주원장이 안풍으로 친정한 것을 안 진우량은 연합함대를 편성해 동하(東下)할 준비를 갖추었음이 틀림없다.

모든 일은 주원장의 계산대로 되었는데, 간언자에게 "위험할 뻔했다"고 말한 것은 유방의 활달하고 넓은 도량을 흉내 낸 것일까. 가르친 스승을 뛰어넘었다고 할 수 있겠다.

난리가 나니 조공 오는 사신이 없구나

파양전을 치른 뒤 9월에 소주에서는 장사성이 다시 원나라와 인연을 끊고 식량 제공을 폐지한 다음 왕호를 사용했다. 전에는 성왕(誠王)을 칭했으나 이번에는 오왕(吳王)을 칭했다. 이듬해 지정 24년(1364) 정월, 주원장은 군신들의 청을 따르는 형태로 오왕 자리에 올랐다. 이때까지는 오국공이었으나 왕으로 승격한 것이다. 장강을 따라 4개월 사이에 오왕이 두 명이나 탄생했다. 물론 양웅(兩雄)은 병존할 수 없는 법이다.

강남에서 양웅이 서로 싸울 때 원나라는 그 기회를 잡았어야 했지만 토벌군을 보낼 상황이 아니었다. 장사성도 싫증이 났는지 강남 쌀을 보내지 않았다. 주원장이 오왕을 칭한 해 3월에는 볼로드테무르가 대도(大都)에 들어가고 황태자는 코코테무르의 군영으로 망명했다.

이 무렵, 고계(高啓)는 절강 여행에서 돌아와 청구(靑邱)에서 살다가 누강(婁江)으로 옮겼고, 다시 얼마 안 있어 소주로 거처를 정했다. 주원장이 오왕을 칭한 해, 아니면 그 이듬해라고 생각하는데, 어느 날 고계는 주(周)라는 검교(檢校, 중서성의 문서계)의 집에서 열린 연회에 초대를 받았다. 그 자리에서 두 고려 여인이 노래하고 춤을 추었는데, 이때 고계는 〈조선아가(朝鮮兒歌)〉라는 장시를 지었다.

그 시의 전반은 고려아가 주검교의 집에 있게 된 경위를 서술한다. 주검교는 사절로서 고려에 갔는데, 그 왕도(王都)가 심하게 황폐했다. 고려 왕조도 이미 말기여서 내란이 자주 일어났고 연해는 왜구의 침략으로 폐허가 되어, 주검교는 황금을 주고 두 여자아이를 사서 데려왔다는 것이다. 이로써 장사성 정권은 멀리 고려와 외교관계를 맺고 있었다는 것을 알 수 있다. 장사성은 해마다 많은 쌀을 북경으로 실어 날랐다. 산동 반도에서 항로를 조금 동쪽으로 틀면 한반도다. 소주의 상인은 고려와도 통상을 했고, 장사성 정권의 관리도 가끔 정식으로 방문했다. 이 긴 시 안에,

> 생각건대, 동번(東藩, 고려)이 신하의 나라였을 때,
> 초방(椒房, 후궁)에 바친 여인에게 위적(褘翟)을 입히었지.

> 我憶東藩內臣日 納女椒房被褘翟

라는 구절이 있다. 위적(褘翟)이란 꿩 무늬를 수놓은 의상으로 황후가 제사 때 입는 옷이다. 이것은 순제가 고려 출신인 기씨(奇氏)를 황후로 맞이한 것을 의식한 내용이다. 두 번의 일본 원정 부담으로 고려는 원나라로부터 많은 고통을 받았다. 그리고 지금 고려의 기씨가 낳은 원나라 황태자가 파벌 항쟁의 한쪽 축이 되어서 원 왕조의 수명을 단축시키고 있는 것이다. 고려의 복수일까, 하는 생각이 고계의 뇌리를 스쳤던 것이다.

> 중국에는 근래 들어 난리가 그치지 않아,
> 조공하러 오는 사신이 전혀 없구나.

> 中國年來亂未鋤 頓令貢使入朝無

라는 구절이 있는 것으로 보아, 당시 원나라는 이미 고려와는 정식 왕래가 없었던 모양이다. 이 구절에 이어서,

저황(儲皇, 황태자)는 아직 영무(靈武)에 있다 하는데,
승상은 굳이 허도(許都)에다 자리를 잡으려 하네.

儲皇尙說居靈武 丞相方謀卜許都

라는 구절이 나온다. 고려 여성의 가무를 보고 고계의 상상력은 기씨가 낳은 황태자 아유시리다라(愛猶識理達臘)와 볼로드테무르의 파벌항쟁에 미쳤다. 영무 땅으로 달아나 당나라 왕조의 부흥을 꾀한 것은 안녹산의 난 때 현종의 황태자(훗날 숙종)지만, 여기에서는 태원(太原)의 코코테무르에게 망명한 지금의 황태자를 가리키는 것이 분명하다.

이전의 낙양을 버리고 자신의 세력권인 허도에서 후한의 헌제를 맞이한 승상은 물론 조조(曹操)를 말한다. 이렇게 제멋대로인 승상이 여기에서는 볼로드테무르라는 것은 말할 나위도 없다. 고계의 〈조선아가〉는 다음과 같이 맺는다.

금수하(金水河) 강변의 버드나무 몇 그루,
예전처럼 봄바람 속에 여전히 잘 있는지.
못난 신하 태평했던 지난날을 생각하며,
술병 앞에 흘리는 눈물 술보다 더 많네.

金水河邊幾株柳 依舊春風無恙否 小臣撫事憶升平 尊前淚瀉多於酒

금수하는 원나라 대도의 궁전 앞을 흐르는 강이다. 그곳의 버드나무

는 옛날처럼 봄바람에 무사한지. 나는 지금의 사건을 어루만지듯 음미하면서 천하가 태평했던 시절을 회상한다. 그러자 술통 앞에서 쉼 없이 흐르는 눈물이 술통 속의 술보다 많은 것처럼 느껴진다.

고계가 원나라의 '소신(小臣)'이라는 의식을 가졌다는 사실을 이 시로 알 수 있다. 그는 북경에 간 적도 없는데 궁전 강가의 버드나무를 생각하고 몽골 지배하에 있던 평화로운 날들을 그리워하는 것이다. 고계는 장사성 정권을 섬기지 않았다. 하지만 요개를 비롯한 장사성 정권의 많은 사람들과 사귀었다. 소주 토박이인 고계가 역시 소주를 중심으로 한 정권을 두둔한 것은 당연한 일이다. 더구나 장사성은 오랫동안 원나라에 귀순하여 북경에 많은 쌀을 보냈으므로, 고계의 원나라 신하 의식과 장사성을 두둔하는 마음 사이에는 아무런 모순이 없다.

주원장의 힘이 점차 동쪽으로 향했다. 소주에는 변함없이 날마다 음악 소리가 그치지 않았다.

〈조선아가〉를 지었을 지정 25년(1365) 10월, 오왕 주원장은 장사성 토벌 명령을 내렸다. 장사성의 세력권은 장강을 남북으로 걸쳐 있었는데, 주원장은 먼저 강북, 회동(淮東)으로 병력을 보냈다. 이듬해 지정 26년 3월, 주원장의 부장 서달은 장사성의 근거지인 고우(高郵)를 함락했다. 이어서 회안, 호주, 서주, 숙주를 함락했다. 오랫동안 장사성의 판도에 있었다고 해도 그 주변은 곽자흥이 거병한 땅이다. 특히 호주의 종리에는 주원장의 부모형제의 묘가 있다. 굶어 죽은 가족의 유해는 그곳에 사는 유계조(劉繼祖)라는 사람의 도움으로 겨우 매장할 수 있었다. 주원장은 신세를 진 옛 친지에게 비단을 선물하고 고향의 노인들을 초청하여 연회를 베풀었다.

내가 고향을 떠난 지 10여 년, 간난신고 끝에 이제 돌아와 분묘를 보고 부로자제(父老子弟)를 다시 만날 수 있었소. 지금 오래 머무르며 함께 즐기지 못함을 섭섭히 여기오. 어르신들이여, 모름지기 자제에게 효도와 힘써 일할 것을 가르치시오. 공연히 멀리 장사를 보내지 마시오. 빈회(浜淮)의 군현은 아직도 침략과 약탈로 고생하고 있습니다. 어르신들, 부디 자애하시오.

이는 이때 주원장이 했던 인사말로 『명사』에 실린 문장이다. 참으로 인간미가 넘친다. 유방이 고향인 패(沛)로 돌아와 노인장들을 초대해 연회를 베풀고, 〈대풍가(大風歌)〉를 지어서 부르게 한 일을 상기시키는 이야기다.

주원장 군대는 여기에서 처음으로 원나라군과 서주에서 접촉했다.

원나라의 내분은 망명한 황태자가 코코테무르와 함께 북경을 공격하고 승상 볼로드테무르가 살해되고 나서야 겨우 조용해졌다. 황태자가 복귀한 것은 주원장이 강북, 회동을 평정하기 전 해였다. 따라서 서주에 모습을 드러낸 원나라 군대는 코코테무르의 군대였다.

강북에서 돌아온 주원장은 응천성을 개축하는 동시에 마침내 서주로 군대를 출격시켰다. 서달을 대장군, 상우춘(常遇春)을 부장으로 한 20만 대군이 동원되었다. 주원장은 소주를 직접 공격하려는 상우춘의 의견을 물리치고 호주와 항주를 먼저 쳐서 소주를 고립시킨 다음에 포위하는 방침을 정했다. 소주를 먼저 치면 장사성의 군사 기지인 호주의 장천기(張天驥)나 항주의 반원명(潘原明)이 구원하러 달려올 것이다. 주원장은 먼저 두 곳을 손에 넣는다는 안전하고도 확실한 방책을 택했다.

20만 대군이 동남쪽을 향해 출발할 때, 주원장은 병사들을 향해 다음과 같이 말했다.

성이 함락되는 날, 살상하지 마라. 약탈하지 마라. 마구간을 허물
지 마라. 무덤을 파헤치지 마라. 장사성의 모친은 평강(平江, 소주) 성
밖에 묻혔다. 침범하지 마라.

11월에 호주와 항주가 잇따라 함락되었다. 주원장의 전군은 소주를 포
위했다. 이 해 12월에 소명왕 한림아가 죽은 것으로 되어 있다. 송국황제
를 칭했던 이 인물은 주원장이 안풍에서 구출했지만 짐이 되었다. 신년
에 중서성에 어좌를 마련하고 한림아에게 배례하는 의식이 있었는데, 유
기만은 절을 하지 않고,

목수(牧豎, 소를 치는 아이)일 뿐이다. 이를 받들어 무엇 하겠는가.

라고 말했다고 전한다. 백련교의 난이 처음 일어났을 때, 한림아는 어머
니와 함께 무안산(武安山) 속에 들어가 4년 정도 숨어 있었는데, 그때 정
말 소를 쳤는지는 알 수 없다. 왕망(王莽) 말기에 적미군에게 추대된 유분
자가 한나라 후예였지만 소치는 일을 했던 것을 말하는 것이다. 유분자
처럼 명목뿐인 애송이를 받들어 무슨 소용이 있냐는 말이다. 이것은 주
원장에게 명목상의 천자를 세우기보다는 스스로 제위에 오르라고 권한
것이 분명하다.

한림아는 주원장의 명령을 받은 요영충(寥永忠)이 물속에 빠뜨려 죽였
다고 하는데 아무래도 사실인 것 같다.

내년을 오(吳)의 원년으로 한다는 포고령이 내려왔다. 왕위에 오른 주원장은 제위에 오를 준비를 착착 진행시켰다. 궁전과 묘사(廟社)를 짓기 시작했다.

이 무렵 원나라 조정에서는 황태자파인 코코테무르가 일단 실권을 장악했지만 이충제(李忠齊)와 장양필(張良弼) 같은 신군벌이 그에 대항했다고 앞에서 이야기했다. 그들은 종종 서로 공격하느라 조정의 명령은 시행되지 않았다. 중원의 백성만 더욱 고통스러울 뿐이었다.

장사성이 숨겨 놓은 보물단지

고계가 지은 시 중에 〈주장군의 전몰을 듣다(聞朱將軍戰歿)〉라는 칠언율시가 있다. 무장이면서 풍아를 아는 선비였던 주섬(朱暹)이 호주로 구원하러 갔다가 전사한 소식을 듣고 지은 시다. 주섬이 주원장 군대에 포위되어 투항한 것까지는 알지만, 그후 어떻게 되었는지는 기록이 없다.

파양호 전투 때, 주원장은 포로를 죽이지 않았으나 마성의 인간인 만큼 여러 번 정신적인 전향을 했으므로, 주섬 역시 투항 후에 살해되었을지 모른다. 오보든 사실이든 고계는 주섬의 전사를 슬퍼했다.

강포의 병선 적치(赤幟, 장사성군의 깃발) 드물고,
외로운 군대는 해질녘에 겹겹이 포위되었다.
거울 속으로 뱀이 떨어진 점괴에 이어,
장군기 위에 부엉이가 우니 일은 이미 글렀다.
잔졸은 스스로 새로운 장수를 따라가고,

늙은 어버이는 헛되이 구노(舊奴)가 돌아옴을 보네.

닭 울음소리를 듣는 오늘밤 누구와 함께 춤을 출까,

서쪽 멀리 가을 구름을 바라보니 눈물이 옷깃을 적시는구나.

江浦戈船赤幟稀 孤軍落日陷重圍 鏡中蛇墮占應驗 牙上梟鳴事已非

殘卒自隨新將去 老親空見舊奴歸 聞鷄此夜誰同舞 西望秋雲淚灑衣

거울에 뱀이 떨어지는 것도, 장군기 위에 부엉이가 앉는 것도 모두 불길한 징조다. 점괘가 흉조를 보였으니 주장군의 죽음은 어쩔 수 없는 일이었다. 패잔병은 주섬을 대신한 신임 장군에게 수용되어 어딘가로 가버리고, 주섬의 오랜 종자(從者)만이 집에 돌아와 늙은 부모를 슬프게 한다.

동진(東晉)의 유곤(劉琨)과 조적(祖逖)은 둘도 없는 친구로 언제나 한 이불 속에서 잠을 잤는데, 어느 날 때를 잘못 알고 닭이 울어 한밤중에 일어났다. 그래서 두 사람은 함께 춤을 추며 우정을 나누고 위로했다는 고사가 있다. 고계는 그런 친구도 없어졌다고 한탄하는 것이다.

소주는 포위되고도 10개월 넘게 버텼지만, 지정 27년(1367), 다시 말해 오의 원년 9월, 함락되었다. 농성하던 중에 고계는 여섯 살 된 딸아이를 잃었다. 포위되었으니 식량이 떨어졌을 것이다. 누구나 이때 친한 사람을 잃었다.

장사성의 친위대인 '십조룡(十條龍)'의 용사들마저 패하자, 그는 잔병을 모아서 만수산 동쪽 거리에서 마지막 결전을 시도했다. 하지만 군사는 모두 도망쳐서 사방으로 흩어지고 말았다. 장사성은 저택으로 돌아와 목을 매려 했으나 부하인 조세웅(趙世雄)에게 발견되어 구조되었다. 대장군 서달은 장사성의 부하인 이백승과 항주에서 항복한 반원소를 파견하여 투항을 권했으나, 장사성은 눈을 감고 대답하지 않았다. 그는 어깨에 메어지다시피 해서 남경까지 끌려갔으나, 도중에 곡기를 끊고 기회를 틈타 목을 매어 죽었다. 이때 그의 나이 47세였다. 주원장은 관을 갖추어 장사 지내라고 명령했다.

장사성의 부장으로 무석(無錫)을 수비하던 막천우(莫天祐)가 가장 격렬하게 항전했다. 막천우는 마지막에 투항했지만, 주원장은 이 인물이 아군을 너무 많이 살상했다는 이유로 주살했다.

주원장이 항주를 취하자, 절강의 바다에서 반란을 일으킨 방국진은 보물을 배에 싣고 바다로 도망쳤다. 하지만 그 부장들이 잇따라 투항했고, 그도 마침내 탕화의 권유에 따라 귀순하기로 했다. 그는 남경으로 가서 주원장에게 엎드려 사죄하고 용서를 받았다. 주원장의 다른 호가 국서(國瑞)였으므로, 방국진은 그 뒤 자신의 이름 중 국(國)자를 곡(谷)자로 고치고 오로지 복종의 뜻을 보였다. 광서행성좌승(廣西行省左丞)이라는 관직을 받았는데 물론 명목뿐인 자리였다.

주원장은 사실 주군(朱軍)이 항주에 육박했을 무렵, 방국진이 코코테무르와 연락을 취해, 그것을 막으려 했기 때문에 화가 나 있었다. 하지만 그가 반란을 일으킨 것은 해적으로 의심받았기 때문일 뿐, 큰 뜻을 품은 인물은 아니라는 생각에 방국진을 용서했다. 위험 인물은 아니라고 생각했던 것이다. 이것은 추측이지만 방국진은 막대한 보물을 주원장에게 바쳤을 것이다.

장사성도 재보(財寶)를 모으는 데 열심이었는데, 그것을 어딘가에 숨겼다. 그가 자살했기 때문에 그 행방은 끝내 알 수 없게 되었다. 재보는 9

항(缸) 16옹(甕)에 담겨 어딘가에 묻혀 있다고 한다. 항이나 옹은 커다란 항아리를 뜻한다. 소주에서는 지금도,

　　엄마한테 수염이 나면 9항 16옹을 찾을 수 있다.

는 속담이 있다. 찾기는 도저히 불가능하다는 뜻이다.

　9월에 소주가 함락된 직후, 북벌군이 편성되었다. 그 출발은 빨라야 다음 달이었다. 서달이 정로대장군(征盧大將軍), 상우춘이 부장군에 임명되었으며 병력은 25만이었다.

　그 밖에 호정서(胡廷瑞)를 정남장군으로 하여 복건(福建) 정벌에 내보내고 양경(楊璟)을 광서(廣西)로, 주양조(朱亮祖)는 온주로, 탕화를 경원(慶元, 영파)으로 파견했다.

　남경에서는 이미 사직단(社稷壇)과 태묘(太廟)가 완성되었다. 주원장은 원나라를 대신할 전국 정권을 수립하고 새로운 왕조를 열기로 했다.

문인수난기

중화를 부흥하라

주원장은 소주(蘇州)를 정복하고 북벌군과 정남군(征南軍)을 파견한 이듬해 정월에 남쪽 교외에서 천지에 제사지내고 황제의 자리에 올랐다.

천하의 국호를 '명(明)'이라 하고 연호를 '홍무(洪武)'라 했다. 홍무 원년은 서기 1368년에 해당한다. 일본에서는 남북조 시대로 남조는 고무라카미텐노(後村上天皇)가 죽은 정평(正平) 23년, 북조는 고코우겐텐노(後光嚴天皇)의 정치(貞治) 7년에 상당한다. 또 이해 말에 아시카가 요시미쓰(足利義滿, 1358~1408)가 쇼군(將軍)이 되었다.

이제부터는 주원장을 명나라 태조라고 부르기로 한다. 다만 명대부터 시작된 새로운 제도가 있는데, 그것은 1제(帝) 1연호 제도여서 연호로 황제를 부르는 쪽이 편리하다. 지금까지는 황제 한 사람이 제위에 있는 동안 연호를 여러 번 바꾸었으나, 명나라 건국 이후부터 청나라가 멸망해서 제제(帝制)가 사라질 때까지 540여 년 동안은 이 제도가 이어졌다. 태조나 세조는 역사상 여러 명 나타나므로, 주원장을 홍무제라고 부르는 편이 이해하기 쉬울 것이다.

원나라 왕조는 참으로 어이없게 붕괴되었다. 명나라의 북벌군이 이미 북상하고 있는데도, 원나라 수뇌부의 내분은 그칠 기미가 없었다. 신군벌인 이사제(李思齊)가 동관(潼關) 서쪽, 코코테무르가 그 이북으로 일단 세력권은 정해졌지만, 이해 2월에 코코테무르의 관작을 깎는다는 조서가 내려왔다. 물론 신군벌 쪽의 획책으로 인한 것이다.

명나라 군대는 파죽지세로 북상했다. 그런데 그들을 맞아 싸워야 하는 코코테무르가 전장에서 실각했다. 명나라 군대는 마침내 하남으로 들어왔고, 원나라의 이사제, 장양필 등은 서쪽으로 달아났다. 정주로총관(汀州路總管)인 원나라 장군 진곡진(陳谷珍)은 성문을 열고 명나라에 항복했다. 조정에서는 해임한 코코테무르를 달래서 하남으로 보내자는 논의가 일었다.

천재지변이 잇따라 일어났다.

3월 경인일에는 서북쪽에서 혜성이 나타났고, 또 동북쪽으로는 유성군이 날았는데, 그 소리가 크게 진동했다고 한다. 6월, 경자일에는 서구현(徐溝縣)에 지진이 일어났고, 갑인일에는 뇌우 속에 하늘에서 불덩이가 떨어져 대성수만안사(大聖壽萬安寺)를 불태웠다. 임술일에는 임주(臨州) 방면에서 지진이 일어나 5일 동안 그치지 않았다고 한다. 7월 계유일에는 북경에서 붉은 기운이 하늘에 가득해 마치 불빛처럼 사람들을 비췄다. 그런가 하면 같은 북경에서 을해일에는 검은 기운이 일어나 100보 이내는 사람조차 보이지 않는 현상이 일어났다. 미신을 믿었던 당시 사람들은 이런 이변에 겁을 먹었다.

이해는 윤년이어서 7월이 두 번 있었는데, 윤칠월에는 마침내 코코테무르와 신군벌의 맥고(貊高)와 관보(關保)가 싸웠고, 여기에서 이긴 코코테무르가 상대를 죽였다. 조정은 코코테무르를 하남왕에 봉했으나 때는 이미 늦었다. 같은 달 임일(壬日)에 흰 무지개가 태양을 관통했다. 중국에서는 이것을 가장 불길한 전조로 본다. 태양은 군주를 나타내며 흰 무지개는 군대의 상징이다. 천자에게 전란의 위해가 가해진다는 하늘의 경고라고 받아들인 것이다. 을축일, 다시 흰 무지개가 해를 관통했다.

다음날, 순제는 청녕전(淸寧殿)에서 삼궁(三宮)인 후비, 황태자, 황태자비를 모아 병란을 피해 북으로 갈 것을 엄명했다. 울면서 간하는 사람도 있었지만, 순제는 북행의 뜻을 바꾸지 않았다. 코코테무르는 진녕(晉寧)에서 기녕(冀寧)으로 후퇴하고 명나라 군대의 병사는 이미 통주(通州)까지 육박했다. 더는 명군의 전진을 저지할 수 없었다. 그날 밤 건덕문(健德門)이 열리고, 황제 이하 북으로 향했다.

> 8월 경신일(실제로는 경오), 대명의 군대가 수도로 들어와 나라가 망하다.

『원사』「본기」는 원나라의 멸망을 이렇게 간단히 기록했다. 몽골은 북쪽에서 와서 중원에 왕조를 세웠다. 그리고 지금 다시 북으로 돌아갔다. 따라서 멸망이라는 표현은 적당하지 않을지도 모른다.

순제는 응창부(應昌府)까지 후퇴하여 그곳에서 죽었다. 재위 36년, 향년 51세였다. 그 직후에 명나라 군대가 응창부를 습격했다. 황태자 아이유시리다라는 10여 기(騎)를 거느리고 간신히 북쪽으로 도망쳤으나, 황손 마이테리파라(買的里八剌)와 후비들, 그리고 보석류는 모두 명나라 군대의 손에 넘어갔다.

천명을 따름을 알다.

북경을 전쟁터로 만들지 않고 북쪽으로 도망간 원나라 최후의 황제를 명나라 홍무제는 위와 같이 평했다. 그리고 순제라는 호를 내렸다. 책에서는 처음부터 순제라고 불렀지만, 이것은 명나라가 하사한 제호다. 황손 마이테리파라는 명나라의 숭례후(崇禮侯)에 봉해졌다.

북으로 떠난 황태자는 즉위하여 한북(漢北) 땅에서 왕조를 이어 갔다. 이를 '북원(北元)'이라 부르며 이 왕조는 200년이나 계속되었다. 다만 중화왕조로서의 원나라는 지정 28년, 홍무 원년을 기점으로 소멸했다.

부흥의 시대가 왔다. 몽골족 통치는 종언을 고했다. 한족이 다시 중국의 주인이 된 것이다. 오랑캐 정권을 섬기는 것이 싫어서 원나라 조정에 출사하지 않았던 자가 적지 않았다. 원나라 제도 자체가 한족, 특히 남인이 관직에 오르는 것을 막았다. 홍무제는 천하에 인재를 모았다. 더구나 몽골, 색목인이라 해도 재능 있는 자는 중용한다는 방침을 세웠다. 실제로는 몽골이나 색목인이 한꺼번에 자리에서 물러나면 행정상 불편함이 적지 않았다.

홍무제는 특명 사자 10명을 천하로 파견하여 신왕조를 운영하기 위한 인재를 모아 오게 했다. 거기에는 다양한 반응이 나타났다.

민간 문학운동 지도자였던 양유정(楊維楨)은 홍무제가 즉위할 때 이미 73세였다. 그래도 출사를 요청받았다. 문인으로서는 그가 가장 이름 높았기 때문이다. 하지만 양유정은 고사했다. 마성의 인간인 홍무제는 사실 속으로는 문인을 증오하고 경계했던 것 같다. 홍무제의 부름을 거절하는 것은 목숨과 관계될 정도의 일이지만, 그 노령을 보아서인지 양유정은 돌아가는 것을 허락받았다. 아니면 그때 헌상한 〈노객부(老客婦)〉가 홍무제의 마음에 들었기 때문인지도 모른다. 할머니는 젊었을 때 남편에게 시집갔다는 내용의 시다.

단기간이었지만 양유정은 원 왕조에 출사한 일이 있다. 그 일을 사퇴 이유로 들었다.

예운림(倪雲林)은 유랑 생활을 계속하는 중이라 붙잡을 길이 없었지만, 사대가(四大家) 중에서 가장 나이가 어린 왕몽(王蒙)은 장사성 정권에서 일한 일도 있어 새로운 왕조를 섬기는 데 적극적이었다. 명나라 조정은 그를 성스러운 산인 태산 기슭에 있는 태안(泰安) 주지사로 임명했다. 그는 기뻐하며 임지로 떠났다.

지식인과 상인에 품은 증오심

오중사걸(吳中四傑), 북곽십우(北郭十友)라고 일컫는 고계(高啓)도 신왕조의 부름에 응하지 않을 수 없었다.

신왕조는 일찌감치 『원사』 편찬을 시작할 생각으로 착착 준비를 갖추고 있었다. 고계는 그 일을 맡아달라는 요청을 받았다.

앞에서 선조의 역사를 편찬하는 것이 중화왕조의 의무 중 하나가 되었다고 이야기했다. 몽골 정권인 원나라 왕조도 『요사』, 『금사』, 『송사』를 편찬했다. 다만, 역사를 편수하는 사업은 어느 정도 냉각기간을 두는 것이 이상적이다. 이전 왕조와의 전화(戰火)가 아직 식지 않은 상태에서는 감정이나 구실, 변명 따위가 개입되어 공정한 역사를 편집할 수 없기 때문이다.

그런데 명 왕조는 순제가 북으로 도주하여 아직 응창부에 건재하고 있는데도, 벌써 『원사』 편찬에 착수하려고 했다. 참고로 원나라가 역사 편수 사업에 착수한 것은 앞에서 이야기했듯이 순제 때의 일로 톡토(脫脫)가 총재를 맡았다. 원나라가 위에 든 삼사(三史)를 편찬한 지 몇 년도 채 되지 않았는데 벌써 『원사』를 편집하려는 것이므로, 이것은 이상하다고 할 수밖에 없다.

명 왕조가 중화 부흥이라는 점을 유독 강하게 의식한 것이 이와 같은 비정상을 낳은 원인이라 생각한다. 중화왕조로서 스스로 올바른 위치를 부여하기 위해서도 역사 편수는 적합한 사업이었다.

또 역사 편수 사업을 이유로 문인을 모으는 것도 한 가지 목적이었다고 생각한다. 왕조를 창건하자마자 10명의 사자를 각지에 파견해 인재를 모은 것도 가능한 빨리 국정을 운영할 운영진을 갖추고 싶다는 바람 때문이었다.

명군(明軍)은 북경에 들어가자마자 제일 먼저 부고(府庫)의 도적(圖籍)을 봉했다. 거기에는 원 왕조 각대의 실록과 그 밖의 문서류가 수장되어 있었다. 그것은 역사 편수를 위해 반드시 필요한 자료였다. 정로대장군 서달이 북경에 들어가서 맨 먼저 내린 명령이 위의 것인 점으로 볼 때 역사 편수는 북벌개시 때부터 계획한 일이 틀림없다.

홍무제가 북벌군의 총수 서달에게 내린 유문은 상당히 격조가 높았다.

중원의 백성은 오랜 세월 동안 군웅(群雄)에게 괴롭힘을 받아, 떠돌면서도 서로 기다렸다. 그러므로 이에 명하노니 즉시 북벌하여 백성을 도탄에서 구하여라. 원나라 조종(祖宗)의 공덕은 사람에게 있으나, 그의 자손은 민은(民隱, 백성이 학정에 시달림)을 돌봄이 없어, 하늘이 노하여 이들을 버렸다. 군주에게는 죄가 있으되, 백성에게 무슨 죄가 있겠는가. 선대의 혁명 때 함부로 도륙을 자행하여, 하늘의 뜻을 어기고 백성을 학대했음을 과인은 실로 참을 수가 없다. 모든 장수들은 성을 점령하면 상점에 약탈방화하거나, 함부로 사람을 죽이지 마라. 원나라의 종척(宗戚)은 모두 안전하게 보전하라. 바라건대, 위로는 천심에 응하고, 아래로는 백성을 위무함으로써 과인의 죄를 씻고 백성을 편안케 하려는 뜻을 따르라. 명령에 순종하지 않는 자는 벌하여 용서치 않으리라.

이 유문을 읽은 자는 누구나 감동으로 가슴이 뛰었을 것이다. 그렇게도 한족, 특히 남인을 차별하고 고압적으로 굴었던, 미워해야 마땅한 몽골 종척(황족과 그 친척)의 목숨을 모두 보전하라는 것이다. 이것이야말로 중화의 성인(聖人)의 도(道)가 부활한 것이 아니겠는가.

북벌군의 빠른 진격이 원나라 수뇌진의 구제하기 힘든 내분 탓만은 아니었다. 회북(淮北)에서 하남으로 들어가고, 다시 하남에서 하북으로 향하는 곳곳마다 민심은 북벌군 쪽으로 기울었기 때문이다. 유문에서 보이는 '민은(民隱)'이라고 하면 부호인 예운림조차도 집을 버리게 할 만큼 가혹한 징세와 황하의 터진 제방을 복구하는데 강제로 동원된 부역 등에 항의해서 결기한 백련교를 비롯한 다양한 반란, 이를 진압하러 온 정부군의 폭행, 나아가 정부군끼리의 내전 등 손으로 꼽자면 헤아릴 수 없을 정도다. 새로운 왕조는 그 민은을 제거하려고 했으니, 그야말로 해방군이었다.

원나라 순제는 화살 하나 쏘지 않고 북벌군이 도착하기 전에 조용히 북경을 떠났고, 그 뒤를 이어 명군 역시 조용히 입성했다. 북경을 무대로 어떤 지옥의 모습이 펼쳐질지 전전긍긍하며 두려워하던 백성들은 안도의 한숨을 내쉬었다. 생각할 수 없는 일이었다. 마치 기적이라도 일어난 것 같았다.

새로운 시대가 왔다. 지금까지의 정권에서는 생각조차 할 수 없던, 백성의 괴로움을 이해해 주는 정부가 만들어졌다. 사람들은 그렇게 느꼈다. 역시 최하 유민층에서 출세한 인물이 황제가 된 만큼 백성 본위의 정치를 펼칠 것이라는 기대가 전국에 퍼져, 그 열기가 천하를 감싼 것 같았다.

홍무제는 이 열기에 편승하여 가능한 빨리 왕조 형태를 갖추려고 했다. 서민출신인 그는 민심이 원하는 것이 무엇인지 잘 알았다. 그는 확실히 그 바람에 응할 생각이었다.

주원장과 출신이 같은 사람들은 그를 전적으로 신뢰했다. 원래 그런 최하층 사람들은 더 빼앗길 것도 없다. 홍무제에게 의구심을 품은 사람은 지식계급 사람들이었다. 그들은 빼앗길 것, 적어도 지식인으로서의 긍지가 있었다. 홍무제는 지식인에게 아마 자신조차 알 수 없는 깊은 증오심을 품고 있었던 모양이다. 또 농민 속에 있던 그는 상업이 번영하는 것에 적의를 품었던 것 같다. 상업의 번영을 상징하는 곳은 소주(蘇州)이다. 더구나 그 소주는 주원장의 패업에 끝까지 맞섰던 곳이다.

아버지와 어머니, 그리고 형제들이 잇따라 굶어 죽어갈 때, 소주의 거리에서는 포식한 상인들이 유흥에 빠져 지냈고, 문인들은 시를 지었고, 그림을 그리며 즐겼다. 그것을 생각하자, 홍무제는 창자가 뒤집히는 듯한 증오를 느꼈을 것이다. 그런 감정은 아무리 숨기려고 해도 어떤 형태로든 겉으로 드러나기 마련이다.

고계는 역사 편찬위원으로 부름 받아 남경으로 가던 길에 남경에서 돌아오는 친구를 만나 다음과 같은 오언절구를 지었다.

> 나는 가고 자네는 반대로 돌아오고,
> 서로 만나 길가에 섰다.
> 고향에 소식을 전하려다가,
> 먼저 남경 사정부터 묻는구나.

我去君却歸 相逢立途次 欲寄故鄕言 先詢上京事

소주에서 얼마쯤 갔을까, 친구를 만나 고향에 돌아가면 우리 집에 들러서 안부를 부탁한다고 말하려고 했는데, 그보다 먼저 "남경의 사정은 어떤가?"하고 물었다는 뜻이다. 고작 20자에 불과한 짧은 시지만, 고계의 불안이 잘 나타난 시다.

황제는 소주를 미워한다. 아니, 문인에게도 좋은 감정을 갖지 않았다는 소문이 끊임없이 고계의 귀에 들어왔다. 남경으로 가도 괜찮을까? 고계는 장사성을 섬기지는 않았지만 소주 정권 사람들과 관계가 깊었으니, 어떤 일로 비방을 받을지 알 수 없었다. 〈조선아가〉로 원나라의 소신(小臣)을 칭한 것, 명군과 싸우다 죽은 주장군을 애도하는 시를 지은 일 등, 마음만 먹으면 황제는 얼마든지 그에게 트집을 잡을 수 있었다.

황제의 열등감이 빚은 문자옥

『원사』 편집은 남경의 천계사(天界寺)에서 진행되었다. 고계는 사업장인 천계사를 주거로 삼았다. 편찬 총재(總裁)가 재상 이선장(李善長)이었으니, 이 일이 국가의 제1급 사업이라는 것쯤은 알 수 있었다. 그것은 좋았지만, 일을 너무 서두른 감이 있다. 『명사』 「본기」 홍무 2년 2월 항목에,

병인일 월초에 조칙이 내려와 『원사』를 편찬했다.

고 기록되어 있고, 8월 항목에,

계유일에 『원사』를 완성했다.

는 글이 보인다. 많은 사람이 동원되었을 테지만, 그렇다고 해도 전 120권이라는 대 저작이 겨우 반년 만에 완성되었다는 것에는 놀라지 않을 수 없다.

이것도 앞에서 이야기했지만 확실히 『원사』는 평판이 매우 나빠서 오백수십 년 뒤에 『신원사』로 보완해야 할 만큼 결함이 많았다. 다만 시간이 부족했기 때문에 생생한 기록을 그대로 삽입한 곳이 많아 원자료에 가깝다는, 생각하지 못한 장점이 평가받기도 한다.

역사 편찬 사업을 서두른 것은 틀림없이 정부가 기한을 정했기 때문이다. 고계가 담당한 것은 「역지(曆志)」 부분이었다. 이것도 곽수경(郭守敬)의 수시력(授時曆)을 옮겨 베낀 것으로, 서역인의 이슬람력인 만년력은 아

직 전해지지 않았다고 하여 아예 생략해 버렸다. 그리고 사용된 적도 없는 경오원력(庚午元曆)은 그 책이 남아 있다고 하여 전체를 인용했다. 세조 쿠빌라이때, 만년력은 한때 사용한 일이 있으므로 북경의 부고에서 가져온 자료를 상세히 찾아보면 나왔을지도 모른다. 그럴 틈이 없었던 것이다.

고계는 시인이다. 「역지」 작성 따위에는 그다지 흥미가 없었을 것이다. 역사 편찬은 문인의 재능을 시험할 목적도 있어, 고계는 시험을 보았던 듯하다. 게다가 상당히 좋은 성적으로 인정받았음이 틀림없다.

고계는 역사편찬 사업장인 천계사를 나와 종산리(種山里)로 거처를 옮기고, 소주에서 가족들을 불렀다. 이것은 명 왕조를 섬길 의사가 있음을 말해 준다. 고계는 아마 문서관련 관청의 말단으로 일하면서 눈에 띄지 않게 의식이나 해결하며, 자신의 시간을 시작에 쓰려고 생각했던 모양이다.

그런데 명나라 조정은 그에게 요직을 주었다. 순식간에 승진해서 호부시랑에 임명된 것이다. 이는 재무부 차관에 해당하는 자리다.

남경에 있는 동안, 고계는 홍무제의 성격을 좀 더 잘 알게 되었음이 분명하다. 홍무제가 지식인에게 품은 적의를 고계는 민감한 시인의 직관으로 파악했다. 하지만 이 남자 밑에서 일하는 것은 위험하다고 느꼈을 때는 이미 늦은 뒤였다. 눈에 띄지 않으면 그래도 괜찮은데, 호부시랑이라면 끊임없이 황제를 만나야 한다. 생각을 거듭한 끝에 그는 호부시랑 직을 사임하고 소주로 돌아가기로 했다.

그것으로 안전할지 어떨지 고계는 자신이 없었다. 이례적인 발탁을 했는데, 그 자리를 버리고 귀향하면 홍무제는 불쾌하게 여길 것이었다. 불쾌한 것으로 끝나면 그나마 다행이다. 홍무제가 매우 집념이 강한 사람이라는 것을 고계는 알았다. 귀향해서도 무사히 끝날 것 같지 않았다. 그래도 고계는 돌아갔는데, 날마다 얼굴을 맞대는 것보다는 낫다고 생각했기 때문이었다.

홍무제는 원래 이상하리만치 의심이 많은 인물이었다. 문인에게는 특히 그랬다. 문인을 불신하게 된 원인으로 다음과 같은 일화가 전한다.

천하를 통일한 뒤, 홍무제는 문신을 중용했는데, 이 일에 무훈 공신들이 불평했다. 홍무제는 그 불평에,

천하가 어지러우면 무(武)를 사용하고, 천하가 태평하면 문(文)이
마땅하다. 이는 치우침이 아니다.

고 대답했다. 이에 무신들은 문인이 얼마나 악질인지, 장사성을 예로 들어서 설명했다. 장사성은 소주의 주인으로서 문인 유학자를 우대했는데 그들로부터 바보취급 당했다. 장사성의 이름은 원래 구사(九四)라고 하는, 그야말로 시골 냄새 풍기는 이름을 썼다. 그래서 문인에게 멋진 이름을 지어달라고 부탁했더니 '사성(士誠)'이라는 이름을 골라 주었다.

이 이름 또한 아름답다.

상당히 좋은 이름이 아니냐고 홍무제가 묻자 무신 중 하나가,

『맹자』에 '사(士)는 참으로(誠) 소인이다'라는 구절이 있습니다. 그
(장사성)가 어찌 그것을 알겠습니까.

라고 설명했다.

『맹자』의 「공손축장구(公孫丑章句)」에 제(齊)나라의 윤사(尹士, 성이 윤, 이름이 사)라는 자가 맹자의 참뜻을 모르고 그 행위를 비난했는데, 나중에 맹자의 이야기를 듣고 부끄러워하며 자기는 정말로 소인이었다고 반성하는 대목이 있다. 거기에 윤사의 말로서,

> 사(士, 자신의 이름)는 참으로 소인이다.

라는 말이 나온다. 소주의 문인은 그것에서 '사성(士誠)'이라는 자를 따서 장구사(張九四)에게 주었다. 장구사는 참으로 좋은 이름이라며 기꺼이 사용했지만 근본을 따지자면 나는 소인이라는 뜻이었다. 문인들이 뒤에서 '교양 없는 놈'이라며 비웃었을 것이 틀림없다.

문인이란 그렇게 음험한 놈들입니다, 라고 무신이 비방한 것이다. 이 말을 듣고 홍무제는 생각에 잠겼다. 그에게는 피해망상이 있었던 것 같다. 그날 이후 '문자옥(文字獄)'이라 하여 문장으로 인해 주살되는 자가 속출했다.

홍무제가 특히 신경 쓴 것은 자신의 과거를 비꼬아 말하는 것이었다. 그는 자신이 거지 중이었던 일을 매우 꺼렸다. 승려는 삭발했으므로, 독(禿, 대머리)이니 광(光)이니 하는 글자를 쓴 자는 죽음을 당했다. 또 유적(流賊) 출신이었으므로, 적(賊)이라는 글자와 음이 같은 칙(則)까지도 금기시했다. 항주(杭州) 교수인 여일기(余一夔)라는 자는 축하문 내용에서,

> 광천(光天) 아래, 하늘은 성인(聖人)을 낳았고(生), 세상을 위해 법(則)을 만들었다.

라는 문장을 썼다. 홍무제는 격노하여 그를 참수했다. 광은 중의 대머리

를 표현하고, 생은 중을 말하며, 칙은 적(賊)을 비꼬았다고 생각했다.

천하에 도(道)가 있다.

고 축하문에 쓴 덕안부학(德安府學)의 훈도(訓導) 오헌(吳憲)은 단지 이 말 한마디 때문에 주살되었다. '도(道)'는 '도(盜)'와 음이 같아 홍무제가 옛 날 도적 출신이라는 것을 비방한다고 생각했기 때문이다. 이쯤 되면 문 장 짓기가 목숨을 거는 일이 된다. 시에 '수(殊)'라는 글자를 썼다가 주살 된 사람도 있었다. 이 글자를 분해하면 알(歹)과 주(朱)가 되는데, 알(歹)이 라는 글자는 살을 깎아 낸 뼈를 뜻하며 전하여 '악(惡)'이라는 뜻도 된다. 주원장을 '나쁜 주(朱)'라고 비방했다는 것이다.

문장 때문에 주살된 것은 각 부현의 교수, 훈도(訓導), 교유(敎諭) 등 이 른바 예신(禮臣)들이었다. 그들은 무슨 일이 있으면 부현을 대표해서 조 정에 보내는 문서를 작성해야 했다. 신년이나 황제 생일날에는 축하문을, 무엇을 하사받았을 때는 감사문을 쓰는 것이 그들의 임무였다. 예신들은 크게 겁을 먹고 서식을 내려 달라고 청했다. 모범 문례집을 받아서 그 서 식에 따라 글을 작성하려는 것이다. 홍무제는 그 청을 받아들여 직접 서 식을 만들었다고 한다.

장사성의 이름이 그 예인데, 중국의 문인에게는 확실히 비방의 뜻을 문장 속에 숨기는 전통이 있었다. 하지만 홍무제가 죽인 예신들은 대부 분 비방의 뜻을 담을 생각은 꿈에도 없었을 것이다.

주원장에게 희망은 없다

소주로 돌아간 고계는 다시 청구에 살며 시작에 몰두했다. 호부시랑 자리를 고사하고 귀향한 것이 35세 때니 은거하기에는 너무 빨랐다. 하지만 그는 앞으로 조용히 살 수 있으면, 얼마나 좋을까 하고 바랐을 것이다. 그러나 젊은 날의 시인 선언에서 그가 스스로 말했듯이, 시인은 그 존재 자체가 세상을 떠들썩하게 만들고야 만다.

고계는 머지않아 청구에서 성남(城南)의 새 집으로 거처를 옮겼다. 〈성남의 새 집으로 옮기다(遷城南新居)〉라는 칠언절시가 이 당시 그의 심경을 잘 말해 준다.

> 고생하여 중년에 오두막집도 없고,
> 동서로 오랫동안 방랑하는 책 한 자루.
> 아직도 속(俗)을 떠나지 못하고 다시 속에 의지하며,
> 거처를 옮기어 견디다 다시 거처를 구한다.
> 잎은 이웃 정원에 가득하고 연기는 자욱한데,
> 참죽은 승사에 이어지고 비는 부슬부슬 내린다.
> 어찌 바라랴. 허백(許伯)의 장안 저택을,
> 이 집도 유유하여 여유가 있다.

辛苦中年未有盧 東西長寄一囊書 未能避俗還依俗 堪信移居更索居
葉滿鄰園煙冪冪 竹連僧舍雨疏疏 何須許伯長安第 此屋修然已有餘

당나라 한유(韓愈)가 아들에게 보낸 시에서 '신근(辛勤) 30년에 이제 이 집을 얻다'라고 했는데, 이 시도 그것을 따랐다. 동으로 서로, 책 한 자루 짊어지고 절강과 남경으로 늘 떠돌았다. 속(俗)을 피하려 해도 그러지 못

하고 속에 의지해 산다. 속계에 있는 것은 반드시 생활을 위해서만은 아니다. 권력자의 요구 때문이기도 하다. 형편에 따라 이사를 해도, 또다시 다음 이사 갈 곳을 찾는 형편이었다. 허백이 장안에 대 저택을 하사받은 것은 유명한 이야기인데 그런 저택은 바라지도 않는다. 이런 집도 자기에게는 과분하니 여기에서 유유자적할 수 있으면 좋겠다는 소망이 시 안에 담겨 있다. 그렇지만 그렇게 잘 되지 않을 것이라는 예감도 있었다. 그런 예감 때문에 이런 시를 노래했다고 생각한다.

홍무 5년(1372), 고계가 소주로 돌아가고 2년 뒤에 위관(魏觀)이 소주의 부지사(府知事)로 부임해 왔다. 홍무 원년인 건국 초기에 홍무제는 사자 10명을 각지로 파견하여 인재를 모았다고 말했는데 위관이 그 사자 중 한 사람이었다. 홍무제의 신임이 두터웠음은 말할 필요도 없다. 남경에서는 문인으로서 고계와도 왕래가 있어, 소주 지사로 부임한 위관은 당연히 옛 정을 찾았다.

부청(府廳)은 통칭 '군치(郡治)'라고 불렀다. 명나라부터 다른 곳으로 옮겼는데 장소가 좋지 않아 다시 원래 장소에 새로 지었다. 장사성이 대주국(大周國)의 정청(政廳)으로 썼던 곳이기도 한 모양이다. 위관은 유능한 인물이므로 시의심이 강한 홍무제는 그를 경계했다. 군치 신축은 경솔했다고 해야 한다.

그렇지 않아도 홍무제는 소주에 감정이 좋지 않아 주민을 남경으로 강제 이주시키기도 했다. 소주 사람들도 당연히 남경 정부에 반감이 있었을 것이다. 장사성 시대가 훨씬 좋았다고 생각하는 사람도 있었을 터이다. 초기에 장사성이 정치를 상당히 잘했다는 사실은 앞에서 이야기했다.

홍무제도 소주의 시민 감정을 알고 있었고 이를 손볼 기회를 엿보고 있었다. 가혹한 탄압으로 반항의 기운을 꺾으려는 것이 홍무제의 방식이었다. 그것을 알아차리지 못한 위관은 정치에 힘을 쏟아 건국 후의 부흥은 소주가 제일이라고 일컬을 정도로 치적을 올렸다. 유능하다는 것을 확실히 보인 것이 위관의 불행이었다. 이만큼 치적을 올렸으니 정청 신축쯤은 문제가 아니라고 생각했을 것이다. 아니, 문제가 되리라는 것은 염두에 두지도 않았다.

상량식 행사 때, 지사의 친구로서, 또 소주인으로서 고계는 상량문을 썼고 또 상량을 축하하는 시를 지었다. 이 일이 고계를 죽음으로 몰았다. 상량문은 남아 있지 않지만, 이때 지은 〈군치상량(郡治上梁)〉이라는 제목의 칠언절구는 다음과 같다.

> 군치는 원래의 웅장한 모습으로 다시 돌아오고,
> 문량(文梁, 채색한 대들보)을 높이 들어 맑은 하늘에 걸친다.
> 남산은 구름을 가리는 거목을 오래 키우고,
> 동해에는 비로소 무지개를 일으켜 해를 관통한다.
> 용정(龍廷)에 이르기까지 교화를 미치는 일도 머지않았다.
> 또 연침(燕寢, 자기 집의 응접실)을 열어 시를 짓는다.
> 대재(大材)는 이제 황당(黃堂, 지사의 관저)을 위해 쓰이고,
> 서민은 대부분 광비(廣庇) 안으로 돌아간다.

郡治新還舊觀雄 文梁高擧跨晴空 南山久養干雲器 東海初昇貫日紅
欲與龍廷宣化遠 還開燕寢賦詩工 大材今作黃堂用 民庶多歸廣庇中

축하하는 시이기도 해서 고계의 다른 시에 비하면, 시혼의 분출이 느껴지지 않는 작품이다. 지금은 없어진 상량문 역시 미사여구를 여기저기 끼워 넣은 산문작품이었을 것이다. 그 직후에 남경의 조정에,

> 위관에게 모반의 뜻이 있다. 소주에 할거하여 장사성의 패업을 이
> 으려 한다.

고 탄핵하는 자가 있었다. 모반의 증거는 군치의 신축이라고 했다.

위관은 체포되어 사형되었고, 고계도 그 일당이라 하여 마찬가지로 참수되었다. 이 사건은 탄핵자가 있었다기보다는 홍무제의 대(對) 소주정책의 일환으로서 그가 발동했다는 것이 정설이다. 소주를 위협하고 유능하고 적극적인 인물을 없애는 것이 그 목적이었을 것이다. 얼마 뒤에 위관의 명예가 회복되었다는 것이 날조된 사건이었다는 증거다. 사후에 명예가 회복되어 봤자 유족은 괴롭기만 할 뿐이다.

그러나 고계의 위의 시를 읽으면 마음에 걸리는 점이 몇 군데나 있다.

첫째, '원래의 웅장한 모습으로 돌아왔다'는 표현이다. 옛날의 것이 위용을 자랑하고 명나라가 된 후의 것은 빈약하다고 한 것이다. 그것은 부청뿐만 아니라 모든 것이 다 그렇다는 속뜻이 있는 것인지도 모른다. 여기에서 장사용 시절의 향수를 읽는 것은 지나친 비약일까?

홍무제의 잔인한 성격에 사람들이 겁을 먹었다는 것은 이미 누구나 아는 일이었다. 몽골의 무단적(武斷的)이고 차별적인 정권이 무너지고 한족이 주도하는 중화 부흥의 시대가 찾아와 사람들이 흥분하던 시기는 마침내 사라져 가고 있었다. 간결하고 직접적이며 격조 높은 갖가지 유문(諭文)에 지식인이 감동하고 가슴 설레던 것도 어제의 일이 되었다.

홍무제는 백성을 위해 결기했다고 했지만 남경에 호화로운 궁전을 짓

고, 그곳의 주인이 된 뒤로는 손에 넣은 권세를 다른 사람에게 빼앗기지 않는 일에만 신경을 썼다. 그 때문에 시의심은 날로 깊어갔다. 그의 권세를 빼앗을 자가 있다면 그것은 적극적이고 유능한 인물이니 그런 인물을 특별히 경계하려고 했다. 밀정이 돌아다니는 어두운 시대가 되었음을 지식인들은 재빨리 알아차렸다. 홍무제가 의욕적인 인물과 함께 경계한 것이 실권 탈취를 선동할 위험이 있는 문인들이었다. 홍무제의 염려는 단순한 환상이 아니었다.

> 주원장에게 희망을 걸었던 것은 잘못이었다. 그는 이념도 없고 오직 권세욕에 사로잡힌 인물일 뿐이다. 그를 쓰러뜨리고 좀 더 훌륭한 인물을 세워 새로운 정권을 만들자.

는 움직임이 나타나는 것도 당연했다. 겉으로 드러난 움직임은 명나라의 기록에서 지워졌겠지만 그렇다고 결코 없지는 않았을 것이다. 앞에서 이야기한 '문자옥'에서 볼 수 있는 집요하고도 상식에서 벗어난 처형은 홍무제가 환상과 싸운 것만은 아니라고 생각한다.

위의 시에 '해를 관통한 무지개'라는 표현이 있다. 이것은 천자의 신상에 관한 흉조라고 앞에서 이야기했다. 동해(소주는 남경의 동쪽에 있다)에서 무지개를 일으켜 해를 꿰뚫는다는 의미라면, 모반을 호소한 것임에 틀림없다.

시인 선언에서 풍파를 일으키고 산을 무너뜨리겠다고 읊은 고계다. 천하를 위해 잔인하고 흉포한 홍무제를 제거하자고 은밀히 획책한 것은 결코 생각할 수 없는 일은 아니었다.

역사학자도 문학연구가도 모두 고계가 억울한 죄로 죽었다고 말한다. 사후 명예회복이 그 최대의 근거인데, 고계가 실제로 명나라에 반대하는 운동을 계획했다는 추리도 가능하다. 젊었을 때, 절강을 여행한 목적은 수수께끼에 싸여 있고, 호부시랑이라는 좋은 자리를 마다하고 귀향한 것도 이해하기 어려워, 차라리 반항의 표명으로 보는 편이 자연스러운 느낌마저 든다. 홍무제인 까닭에 이 반항자에게서 눈을 떼지 않았던 것이다.

체포되어 남경으로 호송될 때, 다른 사람들은 겁을 먹고 떨면서 다 죽어 가는 사람처럼 되었지만, 고계만은 홀로 의젓하여 평소와 다름없이 시음을 그치지 않았다고 한다. 무고한 죄가 아니라 실제로 반명 지하운동을 벌이다가 일이 탄로 나서 붙잡히고도 품은 뜻을 후회하지 않는 장사의 태도 같았다. 사후의 명예회복도 당대 최고의 시인을 재평가하는 정부의 인기작전이라고 생각해도 좋을 것이다. 무고죄로 죽은 시인이라고 동정받기보다는 젊은 날의 시인 선언을 잊지 않고 평소에 품었던 뜻에 따라 충실히 시대의 권력과 싸운 열사로 남는 것이 고계의 바람일지도 모른다. 다음은 남경으로 호송되는 도중인 홍무 7년(1374)에 지은 작품이다.

풍교(楓橋)에서 북쪽을 바라보니 풀만 드문드문,
열 명 떠난 행인 중에 아홉이 돌아오지 않는구나.
나는 아노라 맑고 깨끗하여 본래 부끄러움이 없음을,
어찌 장강(長江)에 청하여 이 마음을 비추지 않는가.

楓橋北望草斑斑 十去行人九不還 自知淸澈原无愧 盍請長江鑑此心

문인들이 살기 괴로운 시대

고계와 함께 오중사걸이라 일컬었던 문인은 모두 불행한 최후를 맞았다. 고계가 먼저 죽고 나머지 삼걸은 그것을 슬퍼하며 시를 지었다.

문장(文章)은 궁양(窮壤, 천지)에 무슨 소용이 있는가.
동풍에 오열(哽咽)하며 눈물로 수건을 적신다.

文章穹壤成何用 哽咽東風淚滿巾

라고 읊은 양기(楊基)는 산서안찰사(山西按察使)까지 승진했으나, 모함을 받아 관직을 박탈당하고 공소(工所)에서 죽었다고 하니 감옥에서 죽은 것이다.

장우(張羽)도 사건에 연루되어 영남으로 유배되었으나 도중에서 소환 명령을 받았다. 이것은 처형된다는 뜻이다. 장우는 절망하여 용강(龍江)에 몸을 던져 죽었다. 고계가 죽고 9년도 지나지 않았다. 고계가 죽었을 때, 장우는,

그대가 죽으니 누가 또 시를 말할 수 있을까.

라고 한탄했다.

서분(徐賁)은 하남의 포정사(布政使)가 되었다. 그곳에서 원정군 보급과 대우 사건에 연루되어 투옥되었다. 옥중에서 '유사(瘐死)'했다고 『명사』에

나온다. 이것은 고문과 기한(飢寒)으로 죽었다는 뜻이다. 그가 고계를 애도한 시에,

> 한 번 읽으면 한 번 애절한 정이 들고,
> 늙은 눈물이 자꾸 흐른다.

는 구절이 있다.

오중사걸이 모두 비명에 죽은 것은 명초(明初) 문인으로서 당연한 일이었다. 화조풍월(花鳥風月)로 도피하는 것은 쉽게 허용되지 않았다. 노령의 양유정만 '백의(白衣)로 돌아가는 것'이 허용되었다. 백의는 관직이 없는 사람의 복장이다. 양유정처럼 출사하지 않는 것이 오히려 예외이며 특권이었다.

홍무제는 갓 태어난 왕조의 기초를 다지기 위해 모든 사람, 모든 것을 이용하려고 했다. 시인과 그 작품의 표현력, 설득력도 홍무제는 정치적으로 이용할 수 있다고 생각했다. 자신이 이용하지 않으면 적, 즉 정권을 탈취하려는 자에게 이용당할 위험이 있었다. 고계가 호부시랑에 취임하지 않고 돌아갔을 때, 이 마성의 천자는 적에게 이용될 위험이 있다면 죽여버리자고도 생각했는지도 모른다.

유방과 주원장은 서민 출신인 왕조 창시자로서 자주 비교되는데, 한나라 유방은 양성(陽性)이고, 명나라 주원장은 음성이다. 문인을 대하는 태도를 보면 유방은 유학자의 관(冠)에 오줌을 눌 정도였지만, 주원장은 죽이고 또 죽였다. 그가 어설프게 황각사에서 글을 배워 약간 문조(文藻)를 알았던 것이 같은 시대 문인들의 불행이었다고 하겠다.

무소(夢窓疎石, 1275~1351, 가마쿠라 시대의 선승-옮긴이) 국사(國師)의 제자인 토사(土佐)출신의 승려 제츠카이 츄신(絶海中津, 1336~1405, 무로마치 시대의 선승-옮긴이)이 중국에 건너간 때는 바로 명나라가 건국한 해, 즉 홍무원년의 일이었다. 그는 9년 동안 명나라에 머무르는 동안 홍무제를 알현할 기회가 있었다. 제츠카이 츄신에게 〈응제부삼산(應制賦三山)〉이라는 칠언절구가 있다. 응제(應制)는 천자의 명령을 받아 짓는다는 의미이므로, 홍무제가 삼산(봉래산의 세 섬, 즉 일본)을 읊으라고 명했을 것이다.

웅야봉(熊野峯) 밑에 서복(徐福)의 사당이 있는데,
만산(滿山)의 약초가 비 온 뒤엔 더욱 무성해지네.
지금 바다 파도가 조용하니,
만리(萬里)의 좋은 바람을 받아 마땅히 빨리 돌아갈 것이네.

熊野峰前徐福祠 滿山藥草雨餘肥
只今海上波濤穩 萬里好風須早歸

서복은 진나라 시황제에게 자금을 내게 하여, 봉래 삼도(蓬萊三島, 삼신산[三神山], 중국 동쪽 바다에 신선이 살고 있는 세 개의 섬, 즉 봉래산, 방장산, 영주산을 말함-옮긴이)에 불로장생의 약을 구하러 간다고 말하고, 그 길로 돌아오지 않은 인물이다. 지금까지도 신구(神宮) 시와 쿠마노(熊野) 시에 서복의 묘가 있다. 사가(佐賀)에도 서복의 유적이라고 전해지는 유적이 남아 있다. 중국에서는 서복은 진나라의 학정을 피해서 중국을 탈출했다고 믿는다.

일본에 있는 서복의 사당 주위 산에서는 비가 갠 뒤에 약초가 더욱 무성해진다. 지금은 바다의 파도가 잠잠하다. 즉 진나라와 같은 폭군의 암흑 시대와는 다르고, 명나라가 탄생하여 천하가 태평하다는 것을 가리키고 있다. 만약 서복이 지금 세상의 사람이라면, 만리 호풍(好風)을 타고 태평 시대인 중국으로 빨리 돌아올 것이라는 의미이다. 제츠카이 츄신은 조금은 홍무제에게 아부의 말을 하고 있다. 홍무제는 이 시의 운(사[祠], 비[肥], 귀[歸])을 따서, 다음 시로 화답했다.

웅야봉 높은 곳에 혈식(血食, 제사용 희생을 받음)의 사당이 있고,
소나무 뿌리의 호박(琥珀)도 이제 막 빛을 낸다.
올해 서복이 신선을 만나 선약을 구했는데도,
여태 지금까지 돌아오지 않네.

熊野峰高血食祠 松根琥珀也應肥
當年徐福求仙處 直到如今更不歸

약초 이외에도 일본에는 여러 가지 좋은 것이 있어서 그 까닭에 지금까지도 돌아오지 않는다고 홍무제 쪽도 생색을 내고 있다.

고계가 요참(腰斬, 허리가 잘리는 형벌)으로 처형될 때, 제츠카이 츄신은 명나라에 있었다. 과연 그가 본심으로 명나라를 천하태평이라고 생각했을까? 바로 그 직후에도 소름 돋는 피의 대숙청이 있었지만, 그것은 서민 계층에까지는 미치지 않았던 것 같다. 홍무제가 숙청의 대상으로 삼았던 것은 어떤 의미에서 정치의 장(場)과 관계가 있던 인물들이었다.

유랑하는 소산문인(蕭散文人) 예운림은 고계가 사형당한 해에 세상을 떠났다. 그다지 행복하지 않은 생애인 것 같지만, 그래도 말년은 고향인 송강으로 돌아가서 지냈다. 토지 가옥은 이미 남의 손에 넘어가 친척 집에서 삶을 마감했다. 장사성 형제마저도 전혀 상대하지 않았던 이 속세를 떠난 문인을 홍무제도 어쩔 수 없었던 모양이다. 때때로 소주에 홀쩍 나타나는 일도 있었다. 35세나 어린 젊은 고계와도 교제가 있어 고계의 시문집에 〈예운림에게 보낸다(寄倪隱君元鎮)〉는 제목의 칠언절구가 보인다.

이름이 인간에게 떨어진 지 40년,
녹사, 가랑비는 스스로 강천(江天).
한지, 초설은 시인의 그림,
오탑, 다연, 병수의 선(禪).
사면(四面)에 황산(荒山), 고각(高閣)의 밖,
두 그루의 소류(疏柳), 구장(舊莊)의 앞.
상사불급(相想不及) 갈매기는 날아가고,
풍파로 주선이 지체함을 헛되이 원망한다.

名落人間四十年 綠蓑細雨自江天 寒池蕉雪詩人畵 午榻茶煙病叟禪
四麵荒山高閣外 兩株疏柳舊莊前 相思不及鷗飛去 空恨風波滯酒船

절반은 예운림의 소산체(蕭散體) 그림을 읊은 것 같다.
건국 공신이었던 유기가 죽은 것은 고계와 예운림이 죽은 다음 해였다. 욕심이 없던 그는 종종 관직을 떠났는데, 죽을 때도 이른바 휴직 중이었다.

홍무제 주원장이 자주 고조 유방과 비교되듯이, 유기는 종종 장량과 비교된다. 홍무제도 그를 "내 자방(子房, 장량의 호)이다"라고 불렀다. 명말 이탁오는 유기를 장량보다 훌륭하다 했다. 장량은 '화광동진(和光同塵)'의 인물이었다. 날카로운 빛을 발하는 재능을 지녔음에도 그것을 누그러뜨리고, 눈에 띄지 않게 하여 속진(俗塵)과 섞여 보신(保身)을 꾀했다. 그에 비해 유기는 강직한 인물이었다. 직언을 꺼리지 않았으니 적도 많았을 것이다.

후세의 유기 신앙은 그를 예언자로 만들어 그의 이름을 붙인 예언서가 자주 나타났다. 그것은 홍무제가 소병(燒餅, 구운 떡)을 먹을 때, 유기가 들어와서 황제의 질문에 대답하는 형식으로 미래를 예언하는데, 〈유백온소병가(劉伯溫燒餅歌)〉라고도 부른다. 이자성(李自成)의 반란에서부터 청대(淸代)와 서태후의 존재까지 예언하는데, 아무래도 이것은 청말의 위작 같다. 『명사』가 편찬된 무렵(1735)에도 그런 종류의 저작이 있었고, 그의 전(傳)에는 세상에 전해져서 신기하다고 하는 것은 그가 저술한 것이 아니라 대부분 음양풍각의 설에 지나지 않는다고 부기(附記)하고 있다.

유기의 이름을 빙자한 갖가지 예언서가 만들어졌다는 것은 그가 민간에서 얼마나 경모(敬慕)되었는지를 말해 준다. 경모의 요소 중 하나에는 그가 비명에 죽었을지 모른다는 것도 포함되었을 것이다.

성격이 강직하여 악을 몹시 미워했던 그는 재상인 호유용(胡惟庸)의 미움을 사서 독살된 것 같다.

『명사』「유기전」에,

유기가 서울에서 병들었을 때, 유용이 의사의 약을 가져와 이를 먹

였다. 얼마 후 뱃속이 온통 돌덩이처럼 굳어졌다. 그 후 중승(中丞)인

도절(涂節)은 유용의 역모를 고하고, 동시에 그가 유기를 독으로 죽음

에 이르게 했다고 말했다.

고 되어 있다.

유효용은 명초 대숙청 사건의 중심 인물이다. 모든 죄를 그에게 뒤집

어씌웠으니, 이 독살설도 그 점을 염두에 두어야 한다. 유기는 향년 65세

였다.

시인으로서도 뛰어나 당시 고계와 어깨를 나란히 했다고 평가하는 사

람도 있다. 홍무제를 섬기기 전에 원나라 장군인 석말의손(石抹宜孫)의 참

모로 일한 적이 있다. 원나라 진사(進士)로서는 당연한 일이었으나, 명나라

를 건국할 즈음 주원장 주변에서는 특이한 전력이었다. 아니면 이것이 그

의 약점이 되어 종종 사직하는 심리적 원인이었는지도 모른다. 홍무제는,

　　　나는 천하를 위해 네 명의 선생에게 굴복한다.

며, 유기, 송렴(宋濂), 장일(章溢), 엽침(葉琛)을 네 선생이라 말하고 존중했

다.

희노애락, 호오(好惡)의 감정이 심한 홍무제의 측근에서 아무리 강직

한 유기도 끊임없이 신경을 썼을 것이다. 사직중일 때 그는 정신적인 휴

양기였으리라.

유기의 시풍은 그를 닮아 호방하고 사색적인 면이 있다. 양유정에게도

고계에게도 할 수 있는 말이지만, 이 시대의 시 역시 복고를 지향하여 당

시(唐詩)를 이상으로 삼았다. 유기도 같은 경향이 있었는데, 후기 작품은

그 호방함이 약간 줄었다는 평가를 받는다. 홍무제 같은 인물 곁에 있었

으니, 어쩔 수 없이 신경이 마모되어 그것이 시문에 영향을 준 것이리라.

강직한 유기조차 이런 형편인데, 문인들의 붓이 머뭇거린 것은 당연했을 것이다. 고계가 떠난 뒤, 명나라 시문은 퇴폐해졌는데, 그 책임은 대부분 홍무제에게 있다고 할 수 있다.

오중사걸은 모두 비명에 갔고, 당시 문명이 높았던 송강의 원개(袁凱)는 미치광이를 가장하여 가까스로 위기를 벗어나 천수를 다할 수 있었다.

위기란 홍무제가 죄인을 취조하는 것과 황태자가 하는 것, 어느 쪽이 옳으냐는 질문을 받았을 때를 말한다. 물론 홍무제의 취조나 판결은 엄했고, 그것이 황제 견습생인 황태자에게 가면 감형될 때가 많았다. 대답하기 힘든 질문이었다. 심사숙고한 끝에 원개는,

폐하는 법을 올바로 행하고, 동궁(황태자)께서는 마음이 자비롭습니다.

라고 대답했는데, 아무래도 그것이 홍무제의 마음에 들지 않았던 모양이다.

교활하여 양다리를 걸친다.

어느 쪽인지 분간할 수 없는 말을 하여 교활하다고 미움을 받았는데, 원개는 재빨리 눈치를 채고 갑자기 미치광이처럼 굴었다.

문인으로서 사는 것이 괴로운 시대였다. 그런대로 원나라 때는 산림에 은거하는 수단이 있었다. 몽골 정권은 특히 남인이 관직에 오르는 것을 싫어했으므로, 속세를 피하는 일에는 아무런 지장도 없었다.

그런데 명나라가 되자 출사를 강요받았다. 양유정이나 예운림같이 나이든 저명인은 예외도 있었지만, 재능이 있으면서 명나라 조정에 나가지 않는 자는 불순하다고 간주되었다. 더구나 그 재능을 지나치게 발휘하면

경계의 대상이 되었고, 때에 따라서는 죽음을 당하기도 했다. 원개는 위기일발에서 빠져나온 예일 것이다.

전란은 일단 가라앉았다. 중화 부흥의 세상이 되었는데, 그것을 가장 기뻐해야 할 문인들이 가장 비통한 꼴을 당하고 있었다.

유기의 〈강 위의 노래(江上曲)〉라는 제목의 연작시 안에 원말과 명초를 경험한 문인의 절실한 생각이 나타나 있는 듯하다.

> 여뀌와 단풍은 가을에 한 빛깔이 되고,
> 초운(楚雲)과 오수(吳水)는 모두 유유하다.
> 인간만사는 서풍과 함께 지나고,
> 오직 창강(滄江)이 주야로 흐를 뿐.

紅蓼丹楓一色秋 楚雲吳水共悠悠 人間萬事西風過 惟有滄江日夜流

대숙청의 소용돌이

창업 공신들에게 몰아닥친 숙청 열풍

'호람(胡藍)의 옥(獄)'이라 부르는 명초의 대숙청 사건에 관한 『명사』 등의 사료는 전적으로 신용할 수 없다.

사건의 중심 인물인 호유용과 남옥(藍玉)은 모두 인격에 문제가 있었던 것 같아서 그렇게까지 대규모의 모반을 꾸몄다고는 생각하지 않는다. 이상하게 들릴지 모르지만, 그들은 인격에 문제가 있어서 억울하게 모반 죄를 뒤집어썼다고 생각해도 좋다. 작은 반란이나 반항이라면 몰라도, 국가의 수만 간부를 포섭하는 모반은 상당히 뛰어난 인물이 아니고서는 지도는커녕 입안조차도 할 수 없는 일이다.

모든 일은 홍무제가 자신의 권세를 확보하기 위해 일으킨 대유혈 사건이라고 보는 것이 옳다. 문인수난기의 장에서 이야기한 것으로도 알 수 있듯이 홍무제는 성격이상자였는데, 아마 병리학적으로는 중증피해망상이라는 진단이 나올 것이다. 그러나 단순한 환자가 아니라 과감한 결단력과 초인적인 실행력을 갖추었다.

확보하고 독점한 권세를 무사히 자손에게 전하기 위해서는 국가의 간부를 일소하는 것이 가장 확실한 방법이다.

사실 최상의 방책은 국민의 대부분을 차지하는 농민의 신뢰를 얻어 그들의 협력에 의지하는 것이다. 홍무제는 자신이 있었다. 그가 바로 극빈 농민출신이었기 때문이다. 더 떨어질 것도 없는 곳에서 기어 올라왔다. 따라서 누구보다도 빈민의 서러움과 고통을 잘 알았다. 홍무제 말년에 완성한 『대명률』은 노비의 사유를 금했다. 그리고 원나라 때 특권을 누렸던 지주에게는 탄압을 가했다. 무슨 일에나 철저한 성격인 만큼 이 탄압도 철저했는데 이것이 농민을 기쁘게 한다는 사실을 그는 잘 알았다.

홍무제는 이선장(李善長)에게 한나라 고조 유방에게 배우라는 말을 듣고 그대로 따른 형적이 있다. 앞에서도 조금 다루었지만, 그의 유방 학습은 지나치게 철저해서 스승을 훨씬 뛰어넘었다. 조익은,

　　이를 배웠으나 지나침이 너무 심했다.

라고 평했는데, 정말 그랬다. 유방은 확실히 공신(功臣)을 숙청했지만, 이유 없는 주살이라고 할 수 있는 것은 한신(韓信)과 팽월(彭越) 두 사람뿐이었다. 난포(欒布)는 분명히 반기를 들었기 때문에 주살되었다. 노관(盧綰)과 한왕신(韓王信)도 모반으로 몰린 형태이지만 전혀 무고하지는 않았다. 유방은 거병할 때부터 행동을 함께 한 동지에게 위해를 가하려 한 적이 없었다. 소하(蕭何), 조참(曹參) 같은 고향 사람들은 물론, 도중에 참여한 장량 등도 끝까지 건재했다. 그런데 홍무제는 거의 모두 죽였다고 해

도 좋은 형국이었다. 똑같은 서민출신인데, 유방과 홍무제는 어디가 다른 것일까? 두 사람 다 후계자 일을 걱정했다. 유방의 아들 영(盈, 혜제)은 몸이 약해 미덥지 않은 인물이었다. 더구나 여후(呂后)가 낳은 아들은 이 자식뿐이었다. 주원장의 황태자인 표(標)는 훌륭한 인물이었던 것 같은데 그래도 천군만마의 부모 눈으로 보면 안심할 수 없었다. 재판 실습을 시켜도 곧바로 감형하는 나약한 마음이 아버지에게는 걱정이었을 것이다. 후계자 문제에서 말하면 오히려 주원장이 나은 편이다.

유방과 주원장을 비교하면 아무래도 성격차라고 할 수밖에 없다. 유방의 공신 숙청은 여후가 적극적으로 추진했다. 주원장의 경우는 오히려 마황후(馬皇后)가 말리는 식이었다. 조익 역시 천성의 차이라고 결론을 내렸다.

여러 공신의 힘으로 천하를 얻고 천하가 평정되자, 곧바로 천하를 얻는 데 공을 세운 사람들을 모조리 죽였다. 그 잔인함은 실로 천고(千古)에서 유래를 찾아보기 어렵다. 아마도 의심이 강하고 죽이는 것을 좋아하는 것은 그 천성에 기초할 것이다.

원나라 말, 난세에서 살아남으려면 자신의 힘 이외에는 믿을 것이 없고, 그 힘을 상대에게 크게 보이기 위해서는 위협을 사용해야 한다고 생각했을 것이다. 가장 효과적인 위협은 잔인한 처형이다. 하지만 잔인성을 수단으로 이용하는 데는 한계가 있다. 역시 홍무제의 잔인함은 조익이 말한 대로 천성이라고 보아야 하겠다.

호유용이 뒤집어 쓴 모반죄

호유용의 옥이 일어난 것은 홍무 13년(1380)이다. 그 전해 12월에 중승(中丞) 도절(塗節)이,

　　유기는 호유용에게 독살되었다.

고 고했다.

아무래도 이것이 옥(獄)의 시작인 것 같다. 『명사』 각 전(傳)의 기록에는 혼란이 보이는데, 절반은 날조한 것이라 각 전에 기술된 내용을 서로 잘 맞추지 못했기 때문이다.

호유용은 정원(定遠)사람으로 초기 홍건의 난 때부터 홍무제의 부하로 활약했다. 홍무제에게는 직접 가르치고 기른 부하라고 할 수 있다. 차츰 승진하여 홍무 10년(1377)에 중서성의 최고 자리인 좌승상이 되었다. 이는 재상의 자리다. 그 6년 전부터 우승상을 지냈는데 그 동안 좌승상 자리가 비어 있었으니, 실제로는 그가 오랫동안 국정의 최고 수뇌였다. 모든 일을 자신이 처리하기 위해서는 권력이 집중돼야 해야 하는 것은 당연하다.

이것이 달갑지 않았던 홍무제는 너무 기어오르면 기회를 보아 철퇴를 가하려고, 잠자코 지켜보고 있었다. 호유용의 독선은 차츰 대담해졌다. 각지, 각 청에서 제출한 상주문도 자신에게 불리한 것은 황제에게 보이지 않았다. 인사도 그가 결제했기 때문에 자연히 파벌이 형성되었다.

호유용이 입신출세한 계기는 이선장의 천거를 받아 태상소경(太常少卿)이라는 차관급에 취임한 일이다. 그런 관계에서 두 사람은 인척이 되어 친밀해졌다. 명 왕조 초기 정계에서는 이선장과 유기가 대립한 기색이

있다. 유기는 생각만 나면 휴직했기 때문에 대립은 그다지 눈에 띄지 않았다. 홍무제는 유기의 그런 욕심 없음이 마음에 들었던 모양이지만, 경쟁자인 이선정은 내심 그것이 불만이었다. 호유용이 유기를 독살한 것은 그와 이선장의 관계에서 볼 때, 수긍이 가는 이야기다.

그 다음은 다소 엉터리같은 이야기다. 유호용의 집과 그 주변, 그리고 집안의 무덤에 잇따라 이상한 현상이 나타났다. 예를 들면 우물에서 석순(石筍)이 자랐다는 것인데 이는 길조로 해석되었다. 유기의 예언서에도 다룬 적이 있는데, 당시 사람들은 현대인은 상상도 할 수 없을 만큼 미신을 믿었다. 길조가 나타난 것은 천자가 될 전조라고 믿은 유효용은 모반할 마음을 품고 어사대부 진녕(陳寧)과 중승인 도절과 결탁했다고 한다.

일이 탄로 난 것은 홍무 13년 정월, 모반이 실패할 것이라고 예상한 도절이 밀고했기 때문이다. 이는 『명사』 「호유용전」의 기술인데, 그 밖에도 「왕광양전(汪廣洋傳)」에는 12년 12월에 도절이 모반이 아닌 유기 독살을 밀고한 것으로 기록되어 있다. 도절이 호유용과 모반 동지라면 독살 밀고 따위를 해서 일을 복잡하게 만들었다는 것이 이상하다. 모반은 날조한 것이고, 홍무제가 주시하고 있다가 기어오르는 호유용을 숙청했을 것이다. 검거된 호유용은 2년 전에 유기를 독살한 일을 폭로한 앙갚음으로 도절을 모반 동지라고 끌어들였을 가능성도 있다.

홍무제로서는 어쨌든 권력을 지나치게 쥔 인물을 모반인으로 만드는 것이므로 폭로 경위 따위는 아무래도 좋았다. 다만 홍건군 시절과 달리 기록을 남겨야 했다. 그래서 나중에 날짜를 짜 맞춘 것이다. 따라서 기록 여기저기에 서로 맞지 않는 일이 벌어진 것이다.

호유용은 모든 죄를 뒤집어썼는데, 그중 하나가 점성(占城)에서 조공사

(朝貢使)가 왔는데도 보고하지 않은 일이 그의 전기에 보인다. 점성은 인도차이나 반도에 있던 나라다. 공사는 아마 광주(廣州)에 왔을 것이다. 당시 왕광양(汪廣洋)이 광남(廣南)에 좌천되어 있었으므로 「호유용전」에는 홍무제가 공사의 입조를 숨긴 것에 화가 나서 호유용과 왕광양을 문책하고, 왕광양에게는 죽음을 내렸다고 기록되어 있다. 확실히 왕공양은 주살되었으나, 같은 『명사』의 「왕광양전」에는 강서에 있을 때 문정(文正)의 악행을 비호하고, 중서성에 있을 때, 양헌(楊憲)의 간계를 고발하지 않은 것이 주살의 이유라고 기록되어 있다. 어차피 죽었으므로 마찬가지라고 당시의 기록관은 창작했던 모양인데, 혼자서 기록하는 것이 아니므로 어긋나기 마련이다.

호유용 모반의 결정타는 외국 세력과 결탁했다는 것이다. 옛날이나 지금이나 외국과 손잡고 모반을 꾀하는 것은 더없이 극악무도한 죄다. 호유용은 일본과 북쪽으로 도망한 몽골 정권인 북원(北元)에 사자를 보내 모반할 때 지원해 달라고 요청했다고 한다.

두 번에 걸친 쿠빌라이 원정군을 격퇴한 일본을 상당히 강하다고 생각했던 모양이다. 게다가 당시 일본의 해적, 즉 왜구가 설치고 있었다. 큐슈(九州) 근방에 본거지를 두고 왜구 세력과 손잡는 것은 생각할 수 있는 일이다. 그러나 일본국은 당시 남북조 시대였으므로 외국을 지원할 여유가 없었다. 일본에서 남북조가 통일되는 것은 고코마츠텐노(後小松天皇)의 명덕(明德) 3년(1392)인데, 이것은 홍무 25년에 상당한다. 지방세력이지만 명나라 재상이 일본과 결탁하려고 했다면, 일본 쪽 기록이나 전승(傳承)에 조금이라도 흔적이 남았을 텐데, 그것이 전혀 없다. 이것도 날조했다고 의심하는 근거 중 하나다.

외국세력과 결탁한다면 역시 일본보다 북원 쪽이 훨씬 현실적이다. 몽골 정권은 실제로 얼마 전까지 중국을 지배했다. 겨우 10년 전이므로 몽골의 기구가 아직 작동하는 행정 부분도 있을 터였고, 지하에 숨어 있다가 다시 부상해서 움직일 수 있는 것도 적지 않았다.

호유용, 진녕, 도절 등 주범은 주살되었고 중서성은 폐지되었다. 좌우 승상은 없어지고, 그후 명나라에는 정식 재상이 존재하지 않게 되었다. 육부(六部), 즉 각 성(省)이 있고 그곳의 장관은 있지만, 그것을 통괄하는 대신은 없다. 각료는 있지만 총리가 없는 셈이다. 육부의 장관은 황제에 직속하므로 황제가 총리를 겸한 것이나 다름없었다.

이러한 제도 개혁으로 황제 이외의 사람에게 큰 권한이 집중되는 일은 사라졌다. 각료에 상당하는 육부의 상서는 소관사항 이외의 일에는 개입할 수 없었다. 권한은 분산되었고 황제의 지위는 더욱 높아졌다. 누구에게도 권세를 넘겨 주지 않겠다는 홍무제의 무서운 집념은 소름이 끼칠 정도다.

손자 때문에 죽은 3만 명

이것으로 호유용의 옥이 해결된 것은 아니다.

홍무제의 시의심은 더욱 심해졌다. 권한은 분산되었지만 군신(群臣)이 연합하면, 아직 황제에게서 권한을 빼앗을 정도는 된다. 적어도 홍무제는 그렇게 생각했다. 조금이라도 수상한 언동을 하는 자는 곧바로 죽여 버렸다. 명나라 엽자기(葉子奇)가 편찬한 『초목자(草木子)』는 그 시대의 저작이므로 신뢰도가 높은 자료인데, 그 안에,

경관(京官, 조정의 관리)은 아침에 입조할 때마다 반드시 처자와 결별을 고하고, 저녁에 무사히 돌아오면, 다시 서로 기뻐하며 이로써 또 하루를 살았다고 했다.

라는 대목이 나온다. 아침마다 출근할 때 이별을 고하고, 저녁에 돌아가면 아아, 이것으로 하루를 살았다며 서로 기뻐했다는 것이다. 그렇다면 사표를 내면 되지 않느냐고 생각하는 것은 현대인의 발상이다. 문인 수난의 장에서도 이야기했지만, 이 시대의 사람들에게는 사직할 자유조차 없었다.

홍무 13년에 일어난 호유용의 옥에서는 몇 사람만 주살되었지만, 정확히 10년이 지난 홍무 23년(1390)에 이 사건은 또다시 재연되었다. 이때의 옥은 너무도 처참해서, 이에 비하면 10년 전의 사건은 아무것도 아니었다.

63세가 된 홍무제는 마침내 다음 대(代)를 생각했다. 건국 공신들은 아직 많이 남아 있었다. 전란, 기아, 질병, 천재지변 등 온갖 것들을 경험하여 뱃심 있는 사람들뿐이었다.

홍무제는 41세의 나이에 즉위했다. 그때 20대였던 젊은 간부들은 이제 40대로 한창이었다. 궁전에서 자라 지나치게 자비로운 황태자 주표(朱標)가 과연 그런 무리를 통어(通御)할 수 있을까? 그것을 생각하자 홍무제는 걱정이 되어 견딜 수가 없었다. 그래서 이때 모두 죽일 결심을 했을 것이라고 생각한다. 10년 전에는 권력을 너무 많이 쥔 소수의 중신을 죽이는 것으로 끝냈다. 홍무제 나이 50세가 약간 넘었을 뿐이므로, 자신이 있는 한 걱정 없다고 생각했을 것이다. 그러나 이제 상황이 달라졌다.

건국의 원훈이며 국가의 최장로인 태사(太師) 한국공(韓國公) 이선장에게 죽음을 내렸다. 호유용의 모반과 관계가 있다는 이유였다. 확실히 호유용은 이선장의 천거로 승진했으니, 그에게도 약간의 책임은 있다. 더구나 인척관계이기도 했다. 하지만 10년이나 지나서 모반과 관계가 있다고 탄핵하는 것은 너무도 어처구니없는 일이 아닐 수 없다.

홍무제로서는 이선장이 가장 죽이기 쉬웠다. 호유용의 모반에 같은 파벌의 이선장이 관계하지 않았을 리 없다고 하면 설득력이 있었다.

최고 장로인데다 가장 공적이 많으며 77세나 된 이선장을 죽였으니, 나머지는 일사천리라고 해도 좋았다. 길안후(吉安侯)인 육중형(陸仲亨)도 투옥되어 죽었다. 육중형이라고 하면, 17세부터 홍무제를 따랐으며 진우량(陳友諒)과의 싸움에서 큰 공을 세우고, 광동을 평정할 때도 큰 공을 세웠다. 홍무제는 자신보다 10살이나 어린 이 역전의 장군을 지금 제거하지 않으면 마음을 놓을 수 없었다.

홍무제는 '소시간당록(昭示奸黨錄)'을 만들게 했다. 족주(族誅, 일족을 몰살시킴)시킨 자가 모두 3만여 명에 달했는데, 그 성명을 여기에 기록했다.

10년이 지난 뒤의 옥이므로 역시 그 줄거리가 작성되었다. 하지만 그것은 믿을 것이 못 된다. 아무튼 그것에 따르면, 호유용은 모든 죄를 자백하고 죽은 것으로 기록되어 있다. 홍무 21년(1388)에 명나라 군대가 막북(漠北)을 정벌했을 때, 호유용이 북원에 사자로서 파견한 봉적(封績)이라는 자를 체포하여 문초함으로써 홍무 23년에 겨우 전모를 알게 된 것으로 기록되어 있다. 또 봉적이 붙잡히기 2년 전에 일본에 사자로서 간 임현(林賢)도 체포되었다고 한다.

이 가공할만한 숙청의 거센 폭풍이 몰아치고 2년 뒤인 홍무 25년

(1392)에 홍무제가 사랑해 마지않던 황태자 표가 죽었다. 홍무제는 슬픔에 잠겨있을 수만은 없었다. 아직 할 일이 남아 있었다.

홍무제는 황태자의 아들, 다시 말해 손자를 후계자로 삼기로 했다. 당연히 손자는 아직 어렸다. 황태자에게 황위를 물려 주는 것이라면 3만 명을 죽인 호유용의 옥으로도 일단 안심할 수 있었다. 하지만 손자라면 상황이 달라진다. 좀 더 죽이지 않으면 안심할 수 없는 것이다. 홍무제의 집념은 이미 소름끼칠 정도였다. 그를 지배하고 있는 것은 광기였다고밖에 말할 수 없다.

공신과 숙장(宿將)은 거의 다 죽였지만, 홍무제는 마음을 놓지 못했다. 손자에게 가장 위험한 인물을 골라 그들을 중심으로 한 옥(獄)을 다시 일으켜 주가(朱家)의 천하를 태평하게 하고자 했다.

홍무제에게 남은 시간은 그다지 많지 않았다. 황태자가 죽은 이듬해, 66세의 홍무제는 서둘러서 그 일에 착수했다.

남옥의 옥

표적이 된 것은 양국공(涼國公) 남옥(藍玉)이었다. 호유용의 경우도 그랬지만, 홍무제가 중심인물로서 표적으로 삼은 것은 역시 세간의 평판이 좋지 않은 자였다.

남옥은 건국의 원훈이었던 상우춘(常遇春)의 처남이다. 홍무제가 북벌군을 일으켰을 때, 서달을 보좌하는 부장(副將)으로서 출정하여 무공을 올린 상우춘은 건국하자마자 병으로 죽었다. 이 빠른 죽음이 어쩌면 그에게는 다행이었는지도 모른다. 살아 있었다면 호유용의 옥은 면했을지 몰라도, 처남인 남옥을 중심으로 한 대숙청의 소용돌이에는 반드시 휩쓸렸을 테니까.

남옥은 외정(外征)의 경험이 풍부한 장군이었다. 촉(蜀)나라에 출정하여 사천 평정 싸움에 종군했고, 서달의 휘하에서 막북에서 싸운 일도 있다.

제1차 호유용의 옥이 일어나기 직전, 그는 서번(西番) 토벌에서 개선하여 후(侯)에 봉해졌다. 23년의 제2차 대옥 때는 서번의 반만(叛蠻)을 토벌하기 위해 출정 중이었다. 제2차 대옥의 계기가 된 봉적의 체포는 그가 정로부장군(征虜副將軍)으로서 막북에 원정했을 때의 일이다. 21년(1388)에는 대장군으로 승격해서 15만 대군을 이끌고 부이르노르(捕魚兒海)에서 북원군을 격파하여 드물게 보는 대승리를 거두었다.

이때 북원의 황제는 순제의 손자인 토구스테무르(脫古思帖木兒)였는데, 남옥은 그 차남인 티포누(地保奴)를 체포했다. 후에 이 티포누는 유구(琉球)로 유배되었다.

혁혁한 전공을 세운 장군이나 공을 내세우고 거만해져 사람들에게 미움을 받았다. 홍무제로서는 알맞은 표적이었다. 머지않아 화살은 그 표적에 명중했다.

특무기관인 금의위(錦衣衛)의 지휘자인 아무개 장군의 고발이라는 형식을 취했지만, 홍무제가 조종한 일임은 말할 나위도 없다.

모반 혐의로 체포된 남옥은 즉시 거리에서 책형(磔刑)에 처해졌다. 여기에 연루되어 죽은 자가 1만 5천여 명이며, 이때는 '역신록(逆臣錄)'이라는 명단이 작성되었다.

외정이 많았던 그가 모반 계획 따위를 세울 수 있었는지 심히 의심스럽다. 호유용과 남옥의 옥(獄)에 관해서는 다음에 인용하는 조익의 의견이 정확할 것이다.

> 명조(明祖, 홍무제)에 이르러 옥사를 일으킨 것이 빨랐다 해도 천하가 평정되었을 때는 그의 나이 이미 60세였다. 의문태자(懿文太子, 주표)는 온화하고 인자했다. 의문이 죽고 손자는 더욱 나약했다. 마침내 앞날을 염려치 않을 수 없었다. 이에 또다시 대옥을 일으켜 일망타진했다. 이것으로 그의 심사(心思)를 추측할 수 있다. 호유용이 죽은 것은 홍무 13년으로, 함께 주살된 자는 진녕, 도절 등 몇 명에 지나지 않는다. 호당(胡黨)의 옥에 이른 것은 23년의 일이다. 호유용의 죽음에서 10여 년이 지났는데, 어찌 죽은 역적의 공모자라 하여 10여 년이 지난 지금 새삼스레 문죄할 수 있으랴. 이는 호유용을 빙자하여 죄목을 만들어 여러 사람을 견제하고 이들을 올가미에 얽으려는 계책일 뿐이다. 호당을 이미 주살하고도 여전히 미진하여 26년에 다시 남당의 옥을 일으켰다. 이로써 모든 공신과 숙장이 사라졌다.

홍무제는 손자를 위해 만전의 계략을 다했다고 생각했을 것이다. 하지만 그렇지 않았다. 그가 죽은 뒤, 그가 사랑한 손자에게는 비참한 운명이 기다리고 있었다. 홍무제는 대비해야 할 방향을 잘못 잡은 것이다.

원나라 말기의 반란 시대에 씩씩했던 홍건군의 젊은 영수는 차츰 권세의 포로가 되어 갔고, 거기에 매달리는 모습은 참으로 볼썽사나웠다. 시대가 낳은 이 마성(魔性)의 인간은 중화의 부흥이라는 대업을 완성했으나, 거기에 크고 어두운 그림자를 던졌다. 홍무제가 시작한 명 왕조는 그 후에도 그의 성격을 이어받은 듯 늘 암영을 드리웠다.

앞에서도 이야기했지만, 중화의 부흥이라고 해도 명나라는 결코 송나라로 되돌아가는 일 없이 원(元)의 후계자라는 역사의 흐름에 따랐다. 명나라 제도 속에는 원나라의 요소가 많이 남아 있었다. 다만 홍무제가 저지른 그 처참한 숙청을 원나라의 요소라고 한다면, 그것은 몽골족에게 너무도 큰 실례가 될 것이다. 원대에도 살육은 적지 않았다. 하지만 호람의 대옥과 같은 경우는 없었다.

여기에서 원말 사대가의 마지막 한 사람인 왕몽(王蒙)의 운명을 다뤄보자.

왕몽이 태안의 주지사가 된 이야기는 이미 다뤘다. 그는 자신의 앞날이 창창하다고 생각했을 것이다. 중화의 부흥은 무엇보다 문화의 부흥이어야 했기 때문이다. 먼 친척이지만 송 왕조의 종실과 관련 있는 몸으로서 문예부흥을 꿈꿨을지도 모른다. 태안에서의 관리 생활은 상세히 알 수 없다. 때로는 상경하여 남경에서 정치의 중심 냄새를 맡는 일도 있었다. 그러던 어느 날 그는 재상 호유용의 저택을 찾았다.

호유용은 서화 수집가였으므로 단지 그것을 보러 간 것이다. 인쇄술이 유치하여 복제도 많지 않은 시대였으므로, 각지의 수집가들 집에 서화관계인이나 애호가가 방문하는 것은 흔한 일이었다. 하지만 보통인 일이 통하는 시대가 아니었다. 호유용의 저택을 찾은 것이 그의 불행이었다. 호유용 저택을 방문한 자는 모두 조사를 받았다. 그는 회계(會稽)의 곽부(郭傅), 승려 지총(知聰) 같은 동호인과 함께 호유용의 저택에서 서화를 감상했다.

왕몽은 호유용의 옥에 연루되어 체포되었으며 홍무 18년(1385)에 옥사했다. 향년 77세. 제1차 옥에서 주살된 자는 몇 명뿐이었으나 연루된 자는 1만 5천 명에 이르고 왕몽도 그중 한 사람이었다.

늙은 독재자의 끝없는 걱정

남옥의 옥 뒤에도 홍무제는 죽을 때까지 중신을 죽였다. 남옥의 옥이 일어난 이듬해인 27년에는 부우덕(傅友德)과 왕필(王弼)이 주살되었다. 전자는 공작, 후자는 후작이었다. 28년에는 송국공(宋國公)인 풍승(馮勝)이 주살되었다. 29년의 희생자는 감찰어사 왕박(王朴)이었다. 30년에는 부마도위(駙馬都尉)인 구양륜(歐陽倫)이 죽음을 당했다. 부우덕이나 풍승도 역전의 용장이었다. 청대에 편찬된 『명사』의 「부우덕전(傅友德傳)」과 「풍승전(馮勝傳)」은 그 빛나는 전공을 찬양한 다음, 돌연 '사사(賜死)되었다'고 끝을 맺었다. 주살에는 당연히 이유가 있는 법인데 일부러 그것을 기록하지 않았다. 이것은 중국 전통의 이른바 『춘추』의 필법으로 죄를 받은 이유를 일부러 기록하지 않음으로써, 그 죽음이 무고한 죄로 인한 것임을 나타낸다.

한편 28년에는 문신, 코 베기, 거세 등 육체에 가하는 형을 금했다. 그리고 앞으로 그 부활을 요청하는 자는 극형에 처한다고 정했다. 무자비한 것은 자기 주변으로 한정했던 모양이다.

시의심이 깊어지면 아무도 신용할 수 없게 된다. 홍무제는 신뢰할 수 있는 것은 혈족뿐이라는 생각이 강했다. 그것은 그가 어려서 부모를 여의어서 육친의 사랑에 굶주렸기 때문일지도 모른다.

여러 자식을 각지에 봉한 것도 한 가지 징표다. 황족을 황실의 울타리로 삼는 사고방식이다. 그들은 군권(軍權)만을 가질 뿐 민정에는 관여할 수 없다. 홍무제는 황제 독재의 열성적인 신자여서 울타리격인 황족에게도 과도한 권력을 주지 않았다. 군권이라 해도 주어진 병력은 매우 적어서 상징적인 것이라고 해야 할 정도였다. 다만 국경과 가까운 곳은 예외여서 유능한 황족에게 상당한 병력을 주어 맡겼다. 원나라 수도였던 북경을 중심으로 한 지방은 가장 중요한 지역이었기 때문에 홍무제는 여러 아들들 중에서 가장 재략이 뛰어난 넷째 아들을 연왕(燕王)으로 하여 그곳에 봉했다.

고아였던 홍무제는 당연히 혈연이 적었으므로 우수한 소년을 잇따라 양자로 삼았다. 홍무제는 양자가 20여 명이나 되었다고 한다. 늙어 가는 독재자는 자신이 죽은 뒤의 일을 이것저것 생각했던 것이다.

당나라 황제가 말기에 이르러 환관에게 휘둘렸던 일을 거울삼아 홍무제는 환관이 정치에 관여하는 것을 엄격히 금했고, 또 환관 수도 제한했다.

빈농 출신인 홍무제가 농본주의를 기본적인 국책으로 삼았음은 말할 것도 없다. 농민은 입어도 되는 비단 옷을 상인에게는 금했다.

『명사』를 살펴 보면, 홍무제가 가장 억제하려고 했던 환관과 상인이 결국 매우 강해져서 명나라의 운명을 좌우했다는 것을 알 수 있다.

마성의 인간도 죽음을 면할 수는 없었다. 홍무 31년(1398) 5월 갑인일(甲寅)에 홍무제는 병상에 누웠고, 윤5월 을유일(乙酉日)에 서궁(西宮)에서 죽었다. 향년 71세였다. 그 유조는 다음과 같았다고 기록되어 있다.

짐은 천명을 받아 30 하고도 1년, 위험을 근심하여 마음에 두고, 날

로 노력하여 게을리 하지 않고, 백성에게 유익하고자 애썼다. 어찌하
랴, 가난 속에서 태어나 옛사람의 해박한 지식은 없고, 선(善)을 좋아
하고 악을 미워했으나, 멀리 미치지 못했다. 지금 만물 자연의 이치(죽
음)를 얻었으니, 어찌 슬픔이 있을쏘냐. 황태손 윤문(允炆)은 인명효우
(仁明孝友)하니, 천하의 민심을 따라, 모름지기 대위(大位)에 오를 것
이다. 내외 문무 신료들은 마음을 합하여 정사(政事)를 보필하고, 이
로써 우리 백성을 편안케 하라. 상제의물(喪祭儀物)은 금과 옥을 쓰지
마라. 효릉(孝陵)은 산천의 원형에 따르고, 개작(改作)하지 마라. 천하
신민은 곡림(哭臨)을 3일로 하고 모두 복(服)을 벗으라. 복중이라 해서
결혼을 막지 마라.

『명사』「본기」에는 홍무제가,

  말년에 백성을 걱정하는 마음이 더욱 절실하였다.

고 기술하고, 운하, 관개, 방재 같은 대공사를 단기간에 완성한 것을 찬
양한다. 홍무제 말년이라고 하면 밤낮으로 중신들을 죽이던 때다. 그것
이 위에서 말한 선정(善政)과 시기를 같이 한다는 것은 참으로 이상한 일
이다. 아니면 홍무제는 조정 내부에서는 어떤 가혹한 옥을 일으켜도 백
성의 절대다수인 농민의 지지가 있는 한, 명 왕조의 황기(皇基)는 흔들리
지 않을 것이라고 믿었는지도 모른다.

연표

서기	왕조연호	주요사건
1123	송(宋) 선화(宣和) 5년 금(金) 천회(天會) 원년	금, 연산(燕山) 6주를 송에 반환. 금의 태조 죽고, 동생 완안오걸매(完顔吳乞買), 태종(太宗) 즉위.
1224	금 천회 2년 하(夏) 원덕(元德) 6년	서하(西夏), 금의 속국이 됨.
1225	요 보대(保大) 5년 금 천회 3년 서요(西遼) 연경(延慶) 원년	천조제(天祚帝), 금군에 항복하고, 요 멸망. 금군, 크게 일어나 송을 토벌하러 나섬. 휘종, 퇴위하고, 아들 조환(趙桓), 흠종(欽宗) 즉위. 야율대석(耶律大石), 덕종(德宗)을 칭하고 서쪽으로 가 서요(西遼)를 세움.
1226	송 정강(靖康) 원년 금 천회 4년	송의 강왕(康王) 조구(趙構) 등, 금의 인질이 됨. 금, 송의 흠종·휘종을 포로로 잡음(정강(靖康)의 변). 금군, 개봉을 점령하여 북송 멸망.
1127	송 건염(建炎) 원년 금 천회 5년	금, 장방창(張邦昌)을 초(楚) 황제로 삼고, 금릉(金陵)에서 건국. 휘종 등을 금으로 납치. 송의 강왕 조구, 남경 응천부(南京應天府)에서 남송의 고종(高宗)으로 즉위.
1128	송 건염 2년 금 천회 6년	금, 남벌군을 일으킴.
1129	송 건염 3년 금 천회 7년	명수(明受)의 난(묘·유)이 일어나 평정됨. 고종이 퇴위했다가, 다시 복위. 금의 남벌군, 한족에 여진족(女眞族)의 풍속을 강요.
1130	송 건염 4년 금 천회 8년 위제유예부창(僞齊劉豫阜昌) 원년	종상(鐘相)의 난 일어남. 금, 북경에 유예(劉豫)를 황제로 하는 꼭두각시 나라 제(齊)를 수립. 진회(秦檜), 금에서 석방되어 귀국. 고려, 금을 종주국으로 인정하고 보주(保州)를 돌려받음. 진회, 재상이 됨.
1131	송 소흥(紹興) 원년	사마르칸트 부근의 전투에서 야율대석 승리. 야율대
1132	송 소흥 2년 금 천회 10년 하 정덕(正德) 6년 서요 연경 8년	석, 구르한을 칭하고 천우(天祐)황제가 됨. 송의 고종, 월주(越州)에서 항주(杭州, 임안부)로 옮김. 야율여도(耶律余睹), 금에 반기를 들어 패함. 금, 남벌을 중지하고, 거란인(契丹人)을 대량 학살함.
1134	송 소흥 4년	금·제의 연합군, 남송으로 토벌군을 보냄. 악비(岳飛),

	금 천회 12년	노주(盧州)에서 금군을 무찌름.
	위제부창 5년	
1135	송 소흥 5년	금의 태종 죽고, 황태자 완안단(完顔亶), 희종(熙宗) 즉
	금 천회 13년	위. 금의 휘종 죽음.
1137	송 소흥 7년	종한(宗翰) 죽음. 금, 제를 멸함.
	금 천회 15년	
	위제부창 8년	
1141	송 소흥 11년	종간(宗幹) 죽음. 악비 하옥됨. 송과 금 사이에 회하(淮
	금 황통(皇統) 원년	河)를 경계로 강화 성립.
1142	송 소흥 12년	남송과 금 사이에 강화 성립.
	금 황통 2년	
1143	금 황통 3년	유예, 임황부(臨潢府)에서 죽음. 야율대석 죽고, 황후가
	서요 강국(康國) 9년	섭정.
1146	금 황통 6년	금, 우문허중(宇文虛中)을 억류했다가 죽임.
1149	금 천덕(天德) 원년	금에서 장균(張鈞)·삼합(三合)이 죽음. 금의 완안량(完
		顔亮), 희종을 죽이고, 해릉왕(海陵王) 즉위.
1150	금 천덕 2년	금의 해릉왕, 종실과 중신을 대량 학살.
1151	금 천덕 3년	금, 연경으로 도읍을 옮기고 중도(中都)라 칭함.
1153	금 천덕 5년	금의 해릉왕, 연경으로 들어가 정원(貞元)으로 개원.
	정원(貞元) 원년	오경(五京)의 호칭을 정함.
1155	송 소흥 25년	남경 개봉에서 큰 불이 남. 송 재상 진회 죽음.
1157	송 소흥 27년	북송의 흠종, 금에서 죽음.
1159	금 정륭(正隆) 4년	금의 해릉왕, 남정 준비를 명함.
1161	송 소흥 31년	금의 해릉왕, 송의 정벌군을 출진시킴. 금의 동경유수
	금 대정(大定) 원년	(東京留守) 완안포(完顔襃), 세종(世宗)을 칭함. 해릉왕,
		부하인 완안원의(完顔元宜, 원래성은 야율[耶律])에게
		죽음. 금, 남송과 화해.
1162	송 소흥 32년	송의 고종, 태상황을 칭하며 덕수궁으로 은퇴하고, 태
		자 조신(趙眘), 효종(孝宗) 즉위. 칭기즈 칸 태어남.
1163	송 융흥(隆興) 원년	탕사퇴(湯思退), 다시 송의 재상이 됨.
1165	송 건도(乾道) 원년	송·금이 화의함. 이후 40년간 평화가 계속됨.

	금 대정 5년	
1189	송 순희(淳熙) 16년	금의 세종 죽고, 태손인 완안경, 장제(章帝) 즉위. 송의
	금 대정 29년	효종 퇴위하고, 조순(趙惇), 광종(光宗) 즉위.
1194	송 소희(紹熙) 5년	송의 광종 퇴위하고, 태자 조확(趙擴), 영종(寧宗) 즉위.
1196	송 경원(慶元) 2년	남송의 한탁주(韓侂冑), 주자학파를 탄압. (경원위학[慶元僞學]의 금)
1200	송 경원 6년	주희(朱熹) 죽음.
1204		나이만(乃蠻) 대왕, 테무진(칭기즈 칸)과 싸우다 죽음.
1205	하(夏) 천경(天慶) 12년	테무진 군, 서하를 침입(제1차)
1206	송 개희(開禧) 2년	남송의 한탁주, 금과의 토벌전을 개시하자, 금이 반격.
	금 태화(泰和) 6년	송의 장수 오희(吳曦), 금에 투항. 몽골의 테무진, 몽골
	몽골 칭기즈 칸 원년	전체를 통일하고 칭기즈 칸이라 칭함(원 태조[元 太祖]).
1207	송 개희 3년	송의 재상 한탁주, 하진(夏震)에게 죽음.
1208	송 가정(嘉定) 원년	송·금 또다시 화의함. 금의 장종 죽고, 숙부인 위소왕
	금 태화 8년	(衛紹王) 윤제(允濟, 폐제) 즉위.
1209	송 가정 2년	몽골군, 서하를 공격(제3차). 육유(陸游) 죽음.
	하 응천(應天) 4년	
	몽골 칭기즈 칸 4년	
1210	금 대안(大安) 2년	금과 몽골이 국교를 단절.
	몽골 칭기즈 칸 5년	
1211	금 대안 3년	칭기즈 칸, 금을 친정.
	몽골 칭기즈 칸 6년	
1212	서요(西遼) 천희(天禧) 35년	거란족의 야율유가(耶律留哥), 반란을 일으킴.
1213	금 정우(貞祐) 원년	야율유가, 독립하여 요왕(遼王)을 칭함. 금의 흘석열집
	몽골 칭기즈 칸 8년	중(紇石烈執中), 위소왕(衛紹王)을 죽이고, 완안순(完顏珣)을 선종(宣宗)으로 옹립. 몽골군, 산동 반도까지 침입.
1214	금 정우 2년	칭기즈 칸이 친정하는 몽골군, 남쪽을 침입. 금의 선
	몽골 칭기즈 칸 9년	종, 몽골과 화의함. 금, 개봉으로 도읍을 옮김.
1215	금 정우 3년	몽골군이 남하하여, 금의 연경을 점령.
	몽골 칭기즈 칸 10년	

1217	송 가정(嘉定) 10년	금, 남송 침입. 이때부터 해마다 송·금의 싸움이 계속
	금 흥정(興定) 원년	됨. 칭기즈 칸, 무칼리를 국왕으로 봉함. 무칼리, 연경
	몽골 칭기즈 칸 12년	을 기지로 삼음.
1218	몽골 칭기즈 칸 13년	쿠추루크(나이만 왕자), 칭기즈 칸 군에게 죽음. 고려,
		몽골에 조공을 약속.
1219	송 가정 12년	서하·남송 연합군, 금을 협공. 칭기즈 칸의 서정(西征)
	금 흥정 3년	이 시작됨.
	하(夏) 광정(光定) 9년	
	몽골 칭기즈 칸 14년	
1224	송 가정 17년	송의 영종 죽고, 양자 조순, 이종(理宗) 즉위.
1227	하 보의(寶義) 2년	서하의 이현(李睍), 몽골군에게 항복하여 서하 멸망.
	몽골 칭기즈 칸 22년	칭기즈 칸·구처기(丘處機)가 죽음.
1231	송 소정(紹定) 4년	몽골, 송·고려를 침입. 곽수경(郭守敬) 태어남.
	몽골 우구데이 칸 3년	
1232	금 천흥(天興) 원년	몽골군, 개봉을 포위.
	몽골 우구데이 칸 4년	
1233	송 소정 6년	금의 애종(哀宗), 귀덕(歸德)에서 탈출. 남송과 몽골군,
	금 천흥 2년	채주(蔡州)를 포위. 사미원(史彌遠) 죽음.
	몽골 우구데이 칸 5년	
1234	송 단평(端平) 원년	몽골·남송 연합군의 공격으로 금의 애종이 자살하
	금 천흥 3년	고, 금 멸망. 남송군, 낙양에 입성. 몽골군도 낙양에 입
	몽골 우구데이 칸 6년	성, 송은 철군.
1235	송 단평 2년	몽골, 송의 배신에 책임을 묻고 남침. 바투의 서정(西
	몽골 우구데이 칸 7년	征) 시작됨.
1236	몽골 우구데이 칸 8년	태종 우구데이, 제2차 서정 시작.
1237	송 가희(嘉熙) 원년	남송의 맹공(孟珙), 몽골군을 무찌름.
	몽골 우구데이 칸 9년	
1239	송 가희 3년	맹공, 몽골군에게 양양(襄陽)을 탈환.
	몽골 우구데이 칸 11년	
1241	몽골 우구데이 칸 13년	태종 우구데이 죽음.
1246	송 순우(淳祐) 6년	구육(정종(定宗)) 즉위. 맹공 죽음.

	몽골 구육 칸 원년	
1248	몽골 구육 3년	구육와 우량하타이 죽음.
1251	몽골 뭉케 칸 원년	뭉케(헌종〔憲宗〕) 즉위. 쿠빌라이, 막남한지(漠南漢地) 대총독이 됨.
1252	몽골 뭉케 칸 2년	헌종, 쿠빌라이에게 운남 원정을 명함.
1244	송 보우(寶祐) 2년 몽골 뭉케 칸 4년	몽골군의 고려 침입이 격렬해짐. 조맹부(趙孟頫) 태어남.
1257	송 보우 5년 몽골 뭉케 칸 7년	헌종, 남정군을 이끌고 남송으로 향함.
1258	송 보우 6년 몽골 뭉케 칸 8년	고려의 강화도에서 반란이 일어나, 최씨 정권 몰락. 몽골군, 대규모로 송에 침입. 헌종은 사천(四川), 쿠빌라이는 호북(湖北)을 공격.
1259	송 개경(開慶) 원년 몽골 뭉케 칸 9년	헌종 죽음. 몽골군 철수, 쿠빌라이, 가사도(賈似道)에게 화의를 받아들이고, 군대를 철수. 고려의 태자 왕전(王倎), 몽골에 입조, 국왕 고종(高宗)이 죽자 귀국하여, 원종(元宗) 즉위. 원호문(元好問) 죽음.
1260	몽골 중통(中統) 원년	쿠빌라이, 개평부에서 세조(世祖) 즉위. 아릭 부케, 카라코룸에서 즉위.
1263	송 경정(景定) 4년	가사도의 공전법(公田法)이 시행됨.
1266	송 함순(咸淳) 2년 몽골 지원(至元) 3년	아릭 부케, 쿠발라이에게 항복. 남송의 이종 죽고, 조기(趙祺) 탁종(度宗) 즉위. 원서560쪽 참조
1267	몽골 지원 4년	쿠빌라이, 연경(燕京, 중도)으로 도읍을 옮기고 대도(大都)라 부름.
1269	몽골 지원 6년	몽골, 몽골글자(파스파 문자)를 공식문자로 공포.
1271	송 함순 7년 원(元) 지원 8년	쿠빌라이, 국호를 원(元)이라 함.
1273	송 함순 9년 원 지원 10년	원군, 번성(樊城)과 양양(襄陽)을 점령.
1274	송 함순 10년 원 지원 11년	남송의 탁종 죽고, 조현(趙㬎, 공제(恭帝) 즉위. 고려의 원종 죽고, 충렬왕(忠烈王) 즉위. 여몽연합군, 일본에 원정.

1275	송 공제조현(恭帝趙㬎)	마르코 폴로, 상도(上都)에 입경. 문천상(文天祥), 군대
	덕우(德祐) 원년	를 일으킴. 가사도, 원군을 무호(蕪湖)에서 맞이하여
	원 지원 12년	싸우다, 패배하고, 죄를 받아 죽음.
1276	송 경염(景炎) 원년	원군, 임안(臨安)을 점령. 남송의 익·광(益·廣) 두 왕이
	원 지원 13년	남으로 도망감. 익왕(益王), 단종(端宗) 즉위.
1278	송 상흥(祥興) 원년	남송의 단종 죽고, 광왕(廣王, 마지막 황제, 제병〔帝昺〕),
	원 지원 15년	즉위. 문천상, 원군에게 사로잡힘.
1279	송 상흥 2년	애산(厓山)의 송군, 원군의 공격을 받아 제병 물에 빠
	원 지원 16년	져 죽고, 남송 멸망. 원 바얀, 공제와 탁종 황후·이종
		황후를 데리고 연경으로 돌아옴.
1281	원 지원 18년	여몽 연합군, 일본에 원정.
1282	원 지원 19년	원, 버마·참파를 정벌. 문천상 처형됨.
1283	원 지원 20년	광동·복건에서 민중의 반란 일어남.
1287	원 지원 24	지원초(至元鈔)를 발행. 동방의 종주(宗主)인 나얀, 원
		에 반란을 일으켜 패하여 죽음. 안남을 공격하여 교
		지성(交趾城)을 점령.
1290	원 지원 27년	마르코 폴로, 천주(泉州)에서 귀국길에 오름.
1292	원 지원 29년	통주(通州)·대도(大都) 사이 혜통하(惠通河) 완성됨.
1294	원 지원 31년	원 세조 쿠빌라이 죽고, 손자 티무르, 성종(成宗) 즉위.
1301	원 대덕(大德) 5년	우구데이 한국의 카이두, 패하여 죽음.
1303	원 대덕 7년	카이두의 아들 차파르, 차가타이 한국과 원에 화의를
		청함.
1313	원 황경(皇慶) 2년	과거 시행 조칙을 내림(1315년 실시).
1322	원 지치(至治) 2년	조맹부 죽음.
1323	원 지치 3년	대원통제(大元通制) 반포. 어사대부 테크시, 영종을 죽
		이고, 예순테무르를 태정제(泰定帝)로 옹립.
1326	원 태정(泰定) 3년	차가타이 한국의 알라우딘(타르마시린) 즉위.
1328	원 태정 5년·치화(致和)	태정제, 상도(上都)에서 죽음. 중신 엔테무르, 대도에서
	원년·천순(天順) 원년·천	무종(武宗)의 아들 토그테무르를 문종(文宗)으로 옹
	력(天曆) 원년	립. 상도의 여러 왕·대신들, 태정제의 아들 아수기바
		를 천순제(天順帝)로 옹립. 대도의 군대, 상도의 군대를

무찌르고 천순제 행방불명됨.

1329	원 천력 2년	문종, 형에게 양위했으나, 형 명종(明宗)은 엔테무르에게 죽고, 문종이 다시 즉위.
1332	원 지순(至順) 3년	문종 죽음. 엔테무르, 명종의 아들 이린시발을 영종(寧宗)으로 옹립. 영종 죽음.
1333	원 원통(元統) 원년	엔테무르 죽고, 명종의 장남 토간테무르, 순제(順帝) 즉위.
1335	원 지원(至元) 2년	과거를 폐지.
1336	원 지원 2년	고계와 티무르 태어남.
1337	원 지원 3년	백련교 계통의 호윤아(胡潤兒), 신양주(信陽州)에서 봉기.
1343	원 지정(至正) 3년	요·금·송 세 나라의 정사(正史) 편찬 시작.
1344	원 지정 4년	황하가 대범람하여 하도 북쪽으로 이동.
1345	원 지정 5년	세 정사 완성.
1351	원 지정 11년	공부상서 가노(賈魯)의 진언으로 황하의 복구에 성공. 백련교 수령 한산동(韓山童)·유복통(劉福通) 등 하남에서 군대를 일으킴(홍건[紅巾]의 난). 한산동 죽음.
1352	원 지정 12년	곽자흥(郭子興), 군대를 일으켜서 호주(濠州)를 점령. 주원장(朱元璋)이 곽자흥 군에 가담.
1353	원 지정 13년	장사성(張士誠), 군대를 일으켜서 고우(高郵)를 점령. 성왕(誠王)을 칭하고, 국호를 대주(大周), 연호를 천우(天佑)로 함.
1354	원 지정 14년	우승상 톡토, 고우에서 장사성 군에 대패함. 황공망(黃公望)·오진(吳鎭) 죽음.
1355	원 지정 15년	한림아(韓林兒, 한산동의 아들), 황제가 됨. 소명왕(小明王)을 칭하고, 국호를 송(宋), 연호를 용봉(龍鳳), 도읍을 박주(亳州)에 정함. 곽자흥 죽음.
1356	원 지정 16년	장사성, 소주(蘇州)를 점령하고 주왕(周王)이라 칭함. 주원장, 남경 응천부를 거점으로 삼고 오국공(吳國公)이라 칭함.
1357	원 지정 17년	홍건군, 세 방향으로 나뉘어 북벌 개시. 진우량(陳友

諒), 예문준(倪文俊)을 죽이고, 군대를 장악. 장사성, 원에 항복.

1358	원 지정 18년	유복통, 변량(汴梁, 개봉)을 점령하고, 홍건정권의 도읍으로 삼음. 장사성이 항주를 점령. 소흥(紹興)에 내란 일어남.
1359	원 지정 19년	부장 진우량, 한왕(漢王)을 칭함. 유복통, 요양(遼陽)을 점령.
1360	원 지정 20년	진우량, 서수휘(徐壽輝)를 죽이고 황제를 칭함. 국호를 한(漢), 연호를 대의(大義)로 정함.
1361	원 지정 21년	주원장, 진우량군을 강주(江州)에서 무찌름.
1362	원 지정 22년	전풍(田豊) 등, 차간테무르를 죽이고 익도(益都)로 도망감.
1363	원 지정 23년	명옥진(明玉珍), 황제를 칭하고 국호를 하(夏), 연호를 천통(天統)이라 함. 유복통 죽음. 진우량, 주원장과 파양호(鄱陽湖)에서 싸워 죽음. 장사성, 소주에서 오왕(吳王)을 칭함. 오진(吳珍), 안풍(安豊)의 홍건군을 포위.
1364	원 지정 24년	주원장, 오왕을 칭하고, 용봉(龍鳳)을 연호로 삼음. 주원장, 무창(武昌)을 점령.
1365	원 지정 25년	오왕 주원장, 장사성 토벌을 명령. 볼로드테무르, 대도에 입성하고 황태자는 망명. 볼로드테무르 죽음.
1366	원 지정 26년	명옥진 죽음. 한림아 죽음. 주원장, 서달(徐達)을 장수로 삼아 고우, 호주, 서주, 숙주 등을 점령.
1367	원 지정 27년	주원장, 소주 점령하자 장사성 자살. 방국진(方國珍) 투항. 주원장 북벌 개시.
1368	원 지정 28년 명(明) 홍무(洪武) 원년	주원장, 태조 홍무제(太祖 洪武帝)를 칭하고, 국호를 명(明)이라 함. 명, 대도를 점령하고 북평부(北平府)로 개칭. 몽골족, 북쪽으로 도망가서, 원 멸망.
1369	명 홍무 2년	왜구, 산동 연안을 침입(왜구 시작).
1370	명 홍무 3년	과거제도를 정함. 티무르, 사마르칸트에 왕조를 세움.
1371	명 홍무 4년	정화(鄭和), 운남 곤양(昆陽)에서 태어남.

1373	명 홍무 6년	『대명률』 공포.
1375	명 홍무 8년	초법(鈔法)을 제정. 대명보초(大明寶鈔) 발행.
1380	명 홍무 13년	호유용(胡惟庸)의 옥(獄)이 일어남. 중서성(中書省) 폐지. 대도독부를 오군도독부(五軍都督府)로 고침. 승상(丞相) 폐지(중국역사상 승상제도가 끝남). 톡타미시, 킵차크 한국을 통일.
1381	명 홍무 14년	부역황책(賦役黃册)을 만들고, 이갑제(里甲制)를 실시.
1382	명 홍무 15년	운남, 명나라 판도에 들어옴. 톡타미시, 러시아에 출병하여 모스크바를 점령.
1384	명 홍무 17년	다시 과거 취사제(科擧取士制)를 정함.
1385	명 홍무 18년	『대고(大誥)』를 공포. 왕몽(王蒙) 옥사.
1387	명 홍무 20년	절강(浙江) 연해에 위소(衛所)를 설치하여 왜구에 대비. 『어린도책(魚鱗圖册)』 완성.
1388	명 홍무 21년	대장군으로 승진한 남옥(藍玉), 토구스테무르(脫古思帖木兒)의 북원군(北元軍)을 무찌름.
1390	명 홍무 23년	호유용의 옥이 재연됨. 한국공(韓國公) 이선장(李善長) 죽음.
1392	명 홍무 25년	황태자 주표(朱標) 죽고, 주윤문(朱允炆)을 황태손으로 삼음. 이성계(李成桂)가 자립하여 고려 왕조 멸망.
1393	명 홍무 26년	양국공(涼國公) 남옥(藍玉), 모반을 이유로 처형됨(남옥의 옥). 이성계(조선 태조), 국호를 조선(朝鮮)이라 함.
1394	명 홍무 27년	홍무제, 부우덕(傅友德)·왕필(王弼)을 죽임.
1395	명 홍무 28년	풍승(馮勝)을 죽임. 문신·코베기·거세 등의 형을 금지. 티무르와 토크타미시의 결전에서 티무르가 대승을 거둠.
1396	명 홍무 29년	왕박(王朴)을 죽임.
1397	명 홍무 30년	『대명률(大明律)』 개정, 공포. 구양륜(歐陽倫) 죽음.
1398	명 홍무 31년	홍무제 죽고, 주윤현(朱允炆), 혜제 건문제(惠帝 建文帝) 즉위. 제태(齊泰)·황자징(黃子澄)이 승진하여 국정을 담당(제후의 약체화를 꾀함). 주왕(周王) 주수(朱繡), 서인(庶人)으로 떨어짐. 조국공(曹國公) 이문충(李文忠), 주

		왕을 체포. 티무르, 인도 원정에 나섬.
1399	명 건문(建文) 원년	상왕(湘王) 주백(朱栢) 분신자살. 민왕(岷王) 주편(朱楩), 장주(漳州)로 유배. 연왕(燕王) 주체(朱棣), 군대를 일으켜서 정난군(靖難軍)을 칭함(정난(靖難)의 변). 건문제, 경병문(耿炳文)을 대장군으로 임명하여, 정난군을 치게 함.
1402	명 건문 4년(홍무 35년)	남경군(南京軍), 연왕군(燕王軍)에게 연패함. 연왕군, 국도 남경을 점령. 건문제 도망가고, 연왕, 성조 영락제(成祖 永樂帝) 즉위. 제태·황자징·방효유(方孝儒) 등을 처형.
1403	명 영락(永樂) 원년	북평부(北平府)를 북경(北京)으로 개칭. 티무르의 손자 무함마드 술탄 죽음.
1404	명 영락 2년	티무르, 동정(東征)을 위해 사마르칸트 출발.
1405	명 영락 3년	티무르 죽음. 정화(鄭和), 제1차 항해 출발. 보르네오 국왕 마나야나(麻那惹那) 입조.
1406	명 영락 4년	주능(朱能)을 정이장군(征夷將軍)으로 삼아 안남(安南)에 원정군을 보냄.
1407	명 영락 5년	안남(安南)을 교지포정사(交阯布政使)로 삼음. 정화, 제1차 항해에서 돌아와 제2차 항해 출발. 『영락대전(永樂大典)』 완성.
1409	명 영락 7년	다시 안남으로 출병. 정화, 제2차 항해에서 돌아와 제3차 항해 출발.
1410	명 영락 8년	영락제, 몽골로 제1차 친정.
1411	명 영락 9년	말라카 국왕 배리미소라(拜里迷蘇喇) 등 입조.
1413	명 영락 11년	귀주(貴州)에 포정사를 둠. 정화, 제 4차 항해 출발.

진순신 이야기 중국사 5

펴낸날	초판 1쇄 2011년 7월 29일
	초판 3쇄 2014년 3월 28일

지은이	진순신
옮긴이	이수경
펴낸이	심만수
펴낸곳	(주)살림출판사
출판등록	1989년 11월 1일 제9-210호

주소	경기도 파주시 광인사길 30
전화	031-955-1350 팩스 031-624-1356
홈페이지	http://www.sallimbooks.com
이메일	book@sallimbooks.com

ISBN	978-89-522-1613-7 04910
	978-89-522-1616-8 (세트)